新全体主義の思想史

コロンビア大学現代中国講義

張博樹

石井知章・及川淳子・中村達雄 訳

白水社

新全体主義の思想史——コロンビア大学現代中国講義

張博樹
改変中国：六四以来的中国政治思潮
溯源書社、2015 年

組版＝鈴木さゆみ　　装幀＝コバヤシタケシ

新全体主義の思想史＊目次

＜図１＞
陳子明の四分割象限

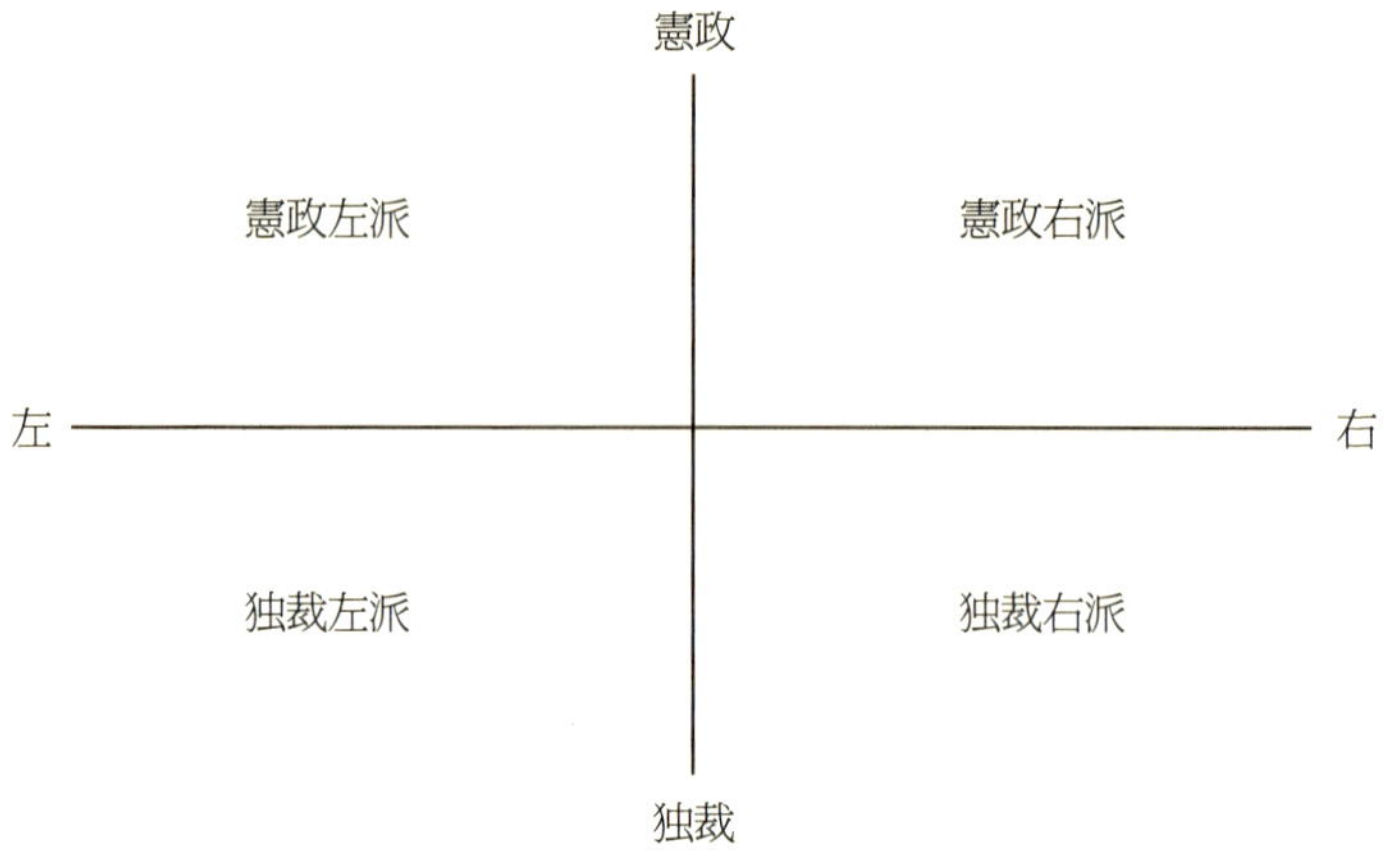

＜図２＞
張博樹のスペクトル分析
（静態スペクトル分析）

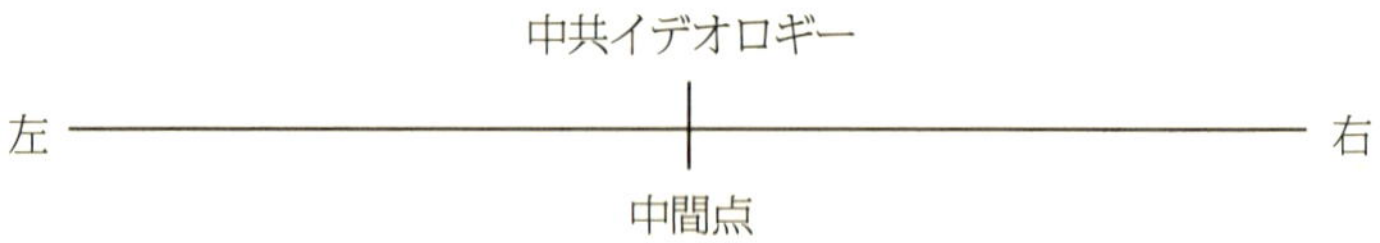

マルクス、レーニン、毛沢東
の原理主義の立場（左の立場）
から中共を批判。
左に寄るほど急進的になる。

憲政民主の立場（右の立場）
から中共を批判。
右へ寄るほど急進的になる。

<図3>
動態スペクトル分析

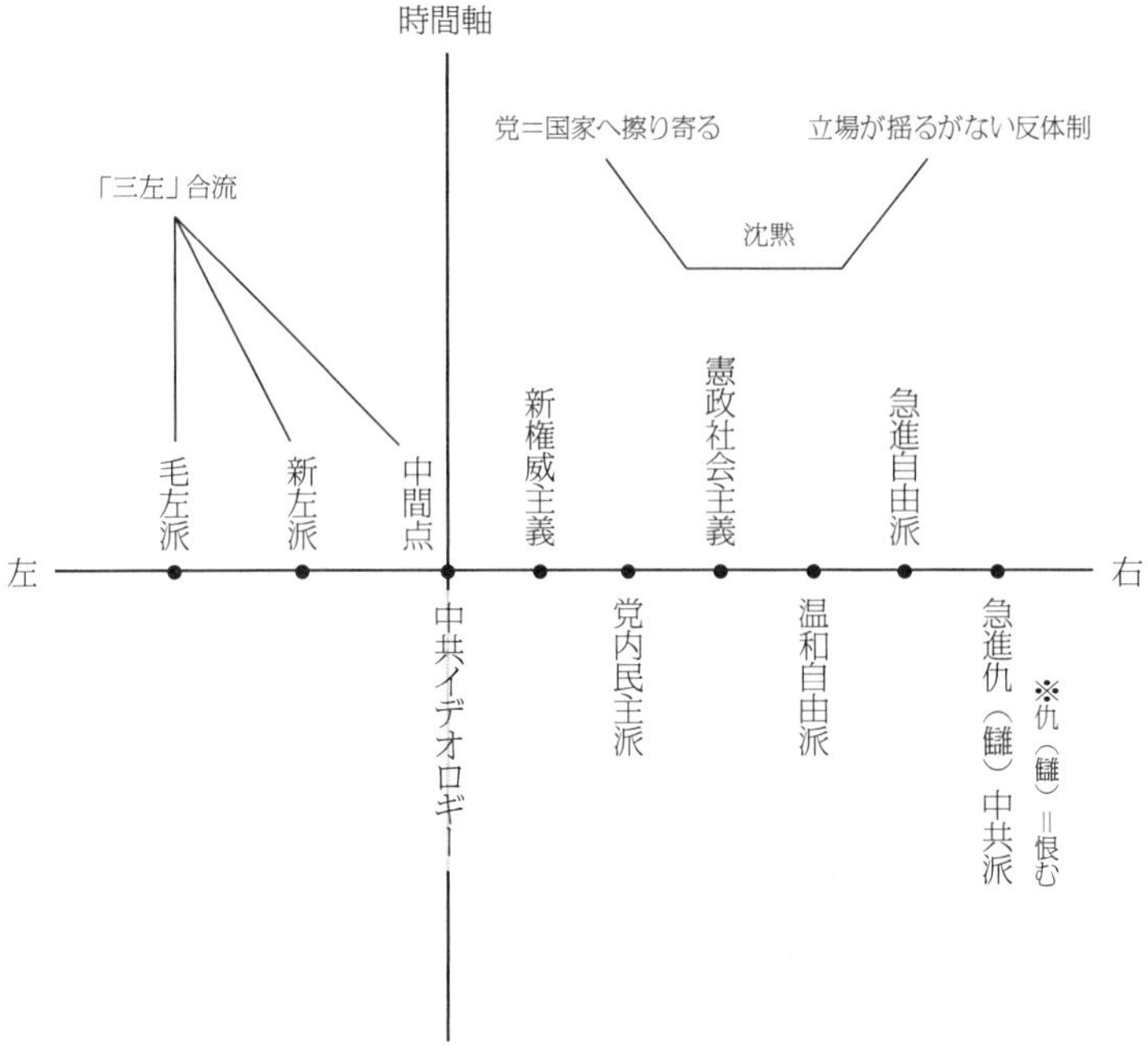

訳者まえがき

「中国は本質的な転換に直面し、危機と希望が同時に存在している」。

二〇一〇年春、初めて張博樹氏を訪ねた際に、真剣なまなざしで投げかけられた言葉が、いまでも忘れられない。民主化要求の文書「〇八憲章」の署名運動をはじめ、同氏の様々な活動を知り、ようやく懇談の機会を得た。リビングからキッチンまで積み重ねられた書籍、壁一面の棚に収められたクラシック音楽のCD、古いピアノ……。幾度となく訪ねた北京市花家地のご自宅は、居心地の良いサロンのようで、いつも話に夢中になった。

訳者は、深い敬意を込めて「博樹老師」とお呼びしている。中国社会科学院を不当解雇された後、裁判の申し立てを行うも受理されず、声明を発表した時も、アパートの周辺に警察車両が増えて監視が厳しくなった時も、そして、中国を離れざるを得なくなった時も、博樹老師はいつも泰然として、強い危機感を持って現実について語りながら、希望についても語り続けた。アメリカで教鞭を執る現在も、それは変わらない。「中国はいずれ民主化しなければならない。大きな流れは変えられないのだから、私は楽観視している」と、力強くも穏やかな声で繰り返す。

博樹老師は、行動する知識人だ。本書は現代中国における主要な九つの政治思潮について考察した学術書だが、研究者としての観察や分析だけでなく、当事者としての行動についても余すところなく記されている。例えば、訳者が担当した第九章では、憲政リベラリストである博樹老師の思慮と苦悩が綴られている。硬派で難解な学術書ではあるが、現代中国の思想地図があざやかに描き出されると同時に、博樹老師の息づかいや足音までもが随所に刻まれている。読者の皆様が、読書という対話を通じて様々に感じ取って頂ければ、訳者としてこの上ない幸せである。

危機と希望――。この言葉は、翻訳の共同作業のなかでも幾度となく痛感した。共訳者は本書の刊行という志を同じくしても、互いに異なる意見に真摯に向き合い、矛盾や対立を乗り越えるために、相互の努力が必要だった。どうにか校了を迎える頃になって気づいたのは、翻訳作業は、九つの政治思潮について学ぶだけでなく、「自由」について、「寛容」について、そして「希望」について、省察する機会でもあったということだ。おそらく、博樹老師からの宿題だったのだろう。

六四・天安門事件から三十年となる節目の年に本書の刊行が実現できたことを、訳者の一人として感慨深く思い、心から感謝したい。

二〇一九年四月十七日

及川淳子

分裂する中国——日本語版序

この日本語版は、中国の六四・天安門事件三十周年の記念すべき年に日本の読者とまみえることになった。監訳の労をとった明治大学の石井知章教授の求めに応じ、ここに短い日本語版序文を記す。

本書の主題は「六四・天安門事件以来の中国政治思潮」である。これらの思潮の生成と発展、変遷は、三十年前のあの深刻な歴史的事件と深く関わっている。筆者は北京人で、事件が発生した当時、中国社会科学院の大学院で博士課程に在籍し、身をもって民主運動の興起とそれが弾圧されてゆく全過程を目の当たりにした。あれは一九八九年四月二十九日のことだ。その一週間前に逝去した胡耀邦総書記の追悼会が人民大会堂で催され、十万人に近い学生がその晩に当局との対話を求めて天安門広場に集まり、社会科学院の「老博士課程生」もそのなかにいた（他の大学本科生、修士に比べ、博士課程の年齢は高く、多くが三十歳を超えていた。筆者は三十四歳だった）。四月の北京はまだ三寒四温で肌寒い日もあったが、広場に集まった学生たちの心中は熱い思いにあふれていた。当局が学生との対話を拒否したため、三名の学生が人民大会堂に通じる石段に跪いて請願書を提出し、広場は騒然となった。「これは、悲情の一里塚だ。全世界に中国統治者の醜い姿を明らかにしよう」と学生を弁護する者も出て「中国市民なのに、当局に土下座までしなければならないのか……」と不満の声が上がったのだ。「こきた。追悼会が終わったあと、十万人の学生は長い行列をつくって北京のメインストリート長安街をデモ行進した。歌をうたい、スローガンを叫ぶ学生に、長安街を行く市民やバスの乗客らから熱烈な拍手がおくられ、食物や箱一杯の飲料を差し入れする者まであらわれた。筆者は声の限りにスローガンを叫び、喉が潰れ、回復するまでに一週間を要したのだった。

なぜ、いま当時のことを振り返るのか。それは中国の政治改革を推し進め、近代化を成し遂げ、祖国を文明社会に向かわせることが、三十年前の中国の若者が抱いた共通の願望だったことを説明したかったからだ。本書は現代中国に現象する主要な九つの政治思潮（九大思潮）を検討するもので、それらの思潮に関わる大部分の思想家、学者は、皆あの時代を背負って登場してきた。皆、一九八〇年代における思想開放の恩恵を被り、そしてまた六四・天安門事件の血なまぐさい洗礼をかいくぐってきたのだ。そしてそれらの多くが、いつのころからか「同じ塹壕の戦友」となり、中国における自由と民主という一点でその認識が一致するか、あるいはごく近い考え方を持つようになった。

あれから三十年の星霜を送り、当時の青年教師や博士課程の学生は、いま、中国の各大学で学科の責任者、あるいは学界の「大御所」となっているが、それに伴い中国問題に対する認識もかつてないほど分裂した。大部分は現在もリベラリズムの立場を堅守し、それらの勇敢な部分は当局との決裂も厭わないが、一部は変節して「新左派」、「毛左派」、甚だしきは「国家主義者」になりさがっている。こうした変化はいかにして起こったのか。これらの異なる思潮は、それぞれに何を主張しているのか。こうした思潮と当局のイデオロギーとの相互関係、複雑な変遷をどのように分析すべきなのか。本書はこのことについて検討し、その解を模索するものである。

中国共産党が六四・天安門事件によって引き起こされた「正統性」の危機を弾圧してまもなく、中国経済は急速に立ち上がり、現在では世界第二位の地位にまで登りつめた。しかし中共統治下の中国はある意味で脆弱であり、精神面で高度に分裂した国家である。中国思想界の分裂は、この国の精神が分裂している顕著な証しである。統治者は私欲から歴史を去勢し、人民の記憶を歪曲して断ち切り、その勢いは大衆の愚民化を促し、もう一方では知識人の人格を奴隷化してきた。本書で紹介するいくつかの思潮は、まさにこのような変遷をたどってきたのである。例えば十年前、これらの思潮の主唱者はまだ多かれ少なかれ民間人としての独立性を保っていたが、習近平が登場するとたちまち新たな統治者に屈服し、政権から独立した学者としての声望は、残念なことに当局のイデオロギーを擁護する合法的な衣をまとってしまった。二〇一五年に本書の中国語版を〔台湾、香港で〕上梓したとき、こうした状況はすでに明らかだった。それから三年がすぎ、その状況はますます普遍化しつつある。中国知識界は、ただ沈黙することでこの深刻な事態に寄り添ってきたのだ。

換言すれば、九大思潮の併存は少なくとも中国思想界にある種の表面的なにぎわいをもたらしてきた。それは鄧小平後の権威主義体制（江沢民、胡錦濤治世下を含む）に見られた特異な思想風景であろう。習近平の「新時代」（筆者はこれを「新全体主義時代」と称する）に突入し、すべてがさらに悪化した。中国の思想界はますます両極化し、反抗と犬儒主義《シニシズム》が加速している。分裂が拡大しているのである。読者は本書を読み進むことで、その現実を理解できるだろう。

ここで、現代中国をとりまく状況について、もうひとつ付言しておきたい。それは、今日の中国が今まさに台頭しつつある紅色帝国である、ということだ。習近平は内政面で党＝国家の腐敗を奇貨として情勢の牽強付会な転換を図り、いわゆる「党＝国家中興」を推進しつつある。外交面では「中国モデル」の輸出に躍起となり、世界の民主共同体が営々と築いてきた価値体系と戦後の自由主義国際秩序に対する挑戦を試みている。世界は「新たな冷戦」、「新たな叢林」の状態に突入したと言えよう。これは二十一世紀を生きる人類にとって、決して福音とは言えない。

それでは、どうすれば良いのか。一学者として、変化のさなかにある世界への警戒を怠らず、それに対してみずからの回答を示してゆくことが肝要であろう。学術もまたひとつの武器であり、中国を変え、世界に幸福をもたらす力となり得るのだ。本書は、そのためのささやかな試みである。

翻訳・出版を企画し、訳稿作りに邁進した石井知章氏、及川淳子氏、中村達雄氏ら日本の学術界の友人に感謝したい。本書は二〇一五年十二月、明治大学現代中国研究所が開催した国際シンポジウムに筆者が招かれて講演した際、石井、中村両氏から企画を提案されたもので、いま、ここにとうとう実現した。

出版を引き受けた白水社のすぐれた編集者、竹園公一朗氏、阿部唯史氏、轟木玲子氏、そして組版の鈴木さゆみ氏、装幀のコバヤシタケシ氏にも、この場を借りて謝意を表したい。

中日両国は隣邦であり、中国で発生する諸々の事件、そして中国がどこへ向かうのか、などの事象は、日本にも大きな影響をおよぼす。日本の読者諸氏が筆者の観察、理解、解釈を通じて、中国思想界の現状に認識を深めていただければ、望外の喜びである。

翻訳作業が終盤にさしかかったころ、悲しい知らせに打ちのめされた。本書中国語版（香港・溯源書社）の発行者で、著名な詩人でもある孟浪氏が香港で病気のため永眠されたのだ。享年五十七歳だった。孟浪氏はその一生を自由と人間の尊厳に捧げた。孟浪氏との往還は十年もの長きにわたり、深い友誼を結ぶことができた。心残りは、この日本語版を手に取ってもらうことが叶わなかったことである。最後に、孟浪氏への感謝と追悼を表したい。

米国ニュージャージー、二〇一八年六月十九日（追記一九年一月八日）

張博樹

はじめに

本書は米国コロンビア大学で講義した「現代中国の九大思潮」（The Nine Thought Trends in China）の講義録がもとになっている。筆者が同大学の訪問学者だった二〇一二年にアンドリュー・ネイサン（Andrew Nathan）教授の推薦を受けて中国語で開講し、その後、教務部門の批准を経て大学院課程における通年の選修科目となった。こうして筆者は教壇に立つことになり、コロンビア大学で教学生活を送ることになったのである。今年で三年目になる。その過程で多くの資料が集まり、また些かの新たな知見を得て、それらを整理し一書にまとめてみようという気持ちが生まれてきた。

本書は講義の記録ではなく、一冊の独立した著作である。講義はあくまでも「中立性」を維持しなければならない。たとえ教員がみずからの観点を語るにしても、まず学生に「知識」をさずけるべきで、本講座について言えば九大思潮をつかさどる各派、あるいは各主唱者の観点や主張を教授し、その上で適宜評論を加えて学生の参考に供すべきだと思う。これに対し、一書にまとめることは全く別の作業である。本書で筆者は、当然に現代中国における各種政治思潮の主張（読者が背景の知識に詳しくないことを想定して、できるかぎり丁寧に解説し、参照した資料についても正確に引用した）を著し、評論や分析にも多くの紙幅をさいた。同時代の学者に対しては遠慮なく批評し、気兼ねして「中立」の立場をとるなどということはしなかった。本書の立場がきわめて明解であることを、読者は一読して理解するだろう。筆者は憲政自由主義者の視角で各派を批評し、系統的な学理でそれぞれの政治思潮が提起した問題に応えている。ある意味で本書には明確な対立軸があり、なかでも新左派や毛左派、新民主主義への回帰グループ、ネオ・ナショナリズムの代表的な観点、そして人物分析などは論戦に満ちた内容になっている。筆者の観点は系統的であり、読者はこうした批評対象に挑む本書の立場と方法論に一貫性があることに気づくだろう。

この場を借りてアンドリュー・ネイサン教授の推薦と無私の援助に謝意を表し、またコロンビア大学政治学部が与えてくれた教学の機会に感謝したい。そして数年来、講座を履修したすべての学生や聴講生とも喜びをわかちあいたい。彼らの知に対する渇望は、本講座を立派に成し遂げたいと考える筆者に継続の力をさずけてくれた。受講生たちの大多数は中国からやってきた学徒で、彼らが筆者に本書を著す価値を気づかせてくれたのだ。本書は筆者の講座を慕ってくれた学生諸君のためだけではなく、教室の外にいるさらに多くの若者たちのために執筆したものである。彼らが中国について思考すれば、彼らこそが中国の未来を担うことができるのである。

出版に際してはまた、長年の友人である孟浪氏〔二〇一八年十二月永眠〕とともに仕事に励むことができ、喜びもひとしおであった。

米国ニュージャージー、二〇一五年四月二十日

序章　思想および思想のスペクトルと思潮の衝突

思想とは何か、現代中国に「思想」はあるか

本書の冒頭で、読者諸氏にまず留意していただきたい問題がある。ここに提起する「思想」とは比較的に高次元の定義をすれば、時代の本質を貫通するに足り、それ自体で一家を成し、現代を輝かせ後世を啓発する独創的な理論あるいは主張のことで、そうだとすれば後世の人は果たして私たちのこの時代に「思想」があったと思うのだろうか、あるいは「思想」と呼ばれるものが充足していたのか。清朝三百年の文字の獄が思想家の時代的な空白を生んだことは現在でも悔やまれるが、中国共産党がこれまで六十余年にわたり敷いてきた紅色独裁体制はまさに同じことをやってきたのではないか。長期にわたり表現の自由が疎外された国柄に思想は生まれず、あるいは難産するのは自然の成り行きではないか。

このように嘆くのは問題の一端にすぎない。私たちのこの時代は、また「転換」の時代であり、中国の制度面における近代化はいままさに偉大かつ困難なプロセスを迎え、中共党＝国家体制の深部に巣食う病巣はとっくに人々の知るところとなり、それを根本的な意味で知悉し、解剖し、解体する主観的、客観的条件は熟し、ミネルヴァの梟はまもなく飛び立とうとしている。(1)

これは畢竟、大きな尺度のなかにおける大きな「思想」である。この難題に立ち向かおうとする中国の思想家はきわめて少ない。しかし、私たちはこれに敢然と立ち向かうべきなのだ。

それでは本書で論じるいわゆる「思想」、「思想のスペクトル」のなかで言及する思想が指している内実は何なのか。筆者が同定するのはあの政権イデオロギーとは一線を劃した、影響力を有し、それ自体で一家を成した主張のことで、それらのあるものは比較的完成した理論形態を有し、また、甚だ粗雑なものもある。重要なことは、上に示した三つの限定において「政権イデオロギーとは一線を劃す」ものとして御用イデオロギーではない、少なくともそれが生まれたときにはそうではなかった（あるものは後に変質して政権に擦り寄っている。このことについては後段で分析する）もので、それらはともに民間性と独立性を備え、その主張がある種の社会集団（クラスター）から受容、支持され、中国社会に脈打つ構成部分となり、書斎学者が研究のための研究を弄ぶ対象ではないことである。「それ自体で一家を成す」とは、その主張がその他の主張とは異なる明確な特徴を備え、多くの場合に独りよがりではなく、密接もしくは一定の距離を保ったクラスターとの間に緊密な関係を維持していることを指す。コロンビア大学で学生に講義した際、上の三つの特徴を備えた主張を「思潮」と定義し、講座名を「現代中国の九大思潮——中国思想の系譜における位置とそれらの相互関係」とした。少々世俗に寄ったきらいはあるが、このように「思想」を定義することは中国の実情に符合すると考えたからである。

本書では、同じように現代中国に影響力のある九種の「思想」あるいは九つの大きな「思潮」、すなわちリベラリズム、新権威主義、新左派、毛左派、中共党内の民主派、儒学治国論、憲政社会主義論、「非左非右」の新治国論、および対外的に強行路線を主張するネオ・ナショナリズムについても検討する。これらの主張はあまねくみずからの思考に基づいて中国を理解し、中国に影響を与え、中国を改変しようと試みるものである。この意味で、それらはともに政治的なものである。それらは政治思潮として政権イデオロギーおよび思潮と相互に衝突が起こるのは避けられない。

本書の主題は中国の改革を試みる各種の主張とその前提——それらの主張の中国に対する診断が果たして合理的なものなのか——を分析することであり、それ以外に（これは避けて通ることができないのだが）各種思潮と政権イデオロギーとの関係をも分析する。具体的な検討に入る前に、以下、分析に必要な道具立てについて解説しておこう。

四分割象限《クアドラント》分析とスペクトル分析

「左」あるいは「右」の類の述語は、頻繁に認知の混乱を招くことがある。外国人は、「新左派」が中国でなにを意味しているのか、おそらく分からないかもしれない。なぜなら、この語彙は欧米では全く別の意味に使われているからだ。それでは、なにが中国の文脈における「左」、あるいは「右」なのか。また、上述した九大政治思潮は、現代中国の思想領域でいかなる位置関係にあるのか。異なる分析の枠組みでは、おそらく違った結論が導かれるかもしれない。

リベラル派の陳子明（一九五二～二〇一四）は、かつて中国政治の現状を四分割象限《クアドラント》を使って以下のように整理した。それによれば憲政から独裁までの領域を縦軸に、左派から右派までの領域を横軸に配置し、政治の座標区分を四分割象限、すなわち憲政右派、憲政左派、独裁（専政）左派、独裁右派にまとめている。ここに見る「憲政右派」とは自由民主主義、あるいは民主自由主義と言われ、欧米に生まれて自由、民主、人権の擁護を標榜し、権力の抑制と均衡を強調している。「憲政左派」は社会民主主義、または民主社会主義のことで、第二インターナショナルから生まれ、現代の北欧や西欧で大きな成果を上げている。「独裁左派」はスターリン主義と毛沢東主義に由来し、類似のものとしてゲバラ主義、ポルポト主義、および金日成の主体思想などがある。「独裁左派」の歴史的な始祖はコミンテルンを創始したレーニンだが、スターリンの統治期になってから理論体系と制度的な形態を備えた。「独裁右派」は一九三〇年代のナチズムとファシズムなどを含み、また一九七〇年代に東南アジアとラテンアメリカ諸国を席捲した権威主義のことでもある。(2)

この四分割象限は簡便で、かつ要点を押さえ、すでに国際的にも認知された分類方法を採り入れて一定のカバー力と解釈力を備えているが、二つの欠点がある。それは第一に、「左」と「右」の定義を明確にしていないことだ。「憲政」と「独裁」の意味は明らかだが、「左」と「右」の意味が不明である。陳子明は当然それを承知していて文中では西欧の伝統における「左」と「右」の区別を列挙し、例えば左派には平等と急進性を、右派には自由と保守性を当てている。しかしこれでは「独裁左派」や「独裁右派」がどのように区分されるのかが明確ではない。歴史的に見ると、ヒトラーのナチスが反共でそれを「右派」とするのはまだ理解できるが、現代中国の統治者について言えば「独裁左派」はすでに「独裁右派」に転向しているので陳子明の枠組みではよく理解できない。現代中国の党＝国家権威主義体制が、ある部分では往年のナチズム体制あるいは戦後の東南アジア、ラテンアメリカ諸国の権威主義体制に酷似していることを説明する作者の意図は理解できるが、中共の党としての装置およびそこから派生した縁故資本主義を「独裁右派」と命名するのは中国語の語彙としては違和感がある。なぜならば、党＝国家イデオロギーはみずからを「左派」と標榜することから生成し、縁故〔権貴〕資本主義が推進したあの市場経済を転覆する根本原則としての方法も、「右派」という言葉が市場経済のなかで本来使われるべき意味に完全に背いているからである。四分割象限の第二の欠点は相対的に見れば致命傷ではなく、それは「憲政右派」と「憲政左派」の区別が多くの国の実践のなかではそれほどに重要ではなくなり、「憲政右派」が平等を重んじないという意味ではなく、また「憲政左派」が自由を重視しないというわけでもなく、ただ両者の重きを置くポイントがずれているにすぎない。当然、陳子明の意図はその概念を使って中国問題を説明することにあり、このことは論文の題名である「憲政の旗幟の下における左右連合戦線」から見て取ることができよう。しかし、私たちはいま、もっと相応しい概念を使って説明することができるだろう。

筆者は同論文でスペクトル分析の手法を援用して、現代中国の思想状況を描き出したい。やはり座標を使い、横軸の中央には中共が採用する現在のイデオロギーを置く。党＝国家は成立以来「左派」を自認し、横軸の中央右側は中共に批判的な立場をとる「右派」の領域である。この配置は、中国語の意味合いにおいて人々が理解する「左派」と「右派」である。横軸の中央から右寄りには右派のなかの穏健自由派、その隣が同じく右派の公開反対派、さらにその隣のすなわち中央からもっとも離れた位置には急進的な反共派を置く。同じように横軸中央の左側は、現行中共政権のイデオロギーよりさらに「左」の領域とする。その勢力も統治者を批判するが、それは「左派」の立場からの批判であり、原理主義的な傾向が濃厚な勢力はいちばん左側に配置する。読者は本書を読み進んで行くうちに、九大思潮がスペクトル分析のなかでどのように左もしくは右の位置を占めているかを理解するだろう。

このほか、座標には時間軸としての縦軸も設けた。党

＝国家イデオロギーが一貫して不変不動とは限らず、情勢の如何に伴い時間とともに変化する。換言すれば、横軸の中央点が動いて左や右に移動するのである。同じように民間の各種政治思潮も時間の経過に伴って変化し、政権イデオロギーや民間の思潮とのあいだで相互に移動する。縦軸はまさにこの動きを反映、呈示するのである。(3) 本書では九大思潮の説明や評価分析が完了したあと、最終章で横軸の各種政治思潮と縦軸の動きなどについてスペクトル分析の図表の評価を行う。

本書の行論範囲

本書では現代中国に影響力を有する主要な「思想」あるいは「思潮」を議論の対象とする。なぜ「九大思潮」で、「八大思潮」または「十大思潮」ではないのか。この種の区分けには相当程度に主観が加わる。現在、中国大陸にある友人の馬立誠は二年前に上梓した著作で中国の「社会思潮」を八種類（実際は七種類だが、「中国的特色を有する社会主義」という政権イデオロギーをも思潮のひとつに数えているので八種類になる）に分けている。(4) 新権威主義学者の蕭功秦は六つに分類している。(5) これらの区分けに大きな意味はなく、それぞれの論者が検討する主要な対象に大差は見られない。筆者は現代中国の政治思潮の種類について上記二氏よりも多く呈示しているが、それは分類方法が異なるという理由以外の原因として、最近数年間の中国情勢の変化がもたらした新たな思潮の派生があるからだ。本書で使っている語彙が「政治思潮」であって「社会思潮」でないのは、これらの思潮の政治的な属性を強調したかったからである。直接か間接か、あるいは公開か非公開かの別を問わず、それらは皆ある種の政治的な主張を表出しており、思想あるいは行動で変化しつつある中国に影響力を行使しようとする意図が見られる。時間的な範囲で言えば、本書の議論は六四・天安門事件後の二十五年間、とくに最近十余年間における中国の思想状況に焦点を当てている。個別的な場面〔ここで指しているのはリベラリズムに対する議論〕においては、もっと早期の歴史段階にまで遡ることもある。

このように整理してゆけば、各種の政治思潮を容易に理解することができよう。私見によれば、一九四九年以来の中国共産党の専制を本質的な特徴とする中国の現代専制主義の変遷は、三つのことなる段階を経ている。第一段階(一九四九〜一九七六)は毛沢東の全体主義とユートピアを構想した社会改造期で、最終的にこの構想は完全に破綻した。その後、短い過渡期(一九七六〜一九七八)を経て中国は第二段階に突入した。それは鄧小平が執政した時期とポスト鄧小平の権威主義段階(一九七八〜二〇一二)である。この時期は六四・天安門事件の前と後の二つに分けられ、中国はこの間に重大な変化を経験した。八〇年代の「改革の十年」は一度ならず体制内に風穴をあけることが期待されたが、結果的にその機会は中共の老人政治に扼殺され、六四・天安門事件で銃口を開いて正統性の危機に深く陥った党=国家統治者は、政治の民主化を拒否しながら市場化の改革を鼓舞し続け、期せずして連続三十年間にわたる高度経済成長(その対価は重く深い)を実現し、中国共産党の独裁による現代の専制主義は第三発展段階に入るための条件を創出した。筆者はこの段階を習近平の新全体主義と呼び、それは二〇一二年の中国共産党第十八回党大会を契機に始動し、権力を再び集中させる手段で党=国家中興と紅色帝国の勃興を目標としてまさに肥大の途上にある。

以上は中共による専制主義の変遷を述べたものである。角度を変えて言えば、文革終結後の三十有余年の歴史、すなわち中国における民主への転換の困難な情勢と推進の歴史でもある。文革の歴史的な反動として改革開放は経済成長を促し、いきおい人々の思想的な活力を駆り立てた。これから議論するこれらの思潮とその主唱者は、今日における彼らの観点がいかなるものであったとしても、ほぼ一九八〇年代における思想開放から生まれてきたのであり、程度の差こそあれ、それらに包含される独立した思考自体はあの特殊な時代の賜物であると言えよう。ここでとくに指摘しておくべきことは、いま五十〜六十五歳代になるこの世代(本書では彼らを中心に検討する)の思惟の衝突が、三つの段階で変遷した中国現代の専制主義の主題をめぐって交叉したことである。まさにこうした変遷(それらは翻って中国の民主への転換が予想外に困難なことを証明した)は、ひとつの世代が思想に従事するための基本的な背景や限定条件(後段でこの「限定条件」とそれが知識製品の生産に及ぼした影響について踏み込んだ評価を行う)を構成した。今世紀に突入してすでに十余年が経過し、各種の「思想」や政治「思潮」はその教典が示す状況を経験し、それらと政権イデオロギーとの関係は大筋において固定された。その意味で本書が六四・天安門事件以降の時期、とくに最近十余年間の思想的な変遷を主な検討対象とすることは正しいと考える。

最後に本書で考察するのは中国大陸における思想動向が主体で、少数の論題以外は海外の華人が活動する知識領域への言及はほとんど、あるいは全くしていない。海外華人の知識領域（欧米、オーストラリア、香港、台湾地区を含む）は、一部は大学あるいはシンクタンクに所属する学者で現代中国の言論を研究していて傑作も少なくないが、彼らの著作の多くは（欧米、オーストラリアの場合）中国語で発表したものではなく、たとえ中国語で書かれたものであっても異なる言語環境（香港、台湾）にあるため、大陸の知識界と連動するのは難しい。それ以外には海外の民主化運動があり、そこにも同じように優秀な学者が多数存在しているが、彼らの多くが反共もしくは極端な共産党敵視の立場にあるためにその声は党＝国家政府が封殺する対象であり大陸に浸透するのが難しく、仮に「現場」〔独裁体制下〕に入ったものは中国大陸の思想状況の一部に組み込まれてしまうだろう。海外民主運動の人たちは流亡すること数十年、種々の精神的および生活上の困難に直面し、故国を遠く離れて久しく、大陸情勢に対する現状認識や判断に障壁が存在しているので、その固く護る精神は良好であっても、厳密な意味において思想的な貢献は多くないが、これもまた正視すべきひとつの現実なのである。

本書の視角
――権威主義と新全体主義の知識社会学

中国大陸の思想状況を主な考察対象にするからには、必ず取り上げておくべき現象がある。これから検討する多くの学者は彼らの観点を「現場」、すなわち国内メディアや大学、あるいはその他の公共空間、または当局によって封鎖されていない個人ブログなどで発表し、講演することはできるが、このようにして公開された「思想」は往々にして「フィルター」を通したり、（当局にとって不適切な部分を）「捨象」したものとなっており、それらが作者の真意を包み隠さず表出したものとは限らない。例えば主題の確定、発表のタイミング、表現方法などについてはおそらく用心深い検討を重ね、最終的に出て来たものは多くの場合高度に偽装した内容になっている。作品によっては痛快極まる内容になっているが、そこには慎重な技巧が施されていて、同業者でなければその真意を見抜くことはできない。簡単に言えば、面と向かって国内の各種思潮を検討するとき、文章が語る表層「思想」に止まらず、言外に隠された内容を把握する必要があるのだ。

どうしてそうなるのか。

これは統制によって引き起こされた結果だろう。権威主義、新全体主義の思想統制下では、「政権イデオロギーと」本質的に異端の色彩が濃い観点はその発表に際して迂回表現を迫られる。一般的に言えば、大陸の各種メディアにおいては共産党の指導と現存の政治制度を公に批判することは決して許されず、このため体制批判につながる言論を公開発表するためにはそれとなくほのめかし、各種の暗示を使う方法しか採用できない。この種の批判手法は中国においてすでに一種の技術や芸術の域にまで達しており、それは思想を表現する芸術であり、反抗する芸術とも言えよう。

当然、もうひとつの状況も存在し、それはすなわち投機的であり、媚びへつらう芸術である。この種の学者は功利的な動機から統治者に取り入り、擦り寄ってもなお非直接的で迂回曲折した形式を採用する。こうした現象は、左右いずれの立場をとる知識人にも見られることだ。また赤裸々な投機、あるいは献媚的な状況は現代中国の思想界にはびこる、見るに堪えない風景である。これから中国の権威主義、新全体主義の知識社会学を議論してゆくなかで、この種の状況を避けて通ることはできない。

筆者はこうした環境を経験してきたもので、党＝国家体制のなかで生活し、そこで半生を送ってきた。このため、筆者自身は別の道を選んだのだが、この間の表に出せない心境、とくに独裁の暴挙に直面した自由主義的な知識人の困惑や、一見「理性」と見えるが内実は矛盾に満ちた選択をせざるを得ない苦衷を痛いほど理解できるのである。筆者は投機的な人物、献媚的な人に対して一顧だにしない態度を貫いてきた。しかし、私たちは学理上の意味から中国の権威主義と新全体主義の知識社会学を構築していく以上、主観による好悪はいったん措いて、こうした現象に対する分析をしなければならない。このこともまた、本書が持つひとつの特徴なのである。

本題に戻り、そろそろ「九大思潮」に対する詳細な検討を始めなければならない。友人のなかにはこの仕事について人に罪を着せるもので、労力に見合わない仕事だと言う人もいる。なんと揶揄されようとも構わない。そのことについての覚悟は先刻できているのである。

第一章　リベラリズム

リベラリズムから現代中国思想あるいは中国政治思潮の検討に着手するのは、本書の立場からすれば当然のことである。紅色専制時代においてリベラリズムは政権イデオロギーのもっとも手強い強敵であり、民主への転換の時代における社会変革の旗幟でもある。現代中国は紅色専制の時代であり、同時に民主への転換の時代でもあるのだ。このことは、本書の切り口がリベラリズムにあることの所以である。

　現代中国のリベラリズムは多くの話題、多くの人物を包含している。本書では三章分の紙幅をさいて行論するが、それでも概論を述べることができるにすぎない。

リベラリズムの基本的な含意

その起源から言えば、リベラリズムは西欧に生まれた概念で、英語の表現はLiberalismである。キーワードはふたつ、すなわち権利（Right）と権力（Power）だが、それらは対等ではなく「権利」こそがリベラリズムを論じる際の核心となる。英国の哲学者ジョン・ロック（一六三二〜一七〇四）は「生命、自由、財産」が人から奪うことのできない「自然権」であり、政府の存在はこれらの権利を保護するためにあり、否定することではないと強調している。「権力」と政府は相関関係にあり、それは統治力あるいは強制力を代表するもので、人類の生活秩序を維持する上で欠くべからざるものである。しかし権力は元来腐蝕し、破壊する性質を有しているので、フランスのモンテスキュー（一六八九～一七五五）は法律で君主の権力を抑えることを提案したが、それがすなわち立法、行政、司法の「三権分立」で、いかなる権力もそれらを欲するままに行使できないことを主張した。以上が、今日私たちが言うところの政治的リベラリズムを構成する内容である。英国の経済学者、アダム・スミス（一七二三～一七九〇）は市場経済に対して秘密の掲示、いわゆる「見えざる手」に言及したため、それは経済的リベラリズム思想の前駆と評されている。まさにここから、私有財産権の合理性と崇高な競争を旨とする現代の起業家精神が普及した。(1)

現代リベラリズムは、公権力（政府）の合法性が市民の授権にあると考えている。政府職員は公権力が委託した執行人にすぎない。ところが現代の公権力も、おそらく独占を形成して変質する。このことから、もっとも簡潔な言葉で現代リベラリズムの核心的な命題を概括すれば、それは市民の権利を伸長・保護し、公権力を制限・監督するという二つに収斂する。政治領域であろうが、経済あるいはその他の社会生活領域であろうと、これら二つは普遍的に適用され、憲法の明確な保護を受ける。

上述の理由から、現代リベラリズムは同時に立憲リベラリズムと称することもできよう。本書が検討するリベラリズムは、すべて立憲リベラリズムを指している。

現代中国リベラリズムの独特な起源

現代における中国リベラリズムのテーマもまた当然市民の権利を高く掲げ、政府権力を制限し監督することで、それは過去半世紀に中国が歩んだ道のりと中国人が経験した独特な経験を基礎にしている。中国人のリベラリズムに対する認識と追求は民国時代からはじまっており、すでに一世紀の歴史がある、と異を唱える人もいる。この意見はもとより傾聴に値するが、事実は一九四九年の革命がこのプロセスの腰を折り、そのことはおよそ二世代にわたる中国人の痛苦の経験を経てリベラリズムを新たに発見するに到ったのである。(2)

論理の上では、一九四九年、とくに一九七八年以来のリベラリズム原理の「新たな発見」と中国リベラリズムの苦難の発展は、一貫して反専制という主題と深く関わってきたと言えよう。ここで言う「反専制」とは、すなわち一九四九年に打ち立てられた中国共産党の一党独裁体制に対する疑義、批判あるいは否定のことを指している。

当然、ここにはひとつのプロセスがある。

今日、我々は共産党一党独裁の基本的な特徴を明確に言い表すことができる。例えば、党がすべての国家権力の設置と運営を掌握し、制御していることだ。党は共産党から独立したいかなる政治勢力と社会勢力の存在も許さず、主な選挙プロセスをコントロールして、選挙制度そのものを完全に形骸化している。党は軍隊とその他の武装勢力に対する「絶対的な指導権」を有し、イデオロギーの解釈権を独占し、公共メディアを「党の喉と舌」として支配している、ことなどである。[3] これらの特徴は現代における全体主義の定義とほとんど重なる。ただし、共産主義そのものは二十世紀の中葉において無数の志ある中国青年が理想の実現に奮闘した賜物であり、当時の人々は真剣に社会主義を信じ、共産主義は資本主義よりもさらに進んだ制度であると確信したのであった。共産党は国民党との闘争で、国民党の一党独裁を公に非難した。このことは当時、多くの熱血青年に共産党こそが中国の希望を代表していると認識させたのである。上述したあの中国共産党一党独裁の制度的な特徴、とくに独裁の本質については、人々はその人生において多くの曲折を経験させられ、巨大な思想的痛苦に遭遇し、共産党内に起こった深刻な変質を目撃し、それをすこしずつ認識するようになった。この意味において、現代中国リベラリズム思想の萌芽は、かつて共産主義を信奉した世代による時代の省察の結果と言えよう。

李慎之「風雨蒼黄の五十年」

まず、李慎之の例を見てみよう。

李慎之（一九二三〜二〇〇三）。老知識人、大学在学中に中国共産党の外郭組織に加わり、重慶新華日報、延安新華通訊社を経て、一九四九年以降は北京の新華社国際部に勤務した。一九五〇年代には周恩来の外交秘書を務め、一九五四年のジュネーブ会議、一九五五年のバンドン会議に同行する。一九五七年、「大民主」〔「大鳴、大放、大弁論、大字報」の四つの自由を指す。一般大衆の政治参加を奨励した〕を提唱した毛沢東に「右派」と名指し批判されて党籍剝奪、労働改造に服し、一九七九年に名誉回復した。その後、鄧小平に随行して訪米する。一九八九年、中国社会科学院に転属となり、副院長兼アメリカ研究所所長を務めた。このような浮き沈みの激しい経歴は、あの世代の党内知識人のなかではめずらしくない。李慎之は現代における中国リベラリズムの代表的な人物であり、その抱いた理想や、振り返るに忍びない過酷な道程など個人史を刻むための省察が進みつつある。

李慎之は一九九九年「国慶の夕べ」に一篇の「独白」を書いて過去を回顧し、それに情感をこめて「風雨蒼黄の五十年」と題し、往年の理想を清算した。この独白は現代中国リベラリズムの名篇とされる。それは著者が五十年前に天安門で挙行された「開国の大典」に出席したときの心情を回想し、「午後三時から晩の十時までほとんど一日中そこにいたのに疲労感は全くなく、まるまる七時間を極度に高まった興奮のなかですごした」。そして「かつて見たこともなかった閲兵式」、「祭典の空を彩る初めての花火」、「十数万人の熱情的な群衆」と述懐は続き、「熱い涙があふれてくるのを禁じえなかった……」とつづっている。

それから四十年後の一九八九年、同じく「国慶の夕べ」において著者の眼前に展開したのは、一九四九年とは全くちがう光景だった。それは六四・天安門事件で人民に銃口が向けられてから四カ月もたたないころで、五月十九日に敷かれた戒厳令はいまだ解除されず、北京に滞在していた外国人はほとんど帰国してしまい、ホテルの空室率は八十〜九十パーセントに達していた。

普段、あまり外出しない私は、その晩、北京が鬼城〔死の街〕に変わり果てていることを知った。街路の灯火は暗く、通行人もほとんどいなかった。数十メートルおきに幾人かの小グループが路傍に座りこんでトランプに興じていた。同乗者が、あれは私服の公安だ、と教えてくれた。マイクロバスは労働人民文化宮から進入して天安門に着いた。そこでやっと明るい灯火を見ることができ、盛装した男女に接した。観礼台にはすでに多くの老同志、戦友たちが着席していた。それらの多くがたれ一人として多くを語ろうとせず、ただ黙々と祝賀の花火や天安門広場で繰り広げられているはずの歌舞に〔うつろな〕目をむけていた。建国から四十年、まさに〔政治と権力闘争の〕嵐が吹き荒れためまぐるしい星霜だった。このような惨状を、四十年前の開国の大典に心を躍らせた人々の幾人が果たして予想し得たであろうか。(4)

なぜ、こんなことになってしまったのか。この明暗の鮮明な対比は、はからずも党＝国家体制に対する痛切な省察を引き出すためのものである。李慎之はさらに回想的な筆致で続ける。

五十年前、毛沢東は新中国を建国したあとの政治の大方針を天下に号令するため、有名な『人民民主独裁について』を著した。そのなかに「きみたちは独裁だ。愛すべき先生がたよ、お言葉どおりで、我々は全くそのとおりなのだ」〔毛沢東「論人民民主専政」『毛沢東選集』第四巻（人民出版社、一九六〇年）一四一二頁。本論文は一九四九年六月三十日、中国共産党創立二十八周年を記念して執筆された〕という重要な一節がある。初めて読んだとき心頭が震え、そしてすぐに、これは毛主席一流の奥深い比喩でマルクス・レーニン主義の原理を表したにすぎない、と思い直した。それから七年後の一九五六年、ソ連共産党の第二十回党大会が開催されたあとでイタリア社会党のピエトロ・ネンニ書記長が提出した「ひとつの階級の独裁は必然的に一党独裁を招き、一党独裁は個人独裁を引き起こす」という公式に接した。その後、折に触れて西柏坡時代に毛沢東が発した指示「勝利するには北京を打ち、龍庭を一掃して天下をとらなくてはならない」という言葉を思い出し、あるいは「私はマルクスに秦の始皇帝を足したものだ」という毛の発言を聞いた。このとき、ネンニや毛の言葉には通底する韻律があり、すなわちアクトン卿〔ジョン・エメリク・エドワード・ダルバーグ＝アクトン（一八三四～一九〇二）、英国の歴史家、思想家、政治家。主著に『自由の歴史』、『フランス革命講義』などがある〕が喝破した「権力は人を腐らせ、絶対権力はかならず腐敗する」という言葉の意味を悟った。そのことは開国記念式典の際には理解できず、また想像すらしていなかったのである。

李慎之は、さらに言う。

毛沢東時代の高圧的な統治下で鬱積した反発力は一九七九年以来の鄧小平時代にやっとひとつの風穴を開け、冤罪を改め、経済を活性化し、人民生活を向上させ、その結果として個人の言論もたしかに自由になった……。しかし市民意識のある人々は、やはりこの体制の実質は何ら変革されていないし、そのイデオロギーも変わっていないと考えた。中国人は「解放」されて五十年たつというが、歴史上の精神的奴隷としての傷口はまだ癒えていないし、相変わらず精神的な奴隷状態のなかにある。過去の五十年間、私たちの民族はあれほど多くの大きな恥辱、膨大な災難を経験してきたが、今回の五十周年祝賀の宣伝のなかでそれらの恥辱や災難がすべて払拭されているとでも言うのか。決してそんなことはなく、各種の宣伝機器は馬力を上げ、国慶を利用して中国の国力を誇張し、中国の国際的な影響力さえ誇大宣伝しているのだ。『尚書』は「満招損、謙受益」(傲慢は損を招き、謙虚は益を受ける)と教えている。この日々グローバル化する世界で、もしも極端なナショナリズムを野放しにして、膨れあがるままにさせておけば、それはきわめて危険なことなのだ。

上に挙げた二篇の文章のなかで作者は、全体主義制度下における市民権の無視、権力の変質に対して厳しい指摘を行っている。中国リベラリズムの専制に反対する批判が躍動している。李慎之の独特なところは、自身がかつては革命の崇拝者であり、実践者としての立場からこの文章を執筆している点にある。晩年の李慎之は身辺にいくつかのサークルがあり、つねに中国問題を論じ、それらのなかのひとつが体制内リベラル派知識人の集まりだった。当時、このサークルで頻繁に議論に加わっていた徐友漁(一九四七〜)は後に、李慎之の思想の徹底性は中国の悲劇が生まれた根本原因の模索にあり、かつてみずからが誇った革命の経歴や、青春の理想を捧げた革命事業に対して批判的な省察を行ったことだ、と総括している。李慎之の思想は、憲政民主のなかにその還るべき拠り所を発見したことだ、とする。(5)

胡平「言論の自由を論ずる」

李慎之ら老世代インテリゲンチャの苦い経験以外に、中国人によるリベラリズムの「再発見」は一九四〇年代後期あるいは五〇年代(いわゆる「紅旗の下に育った」世代)の知識人の独立思考として表現された。「反右派」、「大躍進」、「大飢饉」、「文革」の誤謬はこの世代の人々にあの紅色の言説を放棄させ、知的資源が極度に不足した条件下でそうした歴史的大問題を思考させ、リベラリズムの基本的な価値について解明させた。この分野で、胡平はその典型と言えよう。

胡平（一九四七〜）は、現在、海外における民主運動の理論家として知られるが、四十年前には四川省に下放された知識青年であり、都市に戻ってからは一臨時工にすぎなかった。文革が終息した一九七八年、この読書好きの青年は北京大学哲学系大学院に入学して主に西洋哲学史を修め、一九七九年には民主の壁運動に身を投じた。一九八〇年、人民代表の地方選挙に打って出て、北京大学海淀区人民代表に当選した。

このころ、胡平は世の中をあっと言わせた五万字におよぶ「言論の自由を論ずる」を執筆した。これは中国人の感受性に立脚し、紅色専制体制が市民の言論の権利を扼殺することに対して、論理と学理の両面から問題を解剖したリベラリズムの代表作である。そのなかで胡平は次のように述べている。

なにが言論の自由なのか。それはすなわち各種の意見を発表する自由である。良い話、悪い話、正しい話、間違った話のすべてをである。もしも言論の自由が為政者の意志が許す範囲内に限られるものだとしたら、いったい古今東西のいずれの国に言論に不「自由」があるというのだ、と問いたい。こうして私たちの神聖な憲法に謳われた自由の条項は、もっとも意味のない、まやかしの言葉になってしまったのではないか。

……

少しでも現代国家の観念を分かる人から見れば、為政者が意見を異にする人たちを弾圧するのはすなわち権力の粗暴な濫用であり、それは為政者をして、あの意見を異にする人たちの観点を徹底的に弾圧させてしまうのだ。しかしながら深く封建主義の影響を受けてきた人からすれば、為政者が意見を異にする人たちを弾圧するのは、その権限内で採るきわめて自然な行為と映るに違いなく、心のなかでは意見の異なる人たちの観点に深く同情しながらも、為政者が行う弾圧が「合理的」であると肯定する傾向にある。悲しいことに、少なからぬ同志たちの頭のなかには、いかなる権力もこうした最低限の制約を受けるべきだという認識がこれっぽっちもなく、なにが市民の権利で、政府の権力はただ市民の権利を護るためだけに使われるべきで、よもや市民の権利を侵犯するのに使われるべきではない、ということを全く理解していない。とくに、ある種の人たちはこの種の幼稚な謬論にマルクス主義のラベルを貼り、曖昧で混乱した字句を弄して、複雑な事物に対する深遠な分析に代えているのである。(6)

胡平の文章には、その使われている言葉にときとしてあの世代に特有な烙印があるが、その主張する観点はすでに紅色時代をはるかに超えている。

胡平は次のように強調する。

現代専制主義の興亡史は、ひとつの風刺的な意義のある事実を示した。それは幾千幾万の人民が専制主義を磨き上げるための砥石に水をかけながら、みずからがまさに「真正」の民主を実現するための準備をしているのだと考えたことだった。この事実は、民主が現代世界においてはなんびとも正面から対峙することの叶わない強大な勢力であることを説明するとともに、専制主義のために働く百の足を備えた虫の生温かい死骸であることをも証明したのだった。このことは理論面からたしかな民主の含意を解き明かし、民主を実現することの重要性を悟るよう私たちに促し、民主が時代を通じた叫び声であることを告げている。可能なら、民主を私たちの時代の本能に例えるのがよいのかもしれない。民主は永久に衰えることのない力を備えている。それはおそらく経験不足から、実現すべき自己の対象を探し間違えたのだが、すぐにその間違いに気づき、迅速に他の対象に方向転換し、正しい目標のなかで満足を得るまでずっと続くのである。(7)

上の文中には、文革などすぎ去ったばかりの歴史におけるリベラリズムの思考を含んでいる。これはまさに、中国人が自己省察のなかから見出したリベラリズムなのだ。

六四・天安門事件が中国のリベラル派知識人にもたらした意義

胡平のように早熟なリベラリストは、それほど多くはない。事実、政治思潮としての中国リベラリズムは、一九八九年の前と後では大きな違いがある。一九八〇年代、体制内における大部分の中国知識人は共産党が反右派闘争や大躍進運動、文化大革命などの政治運動で大きな間違いを犯したことを認識し、各種の直接的あるいは間接的な方法でそのことを批判したが、それを紅色専制制度の属性にまで高めて省察してはこなかった。例えば一九八〇年代初めの「傷痕文学」や、それよりすこしあとの「マルクス主義の人道主義」についての議論には鮮明な反専制が含意されており、あの時代にまさに生起しつつあった中国リベラリズム特有の主張があったが、一九四九年に成立したこの制度を根本から疑った者はごく少数だった（民間における反対派運動は、あるいは例外だったかもしれない。後段を参照）。

一九八九年に発生した六四・天安門事件が、これらのすべてを変えた。

この年の四月十五日、中共の改革派指導者だった胡耀邦が死去し、北京の高等教育機関の学生はこの指導者の死を悼み、中国の政治改革を推進するために平和的な請願を呼びかけ、その運動は瞬時に北京市民や全国民衆の強い支持を得た。ところが鄧小平とその他の中共保守派指導者は、学生の運動を「動乱」と侮蔑したのである。この五十数日の対峙は最終的に中共改革派指導者だった趙紫陽の失脚をもって、軍隊が長安街を血で洗い、収束したのである。

六四・天安門事件は中国リベラル派知識人に紅色党＝国家制度の専制の本質を一層深く省察させ、中国リベラル派が主張する反専制の主題がさらに一歩高まったのである。段階を追って条件を整え、一党独裁の政治構造を解体もしくは打破して中国に憲政民主を実現し、さらにそれを多くの中国リベラル派知識人の自覚的選択、明確な目標と成さなければならないだろう。

実践の側面から見れば、過去二十年間における中国リベラル派の発展は、三つの相互連携または各自が重要と考える側面で展開されてきた。第一はリベラル派知識人の知的啓蒙、第二はリベラル派知識人と市民運動の結合、第三は一部のリベラル派知識人が公開の政治的反対派になったことである。

リベラリズムと市民への啓蒙

市民の啓蒙に従事するリベラル派知識人には体制内学者が多く、積極的な民間人士も一部に含まれている。

六四・天安門事件から二十余年、中国では党による公権力の独占と一定の意味、レベルにおける市場開放後のポスト全体主義、および権力と金銭が結びついた縁故（権貴）資本主義が益々深刻な問題になっている。普通市民、とくに基層民衆の権益は日々不法な官商の侵害を受けている。しかし統治者は強大なイデオロギー宣伝装置を使って「和諧」の隠れ蓑を作り出し、学校などの教育現場で「中国的特色を有する社会主義」のイデオロギー（党八股）を注入している。こうした状況の下でリベラリズムの基本理念を高く掲げ、憲政の常識を普及し、リベラリズムの学理を用いて〔党＝国家政権に〕応答し、民衆が関心を持つ各種の現実問題を解決してゆくことは、リベラル派知識人が負うべき疎かにできない任務である。この仕事は一九九〇年代以来、中国リベラリズムの発展に伴う重要な構成要素となっている。

一九九四年以来、公共論叢シリーズとして『市場論理と国家概念』、『市場社会と公共秩序』、『経済の民主と経済の自由』、『自由とコミュニティ』、『直接民主と間接民主』、『立憲主義と現代国家』、『リベラリズムと現代世界』などをテーマとする図書が中国大陸で発刊され、リベラリズムが公開の命題として国民の視野に入ってきた。(8)

しかも公共論叢の発刊と軌を一にして、劉軍寧、賀衛方、朱学勤、秦暉、徐友漁、王焱、汪丁丁らのリベラルな学者が台頭してきた。彼らの大多数は中国リベラル派の中核であり、現在も社会に重要な影響力を与えている。

これ以降、とくに今世紀になってさらに多くの政治学や法学、新聞学、歴史学、経済学、社会学、文学などの領域に長けた専門家、あるいは公的な仕事に就いているリベラル派知識人が国民の視野の範囲内に現れ、それぞれの知識を駆使してリベラリズムの理念を広めている。それらの人々として、袁偉時、茅于軾、曹思源、呉思、許紀霖、丁東、謝泳、顧粛、章立凡、高華、雷頤、楊継縄、林達、張千帆、王康、高全喜、任剣涛、孫立平、盧躍剛、胡舒立、崔衛平、何清漣、陳志武、張維迎、李凡、張鳴、王力雄、沈志華、陳平、呉国光、馮崇義、楊恒均、許允仁、傅国涌、袁剣、長平、笑蜀、劉檸、夏明、程映虹、周孝正、沙葉新、蕭翰、王克勤、余傑、李偉東、北風（温雲超）、焦国標、呉祚来、李悔之、章文、夏業良、張雪忠……らの名前を挙げることができよう。

以下、煩をいとわずいくつかの事例を挙げてみよう。

清華大学の秦暉（一九五三〜）教授が示した議論の「ボトムライン」に関する分析は、近年来、中国のリベラル派知識人が達成した中国社会に対するひとつの貢献と言えよう。秦暉はメディアのインタビューで、民主国家内において異なる主張の政策論争は激烈だが、ひとつの「ボトムライン」が存在し、それは憲政に含まれる基本原則である、と説く。秦は以下のように述べている。

一般的に左派は大きな政府を追求し、民主国家においては高福祉が称えられるので、右派は小さな政府を主張する。これらの大きな政府、小さな政府は憲政条件下でこそ意義を有するもので、すなわち憲政政府は、本来、権力と責任に対応すべきである。大きな政府と言うとき、それは権力が大きいだけでなく、その果たすべき責任が大きいということで国民に各種サービスを提供し、この理由から国民は政府に一定の権力を付与しているのである。一方、小さな政府について言えば、政府の権力が強大になることを恐れ、それは国民の自由を侵犯すると見る……。政府が持つ権力は国民が与えたもので、責任を果たしてもらいたいからだ。ところが現在、中国にはそのメカニズムが備わっていない。

秦暉はまた、福祉について次のように語る。

福祉制度を例にとって説明すれば、過去、中国に福利がなかったとは言えない。例えばソ連の福祉は中国に比べれば厚く、その意味で中国の福祉は取るに足るものではなかったが、それでもあるにはあったのだ。旧体制下における中国の福祉は、厳密に言えば民主国家の意味における福祉ではなく、まず政府が国民に福祉を施すのか否かは政府の機嫌を伺わなければならず、仮にありがたい皇恩下賜する例があったとしても、政府がそれを望まなければ民草の側からそれを求めることは叶わなかった。

……

政府から下賜される皇恩式の福祉は皇帝にとって役に立つ人に与えられるもので、その特徴は往々にして強者に厚く、弱者には薄かった。それは上から賜る福祉であって、強者はいつでも便宜をほぼ独り占めにすることができた。まず一次配分〔主に給与を指す〕で強者が取り分の大半を独り占めし、二次配分〔現金、あるいは現物で支給される奨励の類〕でもやはり強者が多くを得た。これに対して弱者は各種の分配で損をし、一次分配率はもともと低く、二次配分でまた損をするか、あるいは全然分配にあずかることができなかったのだ。例えば以前の中国の公費医療について見ると、大部分の農民にはこの制度そのものがなく、それは幹部に限られていた。現在は以前よりもましになっているが、それでも公費で賄われる部分はほんの僅かである。福祉分を収入に合算すれば、すなわち二次配分後の収入と比較すれば、一次配分よりもさらに不公平であり、これもまた非憲政国家の特徴である。江蘇省では二〇〇七年、全省民八千万人のなかで医療費の全額を公費で賄えたのはわずかに十四万人で、一定職級以上の幹部にかぎられた。一年間に六千余元まで公費で使えたのである。同時期、江蘇省農民の新型農村合作医療（新農合）制度は全国でもっとも整ったもので、温家宝首相〔当時〕によれば新農合による年間公費枠の全国平均が五十元のところ、江蘇省は七十五元まで達し、その省内カバー率は九十五パーセントで、やはり全国最高だった。しかし、それでも公費枠が全くない農民もいて、たとえあったとしても七十五元であり、幹部層の公費枠はその九十倍だったのである。[9]

上の記述は、憲政、すなわち市民の権利を保護し、政府の権力を制限もしくは問責するものについて、具体的な問題（ここでは福祉制度）を通じて解釈、説明を加えており、公衆にとってみれば良質の啓蒙である。秦暉はみずからの言葉で、中国の現実を前にして「私たちはこの道理を公衆に明確に語って聞かせるべきである。知識人は他のことはできなくても、道理についでは語ることができる。問題は、多くの人がこの道理を分かっていないということだ」と強調している。[10]

リベラリズムと市民運動

リベラリズムとは、いわゆる「有言不実行」の活動ではない。事実、現代中国のリベラリズムは市民社会とともに成長してきた。少なからぬ中国のリベラル派知識人は、文革後期、ないしは改革開放後に発生した歴代の市民運動のなかから生まれてきた。新たな世紀に入ってからの十数年に、中国の市民社会は権利擁護運動、環境保護運動、独立参政権運動、家庭教会活動、市民のネットによる政治参加など各種運動の援助を得て急速に発展してきた。ますます過酷になる弾圧に遭いながらも、リベラリズムと市民運動の結合は前代末聞の様相を呈している。

市民社会とはなにか。制度の近代化理論によれば、現代の社会は政治構造、経済構造、そして社会整合構造の三つに大別でき、これらを総称して市民社会とよぶ。政治構造と経済構造の運営遵守・利益原則、すなわち市民社会の運営遵守・公共理性原則は人々の行為がただ個人や小団体の狭隘な利益だけに基づくものではなく、文明の発展や社会の進歩に伴う公共意志の表明である。現代社会における市民社会の基本的な役割とは、すなわち公権力に対する社会的な監督、文化の理性的な再生産、市民団体の自治、相互意思疎通と理解、そして人類の高潔な精神的空間を創造することにほかならない[11]。全体主義あるいはポスト全体主義の政治環境では、市民社会は社会的な力を凝集し、市民の権利を護り、社会の正義を推進し、社会の進歩を押し進める重要な力となる。

市民運動は市民社会における一種の存在形式で、それはいかなる具体的事例（経済、政治、宗教、環境面など）をめぐっても発生し、常に市民の基本的権利や政府への問責をその運動の核心とし、それゆえに鮮明な憲政リベラリズムの特徴を帯びている。新たな世紀に突入して以来、市場経済の発展に伴って中国の〔開発独裁型の党＝国家主導型〕権貴資本主義（縁故資本主義）の進展、官民の矛盾、貧富の矛盾、都市と地方の矛盾、環境問題の突出があらわになり、中国の市民運動は新たな発展の余地を見出した。これまで個別的な抗争として存在していた市民運動はここに新しい地平を獲得し、その運動テーマもいっそう多様化しつつある。

中国市民運動の重要な担い手のひとつがＮＧＯ（非政府組織）である。以下、「公盟」を例に、リベラル派知識人と彼らが立ち上げ、参与したＮＧＯが中国の民主への転換に発揮してきた役割を検討してゆこう。公盟は二〇〇三年十月、北京大学の許志永、騰彪、兪江博士、および公益弁護士の張星水らが北京で発足させたもので、当初の名称は「北京陽光憲政社会科学研究中心」だったが、民生部門で民間組織として登録できなかったため、工商局で「北京公盟諮詢有限公司」の名義で登録せざるを得なかった。王功権、黎雄兵、騰彪、郭玉閃、李方平、張立輝、楊子雲らが公盟の中心人物である。そのスローガンは「公共利益」のために「陽光政治」を推進し、理性的、建設的に中国の民主、法治、そして社会主義を推進するというものだ。公盟が活動した六年間に成した仕事は多く、例えば中国の信訪制度〔市民個人やグループが手紙、電子メール、訪問、電話、ファクスなどで当局などに訴える制度〕の研究を進め、全人代代表に対する上訪者〔地方からの直訴者〕の直訴をアレンジし、中国で発行されている新聞の自由度調査を展開し、各種シンポジウムを主催し、さらに「チベット自治区三・一四事件の社会的・経済的原因調査報告」を完成させ、この敏感な領域に民間の声を響かせた。全国を震撼させた「メラミン毒入り粉ミルク」事件の調査および被害者への法律支援では、公盟としての組織的な役割を発揮した。筆者は北京で幾度も公盟主催のシンポジウムに招かれ、彼らの力量に感服した。

公盟は二〇〇九年に取り締まりを受け、創設者のひとりである許志永が「脱税」容疑で逮捕されたが、予審で保釈請求して釈放され、現在は自由を回復している。二〇一〇年、公盟は「公民」と改称して新たな組織名で公益権利擁護運動に従事し、「自由、公義、愛」を主旨とする市民精神と新公民運動を主唱している。二〇一三年八月、許志永に対してふたたび逮捕令状が出され、二〇一四年一月、「公共秩序騒乱罪」の名目で懲役四年の判決を受けた。この罪名は、全く荒唐無稽なものである。

許志永は、その理想を以下のように述べている。

中国が直面する改革は政治制度だけではなく、政治文化の改革もまた必要なのだ。現代政治は憲政制度とともに立憲主義を先頭で担う推進者がいて初めて制度の運用が可能になり、我々の世代がその役割を担うべきである。過去、政治に携わった多くの人々は人馬と鉄炮の数にたよったが、それは一種の暴力的な勢力であり、我々はその対極に立ってみずからの責任と負担で人の善良な部分を覚醒させ、それを社会の主流におき、暴虐を排除し、野蛮な暴力の伝統を徹底的に抑え込んで亜流とすべきである。これを基礎として、私たちの社会は現代の文明国家となり得る。(12)

このような制度は感動的だ。「新公民運動」について、著名なメディア人の笑蜀（一九六二〜）は政治転換の大戦略の観点から以下のように評価している。

単一の階級を超えた推進論、政治社会の両極対抗、政治社会の両極対抗を基礎とした〔専制独裁の〕打倒は生死を賭した闘いである。その闘いを乗り越えるための重要な要素は開放と調和であろう。すなわち、体制内で最大限の開放を実施し、転換を推進するための資源を可能なかぎり調達し、とくに体制の内と外を結ぶインターフェイスとしての中間社会を開放することが肝要である。これこそが許志永らの存在意義であり、新公民運動の意義でもある。許志永が発起した新公民運動は概括して言えば、自由と正義、愛による共同価値で中間社会における各階級の相互往還を実現することであり、この基礎の上で階級、業界の垣根を越えた市民協力、とくに都市市民との協力を推進することであり、最終的には市民協力という集団の力で市民社会をめざして平和的な転換を進めることだろう。(13)

リベラリズムと政治的反対派

概念から言えば、政治的反対派とは成熟した民主社会で独立した政治的見解を有する、執政党ではない議会野党のことを指す。中国では現在に至るもいまだ多党平和競争による民主体制は確立せず、従ってこの意味における合法的な反対派は存在しない。

現今の中国で「政治的反対派」とは、現政治制度を否定する主張と綱領を公の場で提出し、中共専制体制を否定することを意味する。これには勇気が必要だ。前段で指摘したように、一九八九年以降の中国には内心では現今の体制に賛成せず、これを変え、終わらせたいと考えるリベラル派知識人が多く存在するようになったが、それらの知識人のすべてがその主張を公にできるわけではない。そこには戦略的、あるいはリスクを回避するための考慮（これについては後段に一章を設けて議論する）があり、その結果、大部分のリベラル派知識人（とくに体制内で「生活の糧」を喰むリベラル派知識人）は言質をとられにくい難解な表現方法を弄して保身に走っている。「公盟」の若手たちも最初は政治的反対派として社会の活動舞台に上がったわけではなく、それは「公盟」が標榜する「陽光政治」などのスローガンからも見て取ることができよう。また、「政治的反対派」が即「共産党打倒」や「共産党の速かなる下野」を意味しているわけでもなく、制度の改変や政治を変えるゲーム・ルール、すなわち中国を民主転換する方策の選択で、それぞれに異なる主張を掲げ、それらは中国の情勢に対する異なった判断を基礎にしている。

現在に至るまで、中国共産党は独立したいかなる政治組織の存在も容認していない。このことは、第一に、政治的反対派のいかなる組織化も大きなリスクに直面することになり、第二に、民主への転換を成功に導くためには確固とした組織を有し、成熟した政治的反対派が民主化の中核勢力になるのを待たねばならない。

　歴史を振り返ってみれば、中国リベラル派による政治的反対派の走りは前世期の一九七〇年代末から八〇年代初期にはすでにあった。現在、もっとも著名な反対派指導者のうち、多くは一九七八年初めの民主の壁運動と一九八〇年代における学園民主運動のなかで頭角をあらわしていた。魏京生、徐文立、秦永敏、方励之、胡平、王軍濤らがそれらの代表だ。六四・天安門事件の弾圧で方励之、厳家祺、劉賓雁、陳奎徳、鄭義、王軍濤、王丹、封従徳、王天成らのリベラル派知識人と学生指導者らは海外流亡を余儀なくされ、徐文立、魏京生、付申奇、王有才ら反対派指導者も出国を強いられ、海外で民主運動を展開している。しかし、中国国内にはまだ秦永敏、胡石根、査建国、李海、陳西らが反対派の政治理論を堅持し、困難な状況下で活動している。

　二〇〇八年十二月の「国際人権デー」前夜、中国市民グループがインターネット上に「〇八憲章」を発表し、多くのリベラル派知識人や民間人士を含む第一次署名者の数が三百三名に達した。憲章の基調はきわめて穏健だったが、鮮明な反専制の立場が表明され、中国における政治的反対派運動の新たなランドマークとなった。「〇八憲章」は、その冒頭で次のように述べている。

　本年は中国の立憲百年、「世界人権宣言」採択六十周年、「民主の壁」誕生三十周年、中国政府の「公民と政治権利国際公約」調印十周年にあたる。長期にわたる人権侵害と抗争の歴史を経て、覚醒した中国市民は自由、平等、人権が人類に共通する普遍的価値観であることを認識した。それはすなわち、民主、共和、憲政が現代政治の基本的な制度的枠組みであるということである。この普遍的な価値観と基本的な政治制度の枠組みを欠いた「近代化」は人間の権利を剝奪し、人間性を腐食させ、人間の尊厳を打ち砕く災難のプロセスでもある。二十一世紀の中国はどこへ向かうのか。このように権威主義的な統治下における「近代化」を継続するのか、それとも普遍的価値観に寄り添い、文明の主流を取り入れ、民主的な政体を確立してゆくのか。これは、避けて通ることのできない選択である。

憲章は憲法の修正、分権による統治、立憲民主、司法の独立、公器の公用、人権保障、公職選挙、都市と農村の平等、結社の自由、集会の自由、言論の自由、信仰の自由、市民教育、財産保護、財税改革、社会保障、環境保護、連邦共和、政治転換の正義など十九項目にわたる具体的な主張を提出している。憲章は、最終部分で次のように主張する。

中国は世界の大国として、国連安全保障理事会五カ国常任理事国の一国として、そして人権理事会の構成国として、人類の平和事業と人権の擁護に貢献すべきである。ところが、世界の大国のなかで唯一中国だけが権威主義政治のなかにあり、そのことで人権問題とそれに伴う社会的な危機が連綿と続き、それが中華民族の発展を阻害し、人類文化の進歩の足かせとなっている。

こうした状況は変えなければならない！　政治の民主化を先送りすることは許されないのだ。

憲章は最後を次のように締めくくる。

このため、私たちは勇敢に実践される市民精神に基づいて「〇八憲章」を発表した。同じ危機感を抱き、責任感、使命感にあふれた中国市民は朝野をとわず、その身分にかかわることなく小異を残して大同を求め、積極的に市民運動に挺身し、ともに中国社会の偉大な変革を押し進め、早期に自由、民主、憲政を備えた国家を打ち立て、過去百年あまりにわたった私たちの希求と夢を現実のものとしよう。(14)

「〇八憲章」は中国リベラル派からなる政治的反対派の綱領的な文書である。その主な起草者は憲政学者の張祖樺（一九五五〜）と反対派作家の劉暁波（一九五五〜二〇一七年七月、肝臓がんで獄中死）である。劉暁波は「〇八憲章」によって当局から懲役十一年の判決を受けたことで、二〇一〇年にノーベル平和賞を受けた。劉暁波個人に対していかなる論争があろうと、ノーベル賞受賞という巨大な象徴的意義は往年の文壇のダークホースを反対派の指導者として歴史に残した。

当局から厳しい弾圧を受けたのは劉暁波だけなのか。「〇八憲章」に署名した面々は、英雄と言えよう。最近、六四・天安門事件二十五周年を記念する活動のなかで徐友漁、浦志強、郝建、胡石根、劉獲らのインテリも当局に拘束された。現代中国の九大思潮を主唱する者のなかで、ただ、リベラル派知識人だけが監視され、公職から追放され、甚だしきは逮捕され、実刑を受けている。これはリベラル派知識人が反専制独裁の第一線にあるからで、それに対する当局の仕打ちは過酷をきわめる。このことは同時に中国リベラル派知識人の誇りでもあり、民族に恥じるところなど微塵もない証しなのだ。

史観の再構築
——リベラリズムと中国生まれの学術

中国リベラル派には、もうひとつの重要な任務がある。それは厳格な学理で過去六十年、百年、あるいは二千年の中国史を検証することを通じて党＝国家の革命史観を解体し、中国民衆、とくに我々の次の世代、あるいは二世代先の人々に正しい歴史を知ってもらうための新たな枠組みを用意し、少なくとも異なる歴史解釈でこの間の歴史を選択解釈させることができるようにすることである。これは現代を生きるリベラル派知識人が担うべき仕事だ。

現今の中国リベラリズムが孕む学術的な欠点については、すでに研究者による分析がある。例えば、許紀霖は「ナショナリズム」と「ポピュリズム」がリベラリズムの言論中における二つの弱点であると指摘し、栄剣はこれを引用して以下のように説明している。

「ウェストファリア体制が確立されて以来、欧州では長期にわたる国民国家間の衝突が起こり、突きつめて言えばそれが前後二回の世界大戦を招いたのだが、領土紛争や民族の独立を訴求する民族問題は発生していない。欧州連合（ＥＵ）の制度的な枠組みは、現在、国民国家の伝統的な境界をさらに一歩薄め、あるいは解消しようとしている。中国が現在、欧州の経験を借りてその直面するきわめて複雑な民族問題と領土問題を解決するのは叶わず、このことは欧州を源とする中国リベラリズムをめぐる文脈の優越性を失わせることになろう。いわゆる「国益」を目の前にして、リベラリズムがいったんその文脈を失えば、ナショナリズム的言論は必然的に声高になる。新左派はナショナリズム的言語を借りてその正当性の基礎を拡大しつつあり、ナショナリズム的感情を煽ってリベラリズムの力を圧制している」。「同じように、ポピュリズムも中国リベラル派を手こずらせる問題だ。リベラリズムは基本的にエリート主義の文脈でとらえられ、社会中層と高層が争ってきた産物である。例えば、英国の大憲章（マグナ・カルタ）に規定された各勢力の主体は国王、主教、貴族、ギルドであり、都市庶民や農民は議場に行くことさえできず、政治ゲーム・ルールの制定に参与することはできなかった。英国のリベラリズムは、その初めから底辺層との対話の伝統を欠いたものだった。中国のリベラリズムの失敗は、かなりの割合で低層から遊離したことと関係がある」[15]。

栄剣の評論には奥深いところがある。とくにナショナリズム、国家主義は現今の中国でもっとも深刻な問題であり、リベラリズムはそれに対して十分に応答していない。しかし、栄剣の「中国のリベラリズムの失敗は、かなりの割合で低層から遊離したことと関係がある」という指摘は正しくない。「重慶モデル」や「烏有之郷」（インターネット政経評論サイト『ユートピア』を指す。改革開放に否定的で、文化大革命を発動した毛沢東を肯定する）など毛左派が一部の低層民衆の支持を得たことを理由に、リベラリズムは基層民衆のなかでの影響力に欠ける、と断言する言説を認めるわけにはいかない。本書が一貫して主張したいのはまさに、中国リベラリズムの成長には特殊な背景があり、かならずしも西洋からの舶来品ではないということだ。それはすなわち、中国リベラリズムの権利や権力についての解析が現代中国における反専制と繋がっているからである。この意味で、中国リベラリズムと庶民の実生活は決して遠いわけではなく、むしろ緊密な関係にあり、「リベラリズムは中国社会の暗黙値足り得る」と言えよう。

当然、学理としての中国リベラリズムには、まだ巨大な余地がある。ただ啓蒙（現今レベルでの啓蒙）につとめるだけでは不足で、中国リベラル派知識人は党＝国家が精緻に捏造した歴史神話（この神話はすでに煤にまみれ、少なくとも中国人の三世代を毒した）と対峙し、ひとつの系統的な理論、中国生まれの学術を構築する責任があり、歴史に対する全く新しい解釈を提供し、党＝国家の史観を解体してゆくべきである。中国の民主への転換は困難をきわめるが、それを果たしたあとの認知と精神の再建にはさらに困難な道程が予想される。中国リベラル派が確立する新たな史観は、このような認知と精神の再建に寄与すべきである。

ここ数年、筆者は『五四から六四まで』（香港・晨鐘書局、二〇〇八年）の執筆を通じ、こうした中国生まれの学術構築に邁進してきた[16]。筆者はこのプロセスを「中国版批判理論」と名付けた。二〇〇八年、ドイツで開催された学術シンポジウムで、中国批判理論の構築について四つの見解を発表した。

その第一は、中国批判理論の主題は中国の専制制度で、とくに中共一党制を核心とする大陸の現存体制とその制度に対する批判である。これにより、中国批判理論は批判の核心精神を受け継ぎながらも、西欧マルクス主義の左翼批判とは立場を異にする。中国批判学者の立場は憲政リベラリズムで、同時に左翼思想資源のなかにおける一切の合理成分を汲みとっている。

第二は、中国批判理論を構築する客観的条件と主観的条件は、すでに熟しているということである。

第三は、中国批判学者が直面する困難は、まず、表現の権利を獲得することである。制度的な文脈から見れば、今日の中国批判学者は往年のフランクフルト学派の第一世代の生存条件よりもさらに厳しく、過酷である。しかし、反対するということから言えば、これはまた中国リベラル派知識人の光栄であり、中国批判理論家の光栄でもある。専制体制と近距離で闘うことは、快感と歴史的な臨場感を味わうことができよう。

第四はまさに上の理由から、中国批判学者の特性が省察者の行動と行動者の省察が統合されたものであるということだ。中国批判学者は省察を重ねながら現実と対峙し、未来を準備しなければならない。(17)

この任務は現在進行中である。結果がどう出るか、それは未来が評価をくだしてくれよう。我々は努力するのみなのだ。筆者は、とくに多くの若者世代がこの研究の隊列に加わってくれることを願う。そうなってこそ、未来を切り開くことができよう。

第二章　リベラリズム（続一）

中国リベラリズムは現代の専制との闘いのなかで生まれてきたもので、中共の一党独裁をはじめとする中国の現代の専制を終結させ、リベラリズムに民主転換する根本的な使命を担う。

中国の民主への転換の目標とその方法

中国を民主へ転換するためには、まず解決すべき二つの問題がある。第一は転換の目標（将来のあるべき政体）の確定、そして第二は転換の方法の選択である。中国は多元的な立憲民主国家を樹立すべきであり、それに疑いの余地はない。しかし立憲民主は原則にすぎず、その諸外国における具体的な実現形式は様々である。例えば、米国の大統領制は英国の内閣制とは異なり、フランスの〔主権〕単一〔不可分〕制はドイツの連邦制と異なる。中国の国土の広さ、状況の複雑さに直面するとき、任意の一国の体制を安易に「複製」することはかなわず、現実に即したデザインを施し、将来の政治制度を推敲する必要がある。この作業には膨大で精密な研究を要し、まず異なる制度案を比較検討することが肝要だ。研究者は、こうした創造的な仕事を称して「リベラリズムのアップグレード」と呼ぶ。[1] この立論は正しい。[2]

次に、中国の転換はいますぐにも始める必要がある。これは転換の勢いが現体制の「解体」と新体制の構築がともに進行することを意味するだけでなく、中国の転換がきわめて特殊な経路をたどり、他の先進国のそれとは異なり、また中国に先立って初期の民主化を達成した欧州におけるかつてのソ連衛生国家とも異なることを意味している。我々は中国の転換の独自性、その特殊な条件に十分すぎる注意を払う必要がある。方法の正しい選択は、改革の理性が成熟してゆくことを意味する。この点で、中国人は過去の経験に照らして創造性を発揮することができよう。(3)

上述した二つの問題については、内外の中国リベラル派知識人によってすでに少なからぬ研究と議論がされ、それは意義深く、厚みのある論争になっている。さきにあげた九大思潮のなかで、ただリベラリズムのみが中国の民主への転換にかかわる前提問題で相当な知識と思想の蓄積を果たしているのは事実である。

将来の政体——厳家祺『連邦中国構想』

一九九〇年代初頭、海外に逃れた中国の学者たちは二十一世紀中国基金会が主催した「将来の中国における憲政構築」という一連のシンポジウムなどを土台として「中華連邦共和国憲法（草案提案）」を起草した。この憲法起草案の核心は、将来、中国が「連邦の特性を備える連邦制」を主張しているところにある。起草案は、厳家祺が中心になってまとめたものだ。

厳家祺（一九四二〜）は一九八〇年代に中国社会科学院政治学研究所の初代所長に就任し、一九八六年から一九八七年まで趙紫陽の下で中国政治体制改革のグランド・デザインを描く仕事に従事した。六四事件後にフランスへ逃れ、後に米国へ渡った。さきごろ、数人の友人とメリーランド州に引っ越した厳家祺夫妻を訪ねた。厳氏はすでに七十歳を越えた高齢にもかかわらず身体壮健で、引っ越しにはみずから自家用車を駆って米国南部のフロリダ州から北部のメリーランド州まで三日間かけて移動している。

厳家祺が著した『連邦中国構想』は、一九九二年に香港で出版された。厳はこの本で、中国の現体制には三つの大きな弊害が存在していると語る。第一は権力を横軸で見た際の専制、第二は権力を縦に貫く中央集権、そして第三は政府権力の全能主義であると述べ、「中国政治体制の三大弊害は三方面から克服されるべきで、それは専制政治を民主政治で交代し、中央集権制を連邦制に換え、全能主義の政府を権力を制限された政府で代替することである。将来における中国の政治体制は民主制であるべきで、有限権力政府と連邦制の結合体制であるべき

だ」と主張する。(4)

「中華連邦共和国憲法(草案提案)」は、この主張の展開と具体化である。草案は八章七十五条からなる。第一条は、「中華連邦共和国は、自由、民主、法治を旨とする連邦制共和国である」と謳っている。第四条は、「中華連邦共和国は自治邦、自治省、自治市、および特別区から構成される」としている。草案は両岸統一を果たしたあとの台湾について特殊権を有する自治邦と規定し、「台湾自治邦は貨幣の発行権を有し、旅券や旅行証、査証の発給権を持ち、最高裁判所、宇宙、航空、海運、郵政、電信、著作権の保護、特許、商標および知的財産権に関する機構を設立できる」としている。さらに「台湾自治邦は財政的に独立し、連邦税を免除される」と規定し、「台湾自治邦は武装部隊を維持する権利を有し、連邦軍の進駐を拒否できる」と定めている(第三十八条)。チベットについて、憲法草案は「チベット自治邦を国家自然保護区とし、その域内において核や生物兵器の実験、および核廃棄物の貯蔵を行うことを禁止する。チベット自治邦は財政的に独立し、連邦税の徴収を受けない。チベット自治邦は、最高裁判所を設立する権利を有する。チベット自治邦の地位は、本憲法の施行から二十五年後に域内で市民投票を実施してこれを検討、確定する」(第三十九条)ことを規定する。憲法草案第三十七条はまた、「香港特別区とアモイ特別区は二〇五〇年までに域内通貨を発行し、旅券、旅行証、および査証を発給する権利を有し、最高裁判所を設立し、郵政・電信を管理し、著作権、特許、およびその他の知的財産権を保護し、中華連邦共和国特別区の名義で外国と非政治的、非軍事的な協定を結び、非政治的、非軍事的な国家組織に参加し、海外駐在経済貿易事務機関を設置することができる」と規定している。これらの規定は、台湾、香港、マカオ、チベットなどの地域にある種の連邦国家的な権利を付与していることから、「連邦の特性を備える連邦制」ということができよう。憲法草案第四十九条は、「中華連邦共和国国会は国民院と連邦院の二院からなり、ともに立法権を行使する」と規定する。憲法草案第五十六条と第五十九条は、最高行政機関(国務院)は議会を構成する国民院の選挙を通じて成立し、国民院がこれを主管する、と規定している。上の条文から見る限り、この憲法草案は内閣制政府の原則を体現している。(5)

さらに何人かの学者が将来の中国の政体について、連邦制に内閣制を加える原則に賛意を表明している。例えば国内にいる張祖樺、王建勳、段振坤ら、そして海外の陳小平、王天成らだ。香港の明鏡出版社が一九九九年に諸葛慕群の名義で出版した『中国はどのような政府を必要とするのか』は、連邦制に対して中国の学者が表明した系統的な見解である。[6]

筆者は、これに対して異なる意見を表明したい。拙著『中国憲政改革実行可能性研究報告』（香港・晨鐘書局、二〇〇八年）で、将来の民主中国において、なぜ連邦制＋内閣制が適していないのかについて、以下のように自身の見解を述べた。

連邦制について、世界でこの種の体制を敷いた国の多くにはまず「分裂」があり、後に「合従連衡」し、「連邦制」の形成は例えば米国のように歴史の自然な発展変化を体現した。中国で過去二千年の歴史のなかで実施されてきたのは中央集権であり、現在もまた統一国家であり、「分裂」から「合従連衡」に進む背景や需要がなければ、「合従連衡」するためにまず人為的に「分裂」することもない。将来の変遷のなかで執政者の頑固な愚昧政治から社会矛盾が激化して内乱が発生し、それが内戦に発展して国家分裂、エスニックな分裂を引き起こし、各勢力により国家の再構築が求められ、その勢力の力が拮抗するとすれば、そのときは連邦制の採用が現実になり、それが唯一選択可能な制度として転換の必要性に迫られた中国の眼前に立ち現れるだろう。それ以外の場合、おのずと連邦制を採用する理由は見当たらない。さらに重要なのは、大国としての中国が抱える特殊性だろう。この国の巨大な地域差、発展の格差は将来の中国政治の構築に関わるいかなる学者、政治家もおろそかにできない基本的な現実である。中国東部、中部、西部には現在に至るも経済、社会の発展レベルに大きな溝が解消されないでいる。人口や資源分布も不均衡だ。国土環境はきわめて脆弱であり、環境保護圧力は巨大である。中国は、地区や地域をまたぐバランスという難題に直面している。これらすべての要因により、古典的な連邦制の「二元主権」や「上からの分権」などの制度は将来の中国には適合しない。今日の世界を見ると、伝統的な単一「不可分」制と連邦制が変化を遂げ、融合する勢いにある。例えば、英国、フランス、日本など単一制国家は、みな地方自治の可能性を探り、それなりの成果をおさめた。典型的な連邦制国家である米国は反対に、一九三〇年代から連邦政府の力を高める方法と道筋を探ってきた。今日、多くの場面で人々は連邦体制下の「自治」と単一制の下における高度な「分権」にどれほどの差があるのかということを明確にできなくなっている。それらはおそらく地方の首長の任命制ではない直接選挙、中央政府が分掌する財政権力、および地方に対する消極的なコントロールを意味している。最後に、台湾、香港、チベット、そして新疆問題について言及すれば、これらはたしかに将来の国家統一と縦型立憲構造（中央と地方の関係）を準備する上での重要かつ難しい点である。多くの人たちが連邦制の採用を提案するのも、まさにこの点にある。しかし筆者は、これらの問題はもっと適切な制度の枠組みで解決できると考えている。例えば台湾と大陸の統一は、まずある種の特別な「連邦」形式で対等な関係を築き、そのあとで特別行政区の形で台湾が中国大陸に編入することだ。この意味で、厳家祺の提唱する方法には部分的に合理性がある。チベット、新疆などの民族地域は真正の民族自治、あるいは多元的な文化保護、他民族との共存・共治政策を敷く必要があり、二元的な共和制の枠組み内で純漢族地域よりもさらに多くの自治権を享受する必要がある。(7)

中国に内閣制が適さないのはなぜか、筆者の考えは以下に示すとおりである。まず、英国には内閣制の源流がある。しかし、その生成には文化的、歴史的な背景があり、それをむやみに模倣はできない。英国の政治学者、マイケル・ウィリアムズは英国の分権体系の歴史的な変遷とその特徴について検証し、英国の議会制政府が十八世紀後半から十九世紀初頭にかけて「分権と統一の平衡」を獲得したが、この「精密な平衡」は全く英国史上の国王、貴族院（上院）、庶民院（下院）の間で培った関係による、としている。次に、内閣制が依拠する内閣と議会の共生関係は、議会機能のある種の混淆を前提とする。議会（ここでは、民選議会を指す）の主要な機能は民意の表明である。代議機関として、民選議会が果たすべき主な役割は立法と政府に対する監督であろう。内閣制の下で、内閣は議会が生み出す。これは議会が政府官員を送り出す方便であることも同時に意味し、議会の機能は混淆する。そして、もしも議会を制するのが多議席を占める政党だとすれば、議会制の原理でこの政党が組閣することになる。言い換えれば、この政党は議会を制すると同時に、政府をも制することになるのだ。こうした立法機関と行政機関の「同時支配」状態は法律の制定、政策の徹底、遂行に有利だが、また負の作用も顕著である（反対党＝野党が存在しても、一定のガバナンスを発揮できる）。一党による立法機関と行政機関の「同時支配」は、党＝国家の伝統が長い中国にとってはとくに憂慮し、恐るべきことである。逆に多数議席を持つ政党が存在しない議会は、少数派内閣、あるいは多党連立内閣の成立が免れない。少数派内閣、あるいは多党連立内閣は往々にして不安定で、「倒閣」という事態もまた頻繁に起こる。往年のワイマール共和国やフランスの第三共和制、第四共和制がその好例だ。共通認識に乏しい政党システムは、こうした局面を招く重大な原因となる。今日の中国がまさに共通認識に欠けた断裂型社会で、政体転換後の多党政治はおそらく衝突を招き、共通認識を有する政党システムとはならないだろう。こうした状況は、将来における民選議会の運営に深刻な悪影響をおよぼすことが予想される。「密室の暗闘」に慣れた中国人にとって、これは内閣制が適さないもっとも大きな要因である。体制転換後の中国には安定した強大な政府が必要で、頻発する「倒閣」は政府の安定と政策の連続性に不利になろう。中国の議会は政府官員の送り出し機能を担うべきではなく、制度上から内閣と議会政党政治間の共生関係を断ち切るべきである。(8)

将来の政体
――範亜峰の「公民政体」論と「半大統領制」

範亜峰(一九六九～)はキリスト教徒で、中国社会科学院法学研究所の元副研究員である。二〇〇九年、筆者よりも二カ月早く同院を逐われ、最近数年は監禁状態〔現在、中副聖山研究所所長〕にある。

範は「公民政体」の樹立を唱導している。この政体はエリートと庶民を調和させたもので、正義を旨とする。この政体の道統は士人〔知識人〕共同体が支え、政統は法律家が担うとされる。具体的な制度設計については連邦制を採用し、憲法法院と半大統領制を組み合わせた憲法体制にする、と範は主張している。範亜峰は、半大統領制について次のように説明する。

中国の公民政体は半大統領制がふさわしく、大統領と首相が併存する体制を採用することができる。大統領制と内閣制の調和モデルは大統領制と内閣制を結合できるというメリットがあり、大統領の強権発動を防止できるが、更迭は困難で、政権の危機をもたらす恐れがある。内閣首相制は、首相の辞任という形で権力の危機を解決できよう。半大統領制の制度設計は、現行の国家主席と首相を組み合わせた政府体制に比較的近い。これは民主転換に最小限の変化しか求めない原則に適っている。

大統領の権力は、ロシア憲法の枠組みを借りてくるのがよい。大統領は国家元首であり、同時に重要な国家権力を掌握する。

　首相は政府首脳であり、大統領が指名し、公民院[9]の過半数の議決をもって承認される。公民院は連邦政府が管掌する。[10]

　これはまさに、比較的に標準的な半大統領制のモデルである。範亜峰は、憲政への転換はできるかぎり小さな変化を原則として対価を減らすことに言及しているが、これは当然のこととして正しい。半大統領制にも、たしかに多くのメリットがある。論点は、フランス式か、もしくはロシア式のいずれを手本とすることが将来の中国における憲政問題をうまく解決できるか、ということだろう。筆者の答えは、いずれも否である。半大統領制の基本的な特徴は、いずれにしても大統領と議会が行政権を分担して制するということであり、これは「首相」（第二行政首長）の選出方法とその性質によって実現できるものである。フランスでは大統領が首相の任命権を有するが、あくまでも国民議会で多数の賛成を得て任命される（たとえ憲法にこの規定がなくても）。これは容易に問題を引き起こすことが予想される。つまり、大統領と首相の権力基盤が異なることから、行政権自体に分裂の危機が起こる。当然のことだが、フランスではシャルル・ドゴール以来の第五共和制は政権運営が秀逸で一時期を画し、大統領、首相ともに選挙民の支持を獲得して（大統領は直接選挙で、首相は国民議会で多数議員の支持を得た）政治的見解が一致し、協力関係も良好だった。また別の時期（大統領と首相がそれぞれ別の政党から選ばれたとき）においても、フランス人は巧妙な政治、人間関係の擦り合わせを通じて「左右共治」を無難に進め、大きな混乱を招くことはなかった。この成功を、論理の欠如による第五共和制の政治運営と否定することはできない。これは多くの場合、政権内部に不一致をもたらす制度運営で、その結果は大統領権限が強大になって首相がお飾りになるか、あるいは首相が主導権をにぎって大統領に実権がなくなる。これら二つの状況下では政権に内部消耗が発生し、合理的な統治が働かなくなる。

　ロシアの半大統領制に言及すれば、その制度はフランスのそれと相似している。例えば、ロシア連邦憲法も大統領は「ドゥーマ（下院）の同意を得た後に連邦政府首相を任命する」と規定し、ロシア連邦大統領は「ロシア連邦憲法の規定に照らしてドゥーマを解散できる」としている。[11]しかし、フランスとロシアの半大統領制にはその成立過程にそれぞれの歴史的な背景があり、ドゴールやエリツィンという政治的強者との関係が濃厚である。

ロシアの憲法制定はソ連共産党の専制体制が崩壊したあとの転換期、新制度の構築と旧勢力との闘いという複雑な局面で半大統領制が生まれたもので、実質的にはエリツィンの「超大統領制」と呼べるような独特の政体と言えよう。このため、半大統領制は過去半世紀の人類の立憲主義における重要な創造であったことにより新興の民主国家によって採用されたが、それには政権内の不一致が起こりやすいという欠陥を抱えており、将来の中国には適さない制度であると考えられる。(12)

将来の政体
——張博樹の「双軌共和制」と「修正大統領制」

筆者は拙著『中国憲政改革実行可能性研究報告』で「双軌共和制」、「立法三院制」、そして「修正大統領制」などの将来構想を提案した。それらは中国という超大型国家の民主実現と国家統治の必要を満たしていると考えている。以下、「双軌〔二本の軌道〕共和制」と「修正大統領制」について簡潔に紹介する。それらは連邦制、内閣制、そして半大統領制に対する代替案である。

いわゆる「双軌共和制」とは将来の民主中国が単一制と連邦制のメリットおよび排除すべき欠点を汲み取り、同時に地方自治と超大型国家の統一統治を同等に重んじている。それは、「分級自治」、「多種形態」、「適度集中」の漢字十二文字で括ることができよう。「自治」とは、市民の権利を直接に体現したものだ。憲法は自治の定義を、一定の区域内の市民が法に依って区域内を自主管理すること、としている。それは国家の憲法に背かない原則で地方の立法を進め、選挙区内の行政長官と議員が地方財源の使途を決定し、区域内の公的課題を自主的に運営することである。「分級」は、自治の多層制を意味する。これは中国の人口が多く、歴史的に形成された行政区画の伝統およびそれが体現する区域の人文地理に対する考慮、そして経済発展がもたらした区域経済の整合関係の変化に対する考慮、そのほか将来における憲政中国の総行政コストの効果的な削減などに配慮している。「多種形態」とは、中国が多民族共存国家であり、歴史的な要因から香港、マカオのような特区政治共同体が存在することを念頭におき、これらの要因が将来の憲政中国の自治形態が必然的に多元的であることを決定する、ということである。チベット、新疆など民族地区の自治はいきおい漢族地区の地方自治とは異なる部分があり、香港、マカオ、そして統一後の台湾における自治も大陸の省や自治区の特徴とは異なる。最後に「適度集中」で、これはすなわち連邦制の下では、軍事、外交などの権限が通常中央政府の手中にあることを指す。憲法が定めるいわゆる「適度集中」とは、ひとつの政体としての中国が成功裏に全国規模の課題に取り組み、かつ中央政府が地区や全国規模の問題に関与するための十分な手段を法的に保障することである。中央政府と地方政府（ここでは省政府）は合作関係（自治権の範囲内で、中央政府は地方政府が法に依って当該地区における公的事務の遂行を指示する義務を負い、干渉することはできない）にあるとともに、指導と被指導（区域を逸脱する全国的な公的課題では、地方行政長官は中央政府の指揮に服さなければならない。地方行政長官は中央政府が委託した当該地区における公的課題の解決に関し、その処理を中央から授権されるが、実施に当たっては中央政府の監督を受ける必要がある）の関係にある。この原則は、省以下の各級行政長官間にも適用される。

上に述べたなかで、「分級自治」と「多種形態」は、よりいっそう連邦制が持つ分権の特徴を体現している。「適度集中」は単一制政府構造のある種の元素、とくに集権元素を継承する。しかし、ここに言う「集権」は「適度」であらねばならず、それは新たな制度的枠組み内での「集権」であり、法律による明確な制限を受け、ふたたび伝統専制型中央集権制の轍を踏むことはない。憲法政治の意義から、「分権自治」にせよ、「適度集中」にせよ、それらはすべて民権の制度的な体現であり、単に範囲が異なるだけにすぎない。すなわち、「自治」の体現は区域制民権であり、「集中」の体現は国民全体の民権（最高行政権の行使を国民全体から付託される）である。そして政府構築の意義から「分権自治」と「適度集中」は、まさに二種類の異なる伝統構造の意義ある吸収と止揚《アウフヘーベン》となる。このようにして、この共和政体は「双軌」（二本の軌道）を有し、同時に新たな制度的枠組みのなかで融合してゆく。[13]

次に「修正大統領制」は、米国の大統領制を直接に採用しないことを意味している。理由は二つあり、第一は、中国がいまだ大統領直接選挙の条件（米国は選挙人団の制度を留保しているが、実質的にはすでに直接選挙である）を備えていないこと。第二は（これは重要）、中国が米国の行政機構のような「一人独断」制に適していないということで、行政機構内部における必要なガバナンスを実施する必要がある。米国では、大統領に対する制約は主に立法機関の否決権で行使されるが、行政機関内部は基本的に大統領の「一人天下」である。中国の状況は全く異なる。中国には根深い独裁の伝統があり、このことから言えば、将来の中国に大統領制を敷くことに反対する主張は、全く根拠のないことではない。問題は、将来の中国における内閣制と古典的な大統領制の施行可能性は我々が創造力を発揮し、各種の未完成な憲政制度のなかでいかに新たな整合を実現するかにかかっている。将来の中国では大統領に保証する強大な行政権を熟慮する必要があり、大統領が独裁に走ることを防止し、三権に必要な統治メカニズムと行政権内部のそれを含む必要なガバナンスのメカニズムを打ち立てる必要がある。将来の憲政中国、そしてその行政機関は議会から生まれるものではないので、内閣制とは言えない。さらに、大統領が一人で専権を握ることは能わず、この意味から米国の大統領制とも言えない。大統領と首相の二人の首長が存在し、しかし行政権の依拠基盤は統一するという形態はフランス式、あるいはロシア式の半大統領制でもない。将来の民主中国における首相は民選議会から生まれるのではなく、民選議会の批准もない。民選議会（この意味で）も大統領とともに行政権の制御を享有することはない。このため、これはある種の修正であり、二重の行政首長と一つの政策決定層が構成する大統領制を「大統領制枠組み内の行政双首長制」と呼ぼう。これがすなわち「修正大統領制」の基本的な含意で、それは将来の中国で強大な政府が施政能力を擁し、同時に権力の独裁を有効に抑制するという二方面の要求を満たすことができるのである。(14)

将来の政体
——徐文立、封従徳らの「民国回帰」の主張

近年、さらに一部のリベラル反対派人士は「民国回帰構想」を提出している。いわゆる「民国回帰」で、それは一九四六年に制定された憲法を基礎に、将来の中国の憲政民主体制を再構築しようとするものだ。海外において、徐文立、封従徳らがこの主張をするグループの代表である。

徐文立（一九四三〜）は天安門の民主運動に加わり、十五年間投獄された。獄内で「第三共和」について研究した。「思索すればするほど、次の二点に思い至った。第

一は、中共の一党独裁を終わらせること。第二は、一九一一年に始まった「第一共和」と一九四六年の南京「憲法」から生まれた「第二共和」の伝統を堅持することである。そこで初めて、私は「第三共和」の構想を導き出すことができた。それを果たして「第三共和」と呼ぶか否かは重要ではなく、肝心なことは「共和」という伝統に立ち戻ることである。そこに至れば、中国には孫中山先生の「革命いまだ成らず、同志はなおすべからく努力すべし」という遺嘱がある」と主張する。[15]

封従徳（一九六六〜）は六四・天安門事件の学生リーダーの一人で、運動が鎮圧されるとフランスに逃れ、現在、米国で『六四档案』を編纂し、同時に孫文学校の校務を主宰している。なぜ、一九四六年の民国憲法に立ち返る必要があるのか。封従徳は、四六憲法は現代における民主国家の憲法の長所を集大成したもので、西欧の三権分立の精義と三民主義が有する五権憲法の精緻が盛り込まれている、として次のように述べる。

四六憲法は、当時、各政治勢力が妥協によって到達した共通認識である。将来、中国が民主化するに際して多くの憲法草案が提起され、それぞれに対する支持が断片化され、とても四六憲法に伍して競うことはできないだろう。なぜならば、四六憲法はすでに存在しているものであり、他に代え難い長所を具備しているからだ。

台湾の実践が証明しているように、四六憲法は華人社会の民主化需要に完全に適用できるだろう。辛亥革命が育てた大樹はすでに台湾で大輪の花を咲かせ、果実を育み、現在、その憲政を大陸に里帰りさせるばかりになっている。[16]

ある種の意味において、徐文立と封従徳は活動家にすぎない。理論面から「民国回帰」の合理性を論証するのは、やはり海外に逃れた作家の辛灝年であろう。

辛灝年（一九四七〜）はもともと安徽省文聯の職業作家で、一九九四年に米国へ居を移した。辛の代表作は一九九九年に出版した『誰が新中国なのか』である。辛灝年にすれば、辛亥革命がつくった「中華民国」こそが中国人が誇りとすべき「新中国」であり、中国共産党が打ち立てた「中華人民共和国」は中国における専制制度の「全面的復古」にすぎない。そのため、この著作は孫中山と蔣介石という民国の二大指導者に献呈され、作者は孫中山を「中華民国の締造者、共和制度の創建者、現代中国の開拓者、中国民主発展の歴史的な領袖」と同定し、蔣介石については「北伐を指導し、中国を統一して、偉大な護国戦争で勝利をおさめ、台湾の民主繁栄の礎石を築いた民族の英雄」としている。[17]

辛灝年の著作は、史学の論考として明らかな欠点がある。それは共産党史観を糾すためにもう一方の極端に走ってしまったことで、その結果、複雑な歴史を単純化してしまった。中国共産党による党＝国家体制はたしかに辛亥革命がひらいた中国の制度面における近代化への歪曲と離叛であり、この意味においては辛の「中華民国」こそが「新中国」であるとする主張はもとより間違ってはいないが、中国国民党の党＝国家体制も共和革命の発展に幾多の波乱と挫折をもたらし、それがために不安定となり、国民党は中国大陸において最終的に共産党に敗れた。それは蔣介石の独裁が招いた政治的な結果と大いに関係があり、ただ日本の侵略とソ連の「転覆行為」などだけに帰することはできない。[18] 真実の歴史は、もっと複雑なのだ。厳しい歴史研究において、この一点を疎かにすることは絶対に許されない。

国内学者の陳永苗は孫中山や国民党を神格化することに反対しているが、同じように民国回帰を主張している。この青年学者から見れば、国共両党の党＝国家体系はひとしく人民主権を歪曲する代表的な形式であり、これは人民主権を迫害する内在的な矛盾を孕んでおり、「人民を代表することは、人民を排除し、追いやることによって、人民を政治の舞台に介在させないシステムである。行動と目的が一致しない、相互に衝突する構造モデルである」と主張する。また、「民国の歴史に返る必要があるのは、その現在における意義と奥義を再発見したいがためであり、私たちの存在と民国の歴史との繋がりを探求することにある。民国の目標は私たちの時代に復活する。国師たちが赤い垣根の内側を伺い、みずからを利するために汲々としているのは周知のことである。しかし、我々も彼らを悩ませることはできる。身は曹営にあっても、心は漢にあり〔「身処曹営心在漢」〕は、「身体は対立勢力のなかに置いても、心はもともとの場所にある」の意〕、民国に想いを寄せ、民国人、民国の政治家であり、反対党であることを自認し、彼らに支持は与えず、彼らに独断の一人芝居はさせない」と強調する。そしてさらに「しかし同時に、我々は民国史を国民党史に簡略化することもできない」と述べ、「私は国民党の精神党員などではなく、三民主義の主張には十分にリベラリズムがあるが、それを政治的なアイデンティティとはしない。私は民国派であり、民国にアイデンティティがあり、国民党にはない。三民主義を憲法に書き入れることには賛成できず、民国はさらに一歩脱国民党化すべきだった」と強く語る。[19]

ここで問いたいのは、「民国に回帰する」ことを主張する者は、民国の一九四六年憲法とその後に見られる変遷を果たして深く検討したのか、ということであり、そこから断定できるのは、それが将来の民主中国の需要を満たすのかということだろう。

民国一九四六年憲法は将来の中国政治制度の青写真となり得るのか

これに対する筆者の回答も、否である。

中華民国の時代には、北洋期の「曹錕憲法」、一九三六年の「五五憲法草案」、そして一九四六年の憲法制定国民大会で通過した中華民国憲法など、いくつかの憲法が存在する。一九四六年憲法は、孫中山による権能分治と五権憲法学説をベースに内閣制の立憲原理を取り入れ、二者を折衷した内容になっている。これは当時においては自然の成り行きで、致し方ないことだった。国民党が主導する憲法制定過程で「国父」の遺訓を尊重する必要があったからだ。この憲法は一九四七年一月一日に公布され、同年十二月二十五日から正式に施行、形式上は五権制で国民大会を基礎に行政院、立法院、司法院、監察院、考試院の五院を有し、当然のごとく総統が置かれたが、それはお飾りで実権はなかった。

ところがこの憲法が作られて、すぐに実質的な修正が施された。内戦中の蔣介石が、象徴ではなく、総統の実権を必要としたからだ。そして、「動員戡乱時期臨時条項」が準備され、それは一九四八年に整えられて実施に移された。その一年後、国民党は内戦に敗北し、台湾へ退却せざるを得なくなる。その後の数十年、一九四六年憲法は七次修正にまで至り、今日の中華民国憲法は当初のものと大きく異なっている。

例を挙げれば、一九四六年憲法には「国民大会」(国大)を規定する条文があり、これは孫中山の遺訓を示したもので、皆民参政権(孫中山はこれを「政権」と称し、「治権」と区別した)を体現している。ところが国大はその組織形態から見ると当時のソビエト、あるいは今日の中共の「全国人民代表大会」のようなもので、一千人以上が議場で参会し、執政党が政治を弄ぶ玩具のようなものだった。台湾へ退却後は「匪区」からの各省代表は選出できず、最初の代表がその任期を延長する「万年国民代表」の様相を呈し、この問題も解決されなければならなかった。

一九九〇年代初め、台湾で数次にわたる改憲が実施されたのはこのためで、増員になった国民大会の代表はすべて台湾本土から選出された。これにより、その旗印は依然として「中華民国」だが、国大の性格は全国から地方へと変わった。その後、国大そのものの存続意義も問われるようになる。立法院も監察院も欧米体系のなかの立法と民意代表機関に相当するので、何故にさらに国大を存続させなければならないのか、というのだ。こうして一九九九年になると、台湾朝野の共通認識として国大をこれ以上存続させることができなくなった。二〇〇〇年四月、第六次改憲で必要時にのみ開会するいわゆる「臨時国民大会」に改変され、常設機関ではなくなっている。

二〇〇五年は「臨時国民大会」が唯一開催された年で、その目的は国民大会を正式に廃止することだった。みずからに最後の一刀を与えたのである。「臨時国民大会」の決議は、中華民国史上の最後の国民大会を廃止し、その機能を市民全体に引きわたす（第七次改憲）ことだった。国大の権能はそれ以前の数次にわたる改憲ですでに縮小され、選挙、罷免、創制、復決など四種の基本的な民権はすでに市民の直接行使に委ねられ、その結果、一九九六年、市民による総統直接選挙が実現した。第七次改憲によって、国民大会は消滅した。

今日の台湾は、政治制度的にはすでに一九四六年憲法に規定された内閣制を踏襲していない。どちらかと言えば、フランスの半大統領制に近い。これは、一九九七年に実施された第四次改憲の結果である。当然、五権憲法は今日の台湾政体で反映されている。それは監察院と考試院がいまだ残されていることに顕著だが、与野党間にはこのことについての論争がある。厳密に言えば、現今の台湾政体は「四不像」〔原意は、顔は馬、角は鹿、首は駱駝、尻尾はロバに似ているが、そのいずれでもない動物のことを言う。似て非なるものの例え〕で、例えば総統直接選挙は当然大統領制だが、現行の台湾憲法は行政院が国家の最高行政機関であることを明確に規定している。これは一九四六年憲法ですでに謳われていたことで、以来一度も変更されたことはなく、七次にわたった改憲でも問題にされてこなかった。

総統制あるいは反総統制なら、総統が行政の最高権力を掌握し、行政院であるべきではない。フランスの半大統領制に近いのではないかという見方もあるが、そうではない。本来の意味における半大統領制とは、大統領と首相のあいだに制度的な接続ルートがあり、例えば大統領は閣議に出席でき、実質的な意見を述べることができる。ところが、現在の台湾の制度にこのようなルートは存在しない。当然、それは台湾の制度以外のなにものでもなく、それが悪いわけではないと主張する人もいる。問題は制度には筋が通っているべきで、論理上の矛盾があってはならないということだ。

前後七次にわたる改憲で、一九四六年憲法を基礎にして主に内閣制を志向し、同時にもともとの孫中山五権憲法の枠組みを温存し、そしてフランス式の半総統制を部分的に導入しているので、内実に矛盾が生じ、その矛盾は七次にわたる改憲過程で完全には是正されることはなかった。現在にいたるまで、台湾の立憲体制には内部に依然として法理上の矛盾が存在し、運営上にもいくつかの問題があり、理論と実践が往々にして一致しないことがある。さらなる改革でこれらの置き去りにされた問題をいかに解決すればよいのか、現在、台湾の学界で議論されている。[20]

こうして見ると答えはすでに明らかで、中華民国が一九四六年に制定した憲法は将来の民主中国には合わないということである。もしも論者が一九四六年憲法の原初的な形を意図しているのなら、ソビエト式の人民代表大会のあとでふたたび孫中山の国民大会制を誘引するだろうことを否定できない。一九四六年憲法が内閣制を重視(推崇)し、内閣制がなぜ将来の民主中国に相応しくないのかはすでに前段で検討したので繰り返さない。もしも論者が七次にわたる改憲後の中華民国憲法を指しているのなら、台湾政治の必要に応じて修正すべきで、それは台湾で実施される政治運営の産物にすぎない。我々がそれを将来の民主中国の憲政の青写真にする可能性も、必要性もない。中国大陸の民主転換戦略を模索する者にとって、それは一種の怠慢であり、取るに足らないものだからだ。

台湾が民主転換した経験は貴重で、将来の民主中国を打ち立てる過程で台湾の経験から汲み取る養分は多い。それは例えば憲政の確立、憲政改革に関わる経験などだが、このことと半世紀以上も以前につくられたあの中華民国憲法をそっくりそのまま採用することは全く別の問題なのである。

第三章　リベラリズム（続二）

中国の体制転換の道程は、民主化の推進と方法の選択の如何に関わる。例えば「漸進」と「急速な変革」では、いずれの方法が中国における政治体制の転換に合うのか。さらに言えば、比較的穏便な体制内変革と街頭抗争の関係をどのように見たらよいのか。また、「政治的反対」をどう理解すべきか。そして「革命」の含意をどのように定義すべきか。現今の中国にとって、これらの要素はみな重要で、明確になるのが待たれている。これらの課題については、リベラル派知識人の間でも少なからぬ議論がある。

転換の道筋
——周舵「中国民主化の漸進路線」

周舵（一九四七〜）はインドのカリンポンで生まれ、一九八九年に発生した六四・天安門事件の際には絶食抗議行動に加わった「四君子」の一人として有名だ。数年前、範亜峰の自宅で開かれた集いに現れ、二人は初対面で歳の差は二十二歳もあるのだが、ともに舌鋒鋭く、双方譲らず、それぞれ自負の表出はまことに痛快であった。

中国の民主転換戦略について言えば、周舵はリベラリズム反対派のなかでは「漸進」を主張する代表の一人である。典型的なエリートの立場で、ポピュリズムへの恐怖が周舵を漸進主義に向かわせた思想的な土壌になっている。周は二〇〇八年に行った「中国の前途を理解するための七つ道具」という講演の記録のなかで英米型「リベラリズム」とフランス大革命型「ポピュリズム・デモクラシー」を区別し、後者は「パリ・コミューンを経てマルクスやロシア十月革命が全世界に流布されたことで生まれた反自由と反人権、迫害と少数意見の剝奪、反知性主義と反エリート主義で、これを主張したのは貧困者が絶対多数を占め、制約を受けない至上権力の「多数専制」、「多数暴政」だと説明している。このような「徹底的な大民主」、実際には一握りの急進主義エリート層による客観的な事実を顧みない一方的なイデオロギーは現実から遊離した空想で、それがいったん実践に移されると原理から逸脱してしまうと警告し、さらに次のように批判している。

それを当然と考えている天真爛漫な民主の輩たちは、「民主なんて簡単なものさ、小学生にだって理解できる」と声を大にして吹聴する。たしかに民主は選挙を実施すれば一人一票の普通選挙制で、その後は少数が多数に服し、至極簡単である。小学生どころか、チンパンジーにだって分かりそうだ。動物たちの知恵を甘くみてはいけない。しかしこれでは自由民主ではなく、ポピュリズム・デモクラシーではないか。ちょっと考えてみればすぐに分かることだが、民主がそれほど簡単なことなら、どうして古代に民主を語る人がいなかったのか。我々は近代以来、いろいろ手をつくしてそれを獲得しようと努めてきたが、民主はいまだ達成されていないではないか。中国人は、みな白痴なのか。あの幼稚で頭の単純な民主楽観派のスポイルされたイズムに従って、まだ実現していない確固とした憲政や法治の基礎を固めるために、仮に普通選挙で「一人一票」の国民投票を実施すれば、我々の「民主」はとんでもなく醜い形相をしたものになってしまいそうだ。(1)

ここで周舵は一歩一歩、徐々に中国の民主転換を進めることを主張し、その方法は「中道左派」(体制内社会民主主義)と「中道右派」(民間のリベラル穏健派)を糾合するというもので、中国の民主化プロセスを誘導する方法を以下のように説いている。

具体的な実施方法について、いくつかの要点を提案したい。まず、エリート層の認識と理論を統一する。その後、エリート層の主導で自由憲政と法治の基本制度、政治競争のためのルールをつくる必要があるが、ここでは司法の独立が重要になる。そして憲政法治の制度化、「ルールに基づいた競争」、加えて「合法的なプロセスによる規則の改正」など政治行為の習慣を醸成し、安定と協調を旨とする方法で段階的に政治領域における市民の権利、参政権、そして言論、出版、表現の権利を拡大してゆく。政治参加はエリートと大衆の二階層に分けて行われるべきである。エリート層の政治参加については、人民代表大会、政治協商会議など真の意味で将来的に議会へ転換する機構にこれを参与させることとする。執政党は一定期間一党一強を維持して議会の上に置かれるが、「議会元老党」が憲法の下で議会を主要な政治舞台とする機構（議会）となり、同時にその議席を徐々に独立の民間人士に開放し、「体制内発的」な多党制（十七世紀の英国のトーリー党とホイッグ党、あるいは十九世紀米国の共和党と民主党）を育てる方向に進み、現体制の外に非合法状態の反対党を設けるようなことはしない。大衆の参与は基層の民主選挙から徐々に漸進するという方法を採用することが可能で、現在は県や市レベルの民主選挙と司法の独立を真剣に推進する段階に来ている。執政党内部では徐々に多元的な権力のチェックアンドバランスを敷き、基層党員の民主選挙から始める上昇型の民主化メカニズムを確立すべきである。行政サービスを提供する政府は当然、市場や民間組織でできる業務は外部に委託し、民間社会や市民社会が段階的・合法的に参与して無政府的状況や情動的街頭行動、社会的動乱などを防止し……詰まるところ、およそ漸進的で順序だった方式に合致するもの、民主化の大原則をコントロールできるもの、目標実現に役立つ方法と段取りは試してみる価値がある。企業がまとめる事業計画のような、あえて理性的で論理にとらわれた緻密な計画を策定する必要はない。(2)

転換の道筋
——王天成の漸進主義批判と「急速な変革」

王天成（一九六四～）は体制転換の漸進主義を系統的に批判している。王はもともと北京大学の講師だったが、中国自由民主党の創設に関わり、一九九二年十月に北京で逮捕された。二十八歳だった。米国の研究者救済基金の援助で二〇〇八年に渡米し、中国を民主転換するための研究に専念した。二〇一二年、王は『大転換——中国民主化戦略の研究枠組み』を出版し、この分野における重要な作品として注目された。

　王は『大転換』の冒頭に示した「道程の困難」で、「数え切れないくらい多くの人、例えば明らかに当局寄りの知識人、あるいはリベラル派知識人はみな漸進的改革を論じ、漸進的改革こそが民主を実現するもっともリスクの低い道だと主張している。このような見解の持ち主は、その戦略から考えて低いレベルから当局を説得しようとしている。なかには内心では速く、激烈な変革を望んでいるが、当局を怖れて言い出せない者もいる。また、理屈から考えて、漸進的改革が急速な改革よりも優れていると判断している人もいるようだ[3]」と述べ、それに対する反論を以下のように展開する。

> 　主張者の初志がどうであろうと、最近流行っている漸進改革主義は民主転換の性質やそのプロセスに対して基本的な認識を欠きつつ、これが当然だと思う構想を提案したものにすぎない。それは民主転換を果たすまでのメカニズムについて真剣に考え抜かれていないか、専制から民主に至る過程で起こる激変や断裂を正視する勇気がなかったり、あるいは正面から見ることを望んでいないからである。その最大の問題は、民主転換があれやこれやの小さな改革の積み重ねで完成し、あるいは小さな改革で大改革まで導くことができると仮定していること。そして小さな歩み、緩慢な改革、順序立てた転換の実現こそに平穏があり、そうしなければ党禁〔政党の新規設立禁止〕の解除や全国直接選挙など民主転換の鍵となる変革を無期限の将来に押しやると仮定していることだ[4]。

それでは、なにをもって「転換」とするのか。王天成は米国のサミュエル・ハンチントンやホアン・リンスら体制転換の研究者の観点を引き、「民主転換」を「自由化」と「民主化」の二段階に分け、前者は「大衆が国権の最高機関を自由な選挙で選出する以前の権威主義体制の部分的な開放のことを指し、この段階では政治的迫害や言論統制の緩和、集会・結社・政党の自由が最低限必要になる。また、地方を開放することも可能で、そうした状況では地方選挙が自由化の範疇に入る」と述べ、民主化

の究極的な象徴は「自由な大衆選挙」であり、総選挙がそれに当たるとする。(5)

上述した定義に基づき、王天成は「法治先行、民主鈍行」と「党内民主による人民民主の推進」など「流行りの漸進改革」を批判し、さらに二人の当局側知識人と、同じく二人のリベラル派知識人を例にとって、これら知識人の漸進改革の違いを指摘した。当局側知識人とは兪可平、周天勇のことで、王は兪可平の「増量民主」理論に言及し、兪はこれまでの当局の一貫した手法を踏襲し、「民主の概念を濫用して「開明」的専制と民主を混同している。兪は政務の公開など実際的な意義のある「制度革新」については狡猾に言及を避け、真の改革と偽の改革、民主の名を騙る姿勢と真の民主制度との間の差異を否定している。民主は国家政体、政府構造の如何に関わるものではなく、政府の操作で価値を貶められた局部的な「開明」措置」だと述べ、兪可平が「過去数十年における中国の政治や社会の変遷などを曲解し、現在の政体が孕む非民主的要素に触れるのを避け」て、「民主は一党独裁という枠組みのなかでも無から有へ、弱から強への転換が可能だ」と語ったことを批判している。

周天勇について、王はこの中央党校の学者が二〇〇七年に出版した『攻略――第十七回党大会後の中国政治体制改革研究報告』を標的にし、この報告から詳細な改革の道筋、タイムテーブルが読み取れるが、「周天勇報告の前提は共産党一党統治の堅持であり、周は将来の短くとも三十年間、あるいはもっと長い期間にわたり共産党の指導的立場を固く守り、ニュース媒体、幹部の任免、軍隊、行政機構、人民代表大会、裁判所に対するコントロールを堅持すると述べている。これは将来の相当長い期間、現今の党＝国家体制、党禁が継続され、言論の自由を禁止し、自由選挙を行わず、つまり「政治体制改革」のみを実施して「民主転換」には手をつけないということを意味する」と指摘し、続いて「『攻略』はまことに奇妙な本だ。その最たる部分はタイムテーブルと具体的な改革提案で民主転換要求の遅延に対抗しようとしている。他方、この改革案のなかには自由化もなければ民主化に言及した箇所もなく、民主転換に対しては狡猾に逃げまわっている」(6)と批判する。

次に、王天成が言うリベラル派知識人による漸進論の代表とは、周舵と筆者を指している。王に言わせると、周舵は「他とは異なる奇妙な転換を構想」し、しかも「この新味があり、そう見えるプランが空想的であることは明らかだ。例えば周は、憲政制度を確立するための「エリート層の認識統一」をいかに図るのか説明せず、共産党がいかにして自覚的にすべての上に置かれる「元老党」を議会党に改変して行くのかについても言及していない」と指摘し、重要なのは「周の考えでは憲政制度の確立はただ少数のエリート層だけに関わることで、他の「一般人」とは無関係である。周は少数のエリート（実際は主要官僚）だけの参与で、人民代表大会や政治協商会議の真の意味での議会への改変を望んでいる。議会は憲政制度で重要な役割を果たし、英国の憲政発祥史は議会の成長史でもあった。しかし、人民の定義以前、また自由な直接選挙が人民代表大会や政治協商会議など周舵が言うところの「治国エリート」を独立性のある真の人民代表に置き換える前に、全人代や政協をいかにして議会に転化するのか、権威主義政体がいかにして分権のバランスのとれた憲政体制に転化するのか展望が見えない」と語る。漸進転換方式をとる「張博樹案」について、王天成はまず「この案のもっとも良いところは少しも糊塗することなく一党独裁に立ち向かい、党禁の解除を求めていることだ」と指摘し、「張博樹が地方選挙の開放、党禁の解除を求めているのは、他の漸進主義者よりも一歩「漸進」で、これは「激進」とも言え、現実的で政治の論理に良く合った主張だ」と述べ、「しかし、他の漸進主義者と同じように張博樹の転換思考にも依然として次のような問題がある。第一に、張も転換のプロセスに対する恐怖に染まっており、小さな歩みでゆっくりした改革が穏健、安全であると考えている。張はソ連・東欧の改革の歴史が「長期ないし短期の混乱を伴う」と指摘し、同時にソ連・東欧における最大の教訓がそのスピードの速さにあることに着目し、それを実現した権威主義的な転換戦略を一定程度、あるいはかなり評価している」とする。続けて「第二に、張博樹は党禁の解除を強調するが、全国規模の自由直接選挙をただちに民主とする態度は曖昧で信頼性に欠ける。張は改革の段取りを列挙する際、全国の自由直接選挙について、明確かつ重要な位置づけをしておらず、前後関係が曖昧なまま「全国人民代表大会の代表は直接選挙で選ぶことが可能だ」と一言付け加えているだけだ。これは張が自由化から民主化への短期プロセスに疑念を抱いていることを示している」と指摘している。そして「第三に、張博樹は下から上に選挙を開放し、基層と地方、つまり郷、県、省レベルの自由直接選挙を先に実施し、最終的に全国の自由直接選挙に拡大させると主張している。このような順序は、ほぼすべての漸進主義者が共有する観点（筆者も十六年前に類似の主張をしたことがある）だが、もし全国の自由選挙が省レベル以前に行われれば、漸進主義者が憂慮する「社会の解体」、「国家の分裂」が本当に起きてしまうかもしれない」と危惧し、「張博樹の漸進改革の主張はこれまでにもっとも大胆な「急進」案だが、そのなかで民主化は政治日程に上っていない」ことを指摘している。(7) 王天成は、民主転換の実現にはスピード感とリズム感を持って臨むことが重要だと力説して以下のように主張する。

現今の中国は全体主義的な色彩を帯びた権威主義国家として、民主転換が達成される前には実質的な意義のある制度、メカニズム改革は生まれず、民主転換が実現して後、民主化の第三の波を経験した国のように改革が急速に進むことが予想される。(8)

そして、王天成は最後に次のように強調する。

過去数十年間に起こったすべての国の民主転換は、民主化が実現する前に長期、あるいは短期の自由化段階を経験している。自由化段階がとくに長かった例として知られるのはブラジルだろう。一九七四年、同国の軍事政権は「政治対話」を導入し、いわゆる「指導的民主」を推進して「信頼に足る反対党」の養成に努め、「コントロールされた自由化」を始動させた。そして八年後になって議会の自由選挙を実施し、一九八九年末にやっと大統領の直接選挙にこぎつけ、転換プロセスは十六年間の長きにわたった。しかし、ブラジルは特殊な例であり、転換プロセスに成功した国のほとんどが自由化段階で足踏みした時間はそれほど長くはない。例えばスペイン、ポルトガル、ギリシア、アルゼンチン、ハンガリー、チェコスロバキア、ルーマニア、ブルガリアなどの国は自由化から総選挙にたどり着くまでに要した時間がもっとも長くて一年八カ月、もっとも短かった国は四カ月だった。(9)

転換の道筋
――王天成の批判に対する反批判

天成が長年にわたり成果を積み上げ、『大転換』という本を書き上げたことは、中国における民主の営為にとって大きな貢献であると筆者は考えていた。兪可平、周天勇ら御用学者に対する王天成の批判は鋭く、彼らは

「改革」の名を騙ってはいるが、実のところは独裁制度の太鼓持ちであり、「偽の漸進主義」と称したところで少しの冤罪にもならないと指摘した。だが、リベラル派知識人の漸進主義に対する天成の理解には多くの誤りがある。

周舵の憲政制度の構築に対する天成の見解は、「少数のエリートたちのことで、「平凡な大衆」とは関係ない」と考えているにすぎないと言っているが、これは周舵の本来の意図を曲解している。周舵は民間の反対派のなかでもベテラン格で、たしかにエリート主義のコンプレックスも顕著なのだが、自分の講演で「大衆の参与は基層の民主選挙から徐々に漸進するという方法を採用することが可能で、現在は県や市レベルの民主選挙と司法の独立を真剣に推進する段階に来ている」とも語っている。私が見たところ、周舵の転換プランは「奇異」でも「空想」でもなく、彼が語っている漸進的な転換の道筋は、その大部分が国内の穏健なリベラル派と共通する主張だ（「現体制の外に非合法状態の反対党を設けるようなことはしない」という言い方だけは、筆者は同意しない。民主への転換の過程で、民間で自由に結社すること、ひいては党を組織することは必然的であり、しっかりと取り組むことができれば、制御することも可能だ）。「全人代や政商をいかにして議会に転化するのか」という問題については、周舵がこの問題の前提としている一定の順序ある転換を強調すべきである。それはつまり、為政者たちのなかの改革グループは民間のリベラル派とすでに共通認識に達しており、改革の進展を主導するのだと仮定する考え方だ。この仮定の下で、中国の選挙制度改革は古いルールを変更し、新たなパワー（民間の独立候補者、新たに組織した野党の諸党派など）によって、全人代の構成と組織構成上の変化を促進することが完全に可能だ。この変化のなかで、新たな全人代は、もちろん民主中国へと制度改正した後の然るべき議会ではない。しかし、それは未来の民主中国の憲法制定過程を主導し得るもので、新たな憲法の規約の下で初めて行われる総選挙の基礎となるため、そのような転換を完成させる架け橋となる可能性がある。これは一定の順序ある転換という条件の下で、「自由化」から「民主化」へ、あるいは「権威政体から権力のチェックアンドバランスがなされる憲政体制」へという道筋の一つであり、最善の道でもある。[10]

私に対する天成の三つの批判については、筆者から見てもその多くは論者が誤解した結果だ。一つは、筆者は「転換のプロセスの恐怖」を誇張したつもりはなく、「ソ連とロシアの改革の最大の教訓は速すぎたことだ」と言ったこともない。筆者が「権威主義的な転換戦略を一定程度、あるいはかなり評価している」と言うが、これは筆者の意図と一致しておらず、少なくとも複雑な思慮を含む観点を単純化したものだ。[11] 次に、天成は筆者が「全国の自由直接選挙について、明確かつ重要な位置づけをしていない」と批判するが、そうではない。『憲政報告』において、私が導き出した転換実施のための最後の一歩とは、様々な条件が整った後で「憲法制定会議を開催し、多党制を基礎とした憲政民主の法的枠組みを確定する」、「憲法制定会議は、憲法可決後に最初の国会選挙が行われる日時、方法などについて規定を定めなければならない」と指摘した。[12] 天成が引用した「全国人民代表大会の代表は直接選挙で選ぶことが可能だ」という点については、一定の順序ある転換という背景の下に行われる全人代改革の一部分にすぎず、天成の言葉を借りれば、まだ「自由化」の段階だ。第三に、「張博樹は下から上に選挙を開放し、基層と地方、つまり郷、県、省レベルの自由直接選挙を先に実施し、最終的に全国の自由直接選挙に拡大させると主張している。このような順序は、ほぼすべての漸進主義者が共有する観点だ……」、しかしながら「もし全国の自由選挙が省レベル以前に行われれば、漸進主義者が憂慮する「社会の解体」、「国家の分裂」が本当に起きてしまうかもしれない」云々と天成は批判する。つまり、天成の見解の後半部分には、私は大いに賛同する。つまり、民主中国の最初の総選挙は、民主中国の地方選挙よりも先んじて行われるべきであり、そうすれば国家の分裂防止に役立つ。だが、これと私が『憲政報告』で主張した「下から上に選挙を開放する」という点は少しも矛盾しない。なぜなら「すべての漸進主義者が共有する」こうした観点で語られているのは、いずれも「民主化」に到達する前の「自由化」の段階、ひいては「自由化」の段階以前になすべきことで、それと「民主化」が現実的に国家の政権と地方の政権で、先に選挙するか、どちらが後かという問題とは全く関係ない。天成自身がこの両者を混同しているのだ。

これらはまだもっとも重要という訳ではない。天成に対する私の反批判は、リベラリズムの漸進的な転換戦略の本当の思慮と学理の根拠について、天成がいまだに体験を通した認識に至っていないことを主に指摘するものだ。中国のリベラリズムの漸進的転換の主張は、「イギリスの道の深い霧」がもたらすようなものではなく、[13] 主に中国の転換の複雑さに対する現実的な見通しに基づいている。私は『中国憲政改革実行可能性研究報告』において、中国の民主転換について、以下八つの大きな制約条件を指摘した。すなわち、「中国共産党独裁自体の体制の権力およびその巨大な惰性」、「中国独裁文化の伝統の深層レベルでの影響」、「政治権力を制約するには至っていない民間資本の独立構造の権力」、「権威社会における知識階層の機能不全」、「労働者の力と社会的弱者の非組織性」、「人口、資源、経済発展の不均衡から来る憲政改革に対する圧力」、「社会全体の道徳状況が憲政改革に不利であること」、「政治の転換における交渉と妥協の伝統が欠如していること」などである。[14] これらの政治的、文化的、歴史的な社会構造レベルでの制約要因は、中国の民主転換の速度と融通可能な空間を限定している。単純な「一人一票」を主張する人たちは、民主には広範かつ堅実な市民文化の基礎が必要だということを意識していないのだと周舵は批判しているが、彼もまた実のところ「国民性」を変えることが中国の民主転換にとって重要だと強調している。こうした点で、問題の本質に触れる周舵の深さというものは、天成は十分に理解していない。

その他、私が知るところでは、真面目なリベラリズム漸進転換論者で、必然的に「核分裂」するに違いないと転換を否定する人などおらず、総選挙などの「民主化の重要な要素」を「無期限の未来」に先送りするような人も滅多にいないのだから、これについて言えば、私自身を含むリベラリズム漸進転換論者に対する天成の批判は正確ではない。逆に、私は「転換」についての天成の理解はあまりにも狭隘で、そのために一連の問題を生じさせていると考える。例えば、天成は西欧の学者を引用し、転換が「自由化」から始まって「民主化」になると強調しているが、それでは言論の自由、結社の自由を獲得するための奮闘は「自由化」以前の段階で、転換ではないと言うのか。まさか、我々が現在努力していることも転換の一部ではないとでも言うのだろうか。天成の定義に照らせば、台湾の民主転換は一九八六年にようやく始まったということになる。なぜなら、その年に民進党が設立され、台湾における他政党の活動禁止が打ち破られて、「自由化」の段階に入ったからだ。しかし、民進党設立以前の二十年近くに及ぶ党外活動は、勘定に入らないのだろうか。ハンガリー、チェコスロバキアなど東欧諸国の転換は、一九八八年あるいは一九八九年に始まったというわけではない。早くも一九五〇年代に、ハンガリーではスターリンの独裁に対する人民の武装蜂起が発生し、チェコスロバキアでも一九六〇年代に有名な

「プラハの春」と一九七〇年の「七七憲章運動」があった。だが、天成の計算式に基づけば、これらはすべて見えなくなってしまい、ハンガリーとチェコスロバキアはいずれも「急速な転換」の典型的な国となってしまう。[15]

実は、どのような独裁国家であれ、言論統制と他政党の活動禁止を打破することは苦しい道程であり、民主化における「苦難のきらめき」とは、まさにそうした「自由化」以前の時期においてさらに多く見られ、中国のような党＝国家体制ではとくにそうなのだ。言論統制と他政党の活動禁止がひとたび解かれれば、「スリリングな一躍」はすでに成功であり、残されたものは時機が熟すれば事は自然に成就し、波瀾に驚かされることもない。一定の順序ある転換という条件の下、「自由化」から「民主化」へというプロセスは、改革の意思を有する政府側と圧力を維持しようとする民間の効果的な相互作用においてより多く見られ、そのため制御可能なものとなる。天成が指摘するブラジルの転換はまさにそうだ。一方、突発的な転換という条件の下で、もともとの体制が突然崩壊し、変革のプロセスを「ゆっくり」やろうと考えたところで難しいのは、例えばソ連や東欧の巨大な変化におけるルーマニアやブルガリアなどだ。やはり、本当に難しいのは「自由化」以前の奮闘期である、という言葉のとおりである。中国のリベラリズムの戦士は、いまに至るも、こうした奮闘の辛酸をつぶさになめて、無数の犠牲を払っているのだ。

簡単に言えば、筆者が理解する転換とは、「「自由化」以前の奮闘期」を含む転換である。これはさらに広範な転換の概念であり、言論統制と他政党の活動禁止を突破するための長期にわたる闘争と、突破してから民主化を最終的に強固なものにするまで、その成果を拡大し続けることも同時に含んでいる。[16] 現代中国について言えば、この転換の起点は、文革への省察（実際は毛沢東型の専制独裁に対する省察）と民主を呼びかけて行動した普遍的な社会の潮流と結びついており、そのシンボリックな事件は一九七六年の四五運動、一九七八年の民主の壁運動、体制内部の思想解放運動などであった。[17] 現在の「〇八憲章」運動、「新公民運動」、党内民主派の努力等は、抗争の対象が毛沢東型の強権から鄧小平型の権勢へとすでに変化したものの、いずれもそうしたプロセスの継続なのだ。毛沢東型の強権であれ鄧小平型の権勢であれ、中国の民主化が解体しなければならない対象であることは同じだ。中国の党独裁体制は非常に頑迷であり、しかも学習にたけているため、そのプロセスはきわめて困難である。これは中国のリベラリストが正視しなければならない現実であり、中国のリベラリズム漸進論者が民主化の潜在エネルギーの重要性を強調する理由でもある。

ここまで述べたので、あわせて以下の点も指摘しよう。中国の今日の政治プロセスが、言論および結社の自由、市民社会の育成、体制内における民主の力の蓄積を目指して努力している段階である以上、天成が言う「自由化」にはまだ至っておらず、せいぜい「自由化」の準備期間あるいは予習期間だと言うならば、天成自身の線引きに照らしても、漸進主義に対する彼の批判は時間的に正しくないため、つじつまが合わない。天成は「急速」を希望し、「漸進」に反対するが、天成が言う急速は「自由化」から「民主化」までの間が「遅い」よりも「速い」方がよいという指摘で、彼が述べている経験値はいずれもその期間を基準としている。だが、それとリベラリズム漸進論者が強調する「自由化」以前の民主の力の漸進的な蓄積は、同じではない。それらは根本的に同じ期間ではないからだ。[18]

筆者は本書の紙幅を借りて天成の批判に対する自己弁護と反批判を行ったが、しかし批判すべきは批判し、賞賛すべきは賞賛すべきだ。筆者が強調したいのは、天成の以下の観点はやはり重みがあり、真剣に向き合う価値があるということだ。それはすなわち、中国の民主への転換がひとたび突破できた時には、「自由化」からできるだけ早く「民主化」に至るべきであり、その推進があまりにも遅すぎると多くのリスクに直面するだろうという観点である。なぜなら、「歩みの小さな変革は停滞し、取り消され、逆転してしまう。転換のプロセスが引き延ばされれば、保守や懐旧勢力が結集する十分な時間や反撃のチャンスを与えてしまう。変革の歩みは社会の期待よりも立ち後れて、より多くの激しい不満を蓄積させてしまう」。その他、推進があまりにも遅すぎると、民族分離主義につけ込まれる隙を与えてしまう。[19] これらは非常に現実的な考察である。

天成の次のような観点には筆者も賛成だ。それは、「中国の現在の思想状況、中国が大国として転換の複雑さを有していることに基づけば、新たな学問を発展させる必要がとくにある。それは、「民主工程学」、あるいは「自由工程学」や「憲政工程学」と呼んでもよいだろう。そうした学問の主要な任務は、民主転換の発生原理や動力メカニズムを研究し、民主転換の戦略、モデル、道筋、歩み、テンポについて探求することだ。民主的な政体の制度設計、憲法の選択について研究し、民主転換を完成させた後にいかにして民主を強化し、民主の質を高め、民主をさらに長期的なものにするよう探求する。民主転換のプロセスにおいて発生し得る政治経済の危機を予測し、危機を解消する策略や方法について追求する」という考え方である。[20]

新たな全体主義に直面
——李偉東の紅色帝国論

リベラリズムの知識人が、中国の転換にとって「漸進」と「急速」のいずれがより有利かと検討している時、討論の背景となる時事政治には静かではあるが巨大な変化がまさに生じている。

実は、「漸進」であれ「急速」（崩壊しない転換という条件の下での急速）であれ、いずれにしても一つの前提がある。それは民間の民主化に対して、能動的か受動的であるかにかかわらず、統治者はプラスの反応をしなければならないということだ。「自由化」の段階で「二つの禁止」を突破したのは、まさに民間の長期にわたる抗争の結果であり、それは政府が妥協して善意の結果をもたらしたということでもあった。換言すれば、政府の承認（少なくとも黙認）ならびに承認（黙認）の上での規則改正、ひいては新たな制定（例えば、現代の民主的な原則に合致した新聞法、政党法）が必要だということである。これは、権威主義的政治体制が民主化に向かう始まりである。二〇一二年十月、胡耀邦趙紫陽記念基金会がニューヨークで憲政学術シンポジウムを開催した際、多くの参加者がまもなく開催される中国共産党第十八回党大会が歴史の潮流に順応し、中国の民主的な転換という「破局」が実現するよう期待していたのも、この点に着目していたからであり、それは国内外のリベラルな知識界から北京の統治者に向けて海を越えた呼びかけであったと言える。北京から参加した学者の栄剣は、そのシンポジウムで「三つの共通認識」という主張を提起した。つまり、「左、中、右の共通認識」、「官民上下の共通認識」、「国内外の共通認識」である。ニューヨークに定住している明鏡集団総裁の何頻は、今後十年について「政治改革ではなく、政変だ」と予測し、「もし習近平が政治改革を行わないならば、政変という結末を免れることはできないだろう」と語った。古参の共産党員である姚監復だけが、善良な願望だけを頼みとして未来に対して現実に見合わない「幻想」を抱いてはならないと人々に注意喚起した。[21]

その後の展開は、不幸なことに姚監復老人の言葉に見られる。

中国共産党第十八回党大会が終了し、習近平世代の新たな指導者が引き継ぐと、リベラル派が期待していたような方向に進展しなかったばかりか、正反対になってしまったのだ。一方で、習近平は激しい手段を用いて腐敗や汚職に反対し、「虎退治」を実行して、党＝国家体制の有機体に生じた腫瘍の悪性化を逆転させて治療しようと目論んでいたが、また一方では、統治者はイデオロギーの「左への転換」の歩みを加速させ、憲政や普遍的価値に反対し、さらに厳しい態度でリベラルな民間と知識界を抑圧した。外交の分野では、中国共産党の新たなトップたちは、ネオ・ナショナリズムによるグローバル戦略という枠組みを全力で展開し、党＝国家の利益で国民国家を縛り、三十年の蓄積による国力と影響力で強力な「勃興」を実現しようと画策している。つまり、国の内外を問わず、新権威主義を特徴とした習近平による新たな独裁は、まさに非常な早さで「不作為」の党＝国家権威主義に取って代わっているのだ。これは、中国でこの二年の間に生じた政治情勢のもっとも大きな変化である。それはまた同時に、リベラルな民間が期待する転換はさらに困難になり、転換という「破局」もさらに遙か遠くなってしまったことも意味している。

リベラルな知識界で、習近平の新たな独裁に対してもっとも早く正確に予想したのは北京の政治評論家である李偉東である。

李偉東（一九五六〜）は中国改革雑誌社の前社長で、近年は「冬眠熊」といらペンネームで時事評論をインターネットで大量に発表し、ファンも多い。二〇一三年九月、李偉東は「行き詰まりの紅色帝国」という文章を発表し、ふたたび世論を震撼させた。この文章は、まさにゆっくりと高揚しつつある「習主義」を次のように分析している。
一、現在の執政路線は新権威主義の枠組みの下で歩む「紅色帝国」の道だと総括できる。
二、これは数年の間、権力の移譲を待つなかで次第に形成された比較的成熟した戦略思考であり、権力の座に就いてから盲目的に行ったものではない。
三、「道論」、「夢論」、「靴論」、「三つの自信」、「中国モデル」ならびに「二つの三十年」に通ずるのは、毛沢東を否定してはならず、いかにして崩壊を免れるかという視点でソ連解体の教訓を総括し、マルクス主義の信念と指導者の道徳的な影響力によって執政党のチームを整え、権威主義の反腐敗によってふたたび民心をとらえ、世論を抑えつけ、またしても「思想の陣地」を制することで発言権を奪還し、また同時に権威主義の全体的な枠組みのなかで一定程度の司法の公正を実現し、マクロコントロールと国有を主体とする前提の下で市場化の改革を堅持するなど、このような一連の「新思考」は習近平チームの新権威主義という戦略思考の全体を構成し、第十八回党大会の政治方向で発表された保守的な枠組み（和諧社会、三つの代表、論争しない、韜光養晦等の保守的なイデオロギー）をすでに超越したか、あるいは捨て去ってしまい、みずから積極的で攻撃的でさえある戦略思考（思想の陣地をふたたび奪還する云々）に変化してしまった。

四、中国の夢は、国家の富強を実現すると同時に、一党の長期にわたる排他的な執政を保持するという混合の夢である。つまり、党設立百年を迎える際に毛沢東から習近平に至る完璧な円を描き、国家主義が全体的に成功するという大きな論理の下で、毛沢東の様々な失敗を「有益な探求」として帰結させ、それによって中国共産党の百年は全体的に言えば偉大で公明正大であるということを歴史の定説として、またそれらのすべては新たな執政チームによって成し遂げられるとして、新チームの偉大な役割もまた党の歴史に刻まれるのだ。

五、この破格な中国の夢を実現するためには、一切の雑音を除去して思想の陣地をふたたび制し、反憲政と反普遍的価値を強力に宣揚し、マルクス・レーニン主義と毛沢東思想という「主旋律」をふたたび打ち立て、「法によって」物事を進めなければならない（そこで新たな司法解釈がなされる）。

六、第十八回党大会の「中国モデル」とかつての「重慶モデル」には非常に多くの関連性があるため、「薄熙来のいない薄路線」と言える。そのため、新チームは重慶モデルを批判できない。ただ、新たなモデルはとくに顕著な文革回帰というわけではなく（「古い道を歩まない」）、国家社会主義（重慶モデルもその要素を含む）を強調し、その国家社会主義（国家が良ければ、個人も良くなるという考え方および一党執政と国有経済を主導とする強国強軍モデル）は、一九三〇年代のドイツと日本による追いつけ追い越せモデルに似たものや、新たなファシズムにまで最終的に変化するだろうか。それはまだ今後の発展を見極めるべきだが、不安なのは、現在その糸口（ゲッベルス的な宣伝攻勢と世論のコントロール、ゲシュタポの警察統治と国家主義、ポピュリズムに対する支持と利用）がすでに現れていることだ。[22]

この一年の中国における政局の変化は、李偉東の情勢に対する判断がきわめて正確であることを明らかに示している。習近平は「亡党亡国の君主」になりたくないだけでなく、「中興の君主」になりたいと考え、「党＝国家の中興」と「紅色帝国」の「勃興」を実現しようとまで考えているのだ。李偉東は、紅色帝国の道は最終的に「行き詰まる」と断言しているが、[23]しかし現在のところはまだ生き生きとして、まさに発展しつつあり、活気だけでなく横暴さにまで満ちている。

新たな全体主義に直面
——新公民運動と政治的反対派に関する論争

苦難のなかを前進する中国の民主的な転換に対して、新全体主義は一撃を加え、中国のリベラルな知識界と中国のリベラルな民間はさらに冷酷で厳しい現実に直面せざるを得なくなった。行動面において、中国のリベラルな民間はその努力を止めたわけではない。すでに紹介した新公民運動はその一例である。しかしながら、リベラル派知識人のグループのなかには、新公民運動の属性をどのように定義すべきか、新全体主義の情勢下で中国の民主的な転換の戦略、戦術などをどのように策定すべきかという問題に関して論争があった。

我々はすでに笑蜀の観点について論じたが、彼は「中国の中間社会が立ち上がる」という文章で「転換には大きな戦略が必要だ」と呼びかけている。

中国はたしかに複雑すぎる国家だと認めなければならない。通常の意味での国家ではなく、超国家体なのだ。しかも、超国家体である理由は、人口が多いとか、地域が広大であるためでもなく、主にその複雑さによる。そうでなければ、民主化の第三の波、第四の波が腐敗した勢力をいとも容易く粉砕しているのに、中国の門前に来たとたんに音をたてて止まってしまう理由を説明することができないではないか。……転換期にある他の国では、それぞれに新たな時代が開けたのに、中国では門を閉ざすのと同じだ。我々は他の国の人民のために歓呼したばかりなのに、自分の足下ではまた一つ選択肢が少なくなったことに悲しくも気づくのである。この世界は様々に異なるが、よそ様の祝日は、ややもすれば我々自身の悲劇である。

笑蜀は、現在の中国における専制体制の「三大優位性」は中国の民主的な転換をとりわけ困難なものにしていると考える。

三十年の高度経済成長が強化した国家の財政力があるために、鎮圧と買収の力はとりわけ強大で、また歴史的にも稀に見る特殊な利益によって専制体制を守る動力もひときわ強大であり、また逆方向の学習能力も強力であるため、専制体制に特殊な強靱性を付与している。これら三つの側面で同時に優位性を有しているのは、転換期にある他の国ではいずれも見られないものだ。中国の複雑さは様々な角度から解き明かすことが可能だが、これら三つの側面における総合的な優位性はあらゆる複雑さのなかでももっとも重要な要素である。(24)

だからこそ、笑蜀は中国の転換には「大きな戦略が必要だ」、「転換を成し遂げたあらゆる国々の経験も超越する大きな戦略」という結論にたどり着いた。単一の力では不十分であり、あらゆる力を結合した共同の行動が必要なのだ。「これこそが中間の道である。つまり政治社会の他にも、すべての中間的な社会の共通認識をさらに凝集させ、すべての中間的な社会の力を集結させ、最大限度の合成力を形成して、中国の転換を迫るのだ」。笑蜀が見るところでは、許志永が提唱した新公民運動はそのような意義を有している。(25)

笑蜀のこうした観点は若手学者の張雪忠から批判された。張雪忠(一九七六〜)は華東政法大学の元副教授で、権利擁護の活動に取り組む弁護士である。一九七〇年代生まれのなかで、彼が現体制に対して公開で行っている討伐は、ひときわ注目を集めている。張雪忠の考えによれば、「笑蜀先生の中間の道に対する論述は全く根拠がなく、そのような中間の道は完全に通用しない」、「許志永などが従事している新公民運動は、そもそも正々堂々とした政治的反対運動なのだから、政治社会の領域外にあるのではなく、市民社会という蜃気楼を作るようなものだ。笑蜀先生の新公民運動についての解釈は、この運動に対する矮小化と無力化である」と述べている。張雪忠は、「一党専制体制と市民社会は互いに相容れず、一党専制体制を終結させる以前に、政治社会の領域外で市民社会を建設しようなど、全くもって現実に見合わず無駄骨だ」と強調する。なぜならば、「一党専制体制の下では、政治権力は少人数によって完全に独占され、他の人たちは政治的権利を完全に剝奪されてしまうために公共の問題に参与したり国家を管理する資格を失ってしまう。そのような体制の下では、実際のところ市民という身分で市民の活動に従事することが禁止され、いかなる人も権力者の意思に反して市民の権利を行使しようとすれば（たとえ法律としてたしかに記された権利であっても）、権力者からの迅速かつ残酷な報復を受けることになる。そのため、一党専制体制を終結させる以前に、市民社会の建設などを語っても、全くもって現実に見合わないのだ」[26]。

リベラリズムの新鋭として、張雪忠の観点は鋭く、激しい勢いに満ちているが、しかし老練さには少し欠けている。筆者の知るところでは、許志永などがもともと関わっていた公盟から現在の新公民運動に至るまで、少なくとも形式的には公開の「政治的反対派」を自任するものではなかった。許志永本人は現在では「政治的反対派」のお手本のようになってしまったが、実際のところは党＝国家一味が抑圧し、逮捕して判決を下した結果だ。しかしながら、笑蜀が「政治社会の領域外に市民社会を建設しよう目論む」ことを張雪忠は批判している。筆者も笑蜀が言うところの「政治社会」の含意は明らかではなく、「市民社会」の定義にも影響を及ぼすと考える。「転換の大きな戦略」を述べる上で、これは軽視してはならない欠点だ。

もっと深いところから言えば、この問題は現存の党＝国家体制と市民社会の発展という関係を直接的に指摘している。抽象的に言えば、張雪忠の「一党専制体制と市民社会は互いに相容れない」という論断そのものは悪くはないが、現実的には張雪忠のような権利擁護の弁護士が趙常青や劉萍などを弁護する際、党＝国家の権力による激しい攻撃や抑圧に遭遇するだろう。これはおそらく張雪忠が「互いに相容れない」と論断した現実的な実践の基本なのだろう。しかし、そうしたことから「一党専制体制を終結させる以前に、市民社会を建設しようなど、全くもって現実に見合わず無駄骨だ」と結論づけるのは、理論と実践という二重の窮地に陥りかねない。なぜなら、一党専制の終結にはプロセスが必要で、それは長い道でもあるが、民主化の潜在力の蓄積はそうしたプロセスのなかで重要な内容になると考えられ、それには市民社会が無から有へと建設されることも含まれるからだ。しかし、そこにはリベラルな民間と統治者の間で繰り広げられる絶え間ない駆け引きに満ちている。転換が順序を踏まえたものであるか、あるいは突発的なもの（分裂的）であるかにかかわらず、この「蓄積」は非常に重要である。実は、張雪忠を含むリベラル派知識人と権利擁護の弁護士たちの仕事も、すべてこの「蓄積」の一部であり、まさに形成されつつあり苦難のなかを前進している中国の市民社会の一部分なのだ。筆者本人は現在海外にいるが、国内の友人たちの努力や犠牲に対しては敬意にあふれている。筆者が考えるに、このような努力や犠牲がなければ、党＝国家専制制度の終結は語りようもない。

国内の学者である王江松（一九六三〜）は笑蜀と張雪忠の論争を批判した際に、「市民社会と憲政民主」について語り、それはまた異なる角度から同様の結論を導き出した。

市民社会と憲政民主の区別は相対的なもので、この世界では憲政民主から離れた市民社会を見たことはなく、また市民社会から離れた憲政民主も見たことがない。憲政民主の基本原則と精神を含まない市民運動は、いかなるものも市民運動と呼ぶことはできない。例えば、個人の自由と権利を本位とし、選挙と監督、権力を籠のなかに入れて三権分立を行うことは、そもそも健全かつ真の市民運動の基本的な要素である。そうでなければ、市民運動は農民蜂起や民間秘密結社と何の区別もなくなってしまう。その意味で、市民社会は実際のところミクロなもので、部分的、基層レベルでの憲政民主なのだ。また一方で、堅実な市民運動と市民社会を基礎とした憲政民主でなければ、たとえ何かのきっかけで打ち立てられたとしても、それはただの形式的な枠組みにすぎず、依然としてその基礎は臣民社会なので、遅かれ早かれ強権専制に変貌してしまうだろう。その意味で言えば、いわゆる憲政民主というものは、実際のところはマクロなもので、全体的、ハイレベルの市民社会なのだ。[27]

市民社会と反対運動に関して、王江松もいくつかの見識ある見方を発表している。彼は次のように述べている。「市民運動は、それが民間を主体とし、たとえ慈善公益のような見たところ限りなく脱政治的であるような行動であろうとも、党＝国家で国家と社会の一体化を保持しようとする環境では、いずれも客観的に見てある程度の政治性を有する。たとえあなたが本当にいかなる政治的考慮も全くないのだと主観的に考えたところで、当局はあたかも賊に目を光らせるかのようにあなたを注視するだろう。公益組織およびその活動は、歩み始めたばかりの時には戦略的に断固として政治に干渉せず、当局の政治的な正しさに挑戦しないと考えるものだが、これは全く理解できる。だが、結局のところは、憲政民主の制度的な保障を得られる前に、どのような民間の公益であれ、屈服か、買収されたか、あるいは独立自主の市民の権利を追求したために当局と衝突したか、いずれにしても政治的になってしまうのだ」。また、「臣民社会のなかで、強権専制の下に育まれた市民社会は、必然的に政治性を帯びており、政治的反対を含むものになるのも必然である。思想の啓蒙、政治的批判および憲政民主に対する憧れは、最初の政治的反対であり、自発的な集会や結社、批准されていないデモや示威行為、ストライキや授業ボイコットなどは、さらに進んだ政治的反対である。最終的なものは政党組織の設立だが、これは公開でもっともハイレベルな政治的反対である。説明しておくべきは、政党活動は、一定の手続きを経て国家権力を掌握する以前に、そもそも民間――市民社会の範疇に属するということである。その意味で、我々は割合に部分的かつ分散的な市民運動を比較的低調な政治的反対と呼ぶことができ、割合に全体的かつ統一的な政党活動をハイレベルの市民運動と呼ぶことができるが、市民運動と政治的反対をはっきりと区別することなどできようものか。もちろん、一定の条件の下で、政治的色彩があまり強烈ではない部分的な市民運動と政治的な色彩が非常に強烈で直接的な政治的反対を区別することはできるだろう。だが、両者の間にある内在的な関係を断ち切ることがあってはならず、前者を退けることで偽りの希望を生み出して専制体制の寿命を引き延ばし、後者を変革のための唯一の方法および唯一の力と見て、変革が成功した後にようやく大挙して市民社会の建設が可能になるという考え方ではいけない。二つの疑問が提起される理由があるだろう。まず、市民運動の組織や訓練を経験していない臣民が変革の主体的な力になるのだろうかという問いである。仮にそれができないならば、すぐれた人材や特殊な材料で製作された前衛部隊の覇者のような強弓をみずから引くしかないだろう。次に、その前衛部隊がボルシェヴィキのように運良く成功することができたとしても、臣民社会を基礎として彼らが憲政民主をもたらしてくれると我々が期待することなどできはしないのだ。[28]

「革命」とは何か、「革命」は不可避か

転換の道筋について議論する際、人々が「革命」についてどのように理解しているのかも関わりがある。

近現代中国の歴史において、「革命」は手垢がついた言葉だ。「革命」について語られる時、往々にして使用者がそれに付与する含意には大きな隔たりがある。

筆者は、我々が目標という観点から「革命」を定義するならば、現存の政治体制を変えるという行動を目標にする者はすべて等しく「革命」の性質を帯びると考えていた。孫文は「革命」にあり、康有為や梁啓超もまた「革命」にあった。「転覆」は「革命」であり、「改良」もまた「革命」である。なぜなら君主立憲であれ民主共和であれ、いずれも前近代の皇権制度を根本的に転覆するという意味を持つ政体的な変革なのである。筆者の中国憲政改革報告で用いた語句は「改革」だが、実際に述べたのは「革命」である。なぜなら、それは「改革」の目標を最終的に中国共産党による一党専制制度を終結させ、憲政民主制度に取って代わることと定めたからだ。もちろん、目標としての「革命」は、当初の表現が「改良」であろうが、その道のりがいかに長いものであろうが、最終的には「突然変異」という形で現れる。順序を踏まえた転換という条件の下で、「突然変異」は量的変化から質的変化という転換であり、突発的な転換という条件の下では、「突然変異」は瞬間的かつ革命的な変化である。

そして、我々が手段という観点から「革命」を定義するならば、つまり「革命」は「暴力革命」と「非暴力革命」、体制内革命と体制外革命などに分けることができる。「非暴力革命」は非暴力の抗争や市民が運動に協力しないことを指すだけでなく、さらに幅広い内容を含む。北京世界・中国研究所の所長で、リベラリズムの学者であ

る李凡は、かつて著書『現代中国の自由民権運動』において、知識人の自由民権運動、中国農民の民権運動、社会的弱者の民権運動、中間層の社会運動、家庭教会による宗教の自由を求める運動、中国のインターネットユーザーによる自由民権運動などを列挙した。(29) 目標について言えば、これらの運動が最終的に目指すのは中国の政治体制の革命だ。その手段について言えば、それらはまたすべて広義の非暴力抗争をなすものである。

もちろん、「街頭革命」もある。海外で民主化運動を行っているリーダーの王軍涛(一九五八〜)は、二年前に執筆した「中国の民主化転換の案内図と民間運動の行動計画の選択」という文章で、「民主的な転換を決定する条件はマクロ経済、社会、文化、歴史、国際的な要因などではなく、政治参加する人々の民主に対する偏愛とその政治行動の相互作用だ」と指摘している。さらに、その文章は「自由化の後に発生した民主化への転換は、通常、次のような三つの段階を経る。大規模な政治的騒乱が統治集団を引き裂き、改革派と民間の理性派に良好な相互作用が生じて政治体制を打開する。次に、各派が円卓会議で憲法を制定する。そして、民主的な政府が選挙によって新たに生まれる」と述べている。(30) そのなかで、「大規模な政治的騒乱」とは、つまり街頭での大規模な抗争を指している。王軍涛が考えるに、中国大陸で一九九〇年代以降、大規模な政治的騒乱が現れていないのは、「中国のエリートに普遍的に存在している保守的な心理状態」と関係がある。「中国の民間運動は、適切ではなかった過去の行動計画を継続すべきではなく、暴力や非理性的な行動が混在する草の根運動を批判して拒絶し、政治の民主化を推進すべく室内だけでなされた討論、メディア、政治的発言、法廷および裁判所の外で行われた遊説など過去の行動計画を修正すべきであり、様々な方法を採用して街へ出て、草の根の抗議運動に参与し、推進し、発起し、先導すべきであり、素質を高め、集団的抗議行動を大規模な政治的騒乱へと転換すべきである」。(31) 近年、ほかにも李一平などが「変局策」を著し、「同城策略」(同じ街の計画)から「街頭革命」に向けた民主革命の戦略と戦術の主張を体系的に述べている。(32)

筆者から見れば、中国のエリートの「保守的な心理状態」に対する王軍涛の批判は適切なものとは言えない。中国のリベラリズムのエリートについて言えば、過去二十年余りの間、彼らは非常に困難な状況ですでに多くのことを成し遂げてきた。中国で「大規模な政治的騒乱」が発生しないのは、様々な政治、社会の要因のためであり、そのなかでもとくに指摘しておくべきは党＝国家自身の学習能力の高さ、抑圧しながらも慰撫する（民生の改善）という戦術が効果的であること、絶え間ない改革のなかで当局が伝統メディアとインターネットメディアに対して厳格なコントロールを行っている点である。その結果として、中国では毎年数万件の集団抗議行動が発生しているにもかかわらず、政府の細分化されたコントロールのなかで消し去られてしまうのだ。

習近平の新たな独裁による新全体主義という条件の下で、多くの人が「革命は不可避だ」と感じているが、急進的な人たちが憧れる「街頭革命」はさらに困難になるだろうと予見できる。なぜなら、党＝国家のコントロールの手段が増しているからだ。もちろん、このように言うのは「街頭抗争」が中国の民主的な転換を促進する手段の一つとして、その機能を失ったという意味ではない。それとは全く逆で、それは依然として未来の中国の変化において役に立つものだろう。習近平の反腐敗、「虎退治」は勝利の知らせが次々と伝えられているが、そのように表面的には鮮やかに輝いているものの、その背後は、やはり党＝国家体制の深刻な危機なのである。その体はすでにボロボロだが、党＝国家の新たな強者は抜きん出ていて、そうした根本的な局面を転換させる方法などないのだ。根本的に治したいならば、制度の変革を実現しなければならないが、現在までのところ習近平は拒絶者である。それで勝ち目のない局面になってしまったのだ。時間の経過に伴い、習近平の「党＝国家中興」がこれまでの問題を解決すると同時に、一連の新たな問題を生み出すことになるだろう。運動としての反腐敗は党内における権力闘争を過激化させ、強硬な「反テロ」がもたらす民族問題はエスカレートし、全国の治安情勢はさらに厳しくなり、能力不足を経済によって引き上げることで誘発される連鎖反応、対外的な強硬姿勢が「銃で脅すつもりが戦争になる」事態を招き、局地的な戦争の勃発を招き……。これらのすべてをうまく処理できれば、習近平は点数を得て「習大帝」にもなるだろうが、うまく処理できなければ完璧に失敗するだろう。憲政リベラリズムという観点から見れば、「紅色帝国」がしばらくの間は勢いを得て、習近平が本当に「習大帝」になったとしても、文明の客観的法則が書き改められることはないだろう。つまるところ、我々はすでに二十一世紀に入っている。つまるところ、中国人は民主のためにすでに百年も奮闘しているのだ。つまるところ、人類は自由、人権、民主を尊重し、グローバル・ガバナンスの新たな時代に入っているのである。

要するに、政治体制の変革として、未来の中国における「革命」は不可避だが、その手段と道筋として、未来の中国における「革命」には様々な可能性があり得る。未来基層からの単一的な暴力革命は、現在はもはや成功する望みはなく、ふたたび提唱すべきではない。我々にできることは、やはり最大限の努力でみずからを強くし、民間を強くし、非暴力の形で中国の変革を促進し、それと同時に出来得る限り体制内の同盟軍を探すことである。なぜなら、どのような情勢下でも、局面を収拾するには内外の連携が必要だからだ。それは、この新全体主義の時代においても、依然として期限切れというわけではない。

第四章　新権威主義

新権威主義は一九八〇年代中後期以降に興り、今日の中国になお影響力を有する政治思潮である。一般的に言えば新権威主義の提唱者は中国の民主化に賛成しているが、改革は「経済先行、政治後行」、すなわち経済の市場化を政治の民主化に先行させるべきだと考えている。改革はたとえ段階的、暫定的な強者による独裁であっても強力な権威の下で進める必要があると強く主張している。新権威主義者はリベラル派とは異なり、中国の現実的な政治環境のなかでより柔軟な改革方式を称え、みずからが考える穏健な主張で執政当局に影響を与えたいと望んでいるが、同時に理想を堅持しながら迎合して統治者の戦略にいかに影響を与えていくかで左右に揺れている。新権威主義は全体主義体制の現実に真正面から向き合うことをせず、少なくともそれらを告発する勇気がないので、彼らの理論は徹底していない。新権威主義者に賛成する者はそれが中国の現実に適した主張だと考え、反対者はそれが政権に媚を売っているのではないか、政治的な投機行為ではないかと疑っている。民主への転換の主張は、この間ずっと新権威主義のなかに異なる解読空間を形成している。最近になって習近平が新たな独裁体制を構築するなかで、蕭功秦ら新権威主義者はこっそりとみずからの主張を修正し、当局者に忠誠を誓う素振りさえ見せている。以下、本章ではこうした問題を整理してみよう。

中国新権威主義の起源

八〇年代の中後期、中国の経済体制改革が進むなか政治体制の改革もそのとば口にあったのだが、この経済改革と政治改革の関係性はどのように見れば良いのか。いかにしてこの変革を導けば良いのか。どのような変革の道、変革のテンポが合理的なのか。だれを改革断行の主役にすれば良いのか。新権威主義は、まさにこれらの問題に回答が求められた際に生起してきたのである。まず当時、新権威主義の代表的な人物だった呉稼祥を検討してみよう。

呉稼祥（一九五五〜）は北京大学経済学部を卒業後、八〇年代後期に中南海に奉職し、六四事件で三年間獄に繋がれた。出獄後はビジネス、著述、留学を経て、今日に至っては北京の政治と学術の世界で活躍している。

青年期の呉稼祥はサミュエル・ハンチントン（Samuel P. Huntington, *Political Order in Changing Societies*, Yale University Press, 1968）〔内山秀雄訳『変革期社会の政治秩序』（サイマル出版会、一九七二年）〕の影響を強く受けた。同書は発展途上国における政治の近代化にはテンポと制御可能な政治プロセスが必要なことを強調している。呉稼祥は同書に依拠しながら社会発展の「三段階論」を提起した。それはすなわち転換途上にある国家はまず「伝統的専制段階」から「新権威主義保護下の自由発展段階」に至り、その後に「自由と民主を併せ持った段階」に到達するというものである。印象的なのは「民主と自由の結婚に先立ち、一定期間にわたって専制と自由の恋愛期間がある。つまり民主が自由の生涯の伴侶となるためには、専制が自由の恋人である期間がある」とする内容で、転換期の中国にはあたかもこのような過渡期が必要なのだと主張していることである。

それでは「なぜ伝統的な権威主義段階から自由民主段階に移行することができないのか。この高難度の動作はいずれの社会もいまだに達成したことがない。そのわけは旧権威の衰亡に伴い高度に集中した権力が衰えていくプロセスを必要とするからで、権力がいまだあるいはまだ完全には国民の手に届かず、旧権威が作り出した中間団体が層を成して残存しているからである。このように権力が残存すると社会に権威も自由も欠いた状況を生み、必要な権力の集中や民主がなくなり、あるのは分散だけという状況に陥る。分散は集中を呑み込み、民主をも呑み込んでしまう。民主と自由を発展させる措置は分散を拡大させ、個人の自由を削ぐ措置に変わってしまう。それを防ぐためには新たな権威で旧権威が作った旧社会の構造を除去する必要があり、中間で膨張した権力を両端に移行し、個人の自由を増大しながら必要な中央集権を利用して障害を除き、自由の発展を希求するなかで社会の安定を維持することが求められる」[1]。換言すれば、新権威主義を論証する核心は改革の目標（＝民主化）ではなく、改革の道筋（民主化を模索する現実的なルート）である。それを技術的な面から言えば以下のようになる。

新権威主義が強調するのは政体ではなく領袖である。新権威主義は領袖となる人物をきわ立たせるだけでなくそれと黙契する政策集団をも重用し、英明な先見、果断な行動、障壁を乗り越える力量、卓越した対応力を重視する。[2]

当時、このような視点に議論がなかったわけではない。栄剣は「「新権威主義」は中国で可能か」という論考で「政治の民主化は客観的に「ハード」な政府、すなわち効率的で清廉潔白、法治を実行する政府を必要とするが、この「ハード」とは伝統的で高度に集権化された行政制御システムのことではなく、また「新権威主義」が考える独裁政権でもない。それは政治の民主化から生まれる政府のことである」[3]と述べている。当時、多くの知識人たちは中国の改革が困難に陥ったのは政治体制の改革があとまわしにされ、人治が法治の上に置かれたからで、肝要なことは領袖が主導する社会を法理に基づく社会に転換すること、すなわち人治社会から法治社会への転換が急がれると考えた。「こうした状況のなかで民間と学術界は一致していまこそ政治体制改革の歩みを加速するときであると求め、呉稼祥らが主張した新権威主義で改革を推進するという方法は時宜を得ずに圧倒的多数の知識人の支持を獲得することができなかったのである」[4]と栄剣は指摘している。

鄧小平と新権威主義

八〇年代の鄧小平も新権威主義に賛成だったらしい。それについては『走向憲政』（法律出版、二〇一一年）という本があり、呉稼祥が「新権威主義から憲政民主へ」と題する一文を寄せて以下のように指摘している。

中国の経済改革は、一九八六年から新権威主義の主導で実質的に経済と政治の総合改革に転じた。この年、鄧小平は少なくとも十回は政治体制改革を提唱している。一九八九年三月六日、鄧はみずからが提唱する改革の意義を総合的に検証し、それに名前をつける機会に恵まれた。中共中央の主な指導者は思想界に流行する新権威主義思潮について報告し、それに対して鄧小平は「私の考えがまさにそれだ」と語った。

ところが鄧小平が賛成したのは「さきに市場化を、民主化はその後で」という新権威主義ではなく、強い指導力で経済改革を推進して発展を加速するよう強調したにすぎなかった。政治改革についても「党の指導を堅持してさらに強化する」ためであり、党の指導を「減衰」し「否定」するものではなかったのである。鄧小平は、共産党の「統一した指導」がなければ中国はいずれ「四分五裂」すると考えていた。[5] これは民間の新権威主義者が憧憬した制御可能な改革を通じて民主化に向かう手法とは異なり、むしろ全く正反対のものだった。

独裁主義者も新権威主義者のこのような定式を受け入れられるのは、「新権威主義」が異なった立場や角度から推進できることを証明している。民主化の賛成者は新権威主義を専制から民主に向かうプロセスと理解し、独裁者もまたそれを既定の政治的な枠組み内で経済発展と行政制度改革を進める道筋あるいは戦略と見なして、中国共産党による党＝国家体制を温存する目的がある。

蕭功秦『左右の急進主義を超えて』

次に、新権威主義の代表的な人物、蕭功秦について検討しよう。

蕭功秦（一九四六〜）は上海師範大学人文学院歴史学部教授で、上海交通大学の政治学教授でもある。数年前に香港理工大学で開催された中央論壇主催の民族問題研究会に出席して休憩時間に記念写真を撮りあっていたとき、グループから離れて座っていた蕭功秦は自分が他の人たちの「借景」になっていることに気づくと、すぐに立ち上がって写真撮影の列に加わり、「私はまだそんな大御所ではありません」と微笑みながら語ったのを覚えている。

蕭功秦が新権威主義を唱えはじめてすでに四半世紀になる。蕭教授が二〇一二年八月に出版した『左右の急進主義を超えて』は、新権威主義の観点から著した一連の系統的な著作である。蕭功秦は「改革時代の中国には二つの急進主義思潮が存在し、ひとつは毛沢東時代への回帰を求める左翼急進主義で、もうひとつはすっかり西洋化されたリベラリズム的な急進主義である。これらの思潮は十年前、中国の社会生活のなかで徐々に周縁化されはじめたが、改革の過程で吹き出したトラブルや矛盾が日々先鋭化するのに伴いふたたび活性化してきた。保守に堕して社会矛盾の解消をおろそかにし、改革が滞れば、矛盾は激化し、中国はおそらく左右の急進主義とポピュリズムに挟撃され厳しい危機に陥るに違いない」[6]。これに鑑み蕭功秦は、「中国は西洋化した自由化論者が鼓舞する「カラー革命」を避け、極左が煽る教条主義者の「文革復辟」も忌避しなければならない」[7]と主張する。

蕭功秦はさらに二種類の「急進主義」に対して認知レベルから分析している。それは左右を問わず急進主義は方法論の上で「理性の構築」と「制度決定論」という特性を備え、「良い制度を構築しさえすれば、すなわち急進的リベラル派が目指す議会制度または民主プロセスの実現、あるいは急進的左派が希求する「一大二公」「大きな政府で財産の共有を旨とする」を実現すれば、いずれも新社会を再建できるとする。ところが彼らは、制度が習俗や伝統、文化や発展レベルとのバランスをとることで初めて有効に運用できるのだという事実を軽視している。社会の諸条件に噛み合わない新制度は牛の足に馬の蹄鉄を打つのと同じで、徒労に帰すばかりか本来社会に存在する有機体の生命力をも破壊する」。このように分析した蕭功秦は「中道の理性を堅持し、経験と試行錯誤を繰り返しながら民主化と近代化を目指す」ことを主張し、「穏やかな漸進主義」あるいは「漸進主義に基づく実用的合理主義」は哲学では「新保守主義」とも呼べるとしている。蕭功秦は「漸進主義に基づく実用的合理主義」はすなわち「歴史の連続性を踏まえた上で穏健な革命を通じて旧秩序から脱却し、民主憲政に基づいた新秩序に軟着陸する」ことを主張することであると述べている。さらに「このプロセスのなかで歴史的に形成された秩序の統合としての政治的な権威、伝統的な文化的統合力、そして人心に対する相乗作用がひとしく安定した秩序と発展を前進させる重要な保障となる」と語っている。この意味において蕭功秦は鄧小平の権威主義的改革に高い評価を与え、「鄧小平の改革は、左右の争いを超える新権威主義政治」[8]だと考えている。

ここで認めなければならないのは、蕭功秦のような新権威主義者も上に引用した著作ではその骨子の部分で民主憲政に賛成するということである。社会変革には一定の条件を必要とし、漸進的な改革が中国の民主への転換と低コストの変革を実現するということを強調することにおいて、蕭功秦の観点とリベラリズム穏健派の間にはある部分で共通点を有している。ただ、蕭功秦の主張する方法論には穏健すぎるきらいがある。例えばこの新権威主義者は中国の市民社会を発展させるためには「強い社会」で「強い国家」を制御する必要があり、これが民主憲政に向けて通るべき道であることを論証しながら、[9]最近発生した「ジャスミン散歩」で政府の市民運動弾圧に無関心を装い一言も発しなかったのは誠実性に欠け、自他を欺く行為である。蕭功秦が本書を出版する前の二〇一一年、北京、浙江、華南、西南などでリベラル派の知識人や民間活動家に対する大量逮捕、弾圧事件が発生したが、蕭功秦がこれに対して何らの行動も起こさなかったことは知っておくべきことである。蕭功秦はアラブで発生した「ジャスミン革命」についても、「穏健化したリベラルな思潮を刺激してふたたび急進的な方向に向かわせた」[10]と非難し、この論理に照らして、社会の急進的な勢力の関与が引き起こす「噴出効果」を防止するのに役立ったとして体制側の弾圧を合理的なものだったと評価している。蕭功秦のいわゆる「急進的リベラリズム」に対する批判は、きわめて客観性を欠いている。中国大陸で生活するリベラル派知識人の大多数は「急進的」でもなければ「過激派」でもなく、中国政治の民主転換の難しさを十分に認識し、環境を創り出して一歩一歩取り組んでいる。西洋の制度を安易に中国に適用できると考えている人は皆無で、「すべての問題は一刀の下に解決できる」ものでもなく、これは党＝国家統治者がリベラリズムの反対派を中傷する時に常用するもっともらしい言辞にすぎない。蕭功秦は存在しない標的を高く掲げて批判しており、これは学理上の厳粛性を欠いている。リベラル派の徐友漁は、かつてこの新権威主義者を次のように批判したことがある。

蕭功秦は口を開けば政治的急進主義に反対しているが、中国の現実は政治体制の改革が遅れ、一向にその動きすらない。いったい改革が性急すぎるのか、それとも粗雑すぎるからなのか。中国における政治的急進主義の党派的区別はどこにあり、それらの主張と代表的な人物はどこにいるのか。一般に知られる老左派や保守勢力と同じように、蕭功秦は人民の民主の追求を「一晩にして成る民主」という無邪気な主張に、そして変革の要求を「大破大立」〔大いに破壊し、大いに樹立する〕という使い古された急進的な革命に置き換えてしまった。蕭功秦が鼓吹する新権威主義の民主化過程とは、田んぼの案山子に手足を振りまわさせる時代錯誤なものなのである。[11]

蕭功秦は『左右の急進主義を超えて』で鄧小平を讃美し、とくに「四つの基本原則」には一方的な解読を試みていて滑稽であり、こじつけと時代遅れに満ちている。それによれば「四つの基本原則」に内包されるのは「「実践は真理を検証する唯一の基準」を実行するマルクス主義」であり「「市場経済の道」を歩む社会主義」であるとともに、「「開放路線を堅持する」共産党の指導と人民民主独裁[12]」だとする。これは「四つの基本原則」をみずからが解釈する鄧小平の開明的な権威に近づけるための細工で、鄧小平が編み出した「四つの基本原則」の本当の意味や目的を全く考慮していない。鄧小平が考えた「四つの基本原則」の本当の意味と目的は、「ブルジョア自由化」に打撃を与えて防止し、いかなる勢力も中国の既存の政治制度や中国共産党の執政に挑戦を許さないということである。

しかし、蕭功秦の問題点はこれだけにとどまらない。

習近平と新権威主義二・〇

第十八回党大会が閉幕して習近平が国家主席に就任すると、蕭功秦は「新権威主義二・〇」という中国の政局に対する新たな見方を示した。フェニックスＴＶ（鳳凰衛視）が二〇一三年十二月に主催した政治サロンで、蕭功秦は「鉄腕改革」の必要性と「新権威主義二・〇」の意味について述べている。蕭はまず「習近平新政」の八大特徴を称賛した。それは「新たな中央八項規定を執行して民心を慰撫し焦燥感を緩和する」、「新たな綱紀粛正策を打ち出して官僚主義を克服し、官僚の自己改革と自浄努力で官僚風を糾す」、「腐敗摘発に力を入れてトラもハエも一網打尽にし、腐敗摘発で人心を獲得し中央の権威と威嚇力を保って抵抗する保守勢力に打撃を与え、山を叩いてトラを震え上がらせる」、「ネット環境を見直すのは、過激主義がそれを利用して社会政治の爆発破壊を引き起こすことを回避し、改革に必要な政治的安定を維持する」などと説明し、執政党の「思想操作権や管理権、言語統制権」さえも「民衆の無秩序な政治関与の噴出を抑え、改革開放の維持に必須の政治的安定を維持」するために必要な措置と、蕭功秦は八大特徴を解読している。中共第十八期三中全会で決定された国家安全委員会と改革進化委員会の設立に至っては、「中国の政治制度は先進国の常態政治（Nomal politics）とは異なる。常態政治は制度面の分権を必要とするが転換期の中国は非常態政治に属し、運用に当たっては効率を重視した「可視的手法」を採用して改革を推進し、統一的な集権力を発揮して各部門の寡頭政治を防止し、「九龍治水」〔九頭の龍がそれぞれの部門を個別に管理することから生じる権限の分散〕式の部門主義を抑え、「号令が中南海に止まる」悪弊の横行を避けることができる」[13]と解読しているのである。以上を踏まえ、蕭功秦は「習近平の新政」を新たな形式の新権威主義を代表するものと断言し、以下のように述べている。

例えば鄧小平を改革開放であらわれた新権威主義の第一波とすれば、それは新権威主義一・〇とでも言うべきである。そうであれば習近平の新政は改革開放以来にあらわれた新権威主義の第二波であり、二・〇と理解できる。一・〇と二・〇の違いはどこにあるのか。概括すれば第一波の新権威主義は政府がこの可視的手法を駆使して市場経済改革を始動させた。第二波の新権威主義は政府がこの手法を使って市場経済の改革を万全にして決定的にし、これまでの過程で直面した矛盾、すなわち政府主導の改革が招いた利益独占と利益の固定化現象の克服に努めている。[14]

蕭功秦は習近平の「左傾」に対するリベラル派の批判に応じるような形で「習近平は思想統制を強調しているだけで改革以前に回帰しようとしているわけではない。（第十八期三中全会に上程された）改革六十条から見たところ習近平は決して原理主義者などではなく、党のイデオロギーを堅持して民衆による過度の政治関与が招来する政治や改革開放政策の混乱を防止しようとするもので、その目的は中国における民主と国家統治の近代化にある」と解釈している。蕭は「習近平は蕭功秦が考える模範的な指導者としての鄧小平の化身か」という問いに同意し、「習近平は実際に鄧小平思想の神髄を理解している。習の行動はまさに鄧小平思想の体現である」[15]としている。蕭功秦は最後に鄧小平の「一・〇」であろうが習近平の「二・〇」であろうが、と前置きして以下のように締めくくった。

これら二つのバージョンは党の執政党としての地位を堅持するという意味でともに新権威主義である。伝統的な集権国家が近代化の過程で陥る民衆の無秩序な政治関与の噴出と連鎖反応の陥穽にはまることを避けるのは、改革を通じて中国の全面的な近代化を実現し、その最終目標は条件が熟した段階で中国的特色を有する民主体制に軟着陸することを実現することにある。

新権威主義は当面中国が発展するためのひとつの段階であり、最終的な目標はさらに開放的で、民主的かつ自由な社会主義民主体制に向かうことだ。この段階は相当に長い期間の絶え間ない経済発展と社会変化を必要とする。習総書記は「改革は問題の解決を迫られるところに生まれ、その解決の過程で深化し……改革には終わりがない」と語ったが、この談話のなかに中国の現体制が有する環境に挑戦する適応能力と発展の柔軟性を見て取ることができる。忍耐力がありさえすれば中国の未来は希望に満ちている。(16)

「突然変異」――新権威主義への忠誠

注意深いリベラル派は蕭功秦が上に展開した主張に対して、これまで繰り返し論証してきた民主化の最終目標について、「憲政民主」から「中国的特色を有する民主体制」あるいは「さらに開放的で、民主的かつ自由な社会主義民主体制」の実現にいつの間にかこっそり鞍替えしている重要な変化を見逃さなかった。北京の老反体制派、江棋生(一九四八〜)は蕭功秦のこの変節を新権威主義の「突然変異」とよんでいる。江はその評論「蕭功秦についての卑見」で次のように指摘している。

この短文を構想している時点で、筆者は蕭功秦先生に対して少なくとも二つの点については肯定していた。ひとつは蕭がまだ学術的な良心を捨てていなかったということだ。その根拠は、中国の現行の社会制度を権威主義と見なして民主体制ではないとし、中国が権威主義体制と決別して憲政民主体制に向かうべきだと主張していたことである。このことは中国様式の万世永続体制を持ち上げるための語るべき良知のない御用学者たちと一線を画している。この一点をもって中共中央組織部は蕭が西欧民主のイエスマンであり、マルクス主義のそれではないと断定するに違いない。二つ目は蕭がただの民主派シンパとは異なり、中国がいかにして権威主義から民主に向かうのかという大きな課題に対して八〇年代から現在に至るまで心血を惜しまず中華民族のために民主転換するための方策を模索し続けてきたことである。

昨年十二月十五日付の『共識網』で「鄧小平から習近平へ——中国改革の再出発」という一文[17]に接したとき、蕭功秦が二十余年間も堅持してきた新権威主義に無視できない突然変異が生まれていることに気づいたのは、予想さえできなかったことである。蕭は文中で新権威主義について「その最終目標は条件が熟した段階で中国的特色を有する民主体制に軟着陸する」と述べていた。そしてさらに「新権威主義は現在の中国で発展段階にあり、最終目標はさらに開放的で、民主的かつ自由な社会主義民主体制」にあるとまで主張していた。筆者は想像もできなかったし、天成[18]も蕭功秦先生がにわかに初志を捨て、みずからこれまでの功績を廃して中国の未来の目標を憲政民主から「中国的特色を有する民主」に鞍替えするとは考えもしなかっただろう。いわゆる「中国的特色を有する民主」とは一党支配下における啓蒙専制(Enlightened Despotism)ではなく、天成が言うところの一党統治下における穏やかな権威主義体制(Soft Authoritarianism)なのか。言論禁制、報道禁制、政党禁制の三禁を孕み、三権が分立せず選挙制度の影もない体制が民主と言えるのか。民主といかに関わると言うのか。[19]

江棋生はさらに次のように続ける。「新権威主義の突然変異は秦暉教授によって指摘された。昨年十二月二十七日、フェニックスTVが主宰する鳳凰財経峰会(Phoenix Finance Summit)の午餐会で秦暉が蕭功秦に対して「これまで主張してきた内容と現在ではひとつの違いがある。以前に主張していた新権威主義は自由民主あるいは憲政の道への過渡的段階だったが、現在は中国的特色を有する民主への過渡的段階としている。新権威主義の最終目標にある種の変化が起こり、一般的な意味における自由民主から中国的特色を有する民主に変わってしまった」と指摘した。秦暉はここまでしか語らなかったが、その言わんとするところは明白だった。それに対して蕭功秦は何ら否定することなく、具体的な言葉で次のように誠実に語りはじめた。中国社会の進歩に伴い新権威主義は中国的特色を有する民主に向かうと思う。将来の民主は西欧のような民主ではなく賢人政治であろう。十年ごとに交代する制度はある意味においてすでに賢人政治の萌芽と言える。賢人政治に協商〔熟議〕民主を積み上げるのがすなわち中国的特色を有する民主である、と。ここまで行論してきて、筆者は感慨と悲嘆を禁じ得ない。蕭功秦はこれまで一貫して独立した見解を有する学者であり続け、政府におもねるような発言はなく、みずからの歴史研究の成果を下敷きにして正面から新権威主義を肯定し、それが中国社会の憲政民主の実現にもっとも相応しい過渡的な段階であると論証し、民主に転換するための道を志していたからである。いみじくも天成が喝破したように、蕭の主張は憲政民主への転換を回避し、先延ばしにしてしまったのか。現在はどうだろうか。権威主義の阿片に中毒してそれを売りつけ、ロマンとバラ色の夢に耽る蕭功秦は、堕落して権威主義の麾下に身を落とし、民主転換の取り消しを主張して、体制側にとっては一党独裁下の穏やかな権威主義体制を追い求める手弁当の員数外の「知恵袋」に成り下がってしまったのである」[20]。江棋生はこのように蕭功秦を批判している。

呉稼祥の「習李新政」に対する解読

次に、もう一人の新権威主義者である呉稼祥は「習近平の新政」をどのように見ているのだろうか。興味深いことに、この政治学者は習近平が本気で改革を考えており、呉の一連の「左傾した言論」は保守派の「ポーズ」が正気を失ったにすぎないと信じて疑わない。呉稼祥は二〇一四年二月に『共識網』のインタビューに答え、「政治家を見抜くにはその言葉で判断するのではなく、行動を見るべきである。政治家が語る話は政敵を煙にまくためのものかもしれない。このことは山の頂上で闘うのにわざわざ不必要な迷彩服をまとうのと同じで、たいして重要なことではない」[21]としている。呉によれば習近平は今まさに中国の法治の整備を進めており、「この報告[22]のように、どのような帽子を被っているかではなく、どこに立っているのかを見きわめるべきであり、この基本方針は国民に政策とその遂行能力の近代化を示したものである。政策とその遂行能力とはすなわち政治制度の近代化であり、それが民主を拒否するとでも言うのだろうか。この報告は政治体制改革の大綱であり、残念ながら一般人にはそれが理解されていない」と語った。呉稼祥はさらに「この報告が起草される以前に政治体制改革はすでに始まっていた。三十一の省、市、自治区の政協主席は中共常務委員の職を離れ、来年の全国政治協商会議と全国人民代表大会の開催期間中には中共省委員会書記による省全人代主任職の兼任もおそらく廃止されるだろう。それはなぜなのか。すなわち組織外からの監督、組織体系の近代化にほかならない。政協主席を共産党内の役職に止めておいて効果のある監督が全うできるだろうか。これまで政協内におけるすべての反党言論は制裁を受けてきたはずだ。それは発言者が党組織内の要職をも兼任していたからで、もしも常務委員会のなかにいなければその発言は外部組織からの有効な提案ということになる。現在の制度では発言者を逮捕することは不可能で、もし逮捕すれば問題になり、これは中共中央が付与した権利であり、その提案については真摯に協議していかなくてはならない。すなわち同体から異体への転換は、制約の形成にもなる。そしてこの報告は「簡易型報告」であり、今後十年間にどれだけのことを達成できるのかを約束する内容ではなく、現状で改革可能なことを言っているだけであって、すべての不具合が解決できるわけではない」。呉稼祥から見れば、習李新政は希望に満ち、「今後の九年間は中国がふたたび世界の頂点に立つ契機となる」のである。呉はさらに次のように主張する。

習近平と李克強は過去百年で出会ったもっともすぐれた「大人《だいじん》」であり、指導者である。彼らのような人材を輩出するのは容易なことではなく、大きな苦難を伴うもので、彼らはともに下放して苦しみを味わった経験があり、当然のことながら苦難を舐めたすべての人が有為になるわけではないが、一旦突出すればそれは並の人材ではない。また彼らに限らず、常務委員会にいるメンバーはみな有能だ。ゆえに今期の指導グループが執政する期間に中華民族(台湾は含まず)はふたたび世界の頂点に立つ鍵となる時期を歩むのであって、あと九年を残す次の十年期に筆者は大いなる期待を抱いている。(23)

呉稼祥は蕭功秦のように憲政民主をこっそり「中国的特色のある民主」に取り替えるような「自爆行為」を行ってはいないが、習近平に対する一方的な思い込みは学術界やネット空間で批判されている。それはここ一年以来の習近平の「左傾」した行動がすでに単なる「ポーズ」などの言葉では説明が難しいからである。実際に習近平が国家主席に就任してからの権力集中傾向、政府の反腐敗と民間圧迫の同時進行する手法、政府が起こした反憲政キャンペーン、急速に浸透するネオ・ナショナリズムと高圧的な外交姿勢などはリベラル派知識界から警戒されている。栄剣、李偉東らが強調する「全体主義は権威主義を経て憲政に向かうのではなくファシズムに向かうのであって、このことが最大の杞憂」という警戒心はまさにこのことである。これに対して新権威主義者たちの脆弱性や日和見的な心理はこの視点から問題を思考することを拒ませる。

呉稼祥の「弁護」や蕭功秦の「変節」はともに、中国語の文脈におけるある種の新権威主義者の脆弱性、甚だしきは投機性の証明であると筆者は考えている。新権威主義者がなぜこのような言語表現方式をとるのか、それは知識社会学の視点から理解できる。精緻な言論統制を敷く党＝国家全体主義体制のなかで知識人がみずからの独立した政治的見解を述べるとき、往々にして迂回曲折した表現方法をとる。現状に直面しようとせず、あるいは現状を曲解して核心の問題を避け、同時にみずからの主張が当局の耳に届き、それが受け入れられることを望み、こうして政権側のイデオロギーと指導者層に対して善意の「解釈」をほどこし、「期待」をするのはいかんともしがたいことであり、また策略でもあるのだ。そのような心理状態は徐々に研究者本人の認識を蝕み、無意識のうちに政権が指向する政体を現実政治が向かうべき将来の方向と解釈するようになってしまう。蕭功秦や呉稼祥の「習近平の新政」に対する解釈のなかにそれを見て取ることができよう。二人の異なる点は、ただ蕭功秦がすでに自己「変節」を起こして目指すべき憲政民主を「中国的な特色を有する民主」に乗り換えたのに対し、呉稼祥は一方的な思い込みで習近平の「潔白」や「偉大さ」を鼓吹し、さらには言論界の左傾を習近平に対する誣告などと非難していることである。(24)

権威主義からの転換戦略はいかなる条件下で可能になるのか

蕭功秦と呉稼祥に対する批判を終えたところで、最後にリベラリズムの立場に基づく「権威主義からの転換戦略」はあるのか、いかなる条件下でこのような「権威主義からの転換戦略」は可能なのか、という二つの問いを検討してみよう。

まず、第一の問いに対する答えは「ある」だ。

もう二十数年前にロシアのアンドラニク・ミグラニャンは「権威主義からの転換戦略」について次のように論証している。「権威主義制度から民主制度への移行は一足飛びには実現できない。……経済領域と思想領域で市民社会が姿を現し、形を整え、根付いていくまでの複雑なプロセスにおいては、政治領域に強大かつ限定的な民主主義を実行する権威主義政権を温存することが肝要である。過渡的な社会では人民に種々の幻想を抱かせず、改革を実行する当局は民主主義を制限することとの必要性とその理由を明確に説明することが求められる。権威主義政権はこの時期に民主政治のメカニズムを確立して形成されつつある市民社会から代表的な人物を取り込んで漸進的に権利と権力を付与し、同時にみずからは仲裁と修正の役割を留保すべきである。言い換えれば、権威主義政権の政治領域における当該時期の任務は、社会的な利益獲得に伴う衝突を公権力のなかに生起し始めた政治組織を通じて合法的に解決する道を模索し、合法的な解決を伴う衝突を政治文化の有機的な組成機能に作り上げていくプロセスを保障していくことにほかならない」。[25]

ミグラニャンはこのように述べている。

筆者は『中国憲政改革実行可能性研究報告』でミグラニャンの観点を評価するとともに、上に掲げた第二の問いに対して以下のような回答を添えた。

改革の漸進、秩序、理性、そして低コストを保障する視点から、上述の「権威主義からの転換戦略」は道理が全くないわけではない。それはつきつめて言えば執政党がみずから行う「自己を革命する」政治革命の比較的現実的な選択である。当然、この戦略の前提は第一に執政党内にすでに主要な勢力としての改革勢力が存在していること、第二に民間の反対勢力が政権に対してすでに十分な圧力となっており、この手法を通じて体制内の改革派と呼応できる体制が整っていることである。これら二つの条件を満足させることで憲政改革は計画的な選挙制度改革、「党禁」の解除による政党政治の確立、公共メディアの改革、党軍関係の整理などの課題について実質的に順を追って進めることが可能になる。整備中の政党制度について言えば、権威主義からの転換戦略はおそらく執政党が枢要な部分の統治権力を留保するが、その他の政党組織は合法的な反対勢力としての資格を獲得するような枠組みになる。これは過渡的であり、さらに進めば完全な意味での多党競争体制に発展していくことになる。中国の憲政改革がこのように推移すればそれは好ましいことである。なぜなら憲政に至るコストを大幅に低減し、改革途上で予想される混乱やリスクを下げ、権力の真空状態と転換に伴う無秩序状態を回避し、大枠において改革を計画通りに進め、体制内外の各勢力（中道左派と中道右派）に担うべき役割と立場を割り当てることができるからだ。(26)

ただし、筆者は同報告で「権威主義からの転換戦略にはリスクもあることを冷静に認識すべきだ」として以下のように強調した。

やみくもに「強力な権威主義政権を庇護する」ことは、新たな独裁主義の陥穽にはまる危険性がある。ロシアでも中国でもこうした独裁は根が深い。たとえ改革に信念を持つ指導者がいたとしても、合理的に民主を掌握する方法と民主へのプロセスを推進するために仕方なく実施する制限との間で大きな困難に遭遇する可能性がある。このため体制内外の風通しや連携をうまく処理し、民間の自由勢力が政権に民主を促す過程で力を発揮できるようにして体制内外の意思疎通をうまく図れば、上述した体制内にある改革派が遭遇する困難を実践のなかで克服することができる。

また「強力な権威主義」の領袖が本気で憲政民主に向かう気持ちがなく経済を活性化してみずからの統治力を強化したいだけだとしたら、それは我々が主張する権威主義からの転換戦略とは無縁で、政権が共産党の一党独裁体制を維持するために採る手段であることを見極めなければならない。(27)

惜しいことに、現在の中国における統治集団は明らかに後者に近いものである。

新権威主義者の蕭功秦や呉稼祥らはこの点を認めたがらないだろう。しかし私たちはリベラル派としてこのことに対して最低限の誠意を持つべきなのである。

第五章　新左派

　本来、「新左派」とは欧米に生まれた用語であり、欧州と北米で流行した資本主義に批判的な立場をとる左翼社会思潮のことを指す。中国における「新左派」は独特の政治環境で育まれ、その主張は欧米の左翼運動のそれと相似するが、異なる部分はさらに顕著である。例えば欧米の新左翼は貧困者の立場に立って資本の利益主義を攻撃するとともに政府を批判し、政府がさらに多くの責任を負って社会の公平性を実現するよう働きかけている。中国の新左派も類似の観点を持っているようだが、欧米の左翼知識人と違うのは体制を批判する勇気に欠け、ややもすればいくつかの根本的な問題の是非を避けて通っている。中国の新左派は国家統治の具体的な領域で積極的な創意と主張が不足し、独裁体制をめぐる討論と批判では白紙答案を出しているのだ。中国の新左派はおしなべて高水準の知力を発揮しているので、こうした態度は決して認識不足からもたらされたものではないだろう。大きな可能性として、これは彼らが中国という特定の政治思想領域において恣意的な選択をしていることが考えられよう。近年、一部の新左派たちは「主流をなすイデオロギー」への擦り寄りを加速し、民間の独立した品位を徐々に喪失しつつあることがそのひとつの証明である。新左派の一部は独裁体制のお先棒を担いで共犯者に堕落し、不興を買っている。

　以下、新左派の大物の一人である汪暉を検討する。

汪暉「現代中国の思想状況とモダニティの問題」について

汪暉（一九五九〜）は、現今の中国思想界ではつとに有名である。国際的な学術賞を受賞し、また剽窃を指弾されてもいる。いかなる個人的な関係も有していないが、中国社会科学院における筆者の校友でもある。一九八九年四月に運動が勃発する前夜、汪暉は中国社会科学院研究生院〔大学院に相当〕が開催した五四運動七十周年学術シンポジウムで発言し、その出色の弁舌は筆者に深い印象を残した。汪暉は文学出身だが理論好みで、大著の四巻本『中国現代思想の興起』がその証明だ。中国新左派の代表的な人物として、現代の中国問題に対する解読はすこぶる典型的である。私たちは煩を厭うことなくあの広く注目された「現代中国の思想状況とモダニティの問題」から行論することとしよう。本論は九〇年代中期に執筆され、その後の論文と比べると一遍のすぐれた作品としての質を失していないが、六四以後の中国問題への見方では根本的な間違いを犯している。

汪暉は「現代中国の思想状況とモダニティの問題」の冒頭で次のように語っている。

一九八九年は、ひとつの歴史の分水嶺だった。一世紀近い社会主義の実践は一段落した。二つの世界は一つの世界に変わった。すなわち、ひとつのグローバルな資本主義世界に変わったのである。中国は例えばソ連や東欧社会主義国家のように瓦解こそしなかったが、このことは中国社会が経済領域で急速にグローバルな生産と貿易のプロセスに参入することを阻みはしなかった。中国政府が社会主義の堅持に対して以下のような結論を下すことも決して妨げられることはなかった。それはすなわち、経済、政治、文化、果ては政府までも含む中国社会のあらゆる行為が、資本および市場の動きに深く制限されるということである。(1)

これはたしかに興味深い書き出しだ。リベラル派が一九八九年のソ連・東欧の激変を独裁に対する民主の勝利と見なしたとき、汪暉ら新左派はそれを資本主義に対する社会主義の「瓦解」と読み解いているからだ。この種の語彙の運用上の違いは意味深長である。汪暉が意味するところの「社会主義」が何を指しているのかは後段で分析することとして、本章の重点はやはり「現代中国の思想界が資本主義へのプロセス（政治、経済および文化資本の複雑な関係を含む）に関する分析や、市場、社会および国家の相互浸透または相互衝突の関係に対する分析を放棄し、しかも自己の視野を道徳レベルもしくは近代化イデオロギーの枠内に閉じ込めたこと[2]」を批判することにある。

「近代化イデオロギー」は汪暉論文のキーワードである。汪暉はまず毛沢東の「反近代のモダニティ理論」と鄧小平の「近代化の目標自体」などを含む近代化イデオロギーを構成するマルクス主義を継承したが、のちになって「毛のユートピア的な近代化」および一九八〇年代初頭に体制内学者たちが提唱した「人道主義的マルクス主義」を放棄している。汪暉によればこれら中国版マルクス主義は「近代化イデオロギー」の枠組みを乗り越えるものではなく、中国の「人道主義的マルクス主義」の伝統社会主義に対する批判は「中国社会の世俗化運動——資本主義市場の発展」さえ生んだ。しかし汪暉が本当に始末したいのはこの種の土着マルクス主義ではなく、近代思想としての啓蒙主義およびその現代版、いわゆる「新啓蒙主義」なのである。汪暉は「中国の「新啓蒙主義」は二度と社会主義の基本原理を問うことはなく、直接にフランス啓蒙と英米のリベラリズムから思想的なインスピレーションを汲み取る[3]」と考えている。ここに言う「新啓蒙主義」とは、明らかに中国の現代リベラリズムにほかならない。

汪暉はこの間の歴史に感慨を滲ませながら指摘している。すなわち「一九八〇年代の啓蒙思潮は中国社会の改革に巨大な解放の力を提供した。それは当時も、そして今も中国知識界の主要な思想傾向を支配している。しかし急速に変化する歴史の文脈のなかで、中国のもっとも活力に満ちた思想資源としての啓蒙主義はしだいに曖昧模糊とした状況に置かれ、それにつれて現代中国の社会問題に対する批判と診断能力を喪失していった。これは決して中国新啓蒙主義の思想的な命題が完全に意義を失ってしまったのではなく、また一九八〇年代の思想運動がすでに目的を達したわけでもない。ここで言いたいのは、ただ中国の啓蒙主義が直面しているのはすでに資本化された社会であるということである。市場経済はすでに主要な経済形態になりつつあり、社会主義経済改革は中国をグローバル資本主義の生産関係に引き入れ、資本主義化のプロセスのなかで国家とその機能も徹底はしていないがきわめて重要な変化が相応に生まれてきているということだろう。資本主義的な生産関係はすでにみずからの代弁者を養成し、価値創造者としての役割を担う啓蒙的知識人は深刻な挑戦に直面している。さらに重要なことは、啓蒙的知識人は一面で商業社会の金銭至上主義や道徳の腐敗、社会の無秩序に憤慨し、別の一面ではみずからがかつて目標とした近代化プロセスのなかにあることを認めざるを得ないのである。中国の近代化あるいは資本主義の市場化は、啓蒙主義をイデオロギーの基礎とし文化の前衛としている。それゆえに啓蒙主義的で抽象的な主体概念と人間に関わる自由解放の命題は毛沢東の社会主義実験を批判した際に巨大な歴史的能動性を示したのであるが、資本主義市場と近代化プロセスがもたらした社会危機に直面し、このように蒼白無力になっている」(4)。汪暉はこのように指摘しているのである。

はたして中国リベラリズムに対する上述の批判は正しいのか。この問題に答える前に、私たちは汪暉の言説がどこからもたらされたのか簡潔に敷衍してみよう。

西欧マルクス主義に源をなす中国新左派の言説

汪暉の理論的な根拠は決して新鮮ではない。「モダニティ」への疑問は欧米左翼の長期にわたる伝統である。ここに言う「モダニティ」とは産業革命以来の市場経済の原則が経済領域の支配的な存在になったこと、さらにはこの原則が政治、社会、文化など人類の生活領域において拡散している趨勢を主に指している。「近代化の結果としての「モダニティ」は財産の増加、物質文化の繁栄を促したが、人類の精神に疎外(異化作用)をもたらした。それゆえに人々は「啓蒙の弁証法」を明察し、「目的合理性」の氾濫に警鐘を鳴らし、社会が「鉄の檻」になり、人間が「一次元的人間」になることを防ぎ、資本主義の「目的合理性」が「コミュニケーション的合理性」を転覆することに警戒したのである。以上はテオドール・アドルノ、マックス・ホルクハイマー、ヘルベルト・マルクーゼからユルゲン・ハーバーマスら西欧マルクス主義者が追い求める主題である(5)。汪暉はこの論理を援用する形で、それを改革開放の途上にある中国に移植したのだ。

それでは汪暉だけが「近代化イデオロギー」の極限を見て、他は相変わらず模索のなかにあるのだろうか。中国リベラリズムのモダニティに対する挑戦は本当に「一種の曖昧模糊とした状態」にあると言うのだろうか。甚だしきは、「徐々に現代中国の社会問題に対する批判と診断能力」を喪失してきたと言うのか。

事実はそうではない。

一九八〇年代の中国は思想運動がもっとも活発な時期だった。西欧マルクス主義の導入は、だいたい八〇年代初めのことである。同時に移入されたのは哲学のハイデガー、サルトル、フッサール、フロイトだった。経済学の領域ではサムエルソンのテキストが好まれた以外に、ラング、ブルース、ヒック、カデールら東欧の経済学者が歓迎され、これらの現象は当然のこととしてスターリニズムとその中国における変質に対する省察および批判と関係がある。社会発展の領域ではローマクラブが報告した『成長の限界』が八〇年代中期にはすでに中国語に翻訳されて一定の注目を集め、西欧マルクス主義の作品を除けば、これは当時の中国人が接触できた「モダニティ」に対する疑問のもうひとつの文献だったのである。

当然、中国のこととして言えば「近代化」の実現は改めて市場経済（当時使用された語彙は「商品経済」だった）を認めるための合法性あるいは当時の主要任務であり、「モダニティ」を展望することはいまだ時代の普遍的な議題にはなっていなかった。それは当時の時代状況が決定したことである。しかしこれは市場経済の負の側面がまだ完全には意識されず、提起されていなかったことと同じではない。

汪暉の著作が世に問われる十余年前の一九八六年、筆者は雑誌『哲学研究』に論文を発表し、「商品生産と道徳の進歩」との間に横たわる複雑な関係について論じた。[6] あの論文の基本的な観点は、平等な市場原理は、もとより主体意識の覚醒に有利で社会の進歩を促すが、営利としての市場原理は人類の道徳と衝突し合うという内容だった。筆者はそのことを、商品経済の動的メカニズムが道徳領域で引き起こす「二律背反」と称したのである。この観点はすぐに学界の注目するところとなり、またいくつかの批判の声もあった。二年後の一九八八年、筆者の最初の著作である『経済行為と人間』が出版され、そこでまた経済と倫理の「二律背反」という命題を提起し、さらに「発展」と「バランス」の問題に関する分析も加え、その内容を中国の改革開放が直面する「二つの困難」とした。(7) ここでの議論はまさに西欧マルクス主義の文脈における「モダニティ」の問題である。筆者はさらに多くの「モダニティ」のパラドックスを人間の本性に必然の、ある種の限界（有限性）と関連づけたのであり、資本主義というこの特定の経済様式と関連づけたわけではない。

汪暉がこれらを理解しないのは、怪しむに足りぬことであろう。いかなる人も知識の盲点を有している。汪暉は自分以外の同時代人が「モダニティ」の問題を分かっていない、などと大ぶろしきを広げるべきではない。

当然、この新左派の本当の問題点はここにあるわけではない。

汪暉は六四以後における中国問題の実質を歪曲

六四以後、中国が直面している核心的問題とはなにか。汪暉の論理に従えば、それは中国がすでに深くグローバリゼーションのプロセスに巻き込まれ、極端に表現すればグローバル資本主義の一部と化し、このため汪暉は「中国の啓蒙的知識人はウェーバーあるいはその他の理論を借りて中国の社会主義を批判することが同時に中国のモダニティに対しての省察にならないのか」と疑問を呈した。表面的に見ると汪暉は「中国の社会主義に対する批判」が継続的に必要なことを決して否定してはいないが、強調しているのは明らかに中国とこの「グローバル資本主義世界」との間の関係である。この命題自体は決して意義のないことではない。しかし汪暉が気付いていながら明言したがらない事実は、改革開放とくに一九九二年以来の中国における市場経済の発展と欧米諸国における近代化の一般的なプロセスには根本的な違いがあり、それは中国の市場経済が党＝国家政治の枠組みのなかで発展したものであり、そこには先天的に欠陥があり、発育不全かあるいは歪曲があるということである。国家は依然として主要な資源を独占し、民営企業は競争のなかできわめて不平等な立場に置かれている。さらに重要なのは六四以後、政治改革は全面的な停止に追い込まれ、公権力が効力ある抑制を受けず、中国の市場経済はいきおい相互共謀関係のなかで権力と資本を形成し、中産階級を排斥し、社会の低層を圧迫搾取して私益を貪るのが自然の趨勢となっていることだ。これがまさに改革開放期における中国の根本問題の所在である。中国はグローバリゼーションに組み込まれ、国際資本が流入し、当然のこととして近代化のプロセスに正反両面の影響を及ぼしているが、それは主要な問題ではなくこの種の影響は中国の全体主義政治の深刻な理解と洞察の上に置かれて初めて明確にすることができるのである。

汪暉は本来、分析の重点をグローバリゼーション下に起こる相互変動の下での中国に特有な党＝国家政治構造と経済構造に置き、そこから中国の市場経済のプロセスが体現する特殊な論理、すなわち権貴〔縁故〕資本主義およびそのもっとも深刻な制度の根源、つまり中国共産党の一党独裁体制を発見・論証すべきだったが、それは中国政治の「タブー」と「地雷源」に触れることになるので実行できなかった。汪暉はリベラリズムを批判して「中国の社会問題を批判し、診断する能力を喪失し」て「曖昧模糊とした状態にある」と嘯いているが、曖昧模糊とした状態にあるのは、実は汪暉自身なのだ。中国の政治構造と政治体制の根本的な病根を回避しているという観点から言えば、汪暉の一見深奥な論理は六四以後における中国問題の実質を完全に歪曲しているのである。

六四以後の中国と世界の関係を語るには、そこに少なくとも三つの異なるレベルがある。まず第一は、一党独裁の専制体制を頑固に堅持する中国の執政グループと世界の民主共同体との間に存在する本質的な対抗関係である。第二は、国民国家としての中国と世界の他の国民国家との間における協力と衝突の関係である。そして第三には、グローバル化のプロセスにおける新興経済国としての中国と他の経済国・経済勢力（多国籍資本を含む）との間の再編関係がある。汪暉が言う「モダニティ」の問題は、主に第三のレベルで起こるのである。汪暉が動員した理論的な拠り所には、西欧マルクス主義の理論を除けばウォーラーステインの『世界システム論』やアミン、フランクの従属理論などがある。しかし中国の政体の性質に対する明晰な定義、六四以後における中国統治集団の指向を示す定性的な描写と分析がなければ、上に述べた三つのレベルの内容がどのように関係するのかを理解するのは不可能であり、三者間の関係の変化の実質も把握しようがない。ここで必要なのはリベラリズムの政治哲学であり、決してネオ・マルクス主義あるいはウォーラーステインの『世界システム論』などではない。汪暉の問題はまさにここにある。「資本主義のボーダーレス化時代に、「新啓蒙主義」の批判の視角は国民国家内部の社会と政治的な事象、とりわけ国家の行為に限定されていた。対内的には国家の独裁支配への批判から資本主義市場の形成過程における国家と社会の複雑な関係の分析へと迅速に転換することができず、そのため市場化過程における国家行為の変質を深く分析することができなかった。対外的には中国の問題が同時に世界の資本主義市場における問題となったこと、したがって中国問題の診断は同時にグローバル化する資本主義の問題に対する診断でなければならない」[8]と新左派が批判するとき、この批判はその内容から言えば本来深刻なものである。しかし汪暉の臆病と自己規制でこの批判を徹底できず、論文で提起した本来きわめて価値のある提案と課題（例えば市場や社会、国家の相互浸透、相互衝突の関係についての研究、あるいは現代中国に対する「文化批判」の始動など）も貫徹できなかった。これは新左派たちの悲哀にほかならない。

簡単に言えば「前世紀以来、中国の思想界に普遍的に信じられてきた近代化の目的論的な世界観は今まさに挑戦を受けている」[9]のではなく、六四弾圧を経験して直面した中国の独裁体制の合法性に関する危機や合法性の危機に対応して支配者が実施した経済政策の調整がグローバル化のプロセスといかに絡みあって一連の新たな問題を発生させたのかということこそが挑戦なのである。新左派はいまだこの問題に対応しようとせず、また正面から回答することもできないでいる。この汪暉論文に対する検討を終えるに際し、ひとつのことを公正に補っておきたい。それは、少なくとも一九九〇年代時点における汪暉について言えば、あの「凡人の弁髪」がすでに後頭部にひらひらと見え隠れしていたが、この新左派は独立した民間の立場をまだ完全には放棄していなかった。汪暉には大志があり、それに相応しい才能を備え、もう少し勇敢で　徹底していれば歴史の淘汰に耐えうる理論的な成果を上げる可能性があった。惜しむらくは、その功利性に手足をとられてしまったことだ。この種の言論はそれが激しく論じられるほど、最終的には救済の余地がないほどに変節してしまうのである。

二十世紀における中国革命の遺産をどう捉えるのか

最近数年、汪暉の著作を読んでいて感じるのは、この新左派の「批判」的傾向が減衰し、「ゲーテ」的な傾向が増大していることだろう。すなわち「批判」もまた「ゲーテ」を基礎にした上の「批判」になっているのだ。しかし汪暉が捻り出してきた一連の目くらまし的な言葉や概念は門外漢にとっては言うにおよばず、同業者が読んでも難行し、この種の「批判」と「ゲーテ」との間の巧妙な転換およびそこに散りばめられた大量の似て非なる外国人を煙にまき中国人を脅しつける虚偽の命題は、その真贋をそう簡単には見破られなかった。

以下、汪暉の二篇の論文について些かの分析を加えたい。一篇は「自主と開放の弁証法——中国が勃興した経験と直面した挑戦」で二〇一〇年に『文化縦横』第二期に発表された。もう一篇は「「ポスト政党政治」と中国の未来における選択」で、これは二〇一三年の同誌第一期に掲載されたものである。

なにが、「中国が勃興した経験」なのか。それは「二十世紀における中国革命の遺産」と関係があるようだ。汪暉はまず「中国経済の発展は数々の予言を覆した——一九八九年以降、次々と中国崩壊論が出てきたが、中国は崩壊せずこれらの崩壊論が崩壊した。このため人々はなぜ中国は崩壊せず逆に発展したのか検証しはじめた」と自信たっぷりに指摘している。[10] この問題に答える際、汪暉はまず中国の「独立した主権とその政治が内包する本質を見るべきだ」と注意を喚起している。汪暉によれば、中国がソ連と東欧国家のように潰れていかなかったのは中国が毛沢東時代からソ連に追従する関係を脱却したあと、「社会主義システムのなかでみずからを打ち立て世界で独立した地位を確立した。台湾海峡は依然として分断されているが、中国という国家の政治は主権と高度な独立自主の属性を維持し、この政治的な属性が主導する国民経済と工業システムもまた高度な独立自主を有している。もしもこの属性としての自主がなければ中国の改革開放の道程は想像だにし難く、一九八九年以降の命運を想像することさえできない」と言う。汪暉によれば、「中国の改革は内在的論理と自主的改革、能動的で受動的ではない改革であり、これと東欧および中央アジアで起きた背景が複雑ないわゆる「カラー革命」とは明確に異なる。中国の発展はラテンアメリカ諸国の経済に依拠した改革とは異なり、日本や韓国、台湾地区と比べてみてもおそらくそれをアジア的様式と簡単に括ることはできない」し、「政治的な視角から見れば中国の改革の前提は自主的であり、その意味で上記各国の発展はかなりの部分で依拠性のある発展と概括することができる」[11] というのだ。

私たちは上述した汪暉論文の語義や論理の混乱（例えば、ソ連と東欧各国の失敗を免れた党＝国家統治は鄧小平の頑固と強暴が招いたのであり、それは純粋に中国国内の政治的な原因であり、経済の「主権」がどうしたとか、依拠性がこうしたとかではない。中国の改革が「能動的」だとしたら、東欧や中欧アジアの改革は「受動的」だと言うのか。「カラー革命」の論理だけを使ってやっとここのように荒唐無稽な結論を導いているが、この「論理」は党と国家におもねる御用学者たちが慣用する言語にすぎない。この種の混乱はひとつにとどまらず、それはいちいち詳述できない）に拘る必要はない。重要なのは汪暉が論文で主張している以下の論点、すなわち「これは相対的に言えば独立無欠の主権的な性格」だとか、「党の実践から完成された二十世紀政治の突出した特徴である。中国共産党は理論と実践でかつていくつかの間違いを犯したが、当時の反帝国主義政策とその後のソ連との理論闘争が中国の主権のもっとも基本的な要素を確立した」[12]という部分だろう。

汪暉が「主権」を高らかに謳い上げることとは「党」を持ち上げることであり、「党」が反帝反修［反帝国主義・反修正主義］のなかで確立した国家の「主権」は一九八九年の不敗を保証したのである。

汪暉に言わせれば、「党」は国家の「主権」を確立しただけでなく、ある種の「超代表機能」を備えているのである。二〇一三年に発表した論文のなかで、汪暉は「二十世紀中国の代表的な政治原理を再構築する」ことを企図している。汪暉は読者に注意を促すかのごとく以下のように指摘している。

中国の代表制と欧米の議会多党制、普通選挙制を中核とする代表制の間には異なる政治原理が存在しており、この前提は今日もっとも簡単に軽視され、理解されないでいる。ここで私たちは民主の形式に関する問題を整理しなければならない――欧米の普通選挙制に基づく民主は民主の唯一の形態ではなく、民主はまた抽象的な形式だけではなく、政治的な動力を前提とすることが必須で、その動力がなければいかなる形式の民主も実行できない。[13]

それでは、なにをもって「中国の代議的政治原理」とするのか。汪暉は、「それは「憲法」から直に分かる。憲政を研究する学者は中国憲法を引いて憲政の意義を論証する人が少ない。「憲法」の第一条は次のように規定している。すなわち、中華人民共和国は労働者階級が指導し、労働者・農民の連盟を基礎とし、人民民主独裁の社会主義国家である。また、第二条は、一切の権力は人民に属する、と。これら二つの条項は社会主義段階における代議的政治原理を説明したものだ。この原理は多くの政治的範疇からできている。ただ、これらの政治的範疇は簡単には一般常識で理解することができず、簡単な先験原則でも証明することは不可能で、一般的な実証的事実に帰することもできない。それらは二十世紀中国の政治的実践のなかから生まれてきたものなのである。例えば、「指導階級としての労働者階級」とは何なのか。二十世紀の前半に中国の労働者階級はきわめて弱小で、そのメンバー構成から見て中国革命は主として農民革命であり、労働者階級がどうして指導階級になり得たのだろうか――実証的な意味から言えば、労働者階級の対抗軸としてのブルジョア階級は本当にひとつの階級を構成していたのだろうかという論争さえあるのだ。二十世紀の大半の時期において中国の労働者階級が全人口に占める割合はごく少数でありながら、階級革命と階級政治が生まれ出てきた。今日、世界でもっとも大規模な労働者階級が中国に存在するが、この規模に相応する階級政治は決して存在していない」と指摘している。(14)

上に引用した最後の一句は現今の情勢を批判しているが、それについては後段で論評することとして、重要なのは汪暉が絶対的な口ぶりで「二十世紀の大半の時期において中国の労働者階級が全人口に占める割合はごく少数でありながら、階級革命と階級政治が生まれ出てきた」とし、しかも労働者階級が「指導階級」になったと言い切っていることである。これらの文言を私たちの世代は熟知している。それでは、だれが「指導階級」の現実的な体現者なのか。それは「党」にほかならない。中国共産党こそが「中国プロレタリアートの前衛党」であり、「偉大な中国革命」を指導したのである。ゆえに中国共産党は一般に言われる政党ではなく「超級〔スーパー〕政党」であり、中国共産党こそが十分な「代表性」あるいは「超代表性」を備えているのである。しかしながらリベラリズムから見れば、「階級」と「階級」を基礎とした「代表性」に訴えるのは理論上荒唐無稽であり、実践で無数の災難を生む抽象概念をもたらした。この創案者は王暉ではなく、百年前に道徳の激情とヘーゲルの目的論の落とし穴にはまったあのカール・マルクスにほかならない。筆者は『五四から六四まで』の第一巻で「階級的神話」がいかにしてマルクスのすべての研究を支配し、同時に「剝奪者を剝奪する」という有害な政治的結論を導き出したのか、また（レーニンから始まって）この神話から推し出された「前衛党」理論がいかにして後のソビエト・ロシアや中共の一党独裁政権とその制度の理論的な基礎になったのかを分析した[15]。事実上、中国共産党が「人民」の先天的な「代表」としてあり、また「階級」的な範疇内で「人民」を解釈し、甚だしきはそれを憲法に書き込んだとき、人民主権の抽象化はすでに国民の主権と市民の権利に対する現実的な否定に変質してしまったのだ。「こうして中国共産党の創始者がいかに崇高な社会的理想を抱いていたとしても、党独裁の既定の論理はこの体制の実行結果が必ず原初の理想に背き、現代社会の変遷に対して本来達成すべき公権力と市民権の構築を二重否定する」[16]ことになるのである。

遺憾なことに新左派たちは、このような歴史哲学の視角を備えていない。汪暉はいまだ興味津々に二十世紀中国の「階級政治」から離れられず、「階級」を実証主義的に解読することに反対している。それは、そうすることでしか汪暉（実際は党＝国家）の階級概念を取り繕うことができないからだろう[17]。どうりで汪暉は、憲法を引用した際にいかなる違和感も全く示さず、「憲政を研究する学者は中国の憲法を引いて憲政の意義を論証する者がほとんどいない」と言ってのけているわけだ。それは独立して、すぐれて批判精神に富んだ中国の憲法研究者が、「憲法」第一条と第二条を引用することを潔しとしないことを忘却（あるいは口を閉ざして言及しない）しており、それはそれらの条項が嘘の仮面にすぎないからである。

汪暉は「二十世紀中国の革命の遺産」についてさらに、中国共産党は「超級」としてその歴史的経験のなかにふたつの鮮明な特徴があり、それはすなわち「文化と理論の重要性」および「大衆路線を通じた政党の政治的な活力の保持」[18]だとしている。

いわゆる「文化と理論の重要性」について、汪暉は「理論闘争」を通じて「政党の自己革命」に「政治空間」を提供していると指摘する。汪暉は「中国革命とその後の社会主義の時期において、党内の理論闘争は政治能力の集積と方向を調整する手段であって、それは具体的な問題を理論と路線の問題に収斂させることによって初めて新たなエネルギーを生み出すことができ、また人々に理論闘争と相応する制度的な実践を理解させることが間違いを糾す最良の方法である」[19]と考えているようだ。汪暉はさらに例を挙げ「理論闘争は中国の革命と改革の過程で重要な働きをした。改革の理論的な源泉や社会主義商品経済の概念は、商品や商品経済、価値法則、およびブルジョア階級の法と権力などの討論から生まれ、社会主義の実践から模索されてきたのである。価値法則問題の討論は一九五〇年代にさかのぼる。孫治方と顧準が価値と価値法則に関する論文を発表したが、その時代背景には中ソ分裂と毛沢東が提起した中国社会の矛盾に関する分析があった。この問題は一九七〇年代の中期になってふたたび党内における理論闘争の中心的な課題になった。こうした理論闘争がなければその後の中国の改革が価値法則や労働に応じて分配する制度（按労分配）、社会主義商品経済から社会主義市場経済へ論理の発展を構想することは難しかっただろう」と指摘し、さらに「現在、常に民主を語るのは間違いを糾すひとつのメカニズムでありそれに伴う理論闘争や路線闘争も同様で、政党の過ちを糾すメカニズムでもある。二十世紀の歴史では党内の民主メカニズムが足りなかったことにより路線闘争にたびたび暴力や独断が出現したのが特徴で、これに対しては長期にわたる深い省察が必要だが、党内闘争の暴力化に対する批判は理論闘争と路線闘争の否定と同列に見ることはできず、事実上後者は独断から脱却しみずから間違いを糾す道筋でありメカニズムなのである」と述べている。また「大衆路線を通じて政党の政治的な活力を保持する」[20]ことに対する汪暉の解釈は「中国革命における大衆路線は概略次のように描くことができる。すなわち、完備した、内部に高度で厳明な規律のある政党は、その明晰な政治方向と使命に基づき大衆を動員し、大衆のなかの積極分子を吸収しながら自己の政治過程を改造する」[21]のだそうだ。これは「二十世紀における中国の革命経験」のなかのもうひとつの重要な遺産であり、「中国政治の特殊な要素」であるらしい。「『すべては大衆のために、すべては大衆に依拠し、大衆のなかから来て大衆のなかへもどり』、一種の政治、軍事戦略だけでなく、有機的な革命政治に対する描写でもある。大衆路線の脈絡のなかで、私たちは明確に政党政治と大衆社会の政治とのあいだにある緊密な連携を見て取ることができる」というのである。[22]

ここでは上に示した汪暉の観点に関する分析を深く展開することはできない。そうすれば、この一章が長大なものになってしまうからである。そこで筆者は以下のふたつの点について簡単に言及したい。第一に、「理論闘争」と「路線闘争」は中共が「政治能力を積み重ね、進むべき方向を調整」する過程で重要な作用を果たしたという汪暉の論断は、毛沢東が中共の指導権を独占する以前の歴史的時期にだけ適用できるものである。毛の独断の時代、「理論闘争」はすでに中共首脳の意思決定に何らの影響力を及ぼすことはなかった。鄧の時代も同じようなものだ。汪暉が挙げる商品生産と価値法則などに関する経済理論界の討論は、当時の官製文脈の範囲内で進められたというのが実情で、その縛りから自由になることはほとんどなかった。いわゆる「社会主義市場経済の論理的な発展」の論議に至っては、鄧の同意ないし「お墨付き」が前提で、「理論闘争」などという代物では決してなかった。汪暉がここで述べていることは、全く雲をつかむような架空の話だったのである。事実上、「理論闘争」や「路線闘争」(この二者は同一ではない)を共産党(とくに一九四九年以降の共産党)の「錯誤を糾すメカニズム」と見なすのは全くの笑い話にひとしく、汪暉が中共の歴史を全く理解していないことを証明している。真に「理論闘争」がその役割を発揮したかもしれないのは、例えば一九七九年に開催された理論工作討論会で文革に対する省察が進められ、毛を否定すべきだと要求する多くの声が発せられたが、これは予想に反して鄧の強行で押しつぶされ、その上「ブルジョア階級の自由化」という大きなレッテルを貼られてしまった。こうした事実は以下の道理を典型的に説明している。すなわち党＝国家独裁体制内では党内であろうと党外であろうと、いかなる自由な「理論闘争」の空間も存在しないということである。汪暉は融通の利かない学者としてこの「歴史経験」を根拠もなくでっち上げたにすぎない。第二は、「大衆路線を通じて政党の政治的な活力を保持する」ということに関する部分で、実際、戦争時代の中国共産党はこの面で意味のある経験をし、とくにライバル関係にあった国民党と比較したときにそうであったのだが、それが中共の革命の成功にどれだけ貢献したのかについては議論があるところだ。この「大衆」という言葉は中共が使う語彙のなかでは一貫して「階級」および「階級闘争」と連動してきた。中共党史を研究する専門家の楊奎松は、歴史上「中共が急進的な階級闘争に転向し、自己の力の基礎もしくは人民の概念の範囲をいわゆる労働者・農民階級に限定したとき、大衆の挫折はほとんど不可避なのである」と述べている。また、毛沢東本人が「中国革命の三大要素」を総括して「統一戦線」を第一に掲げたことに楊奎松は同意し、これこそが「中国革命でもっとも成功した経験」であると指摘する。[23] 中共が政権をとって以降の変質と疎外プロセスにおける「大衆路線」については、これ以上立ち入らない。ただ一言、毛沢東がユートピアの建設計画に変節していく戦略過程でたしかに「大衆路線を通じて政党の政治的な活力を保持する」意図（この仮定は論理の上では成立可能である）があったとしても、空想のなかで作り上げた「労働者・農民・兵士が上部構造を支配する」ことや「継続革命」などの類は決して初期の目標に到達しなかったばかりか、むしろ徹底的に失敗して終わりを告げたので、どうして「政党政治」と「大衆政治」が緊密に連係を構築できたと言えるだろうか、ということだけを付け加えておきたい。

当然、汪暉はこのことに承服しないだろう。汪暉は人々が彼の初志を曲解したと言うに違いない。重要なのは具体的な歴史をいかに見るのかにあるのではなく、「歴史の経験」に照らして現実に対する批判をいかに引き出すかである。それでは、この「批判」がどのように進行したのかを以下に検証しよう。

いわゆる「代表性の危機」と「ポスト政党政治」

汪暉は現今の中国で「代表性」の危機が発生していると主張しているが、それは国政と執政党に対する新左派のひとつの重要な「批判」だ。その論点は以下のようなものである。

中国の超級政党はもともと強烈な政治性を備え、この政治性が維持しているのは厳密な組織と明確な価値観、および理論と政治実践の間の有力な相互作用を通じて展開される大衆運動である。ところが今日の政党様式では党組織は行政組織と同じで、政党が管理機構の一部となり、その動員と監督職能が日々国家メカニズムと繋がり、官僚体制の特徴はますます顕著になり、政治性がじわじわと減衰し、あるいは曖昧になっている。政党政治における代表性の危機は執政党の危機にとどまらず、非執政党の危機さえも孕んでいる。中国においては、民主党派の代表性は過去のいかなる時期に比べてもいっそう曖昧化した。[24]

なぜ、このような状況が出現してきたのか。汪暉によればそれは改革開放で中国がグローバル化のプロセスに入るなか、国内でいわゆる「脱政治化」と「政党の国家化」が進んだのが理由だという。本来「中国の社会主義実践は大多数を代表し、かつ大多数の普遍的な利益を代表する国家を組織することに力が注がれてきたはずで、国家あるいは政府と特殊利益の紐帯の断裂はこれを前提としている」というのだ。また「社会主義国家は大多数人民の利益を代表することを旨とし、市場の条件下でそれは他の国家形式よりもさらに利益集団との関係から遠く離れる」と汪暉は指摘している。さらに「少なくとも初期について言えば、改革の正統性は社会主義国が代表する利益の普遍性にその源を発する」らしい。問題は中国がグローバル化のプロセスに突入するなかで「主権構造の変異」が生じたことであり、それに伴い中国の「政治体制にも重大な変異が生まれ、そのうちのひとつは政党の役割の変化である。一九八〇年代、政治改革の目標のひとつは党政分離だった。一九九〇年代以降、党政分離はスローガンではなくなり、具体的な実践と制度の配置の上で党政合一が常態化した現象になった。この現象を概括して政党の国家化の流れ」と捉えている。汪暉はさらに「市場社会の条件下で国家装置は直接に経済活動に関与し、国家の下部組織と特定利益の関係が相互に絡みあい、改革初期の「中性化国家」がいままさに変化を起こしている」という。汪暉は「もしも政党と国家の境界が完全になくなったら、政党が国家と同じように市場社会の利益関係のなかに呑み込まれないよういかなる勢力やメカニズムを保障できるのか」と疑問を呈し、「もしも「中性国家」の達成と政党の政治的な価値が密接に関係しあうなら、新たな条件下で中国が最後まで維持することのできる普遍的な代表性のメカニズムとはいったい何なのか」と問うている。[25]

新左派たちは執政当局にいかなる批判を加えることができるのか、私たちは期待をもってそのお手並みを拝見したい。しかし上に見てきた汪暉の一連の「批判」には論理の上でふたつの致命的な欠陥があり、私たちの期待を削いでしまう。まず汪暉は執政党がいま「代表性」を失いつつあると批判しているが、それはこの党がかつて「代表性」を有していたと仮定するに等しい。事実、これは汪暉が「二十世紀中国の革命経験」を総括した際に証明を試みたことがらである。しかしリベラリズムは「階級政治」と「前衛党」というあの論理を些かも認めないので、このような「代表性」は疑問点だらけなのだ。もしも共産党が国民党と天下を争った過程でたしかに民心を得たというなら、それは中共の反国民党スローガンと新民主主義経済の綱領が役立ったのであり、「前衛党」の論理とは無関係である。二番目の欠陥は、グローバル化が「主権構造」の変化を誘導して中国の「政党＝国家化」

を招いたと言っているが、これはこの上もなく荒唐無稽な議論だろう。中国が「政党＝国家化」あるいは「党＝国家一体化」していなかった時代があったとでも言うのだろうか。中共が一九四九年に政権をつくって以来、党の指導的地位を強調し、それを党＝国家政権の構築に体現しなかったとでも言うのか。このように党＝国家「憲法」に心酔した汪暉はその序文にある党の歴史的な役割と指導的地位に関する叙述を知らないのだろうか。なぜ今になって忘れてしまったというのだ。改革開放後に出現した権力と資本の結託というこの罪深い現象に至っては、憲政リベラリズムの観点から見れば、そのことがまさに党＝国家体制が独占的な公権を握って監督不能な結果をもたらしたことにほかならず、どうしてグローバル化と「ネオ・リベラリズム」の罪だなどということができよう。

汪暉は次のように述べている。中国の政治変革問題を考えるとき「少なくとも三つの方面から考察すべきである。第一に、中国は二十世紀に長くもっとも深刻な革命を経験し、中国社会は公正で平和な社会的平等に対する要求がきわめて強く、この歴史的・政治的な伝統をいかにして現代の条件下で民主要求に転化していくべきなのか。すなわち何が新時代の大衆路線と大衆民主なのか。第二に、中国共産党は大型組織で巨大な変化を経験した政党であり、ますます国家装置と混成しつつあるので、この政党をいかにしてさらに民主的にし、その役割をいかに変容させ、国家に普遍的な利益を代表させていくのか。第三に、いかにして社会の基盤に新たな政治形態を形成し、大衆社会に政治的な能力を獲得させ、ネオ・リベラリズム的市場化がもたらした「脱政治化」状態を克服していくのか」と。(26)

以上三つの問題で、第三は明らかに言いがかりで、党＝国家独裁体制がもたらした権力と金銭の結合による「脱政治化」を「ネオ・リベラリズム」の「罪状」だとする新左派の使い慣れた論理にすぎず、語るに値しない。第二は典型的な虚偽の命題で門外漢を煙に巻く手口にすぎず、「党」が政権を掌握した日以来「国家装置」と別れたことは一日たりともなく、さらに政党の「役割」を変容させるという主張はお話にならず、「この政党をいかにしてさらに民主化し、国家に普遍的利益を代表させていく」などという可能性がどこにあるというのか。「党」はこの間ずっと党こそが「普遍的利益」を代表すると言明してきたのであって、このような可能性の存在を認めるはずがない。リベラリズムはこの種の問題提起とその背後に隠されている論理を認めることはあり得ないだろう。なぜならこの論理は、「前衛党」がかつて「階級政治」の名の下で人民を本当に「代表」したと仮定しているからである。

こうして見てくると、第一の問題だけが問題足りうるようであり、以下に検討してみる価値がある。

「何が新時代の大衆路線または大衆民主なのか」、あるいは「中国社会は公正で平和な社会的平等に対する要求がきわめて強く、この歴史的・政治的な伝統をいかにして民主要求に転化していくべきなのか」という自問に対する汪暉自身の回答は、「ポスト政党政治」から始まる。汪暉が使う語彙のなかで「ポスト政党」時代は、政党の「代表性」が失われた時代を指しており、「ポスト政党政治」は努力して「代表性」に回帰することである。[27] いかに努力するというのか。「理論闘争」と「大衆動員」はここで役割を与えられている。汪暉は「大規模な改革を経験した今日、この論争は社会的な領域に向かって拡張していくことを免れない。市民の言論の自由や政治領域における理論闘争の空間は、現代の技術的な条件が支える市民の参画ならびに中国の政治生活における労働者の主人公としての地位によってこそ「ポスト政党政治」の必要条件となる。そして政治論争や市民の参画を健全に発展させるための基本条件は公共領域の改革と切り離すことができず――それはすなわちメディアの資本グループ化と政党化からの脱却の論理が真に寛容で自由な空間を創造するということだ。社会論争と公共政策の調整との間の積極的な相互作用はこの条件の下で初めて実現可能なのである」と主張する。そして「今日の政党政治と権力の結合が密接に連係する条件下で、党自身がみずから変わって新たな政治を形成する可能性は低い。党＝国家体制の下で中国国家と政党体制の官僚化は空前の状況を呈し、政党みずからの力で官僚化に歯止めをかけるのは難しい。このため大衆路線は政党がその政治活力を維持するための方途であるだけでなく、新たな内容――すなわち政治の開放性、あるいは政治参画度の大幅向上を獲得すべき」だと言うのである。[28]

汪暉はさらに「階級政治」に言及し、「現代中国はいま階級構造の再編が階級政治を抑圧する歴史的なプロセスを経験しており、このプロセスは階級政治がきわめて活発でかつ労働者階級の規模が相対的に弱小な二十世紀と鮮明な対比を成している」と指摘し、その上で「現代の中国社会には階級と階級政治が存在し、代表性の再編は現代中国社会における新たな階級化問題の解決と直接的に関連している」という。加えて「政党の国家化の進化に伴い、それはむしろ階級的政党というよりはさらに自主的な社会政治（労働組合、農協、その他の社会団体など広義の政治組織を含む）の形成と生産体系の内部関係における活発な労働政治の改造に力を注ぐべきで、それはおそらくポスト政党政治が通過すべきひとつの過程である」と強調する。当然、汪暉は「金融資本主義という条件下で、甚だしきは社会運動さえも資本体制のために浸透していく。現代の条件下では市民社会について討論しようと、あるいは階級政治を分析しようと、現代資本主義の新形態に対する分析からまわり道などできない」とするのである。(29)

汪暉が「代表性の再編」というこの議題の下で指し示している社会現象と社会行動の主題は、たしかに大変重要な意義があると言うべきだろう。現代中国には「市民の言論の自由」や「政治領域における論争空間」、「現代技術が支える市民の参画」、そして「中国の政治生活における労働者の主人公としての地位」などの深刻な欠落はたしかな事実であり、この点に関するかぎり汪暉は間違っていない。問題は、こうした不具合をつくりだしている原因はどこにあるのかということだ。「今日、世界最大規模の労働者階級がいる中国に、なぜこの規模に相応しい階級政治が存在しない」のか。それは国際資本が侵入したからでも「ネオ・リベラリズム」が悪さをしているからでもなく、また改革開放以降とくに一九九〇年代に発生した「脱政治化」や「政党の国家化」などでもなく、一九四九年に成立したこの党＝国家体制がきわめて頑迷で強力だったからであり、この独裁制度下で臣民（名義上は公民）に言論の自由と結社の自由を与えず、さらには党＝国家が一貫して吹聴したありもしない「階級政治」を許容もしなかったからだ。この状況は六十年来変わらず、今日においてはその手法がさらに精緻で巧妙になってきているにすぎない。汪暉は本当に「さらに自主的な社会政治（労働組合、農協、その他の社会団体など広義の政治組織を含む）の形成と生産体系の内部関係における活発な労働政治の改造に力を注ぐ」ことを希望しているのか。この党＝国家独裁体制を解体しないかぎりいかなる「自主的社会組織」もこの国に根付くのは不可能であり、合法的な身分の獲得は中国の政治生活における活きた構成部分なので、リベラリズムのように中国の政治体制改革と民主への転進を主張すべきである。党＝国家版の「大衆路線」でふたたび「政党活力」を活性化させるというのは、とっくの昔に歴史陳列館に収蔵された退屈な提案にすぎない。もしも民主化への転進がなければ、汪暉がここで主張している一切が空想で終わるに違いない。

現在の状況から判断して、汪暉はおそらく空想家の枠組みから抜け出すことは難しいだろう。なぜなら多党政治を明確に拒否し、「代表政治」に回帰することを主張しているからだ。ところがこの「代表政治」の理論的な前提が間違っているのであり、さもなければ実際にいかなる結果を出してきたというのか。善意から言えば、汪暉は別の言葉を使っているがリベラリズムと類似した関心を示している。しかしながらその答案はリベラリズムのそれとは似て非なるものであり、空想的である。汪暉は「いかなる政治体制もそれが普遍性を創造するとき、すなわち普遍的利益を代表できるときに代表性を備えることができる」[30]と言っている。しかしこの「普遍性」は憲政民主の基礎の上に初めて達成できるのである。これこそはリベラリズムと新左派の間に横たわる根本的な違いにほかならない。

『東西間の「チベット問題」』について

汪暉が「代表性」の問題で党=国家政治に批判的（ゲーテ批判を含む）であるとすれば、民族問題についての発言も赤裸々な自己弁護になっている。この問題に対する分析は、新左派のもうひとつの一面を見ることに役立つ。

汪暉は二〇一一年五月、『東西間の「チベット問題」』という本を出版し、それはすぐに三聯書店の図書ランキングに載り、読者がこの話題について関心を抱いていることが分かる。汪暉は「チベット問題」をどのように論証しているのだろうか。この本の書名には、すでに作者の意図が示されている。本書の「序言」は次のように言う。ラサで二〇〇八年、「三・一四」事件が発生後、すべての欧米メディアおよび欧米社会は「激烈な態度」を表明した、と。この種の「反応」は分析に値する。

事実上、「チベット独立」を支持する人は各人各様であり、民主、人権の観点から中国政治に批判を展開する以外は、歴史の角度から見てさらに三つの異なった側面が注目に値する。まず第一に欧州のオリエンタリズムに深く根ざしたチベットに関する知識で、比較して言えば、この点は欧米人に対する影響がもっとも大きい。その次は、特定の政治的な勢力の世論操作と政治行動の組織化であろう。この点について言えば、米国の関与がもっとも深刻である。第三は、チベットに対する同情が中国への感情、とくに経済面で急速に隆起し政治制度がきわめて異なる中国への顧慮と恐怖、排斥と反感がないまぜになっていることだ。この点は第三世界に属する多くの国を除いて、全世界が感染させられている。[31]

汪暉が深く重層的に分析を加えているのは第一の面で、いわゆる欧米人の「オリエンタリズムの幻影」についてである。汪暉によれば欧州近代史上における知識人のチベットに対する関心はほとんど宗教領域に集中し、現代の工業化、都市化、世俗化の波に従って「一種の啓蒙理想主義に対する新神秘主義」として欧州社会と文化生活に蔓延し、「この種の現代的な懐疑から生まれた新型の神秘主義が新たな活力を獲得」し、「欧州のチベット観と現代神秘主義の関連がこの文脈のなかで生成した」[32]という。汪暉はブラヴァツキーの「神智学」を例にとり、「神智学は理想的で超現実的なチベットのイメージ、文明に汚染されていない、精神的で、神秘主義的な、飢餓のない、犯罪的で酔っぱらった、世界から隔絶された国家、古老な智慧を大事にする一群の群像をつくりだした。このような代物は二十世紀においてもなおそのこだまが響き、これは真っ先に欧米およびアジア各国のロマン主義作家、詩人、思想家たちの現代に対する焦慮に帰結する」とし、彼らは各種の形式で「別の世界」を希求することに忙しく、「神秘的なチベット」はまさにこのような要求を満足させているのだという。汪暉は「欧米で流行した現代社会の様々な疎外にうまく対応し、この意味でまさに欧米現代社会の危機がチベット大師の欧米における命運をつくりだした[33]」と断言している。

私たちは新左派の「モダニティ」に対する批判の論理がまたひとつここに表れていることを見て取ることができよう。汪暉の目的は、欧米人のチベット人に対する同情やチベットの独立を支持する理由は、彼らの「オリエンタリズムの幻影」に起因していることを証明することにある。これはまさに天才の「論証」で、チベット問題の核心が巧妙にすり替えられている。なにがチベット問題なのか。憲政リベラル派から見れば、中国現代のチベット問題はまず人権問題であり、これに対して中国の党＝国家独裁体制は少数民族の真正の自治を受け入れることができず、少数民族（チベット民族を含む）の宗教の自由と文化の自由を意のままに剝奪している。これが問題の核心だろう。(34) 欧米メディアや欧米人のチベットに対する同情・声援は、まずもってこの通りである。ならば「オリエンタリズムの幻影」は存在するのか。一部の欧米人の間にはおそらく存在するだろう。欧米は多元化社会で人々には各種各様の信仰があり、それはチベット仏教にも興味が及んでいる。ダライ・ラマ本人の欧米における影響力は大きく関係もきわめて良好だが、そのことは欧米人が「宗教神秘主義」（この要因は存在するが主要な要素ではない）に対して熱心になる理由とは言えず、人々はむしろダライ・ラマが弱小民族を代表して独裁強権に対抗する伝記的経歴に共感しているのだ。チベット問題が中国ではきわめて敏感な問題であることは認めるべきで、筆者が最終的に社会科学院を解雇されたのもチベット問題に関する発言が原因だった。この意味で汪暉は核心に触れる勇気がなく、欧米メディアが「民主と人権の角度から中国政治に批判を加えている」ことには著作のなかで本心を隠し、曖昧にして取り上げようとしないことはよく理解できるのである。汪暉はこの種の批判（これは党＝国家政府を不快にし、場合によっては「政治規律」に違反する）を称賛したがらず、また反駁（一見「批判的知識人」を装う国際イメージに悪影響を与える）も加えたがらないが、これはまさに「偽自由」学者のなれの果ての姿なのである。しかし汪暉は別の「理論」を捏造して、欧米人が「シャングリラ物語」あるいは「神秘主義」精神を希求する必要からチベット人の叫びに立ち上がり支援する姿勢を、悪毒の如くに意地悪く証明している。なぜならばその理論は、国際社会がチベット人に声援を送る初志と真実を完全に歪曲しているからである。

それでは、汪暉本人は「中国の民族問題の根源」をどのように診断しているのだろうか。少し立ち入って検討してみることにしよう。

汪暉はまず、「「チベット独立」に熱心なのは少数の内外精鋭」で、「ラサ「三・一四」事件が政治的な陰謀で深刻な社会的背景はないと考えるなら、間違った判断を招くだろう」と指摘している。続いて「筆者の皮相な観察によれば、以下の三つの相互に関連し絡み合った変遷が、現今のチベット問題を理解する鍵となる。第一に、社会主義期の階級政治は徹底的に退潮して社会関係が根本から再編され、早期の民族地区における自治の実施条件に重大な転変が発生したこと。第二に、市場関係が全面的に浸透して人口構成に変化が生じ、収入と教育格差が拡大したこと。第三に、民族文化が危機に直面して宗教が復興し、寺廟や僧侶の規模が急激に拡大したこと、などだ。これらすべての事象は中国経済の高度成長と深刻な社会分化という時代的な背景の下で発生した。筆者はそれらを「脱政治化」と「市場の拡張」が文化危機および宗教の拡張と同時進行するプロセスと概括する」としている。[35]

「脱政治化」について私たちには新鮮味はないが、汪暉はきっと、かつて「人民主権」が存在し、現在は不幸にも「喪失」していることを肯定するに違いない。チベットに関して言えば、汪暉は往時の「民主改革」が二つの原則、すなわち平等政治と政教分離の原則を確立し、「農奴の解放」はまさに「政治の合法性の基礎」だったと主張するだろう。[36] 汪暉は党＝国家政権の「生まれ変わった農奴が解放を勝ち得た」とするイデオロギー的解釈を完全に受け入れるに違いない。しかしその間の歴史について、リベラリズムの解釈は全く異なるのである。五〇年代から六〇年代におけるチベットの「民主改革」は時代背景から言えばやはり毛沢東が推し進めたユートピア的な社会改造プロセスの一部であり、それは「生まれ変わった農奴」を「主人」としたが、実際には新たな党権体制下の臣民にされたにすぎない。そしてそのプロセスには大規模な虐殺が伴ったことを汪暉は熟知しながら、言及することを意識的に避けている。例えば一九五九年に発生したチベット反乱の背景と、一九五〇年代における東部チベットの土地改革およびそれがチベット地区に与えた影響が密接に関係していることを認めているが、それについてはいかなる議論もしたことがなく、「一面ではチベット上層の統治階級が恐怖を感じ、また別の一面ではチベットの解放と変革がわき起こった」と語っているにすぎない。これは当然のことながら政権が著す「正史」と変わらない赤裸々な粉飾と自己弁護の言葉である。しかし大量の研究がすでに証明しているように、一九五〇年代における東部チベットの「民主改革」には虐殺の歴史が充満しており、たとえ改革者の初志がどうであれ、それがチベットに巨大な災難をもたらしたことは間違いない。[37]

「市場拡張」について汪暉は「現代の「チベット問題」は中国が市場化改革を実施してグローバル経済に溶け込

む背景の下で発生したと述べ、「平等原則」と「政教分離原則」の「変異と転化もまさにこのプロセスの産物」[38]と断言している。この論証はやはり「グローバル化」と「近代批判」というあの古くさい論理の範囲内で進められており、経済領域について言えばチベットの「発展主義」は実際には主に計画経済的な特徴を帯びた国を挙げての「チベット支援」と関連しているのであって、「グローバル化」と関係しているなどということではない。さらに思いがけないのは、汪暉のチベット「文化危機」や「宗教拡張」についての分析で、「市場化プロセスが国家と市民の間の距離を拡大し、各社会領域への宗教の浸透の可能性を提供し、チベット社会は三十年前と比べていっそう宗教社会、すなわち市場とグローバル化の条件下に建設された宗教社会に近づいた。現代の条件下で宗教体系にはグローバル化、市場化、世俗化の力が浸透し、その機能にも重要な変化が生まれ、チベット仏教は日増しにチベット社会とチベット人のアイデンティティを繋ぐ主要な根拠になりつつある」[39]としていることだ。

これは全くお話にならない論証である。チベット社会はひとつの「宗教社会」ではないと言うのだろうか。過去数百年間、チベット仏教は「チベット社会とチベット人のアイデンティティを繋ぐ主要な根拠」ではなかったとでも強弁するのか。毛沢東時代にチベット文化の主要な特徴が強制的に剝奪（当然、これは汪暉の眼には成果と映る）されたと言うなら、改革開放以来のチベット人の宗教生活の部分回復は正常ではなかったのか。さらに重要なのは、この部分回復が八〇年代に胡耀邦ら中共の開明的な指導者が文革の過ちを修正した結果であり、「市場化プロセスが国家と市民の間の距離を拡大した」などということとは完全に無関係（汪暉の想像力はここに至って荒唐無稽の段階に達している）だということである。またこの部分回復は事実上ごく短い期間であり、一九八九年に発令されたラサの戒厳令と六四後に全国を襲った政治の冬の到来に伴い、チベット地区の短かった宗教緩和も句読点を打たれたのである。「浸透」について言えば、最近二十年来、決して「グローバル化、市場化、世俗化の力」がチベット仏教を浸食した（この類の問題はチベット以外の地域で深刻である）などということではなく、党＝国家政権が「分裂に対抗」する必要からチベット地区の寺院に全方位的な制限と「浸透」を加え、同時にチベットの「文化保護」を表面的に取り繕っただけで、これに対して憲政リベラル派は党＝国家統治者がチベット人の宗教の自由を無視していると批判するようになった。ところが汪暉は「正しい政治」を維持するために「浸透」や制限に対して固く口を閉ざし、あの表面的に取り繕っただけのチベットの「世俗化プロセス」を「宗教拡張」の証拠としたのである。このような汪暉の態度に対して、本当に分かっていないのか、それとも分からない素振りをしているのか、と問いたい。

結局、汪暉の問題は決して観察が「皮相」なのではなく、立論の前提が根本的に誤っているのである。汪暉は一面では毛沢東の時代が「普遍の身分を創造」した時代だったと仮定したかと思えば、今日ではそれを「民族的で宗教的な政治」に譲っている。また別の一面ではこの「民族的で宗教的な政治」を完全に歪曲し、誤って解読し、頑にグローバル化の論理を弄び、党＝国家絶対政権の論理に対してはこれをひたすら恐れて逃げまわっている。これがすなわちこの新左派がチベット問題で曝け出したすべての智慧なのである。ここまで分かってくると、汪暉が文中で行ったあれらの呼びかけ、すなわち諸兄が異なる民族のインテリ間で「平等な対話」を行いたいのなら、公共メディアを通じてチベット人インテリたちの三・一四事件に対する見方や声を聴く必要がある[40]などは、退屈なこと甚だしい。このような「対話」や「討論」を党＝国家政府が許可するわけがないことを北京に暮らす汪暉は知らない筈がなく、こんな提案をするのは無駄話と奇矯以外にどんな意義があるというのだ。おそらく中国を知らない外国人の眼を眩ますのが関の山だろう。チベット問題は複雑・深刻で歴史の張力に満ち、この領域で発言する勇気のある学者や研究者はもとより多くない。汪暉は、発言してこの結果である。まことに嘆かわしい。

批判精神に背を向けた中国新左派

欧米の新左翼はその批判精神で有名だが、中国の新左派は根本のところで批判精神に背を向けている。汪暉はその一人にすぎない。汪暉のあたかも奥深い分析と「批判」は、中国問題の実質を過去において歪曲したか、あるいは現在も歪曲している。

数年前（二〇一三年夏）のインタビューで、汪暉は現在進行中の憲政と反憲政論戦を批判し、この論戦は「漠然」としていると次のように語った。

ネオ・リベラル派とよばれる人たちは、憲政改革をかまびすしく称え、政治体制改革全体の改変を日指している。しかし「憲政改革」は憲法から変える（観察者のネット上における注——この部分は「憲法自体から出発すべき」）ことを意味している。もしも憲法を拒否するところからスタートすればこれは革命を意味し、現在、このような革命のために提供できる社会的な基礎はない。憲法の根本的な保障は共産党が執政党であることに存し、これは大きな問題ではない。なぜなら、みな共産党に代わり得る別の政治勢力が存在しないことを知っているからである。あれらの極右でさえこの点は分かっているのだ。また、憲法を認めるならば、それは私たちの国がいま社会主義国家であり、プロレタリアートが指導階級であることを意味している。それゆえ私が問いたいのは、プロレタリアートの中国における政治的地位はいったいどのような状況にあるのかということなのである。[41]

これは紛れもない誠実な述懐であり、新左派の汪暉はもっとも核心的な問題で自覚的に「党」との一体感を持っているということを説明している。汪暉はまた欧米メディアが「習慣的に「独裁国家」とか「国家資本主義」などという言葉を使って中国を描写している」と批判し、欧米の読者に「その他の政治形式を理解する」のは「挑戦的」なことなのだと注意を喚起している。[42] 六四から四半世紀を経た汪暉はすでにあの熱血青年ではなく、熟練し、中国で政治的隠喩に満ちた学術の舞台を泳いでいる。このインタビューの最後で汪暉は六四について語り、「八九運動のとき広場に掲げられたスローガンを覚えている。当時あそこで絶食抗議活動の初期段階にゴルバチョフが訪中した際、私たちが打ち出したスローガンは「我々は五八を欲し、八五は要らない」だった。なぜなら、当時ゴルバチョフは五十八歳で、鄧小平は八十五歳だったからだ。当時、八十五歳だった鄧小平は五十八歳のゴルバチョフよりも少しだけ聡明だったようだが、これはパロディにすぎない」[43]と述懐している。

この種の述懐は当然に「批判」とは無関係で、十分すぎるほどの「おべんちゃら」である。汪暉が海外で発表する文章は国内で発表するものとは異なり、「批判精神」に満ちたものが多いらしい。ほんとうにそうだとしたら、批判精神を放棄しただけではなく徹底した功利と計略に満ちている。筆者は善意ではない言葉を使ってこの校友を貶したくないが、どうしても次の一句を発せずにはいられない。汪暉の長年のライバルでリベラル派の徐友漁が北京の警察当局に拘束されて紅味を帯びた独裁の鉄拳を浴びたとき、この中国の新左派は国際的な学術賞の受賞の喜びに浸り、講演に東奔西走し、インタビューの愉悦のなかにいた。学術であろうが政治であろうが、これこそがまさにパロディというものである。

第六章　新左派（続）

王紹光（一九五四〜）は中国新左派のもう一人の代表的な人物で、汪暉と同じように新左派を支持する勢力のなかでは名声を博している。王は一九八〇年代に米国へ留学し、一九九〇年にはコーネル大学から政治学博士の学位を授与され、その後は多年にわたりイェール大学で教壇に立ち、現在、香港中文大学政治公共行政系(Department of Government and Public Administration)の講座教授、中国清華大学公共管理学院の長江講座〔高等教育におけるハイレベル人材輩出のための課程〕教授をつとめている。王は新左派として汪暉のように「モダニティ」を持ち出すのではなく、欧米の選挙制度に批判を加え、現代中国政治の議論では汪暉と同じように権力の「御輿《みこし》」を担いでいる。両者はいわゆる権力におもねる「学者」にすぎず、中国における現今の政治制度に対する直接的支持（王紹光）、もしくは表面的には批判しながら裏では支持（汪暉）する態度をとり、その学術レベルは五毛学者の周小平をはるかに凌ぎ、欺瞞と危害に満ちている。

米国の選挙制度批判に熱中する王紹光

王紹光の欧米（主に米国）選挙制度に対する批判は、最近出版した『民主四講』〔生活・読書・新知三聯書店、二〇〇八年〕、『妖怪祓いと超越』〔香港三聯書店、二〇一〇年〕などの著書やネット上に発表された論文に詳しい。王は米国の選挙制度を「選主」〔今日の「民主」は「一人の主を選ぶ」ことであり、真に理想的な意味の民主からすでに乖離しているので、それは「選主」にすぎないと主張」と称して批判する。

　二〇〇九年三月二十九日、王紹光は中国の言論サイト『烏有之郷』〔UTOPIA〕に「「選主」を乗り越えるために――現代民主制度に対する省察」と題する講演録を発表した。そこで王は、「私は米国に長く住んだことがある。正直に言えば、私にとって「選主」の迷信を打ち破り、「選主」を乗り越えることは長い道のりだった。選挙に対して、私はそれが民主を実現するもっとも重要なプロセスであると長期にわたり信じてきた。米国に暮らして二十年、長く暮らせば暮らすほどに米国に住みにくくなり、そして香港に居を移した。最近数年間、民主の歴史や理論に関する書物を読むことが多く、それらを読めば読むほどに省察すべきこともまた多く、これはほとんどの場合、米国を離れて後のことである。米国に滞在していたころは、米国も直観的に思ったほどに良くはなく、また米国が自賛するほどに良いところでもないと感じていた。それはあくまでもただの直観であり、その時点ではまだ理論的に考察するまでには至っていなかった。真に理論的な思考ができるようになったのは、やはり過去数年のことである」と述懐している。

　それではこの政治学を専門とする学者は、いったいどのように思考したのか。王は次のように語っている。


「選主」とは、競争的選挙を特徴とするいわゆる民主制度である。あえてそれを「選主」と称するのは、その実質は人民が主となるのではなく、人民が選挙で主人を、あるいは一人の主人（例えば大統領）、または一群の主人を選出し、これらの人によって統治が進められるからである。これは原初的で理想的な民主の理念との間に天と地ほどの差がある。

　第一に、歴史の淵源からひも解けば、選挙あるいは競争的選挙は、もともと民主とはいかなる関係もない。第二に、目標ということについて言及すれば、民主は時間的、空間的な意味において政策決定の範囲に制限を加えないものであるが、これに対して「選主」は時間的、空間的な制限を加えてくる。第三は、その過程から見るとき、「選主」のプロセスは容易に操作され、必然的にエリートによる統治を誘導する。その統治は、突き詰めて言えば不平等な代表〔制〕である。クラスターが異なれば政策決定に与える影響力も異なり、その最終的な結果はエリート層が主導する統治秩序を強化する。(1)


それでは「原初的」、「歴史の淵源」という意味における「民主」とはなにか。「十九世紀以前、大方の人々が考える民主はくじ引きと一体となったもので、選挙ではなかった」と言われ、王紹光は古代ギリシアと古代ローマのくじ引きで役人を決めた歴史をその証としている。「目標ということについて言及すれば、民主は時間的、空間的な意味において政策決定の範囲に制限を加えないものであるが、これに対して「選主」は時間的、空間的な制限を加えてくる」というくだりについて、ここで王が指しているのは「議事空間で、「選主」は圧倒的多数の人と見解を同じくする大多数の事柄については民主的な決定プロセスの範囲外に置かれる。「選主」とはなにか。それは四~五年に一度選ばれる主人グループのことである。選挙から次の選挙までの期間、すなわち大部分の時間、政治はこれらの主人グループに託され、それ以外の大多数の人はなにもせず、またなにをできるのかも知ることができず、どうすれば決定に影響を与えることができるのかも分からないのである。選出されたいわゆる「主人」はどのような決定ができるのか。それは国防、外交、教育、福祉、財政、金融など多岐にわたる。そして、庶民の日常生活と密接に関連する多くのことは民主的な決定の範囲内に置かれない」と述べる。さらに深刻なのは第三項に関わる問題で、それは選挙プロセスの「不平等」と選挙本来が持つ「被操作」的性格だ。「不平等」について、王は大量の統計資料を用い米国の下層に置かれている市民が様々な原因からあまり選挙に参加せず、「たとえ投票に出かけたとしても、選挙結果に与える影響力は潤沢な資源を有する層に遠くおよばない」と指摘している。選挙の「被操作性」について、王は三つの例を挙げる。すなわち「票の奪い合い」と「不正投票」そして「票の買収」で、三つ目の「票の買収」は「低レベル」な金銭による単純な票の売買と、潤沢な選挙資金を使って選挙民に投票を促す「高レベル」な選挙運動の両方を指している。王紹光は二〇一二年に行った別の「民主的な「四輪駆動」」と題する演説でふたたび、「選挙はいとも簡単に操作される特性を持つ」ことを強調し、米国の政治学者故ウィリアム・ハリソン・ライカーに言及し、「ライカーは多くの著作を著し、謹厳な思考で選挙を分析している。その著『民主的決定の政治学――リベラリズムとポピュリズム』(*Liberalism against Populism*)で二つの見方を論証した。第一は、同じ選挙民、同じ支持傾向でも異なる投票制度では選挙の結果は違ったものになる。このため、選挙(ライカーは「民主」と表現している)は正確とは言えない。第二は、同じ投票制度の下でも、投票結果は操作可能である。しかも、公の行動の背後にある個人の動機は知るよしもないので、操作された結果と操作されていない結果を見分けるのはほとんど不可能に近い。よって、選挙は無意味であると指摘した。その後、ライカーはきわめて示唆に富む『政治的操作の芸術』（*The Art of Political Manipulation*）を書いた[2]。

それでは「選主」の弊害は、いかにして克服すべきなのか。王紹光は次の四つの代案を示している。

一「電子民主」の実行

現代の電子技術は空間と時間の壁を打破するのに役立ち、多くの人がコミットするのを可能にし、政府に透明性をもたらす。

二「熟議民主」の実行

熟議は人々の視野を広げ、異なる利益を追求するクラスター同士の問題意識を互いに接近させて収斂し、同じ方向に向かわせることができる。熟議を経て認識が一致すれば、投票は必要なくなる。

三「くじ引き」への回帰

四「経済的民主」の実行

経済的民主とはなにか。それは政治的民主を超克しようとするもので、民主をその広さと深さの面でさらに一歩進める[3]。

その後、王はこれら四つの方法に修正を加えて「選挙、くじ引き、公衆関与、大衆路線」に帰納し、それらを「民主実現の四つの車輪」と呼び、「結論は二枚の図で説明できる。一枚は米国式一輪車で、もう一枚は国産四輪駆動車だ。これは単なる妄想ではない。四輪駆動車は一輪車に比べてより速く、安定していよう」と主張するのだ[4]。

次に、民主国家の選挙制度をどのように評価すればよいのか。王紹光の主張には疑問点も多いが、これもひとつの観点であろう。例えば、異なる影響力を有するところには異なる問題が存在し、これについては米国人も気づいていないわけではなく、調整、修正を重ねて制度の万全につとめている。しかし、いったん選挙が終われば庶民が国政に影響を及ぼす術はなく、政治家の決定も庶民の日常生活とは無縁で、米国の現実とも合わない。筆者も米国に来て数年になり、毎日、時間を割いて当地のテレビ番組を観るようにしている。三つのC－SPANチャンネル〔Cable-Satellite Public Affairs Network のことで、米国議会を中心に、政治を専門とする番組を放映している〕が終日政府と上下両院で行われる各種の活動を録画やライブで放映し、これらの活動の大部分が市民の日常生活と関連があるものばかりで、税務改革から医療保険、教育費、退役軍人処遇などとバラエティに富み、もちろん国際問題もあり、視聴者は電話でこれらの番組に参加し、意見を述べることができる。米国にはさらにCNNなどのテレビ媒体があることは言うまでもなく、それらの報道の重点は各地のネガティブなニュースが多く、捕らわれたら最後、徹底的に報道されてしまう。米国における筆者の政治観察はまだ表面的で、例えば米国の生活体験が長い林達、劉瑜らの洞察は細部にわたり、彼女たちが書いた米国政治に関する本は中国でよく読まれている。突き詰めて言えば、選挙制度も含めて米国の諸制度に欠点がないとは言えないが、これらの欠点が現代民主の基本原則とその中核に対する根本的な挑戦になることはなく、改めるべきところは細部の技術的な問題にすぎない。王紹光の「選主」批判は一部の欠点をあたかも全体が悪いかのように歪め、単なる技術的な瑕疵をあげつらって民主が備える規範の内面を否定している嫌いがある。学術的な意味から言って、このような批判はその軸足を安定させることなどできないだろう。(5)

しかし、王紹光の問題はそこではない。

欧米の民主制度は批判できないわけではなく、事実、これは欧米の多くのニューレフトが毎日、行っていることだ。王紹光が米国市民であるなら、上に挙げたような批判は米国市民や米国政府に向かってすべきことで、それならば我々は親指を立てて支持しよう。なぜならば、これは国民が政府に負うべき責任だからだ。ところが状況はそうではなく、本人が述懐するように、王は米国を離れたあとでこれらの問題に関する思考を重ね、それを系統だてて表現しているにすぎない。つまりこれらの批判は米国人に向かって言っているのではなく、中国人に向かって話しているのである。そこに問題がある。そうすることの意義はどこにあるのか。中国にも米国のような選挙制度があるとでも言うのか。もしもあるとすれば、米国人としての経験や教訓を語ることで、ある種の警告作用が生まれよう。もしもないのなら、どうして意味のない矢を放つのか。仮に意味のないことではないとするなら、それらの批判的言辞に意義はひとつしかなく、それはすなわち中国人に現在も将来も米国に倣う必要はない、あれらの民主は取るに足らない代物なのだ、と警告するのと同じことだろう。

それなら、この新左派学者は中国の選挙制度をどのように評価しているというのか。

いわゆる「実質的民主」と「形式的民主」について

米国の選挙制度が「良くない」ということは、中国の選挙制度が「すぐれている」ということにはならない。理論的にはたしかに米国の選挙制度に問題はあるが、中国の選挙制度も同じように問題を抱えている可能性があり、しかもその問題はおそらく全く性質の異なるものだろう。その問題の背後には、議論すべき多くの課題がある。まず、用心すべきは、王紹光は米国の選挙制度が「良くない」というところから、中国の制度は「良い」という理屈を直接導き出している。それはどうも中国が実施している「実質的民主」が、米国の「形式的民主」よりもはるかにすぐれているという論法のようだ。

王紹光は二〇一三年十一月八日、中国社会科学院が主催した「国際的視野における中国の発展の道程」（国際視野下的中国発展道路）国際学術シンポジウムで発言し、いわゆる「代議型民主」と「代表型民主」を区別して、「形式（多党競争を特徴とするような選挙）を強調する民主は代議型民主と称すことができ、その神髄は代議士を選出するところにある。これに対して実質（多くの場合、政治体制が庶民の要求を反映するような）を強調する民主は代表型民主と称され、その神髄は政治体制が人民に奉仕できるか否かで、政府の政策は多くの場合、人民の願望を代表する」とその考え方を開陳した。王は中国の選挙制度に対するみずからの観察と評価を以下の三点に収斂させる。

> 第一に、中国人民は〔米国とは〕異なった形の民主を期待している。それはすなわち実質的な意義を有する民主であり、形式的な民主ではない。これは、民主を求める方法の問題である。第二に、中国は理論と実践のなかですでに異なった形の民主を育みつつある。それは代表制民主であり、代議制民主ではない。第三は、中国の政治体制はあれこれの問題をはらんでいるが、それは基本的に中国人民の期待に添うもので、中国の現体制は庶民のなかで比較的に高い正統性を有している。[6]

なにをもって、「代表制民主」が「基本的に中国人民の期待に添う」ものだというのだろうか。王紹光は、「中国では一九九〇年から全国規模、あるいは地方限定の大量のサンプル調査が実施され、そのなかの多くが外国研究者による自発的な調査設計に基づくものだった。それらの調査結果によれば、少なくとも七割を超える対象者が中央政府と共産党を支持している」とし、「それは二十数年来、変わっていない」と説明する。王はさらに自信満々に、「中国の代表制民主は、過去十数年で一定の理論を形成した」とまで述べている。だれを代表しているのかということも含め、いったい、だれが、何を、どのように代表しているのか――。王紹光は、以下のように続ける。

だれを代表しているのか、それは人民である。ここに言う人民の概念は普通の庶民を指し、その主体は労農大衆である。

だれが代表しているのか。それは政治権力を行使するすべての人で、正式に選出された代議士であり、実権を握るその他の役人を含んでいる。

なにを代表しているのか。その鍵は人民の客観的な要求であり、気ままに表明される要望や、あるいはすぐに力を失う観点のことではない。

どのように代表しているのか。それは大衆路線の堅持である。人々は往々にして大衆路線を共産党の伝統のなかにある民主的な決定方式と見なしているが、それはまた中国的な特色を有する代表方式でもある。大衆路線の貫徹は各級幹部に対する相当に高い要求であり、幹部は庶民の訴えをただ待つ態度は許されず、みずから積極的に大衆のなかに入ってゆかなくてはならない。大衆路線が体現すべき代表方式は庶民に対して問題があれば「駆け込んで来なさい」、「どうぞ、お入りください」だが、もっとも大事なことは当局の担当者みずからが「表に出かけて」人民のなかに入ってゆくことであり、とくにみずから労農大衆のところへ行くことで、もちろんその他のところへも赴いて交わることが大事である。

事実は、中国がすでに民主の文脈のシステムをも確立しており、ただ学術界のみにその自覚が十分ではないことだ。いまこそ、体制の自覚と自信を増強すべきである。[7]

このようなことを言う王紹光とは、やはり長年にわたって党の教育に染められた者のようで、まことに党に忠実な体制内学者で、米国に留学して博士号まで取得したとはとても思えない。なぜ、こんなことになってしまったのか。このようなご高説を弄する目的のひとつは「国外にある主流学者や言論空間」の中国に対する侮蔑、すなわち中国を「権威主義国家」とか、「合法性」や「正統性」に欠けるという批判に明確な反撃を加えることにある。王は、「典型的な詭弁」だという。なぜなら、中国はとっくにみずからの民主を選びとっているからだ。それがすなわち、党の指導下における「実質的民主」であるとして、「権威主義体制になぜそのように高度な正統性があるというのだ」という主張を「典型的な詭弁」として斥ける。どうりで『環球時報』がこの王の発言を大々的に取り上げ、米国博士、長江学者〔政府主導の「長江学者奨励計画」で国が必要とする人材養成計画に組み込まれた学者を指す〕という美名を利用して中国の民主がいかに偉大で、それを実現することがいかに大変であったかと自画自賛しているのである。

よく考えてみよう。「中国式民主」が、本当にそれほど言葉に言い表せないほど理想的な代物なのか。

中国の選挙操作とそれに対する言及を避ける王紹光

王紹光は米国の「選挙操作」に厳しい批判を加えているが、実際に選挙が「芸術の域」にまで操作されているのは中国であり、それは執政する中国共産党、すなわち党＝国家体制によって操作されているのである。

なるほど、この党＝国家は「人民が国家の主人公」と宣揚し、現行憲法の第一条も「中華人民共和国は労働者階級が指導し、労農連盟を基礎とする人民民主独裁の社会主義国家である」と宣言している。第三十四条には、法に基づいて政治的な権利を剝奪された者以外、「満十八歳に達した市民は民族、種族、性別、家庭出身、宗教信仰、教育程度、財産状況、居住期限の如何を問わず、みな選挙権と被選挙権を有する」と謳っている。

しかし、これはただの紙切れの規定にすぎない。過去六十年来、中国共産党は公権力を独占し、選挙は表面上の形式を繕っただけの内実が伴わないものだった。執政者は選挙を制御する手段として、直接選挙と間接選挙の範囲を厳しく区別し、直接選挙は県、郷の人民代表大会代表の選出に限ってきた。市、自治州、省および全国人民代表大会の代表は下級人民代表大会において間接選挙で選び、選挙民の直接選挙とはなっていない。各級官吏（最末端の郷長を含む）も各級の人民代表大会で選出される。すなわち、中国のすべての政府官員は間接選挙によって選出されている。さらに深刻なことは、これらすべての「選挙」は括弧付きで、中共の各級党委員会と組織部門が大部分の人大代表とほとんどすべての国家機関の公職人員の候補者に対する「推薦権」や、「党による幹部の管理」と党による選挙プロセスの全方位的な「指導」原則を掌握し、選挙結果に思惑の違いが生じないよう制御している。この他、候補者を複数出さないよう厳しく制限し、省および中央レベルの公職人員の選出に際しては候補者と当選者を同数にして、中共が内定した中央および省レベルの指導者候補が必ず当選するように細工してある。「操作」を問題にするなら、これこそが名実ともに紛れもない操作であろう。

中国では県、郷レベルにおける人民代表選挙が唯一の「直接選挙」であり、当局は思惑違いが発生するのを恐れ、（当局の影響下にある）組織が候補者を推薦する場合を除いて競争選挙を実施せず、候補者と選挙民が直接に会うことも嫌い、独立候補人〔この場合は、当局の推薦を受けない候補者を指す〕はさらに厳しく弾圧される。数年前には以下のような事件が発生した。県郷レベルの人民代表大会代表交代選挙に直面した全国人民代表大会常務委員会は全国各地で独立候補人の立候補を阻止するため、法制工作委員会の責任者がメディアを通じて「独立候補人の立候補は法的な根拠がない」（二〇一一年六月九日『北京日報』）ことを伝えた。しかし、実際には誰もが法制工作委員会の指摘する「独立候補人」が「当局」の推薦を受けていない候補であることを分かっていた。このような候補こそがより強固な民意と独立性を背負って民間の真実の声を反映することができるところから、しばしば当局から厳しい弾圧を受けてきた。江西省の失職女性労働者、劉萍は地方人民代表大会の代表に立候補するに際して規定の推薦人の数を超えていたにもかかわらず、正式な候補人資格を得ることができなかった。湖北省の選挙研究者である姚立法が長期にわたり各種の卑劣な手段で当局から嫌がらせを受け、自由を制限され、人民代表大会の選挙改革に加わったり、独立候補人に対する訓練に従事することを阻止されてきたのは、当局が独立候補人の立候補を快く思っていない明確な証拠である。こうした状況にもかかわらず当局が「神聖な一票を」と強調するのは、滑稽以外のなにものでもない。(8) 最近、香港で発生した事件から、党＝国家が偽の普通選挙の強行を企図しているのが透けて見えるが、これはまさに伝統的な統治技術にすぎないのである。香港人がこの党＝国家の企みを受け入れず、「オキュパイ・セントラル」と「反オキュパイ・セントラル」、香港民主勢力の訴えと北京の専制独裁当局との直接的な対抗関係がいまに至るも解決できない事態など想像できなかったのだろう。米国の選挙制度には瑕疵があるが、これは民主体制内の瑕疵であろう。中国の選挙制度は瑕疵の有無などという問題ではなく、根本的な虚偽選挙であり、偽物なのだ。両者の性格は全く異なるレベルの問題であり、それらを同列に語ることなどできないのである。

王紹光が、劉萍や姚立法が当局から受けた弾圧や、党＝国家虚偽選挙とその操作に対するリベラル派知識人の批判を知らなかったはずはない。この新左派学者が真剣に党＝国家が進める虚偽選挙を「実質的民主」と認定し、リベラル派が党に罪をなすりつけていると考えているならば、王は正面からリベラル派の主張に応え、リベラル派の批判を真摯に分析し、反駁し、党＝国家の偽民主が真正の民主であることを説明し、立候補者の選定に関わる党の推薦制度がいかに民主の神髄を代表し、民主原則を破壊していないかを論証し、当局の独立候補人に対する弾圧がなぜ必要なのかを証明すべきであろう。それができないならば、中国人民の「長期にわたる利益」を代表するなどの主張は荒唐無稽であると言わざるを得ない。王紹光はリベラル派の当局批判に対して、学理に基づいた回答を示さなければならない。党＝国家が弄する言辞（大衆路線とか熟議民主などの空文句）に依拠する主張は何の役にも立たず、そうした「調査データ」は王紹光大先生の主張に利することは微塵もないのだ（少しでも常識を持っている者なら、情報が封鎖され、恐怖政治が連鎖する国で、外国学者〔王紹光を指す〕があら探しのために実施した調査にいかほどの実際的な意義があるのか、ということをすぐに理解できよう）。

王紹光が本当にそのように考えているなら、それは観点の違いであり、あえてそれを遮ることはしない。人格は平等なのである。しかし筆者はこれまで王紹光が党＝国家選挙制度に対するリベラリズムの批判に反駁したり、リベラリズムの学理やその根拠に批判を加えてきたことを知らない。王紹光がこの対話や論争、反批判に挑めないのなら、王の内面の隠暗が証明されるだけであろう。公の場で党＝国家の虚偽選挙を祭り上げ、卑劣な、党＝国家による選挙操作を承認するのが「長江学者」というものなのか。中国人は世事に聡いので、たとえ米国に何年も滞在しようと、そのような性格は変わらないのだ。

王紹光は中国にあっては大いに米国を批判するが、中国が抱える問題には触れようとせず、恥ずかしげもなく現体制や執政当局を持ち上げている。これが中国の「新左派」なのか。これのどこに「左派」（批判としての左派）の矜持があるというのだ。

いわゆる「市民社会の神話」を打破することについて

王紹光が「党」と認識を同じくしていると自覚するもうひとつの例証は、「市民社会の神話」を打破すべきと考えていることである。

王は二〇一三年七月三十一日、『人民論壇』に「「市民社会」――ネオ・リベラリズムがでっち上げる粗雑な神話」と題する論文を発表し、以下のように述べている。

最近二十年来、「市民社会」という概念が流行っている。一部の人の意識のなかには市民社会は至極合理的で、正義であり、無条件に肯定すべき「良い概念」という考え方がある。

市民社会のどこに長所があるのか。その鼓吹者の主張によれば、市民社会は政府の公権力を制限することができ、そこから民主の実現を促すことができるという。一九七〇年代末から、南欧、東欧、西欧、北米における一部の人たちは市民社会が民主の前提となる理論であると主張し、市民社会が民主政治を実現するための必要条件だと言い、果ては十分条件だと強弁した。こうした言説が九〇年代初めに中国に入り込み、それが中国の学界に受け継がれて有力な学説となっていった。(9)

王紹光が上にまとめた概略は概ね正しい。それでは、王紹光が不満に感じているのは何か。王は「市民社会」はひとつの概念として「筋が通らない」、果ては「名実が伴わない」と言う。なぜなら、「civil society」という言葉には各種の訳語があり、その意味も様々である。重要なことは、市民社会の鼓吹者が「五つの神話」を捏造して持ち上げ、「各国における実践状況から明らかなよ

う に、メディアや一般読み物の市民社会に対する称賛と現実との間には大きな乖離がある」というのだ。「五つの神話」とは何を指しているのか。それは市民社会に関する「同質神話」、「聖潔神話」、「独立性神話」、「国家と社会の対立神話」、そして「民主の力の神話」のことである。

王紹光は、さらに続ける。

「国家と社会の対立神話」について、市民社会理論を構築するイデオロギーの遺伝子は「リベラリズム」であり、市民社会の「独立性」を語る言説はすべて国家の独立と対極にある。この文脈のなかでは、市民社会はひとつの浄土であり、国は秩序が糜爛し、瘴気にみちていることになる。この論理に従えば、政府と民間組織との間には対立関係しかない。すなわち、政府がその役割を拡大すれば民間組織の活動空間を萎縮させるということである。反対に、民間組織の発展空間を増やそうとすれば、政府の役割は制限される。この国家と社会の対立の論理は、米国の事例をとってみても解釈不能である。ルーズベルトのニューディール政策からジョンソンの偉大な社会（Great Society）まで、米国政府の関与する範囲は第二次大戦後も急速に拡大し続けた。そしてまさにこの時期、米国における非営利組織（NPO）の数は急増している。一九八〇年代初期にレーガンが大統領に就任して風向きが急展開し、政府の関与する範囲を制限することが施政目標になった。しかし、このことが米国の民間組織に隆盛の時代をもたらしたわけではなかった。組織の数に顕著な変化はなかったが、その発展は多くの困難に直面した。一例を挙げれば、政府の干渉が必ずしも民間組織の発展を阻害するものではなかった。すなわち、政府機能の萎縮は必ずしも民間組織の発展に有利ではないということだ。

王は、「民主の力の神話」について、以下のように述べる。

リベラリズムが民間組織の独立性を強調し、市民社会と国家との対立関係を突出させるのは、市民社会が民主を実現する前提条件であることを論証したいがためである。一九八〇年代末から九〇年代初めにかけ、ロシア、ルーマニア、アルバニアはいまだ民主への転換の前で、まともな民間組織はほんのひと握りしかなかったが、これらの国はいわゆる「民主」体制へと舵を切った。市民社会が本当に民主体制を築く礎石であるとするなら、米国の民主はすでに危険の淵にある。なぜなら、一九六〇年以降、社会団体に関与している公衆の比率は大幅に下がり、二十世紀末には第一次世界大戦時の水準まで低下したからだ。(10)

上のような論理で、リベラリズムに反駁できるだろうか。無理だろう。王紹光はまず、学者としてやってはならない論理のすり替えに手を染めている。我々が「民主化の前提条件」としての市民社会というとき、この議論の文脈は全体主義と権威主義という政治的な背景をもとにして語られている。全体主義の特徴のひとつに、社会の存在しない国家、あるいは社会が脆弱な強権国家という現実があり、政治的な統治の触覚を社会の深層にまで張りめぐらせている。文革を研究したことのある王紹光がこのことを知らないはずがない。リベラリズムは改めて市民社会を発展させてゆくことが専制体制を解体する重要条件となることを強調する必要がある。ここで問題の定義はきわめて明確であり、説明の必要はなく、米国といかなる関係があるというのか。成熟した民主国家における政府機能と民間組織の凋落に何の関係があるというのだろう。政治学の専門的な訓練を受けた学者がこのように我田引水、牽強付会な議論を開陳するとは、まことに情けないことではないか。

次に、民間組織は市民社会を構成する重要な要素のひとつだが、単に民間組織だけを指しているわけではない。本書の第一章で指摘したように、市民社会は制度の近代化における三大構成要素のひとつで、その基本的な役割には、自由なメディアによる公権力の社会的な監督、近代教育を通じて進められる普遍的な文化の再生産、民間市民団体の自治と社会的なボランティア行動などが挙げられよう。構造発生学の角度から見れば、現代市民社会の生成はすなわち都市化と近代社会が分化した結果であり、このプロセスは商品経済の発展と独立した個人の発展の両輪で進んできた。社会的な整合が血縁など自然の垣根を超え、交換関係の普遍化の勢いと一致したのである。郵便、新聞、雑誌の出現で、ひとつの新しい、農業社会を整合した公共領域とは全く異なる公共領域の糸口が生まれた。近代科学の発展と教育の普及に伴い、教育内容やその目標が質的に変化し、教育そのものが全く新しい職業領域になった。こうした基礎の上に、現在、独立的かつ批判的で高い理解力と資質をそなえた読者層向けの学術・芸術作品の製作が可能になり、それらは時代を導く新たな潮流の旗幟や先駆けとなっている。これは近代的な意味における民間団体の出現であり、同時に公共領域が発展していることの顕著な表れでもある。人々は公的あるいは私的な場で共通の関心事について意見を表明し、ときの政治を批判し、行動を組織することに少しずつ学び慣れてきた。つまり、公共領域の発展は社会構造における高水準な分化の達成を示すものであり、同時に新たな社会的整合原則の生成を代表するものでもある。筆者はこれを公共理性原則と称し、それは前近代社会の家族＝倫理原則とは異なり、同時に現代社会の政治・経済構造に通底する利益原則とも違うのである。むしろ、公共理性原則と理性原則のあいだの張力ということであり、現代社会を理解するための中枢と言えるだろう。[11]

以上は社会進化と制度の近代化の普遍的意義から定義した市民社会である。最近数十年間における市民社会概念の発展について言えば、それはたしかに一九七〇年代以降、南欧、ラテンアメリカ、東南アジアの権威主義体制国家が民主体制に転換し、それはソ連、東欧、中国という共産全体主義国の民主転換と相関関係がある。繰り返して強調すると、ここに言う「市民社会」とは言論の自由を守る独立メディア、普遍的で非強制（非洗脳）的な国民教育、自由な民間結社（とくに政治的な結社）などの広範な内容を包含している。これらの内容は明らかに現代の全体主義体制、あるいは権威主義体制に対する対抗軸として生まれてきたものだ。たしかに「国家と対立する」のだが、この「国家」とは専制、全体主義の国を指しており、まさにこのことによって民主への転換への大きな力となるのである。王紹光のあのまことしやかな言説は、この事実を些かも揺るがすことはできない。「市民社会」は決して「神話」などではなく、転換を果たしたすべての国の偉大な実践なのである。

党＝国家当局はこうした状況に危機感を持ち、成長過程の中国市民社会に弾圧を加えてきている。王紹光がこの文章を発表する直前の二〇一三年四月、中共中央辦公庁は「現在のイデオロギー分野の状況に関する通達」という文書を通達した。それはすなわち中共中央「九号文件」と呼ばれるもので、そこには批判を加えるべき七つの「誤った思潮と主張および活動」が列挙され、その第三条に「市民社会の宣揚」を挙げ、党が執政する社会基盤の瓦解を企図するものだと攻撃している。近年、党＝国家が新聞、高等教育機関、民間社会団体に対する規制を強化するなかで、党＝国家によるこのような公共領域と市民社会に対する包囲は専制政体の本性を如実に示すものである。注意すべきは、中共中央「九号文件」が四月に通達され、その直後の七月には王紹光の市民社会を批判する論文が発表されたということだ。両者はずいぶん平仄が合っているではないか。王紹光のこうした観点は以前からあったものだが、それにしてもいかにもタイミングが良すぎるので、権力への旗振りの疑いを免れることはできないだろう。少なくとも客観的な意義において、王紹光の論文は当局のイデオロギーに迎合し、専制統治者が普遍的価値を抑圧することに太鼓を叩いて応援し、声を大にして支持を表明する作用を果たしている。

この新左派学者が提出した「人民社会」で「市民社会」を代替する云々の言説[12]は、到底議論するに値しないものだ。王暉と同じように「人民」の類の概念を弄ぶとき、王紹光は同時代人がそれまでの生活体験のなかで当然に育んでいるべき知恵と慎重さを欠いている。ここまで言っても、彼ら二人にはまだ手加減しすぎなのである。

中国はいかなる「統治力」が必要なのか

「統治力」の研究は王紹光の得意とするところであり、一九九〇年代には大いにもてはやされた。王紹光は次のように述懐する。

一九九一年から統治力の問題に関する研究を開始した。これは当時世界中で流行した概念に反するものだった。それは、当時、ロシアを訪れ、ソ連と東欧が体制を転換したにもかかわらず国内は混迷し、乱れていたことによる。私は一九九三年、胡鞍鋼と『中国の統治力報告』を出版した。当時、統治力について研究する学者は少なかった。「歴史の終わり」を断言したフランシス・フクヤマが二〇〇四年に *State-Building: Governance and World Order in the Twenty-First Century* (Cornell Univ Press, 2004) を出版して統治力について論じたが、私は一九九〇年代にはすでにこのことに関する問題意識を抱いていた。[13]

王紹光は最近、この問題をいかに論じているのか。

季刊『経済導刊』二〇一四年第六期に「国家治理と国家能力」と題する論文を発表し、「過去二百年、中国はその国家統治について三つの段階を踏んできた。第一段階は一八〇〇年から一九五六年で、その間に一九四九年の建国がある。第二段階は一九五六年から一九九〇年前後で、改革開放期の十年を挟んでいる。第三段階は一九九〇年代から現在まで」としている。王から見れば、「第一段階で中国が遭遇した問題はこの国を統治する中央政府が統治力を具備せず、巷間言われるところの内憂外患に遭遇した」ことで、共産党は執政党として一九五六年に初めてこの問題を解決できた。では、共産党は何に依拠して問題を解決したのか。高度に集権化した党＝国家体制であろう。王紹光はこのことについて、以下のように論じている。

現在、一部の人たちは理念から出発し、中国が当初、国づくりのために学んだのはソ連モデルであると考えたが、問題はそれを学びすぎたことだ。実際は、中国の状況はソ連モデルに合わず、当時、中国問題を解決するためには、果たしてこの国を治めることができるのか、九百六十万平方キロの広大な土地、六億の人口を抱える大国を統治できる政府があるのか、という懸念があった。この大国を統治するためには、権力が高度に集中した政府が必要だった。しかも国民党の治世からその模索がはじまり、党と国家を統一し、共産党が後に打ち立てた体制がすなわち党＝国家体制だったのである。この体制を認めようが認めまいが、中国の最初の問題を解決したのはこの党＝国家体制だったのであり、これがすなわち統治能力である。中国共産党がこの体制を確立してこの国土を統治できることは、一九五六年までにほとんど疑いがなくなった。

一九五六年から八〇年代中期まで、中国は多くの大事業を成しとげた。例えば初歩的に整った工業、交通システムであり、農村においては大規模な水利事業と田畑の整備を進めたことなどがそれだ。中国で稼働する八万余基のダムの大多数はこの時期に建設されたものであり、田畑の基本的な整備もほとんどこの時期に完成したものである。(14)

王紹光は、まさにこれを下敷きにして、中国は一九九〇年代以降に第三段階に入ることができたのであり、この段階の中心的な任務は「国家の統治システムとその能力の近代化を実現し、中国的特色のある社会主義制度を不断に整備して統治力を効率的に管理してゆくこと」と主張している。[15]

つまり、「共産党は統治力の問題を解決したのだ。ここがポイントである」と言う。そしてこの論文はさらに「中国の体制の四つの優位性」を挙げ、まず第一は「安定した政治の核心を有することで、この核心は決定権を持っている」とまとめている。[16]

現代国家は、「統治力」を必要とする。これを否定する人はいないだろう。それでは、正しい統治とは何か。王紹光はこのことについて明確に語っていない。統治とは、「力を集中して大事をなす」ことだろうか。たしかに、鄧小平も党＝国家の優位性をこのように総括した。そして、「決定したらすぐに実行に移し、いたずらに引き延ばさないこと」とも指摘している。これは西欧多党制の「引き延ばし政治」よりもすぐれている。しかし、正しく決定したときは良いが、間違った決定を下してしまった場合はどうすればよいのか。民主国家の二大政党制、あるいは多党制はたしかに効率はよくないが、大きな間違いや致命的な錯誤を犯す確率は低い。これに対して毛沢東の「晩年における間違い」は十年間にわたって国を誤らせ、周囲はそれを制止することさえできなかった。これを「統治力」が高いと見るのか、それとも低いと見るのか。王紹光は、一九五六年から八〇年までに中国の基盤が完成したと声高に主張しているが、この間の政治的な内乱がこの国にもたらした巨大な損失については語ろうとしない。これは誠実な学者がとるべき態度ではないだろう。

大国の統治と中央集権の関係は、議論されて久しく、すでに二百年以上の歳月が費やされてきた。ここで、外国人研究者のこの命題に対する見方を検討してみよう。王紹光も論文で言及している日系米国人学者のフランシス・フクヤマの主張だ。二〇一二年十月、フクヤマは中国を訪れ、北京大学で「歴史的な視野における中国と西欧の政治秩序」と題する講演を行い、以下のように述べている。

過去数年間、何度も中国を訪れるたびに多くの人から「中国モデル」について、そしてそれをどのように見ているのかを話すよう求められました。私が導き出したひとつの観察は、ある面において現代の中国政府と歴史のなかの中国にはいくつかの連続性があり、それはきわめて強固なものであると思われる。以前、私が話したように、中国が一貫して長けているのは集権的官僚制度である。歴史的に見て、中国は世界で最初にこの種の制度を有した国であり、それは二千年も以前にすでに確立していた。

今日の中国も依然としてその延長線上にあり、この点で中国は世界のいずれの国よりも優位性があり、それはすなわち他国に比して権力を集中して大事に当たる能力が高いということだ。事実に基づいて言えば、古代中国と現代中国は巨大な国家を管理するということにおいて強靭な連続性があり、それは一種の権威主義的な管理と言える。もうひとつ連続性があるとすれば、それは権力濫用の可能性もまた継承してきたということである。(17)

それでは、どうすれば「権力の濫用」を解決できるのか。フクヤマは「発展の政治的な軸足」をひとつだけではなく三つに拡げ、すなわち「国家」以外に「法治」と「問責」を加えるべきで、後者は実質的に「民主」のもうひとつの表現だと主張する。フクヤマは、「この三つの軸足は、発展速度が速いものもあれば、そうではないものもある。例えば今日のアフガニスタンは真正の国家とは言えず、法治もなければ経済成長もみられないが、その質はともかく、民主選挙が存在する。シンガポールは契約からなる有力国家で、法治は良好で民主選挙はないものの、経済成長は速く、社会的な動員力も高い。ロシアの法治は脆弱だが、一定レベルの民主選挙は機能し、プーチンは数カ月前にふたたび大統領に選出された。世界の国はこれら三つの軸足で制度的な変革のプロセスを描くことができる。社会学者が一貫して解答を与えようと試行錯誤している問題のひとつに、これらの異なる軸足の相互関係はいかなるものなのかということがある」と続ける。この観点は重要だ。フクヤマはその後でさらに、「第四の軸足」を提案し、「それは思想であり、合法性という軸足である。政府の合法性を担保する前提は例えば宗教、イデオロギーなどで、同時にこれらの合法性や思想も社会的な動員力を支えているのである」と主張する。(18)

王紹光と比べ、フクヤマの「統治力」に対する思考にはさらに広い歴史的、哲学的な視野があり、その観点は問題の核心を突き、客観的である。「統治力」とは単独のものではなく、ひとつの合理的な制度的枠組みを備えるべきである。堅実な合法的基礎と価値観の基礎があって初めて社会に幸福をもたらし、民衆を幸せにするものであり、災いを引き起こすものであってはならない。この価値観の基礎は現代における人類文明レベルの普遍的価値の反映である。この制度的枠組みこそが、成熟した民主国家の経験が証明するように、有効な憲政民主制度を生むのである。法治と問責（これらはともに憲政民主が具備すべき道理である）を通じて、権力に対する監督が実現でき、権力の平和的な移行も可能になる。そしてこれらのすべては、中国ではこれまで行われてこなかった。フクヤマもまた、「中国モデルの危機」が権力の「バランスの欠如」にあることを見抜いており、「集権国家に「悪い皇帝」が出てきたらどうすればよいのか。「良い皇帝」を戴けば、スムーズに社会問題を解決する決定を下して社会を安定させることができよう。問題は、いかにして良い皇帝を戴き続けることができるのか、ということだ。この問題はこれまでに完全には解決されたことがなく、中国は歴史上この問題を解決できていない」と述べ、「これは中国社会が直面する挑戦である」と指摘した。(19)

この問題の洞察はそれほどに難しいのか。そんなことはないだろう。

理論的に決して複雑ではない問題について、外国の研究者でさえ明確に理解しているというのに、王紹光のような中国人学者がなぜ理解できないのか。深く考える価値さえないと考えているのではないか、という疑問がわき起こってくる。

価値の隠蔽と認識の歪曲
——米国に留学した政治学博士はなぜ民主を拒否するのか

この問題について、王紹光が「見えないふり」を装うのは、おそらく本人の立場と関係があるのだろう。精神分析学の名著によれば、人は見たくないものは見ない、という現象が存在するのだという。以下、この角度から分析を進めてゆこう。

王紹光と胡鞍鋼による『中国の統治力報告』出版二十周年記念イベントが二〇一三年六月二十九日、北京大学で開催された。そこで王紹光は短い講演を行い、みずからの歴史認識について以下のように語っている。

過去の二十幾年かを振り返ると、私はずっとT

INAと呼ばれる対象と闘ってきたような気がする。ここで言うTINAとは決して少女の愛称などではなく、ある一人の老女の口癖のことである。この老女とは先般亡くなったサッチャーのことだ。彼女の口癖は「これ以外の選択肢はない」（There Is No Alternative）だった。統計をとった人によれば、サッチャーは会話のなかでこの言葉を五百回以上も発し、その頭文字をとって「TINA」というあだ名を付けられた。「これ以外の選択肢はない」とは、経済・政治面でリベラリズムを実行する以外、世界には選択肢がない、という意味である。

一九八九年の初夏、日系米国人のフランシス・フクヤマはサッチャーの「これ以外の選択肢はない」を歴史哲学に昇華させ、『歴史の終わり』という論文を発表した……。フクヤマが大胆にも「歴史の終わり」を予見したのは、世界にはふたたび「大問題」（例えば資本主義か、それとも社会主義か）などをめぐる闘争や衝突は起こらないと考えたからだろう。人類社会はすでにイデオロギーの変遷を尽くし、西欧のリベラリズム制度は疑いの余地なく各国にただひとつの選択を迫っている。[20]

しかし、王紹光はこの「邪説」を信じなかった。中国では六四・天安門事件が発生し、それに続いてソ連・東欧で政権交代が起こり、「民主への転換のためなら国家分裂も厭わない」とさえする発言が出てきたとき、王は「風雲急を告げる」情勢下、「いったい中国はどこへ向かうのか、世界はいずこに行こうとしているのか」考えさせられたと述べている。王の結論は、「もうひとつの世界は可能だ。ここで拒否するのは、サッチャーやフクヤマが鼓吹する経済と政治のリベラリズム」である。王紹光はさらに続けて、ここ数年みずからが発表してきた政治的自由主義や経済的自由主義に対抗する論文を持ち出し、軽蔑的な口調で、「今日、サッチャーの「これ以外の選択肢はない」という口癖やフクヤマの「歴史の終わり」の言説は学界や思想界で物笑いの種になって久しいが、しかしそれらの亜種は形を変えてよみがえり、「憲政」とか「普遍的価値」、あるいは「モダニティ」などという美名の下に語られている。こうした状況を鑑みるに、私はまだこれから二十年間はなすべきことが山積しているなどと強弁しているのだ。[21]

王紹光が普遍的価値に対して、意識的に半畳を入れているのは明らかであろう。

この新左派は「これ以外の選択肢はない」などの言説がすでに「物笑いの種」になっていると断定し、もちろんみずからは「どうすれば良い皇帝を戴くことができるのか」という命題を考えようともせず、「中国がすでに「もうひとつの可能性」、あるいは「もうひとつの世界」を示したと認識」して、この「世界」がいかに優れているかを論証することが王の任務なのである。こうした心理がある種の潜在意識となって、王に「もうひとつの世界」に横たわる種々の問題を検討させることを阻んでいるのだろう。

しかしこれだけでは、なぜ青年時代に米国留学した政治学博士が現代の民主を拒否するのか、という疑問が発せられてもおかしくない。

これに対して、リベラル派知識人の任剣濤は「価値の隠蔽と知識の歪曲」(価値隠匿與知識歪曲)という長文を書いて、この現象を分析したことがある。任剣濤は民国時代の米国留学生だった銭端昇と「共和国」時代における米国留学生王紹光の二人をとりあげ、「この二つの時代の米国留学政治学博士は中国に相応しい模範的政体の模索を意図した」と断言する。不幸だったのは、「民主か、それとも独裁かという二元論」が二人の米国留学生の思考を導いたことだった。「銭端昇は明らかにこれらの政体に関する思考に欠陥があった。銭は不正常な独裁政体、あるいは全体主義国家を革命後に決定される中国政体構築の手本とし、その結果、当然のこととしてみずからを国家に独裁と全体主義政体をもたらす陥穽にはめてしまったのである。王紹光は本来二項対立思考を警戒していた。しかし意図せずに、みずからが批判する思考モデルに足をとられて抜け出ることができなくなると、彼もまた民主と専制、現代民主と古典民主、代議制民主と直接民主を対立させ、その結果、民主政体の選択と優位性のある民主政体の運用構造の関係を混同し、後者で前者を代替するという周到かつ慎重な態度に転換した」と任剣濤は分析する。[22]

王紹光は米国に留学する以前、すでにみずからの価値観を育み、それは文革時代に形成されたものだ、と任剣濤は指摘する。任は王の述懐を引用し、「高校時代、大部の哲学や政治経済学にとりくみはじめた。実家にあった「ソ連政治経済学教科書」を何度も読み返し、毛主席に倣ってたくさんの書き込みをした。一九七〇年頃、中共中央が幹部にマルクス、エンゲルス、レーニンの六冊の著作の閲読を求め、私も力不足ながら真面目に読み進めた。『共産党宣言』、『国家と革命』、『フランスにおける内乱』はそれほど難しくなく、『ゴータ綱領批判』も なんとか読破したが、『反デューリング論』と『唯物論と経験批判論』にはずいぶん手こずらされた。当時、各級の革命委員会からこれら六書に関する少なからぬ概説書が出ていたが、私はみずからに高く、厳格なレベルを課し、あえて「原書を読む」ことにこだわった。これらの難解な二書については何度も数えきれないほどに復読し、分からないながらもみずからその精髄を理解したと感じるまで読むことを辞めなかった」と紹介している。任剣濤はこの述懐から、「このような精神の自己形成は王紹光がまだ若いうちに価値観を確立し、理論的な蓄積や問題の判断能力を養ったことを示している。加えて、王は文学青年だった経歴から物事を判断するための基本的な思想傾向を固めた。大学の勉強、留学経験は王が高校時代に形成したある種の価値傾向を変えることはなく、ただ知識を積み重ねることでそれに豊富な栄養を補給したのだろう。このため、王紹光は実際にはみずからの文革中における個人的な経験から研究の方向性とその進路を決めた」と断定する。もう一方で、「王が米国で政治学の教育を受けたとき、米国のそれが一九五〇年代の行動主義に転じて以降、政治科学における政治研究モデルが確立されてきた。このような雰囲気のなかで政治現象を研究する人の大半が実証主義の立場をとるようになり、定性、定量研究の方法論に対してそれを尊崇する態度が抱かれるようになった。このような教育は、価値観の上では激しい衝突はなく、また批判という形を取ることもなく、学生が現代的な価値観を育むことを助けた。これは安定した憲政民主国家みずからは必要としない教育形式であり、内容だった。大学に進学する以前の市民教育において、これらの内容は常識として学生に教えられ、成果も上げていたからだ。しかし王紹光のようにすでに成人し、特殊な大民主の価値観を持つ学生にとっては、純粋の知識教育は、新たな知識でもともと有する価値観を補強することになる」と分析し、さらに「米国の大学における価値への関心の欠如から米国留学生がすでに身につけている既成価値の再確認という結果を招き、最終的に価値を誤読し、知識さえも歪曲してしまう。米国の大学の教育システムと中国の政治的現実との間に越えることのできない深い溝が存在している」と指摘している。[23]

任剣濤は価値観形成の背景から学者の認知傾向の形成要因を探ろうと試みているが、それもひとつの方法だろう。しかし、いま眼前に横たわっている具体的な問題から言えば、王紹光が文革中にマルクス・レーニンの著作を研究していたという理由で、そのことが「社会主義的価値観」、あるいは「大民主観」を身につけたとする考え方は、必ずしも成立しない。我々の世代の多くは王紹光のようにマルクス・レーニンの学習に傾注し、筆者も当時は王が必死になって読んだというあの六冊を反復研究し、さらに毛沢東選集四巻も通読したものだ。しかし、これらの著作に接したからといって、必ずしも「社会主義的価値観」を育むことにはならない。状況は、もっと複雑だろう。多くの知識青年は現実に対する不満、困惑からこれらの著作に回答を求めた。そして、満足できる回答を見つけることができなかったとき、さらに他の著作を渉猟した。王紹光が文革期にマルクス・レーニンからいかなる影響を受けたのか分からないが、みずからの価値観形成の重要な要素になった可能性もあり、また、そうではなかったかもしれない。筆者はここで、論理上、それほど単純な因果関係ではなかったと言っているにすぎず、王が文革中にこれらの著作を耽読したことが「社会主義的価値観」や「大民主観」を培ったこととの必然的な証拠とはならないのである。

米国で政治学を教える大学院教育はさらに実証的で、「数値分析」が重視されることは周知の事実で、従来の「伝統的」な研究方法は軽視されている。このような状況は、その是非をめぐり米国の学会で議論がないわけではない。また、「数値分析」の重視が「価値の隠蔽」になるのかどうかも、もっと議論すべき問題である。米国の大学は人文教育、一般教養を重視する。筆者が教壇に立っているコロンビア大学には学生のためのコア・カリキュラムが設けられ、西欧文明の粋が教えられ、本科生の必修科目となっている。このため、米国の大学が「価値重視」不在というのは必ずしも正確な判断ではない。この「価値重視」の不在がほんとうに王紹光に影響を与えたのか、あるいは米国における王の研究が「新たな知識を使ってもともと備えていた価値観念のプロセスを強固にした」というのは、さらに当てにならないことである。

筆者の見方はもっと単純だ。文革期の経歴や読書が王紹光の価値観形成に影響を与えたとしても、少なくとも王が米国留学に向かう数年前までは他の圧倒的多数の同時代の青年と同じように米国の民主に憧れを持っていたのではないか。それは本章の冒頭で引用した『烏有之郷』に掲載された王の講演録からも証明されよう。王は「一九九〇年代初め、統治力について研究していたとき、私の関心は転換方式にあった。私は盲進に反対し、穏やかな段階的転換を主張した」と語っている。つまり、あの頃の王はまだ民主化という大方向に賛成し、それは穏健な転換方式を採用してソ連・東欧の混乱を避ける、というものだった。王はさらに「一九九〇年代後半になると、私は転換の方向性に疑問を抱きはじめた」[24]と語る。つまり、この時点で「選主」制度を放棄し、党＝国家の「民主」を抱くようになったのだろう。これは明確な述懐であると同時に、王がいわゆる「これ以外の選択肢はない」や「歴史の終わり」をめぐり論争してきたというのは事実ではない。この「論争」は一九九〇年代後期からはじまったもので、最近になってやっと盛り上がりを見せはじめているからだ。

ここで、議論は振り出しにもどる。どうして、こうなってしまったのか。米国に留学した王紹光という政治学博士は、なぜ憲政民主を斥けようとするのか。

筆者の友人のなかに六四・天安門事件後の二十年間でその認識に変化をきたし、もともとリベラリズムに立脚していた立場がますます曖昧になってきている者がいるが、そうした人たちは現実政治の局面ではすくなくとも沈黙を守っている。王のこのような権力に対する擦り寄りとへつらいは、単なる認識の問題なのか。このことは王自身が知るのみであろう。

この激烈な闘争の時代、優秀な学者にとってはその学説や国際認識、そして良心が試されつつある。王紹光は、果たして信頼に足る研究者なのか。それは時が解答してくれるだろう。

第七章　毛左派

毛左派とは、毛沢東が晩年に採用した政治手法により現代中国の諸問題を解決しようと考える社会的勢力のことであるとまず指摘しなければならない。これらの勢力には一部の退職官吏、大学で教壇に立つ知識人、そして庶民も含まれる。六四・天安門事件から二十年の間に権貴資本〔権力と資本が癒着した縁故資本主義＝crony capitalism〕が猖獗をきわめ、その結果として貧富の格差が急拡大し、社会に不満が充満している。これが、一部の民衆（とくに中高齢の低所得層）から毛左派が支持される背景だ。また、中共が多年にわたり民間で文革を省察することを禁止し、四十年前の「文化大革命」が残した社会の深層に伏流する多くの課題が完全には解決されていないため、毛左派が「文革回顧」によって現今の中国社会の問題を解決しようとする方法に一定の支持が集まる要因となっている。根本から言えば、毛左派の主張は科学的ではなく、上述した権貴資本の氾濫が「文革をふたたび」という言説で解決できるわけでもない。しかし毛左派は、現代中国の政治、社会の暗部に敢然と挑んで為政者を批判している。これは毛左派が新左派を凌駕している一面でもあるのだ。毛左派はそのイデオロギー面から見れば反欧米派に列せられ、普遍的価値観に反対し、同時にポピュリズムと通底するという愚昧性をはらみ、これは警戒に値するだろう。中国共産党第十八回党大会以来、毛左派の一部は権力に擦り寄り、毛左派と新左派による当局イデオロギーへの左傾がはじまって、いわゆる「三左合流」〔当局、新左派、毛左派の合流〕の傾向があらわれ、懸念が高まっている。

馬賓ら老幹部の「提言書」

馬賓（一九一三～二〇一七）は安徽省滁州市の人で、一九三二年に革命に参加し、一九三五年に中国共産党に入党した。建国後は冶金工業部副部長、国家進出口（輸出入）委員会副主任、国務院経済研究センター副総幹事、国務院経済技術社会発展研究センター顧問などの要職を歴任している。雑誌『南風窓』に、馬のルポルタージュが掲載されたことがある。それによれば、馬賓はここ十年来、毛沢東時代を懐かしがらないときはなかった。馬の記憶のなかで、あの頃は公有制経済が繁栄し、大衆から遊離することなく、社会の機運が良好な時代だったが、それが終わると物質的な刺激と市場原理の下で瞬く間に風紀が糜爛し、「見るものすべてが偽物」となり、「腐敗の事実」だけが残った。そんな状況のなかで、馬は様々な腐敗や不公平などの社会現象を一掃するために、毛沢東時代の統治路線の復活を力説して、「文革」の再演を説いた。[1]

最近〔馬は二〇一七年に百四歳で没している〕、馬賓は中共中央やその他の権力機関への「上書」を組織し、毛左派の国是に対する危惧を表明している。例えば二〇〇七年九月、『党の十七回大会に向けた老幹部百七十名の提言書』（一七〇名老幹部対党的十七大的献言書）では中国に台頭しつつある「新ブルジョア階級」への警鐘として、次のように献策した。

> 労働者階級は経済的に貧困化するとともに、政治的・社会的な地位も大幅に下落した……我が国はすでに貧富の格差が生まれ、両極分化の状態にある……現在、ともに裕福になるという目標は決して近づいているのではなく、むしろ遠くなってしまった……私営経済が急速に立ち上がるなかで形成されつつある新ブルジョア階級はみずからの政治的な要求を掲げている。中共第十六回党大会の前、搾取を放棄しようとしない資本家の入党は党規が許さなかったにもかかわらず、実際には党員が経営者になることを許容してしまい、資本家が共産党内に進入してきた……労働者・農民大衆は「劣勢層」に転落し……今日、中国共産党指導下にある労働者階級は、多くの資本主義国のプロレタリア階級よりもさらに

悲惨な境遇にある……。社会主義制度に規定される経済的な基盤は、まだ存在しているのか。搾取を放棄しようとしない資本家を招き入れ、労働者階級を劣勢に追い込んだ党は、真のプロレタリア階級の前衛なのか。このような経済的基盤や党の指導で、労働者階級の、労農同盟を基礎とする人民民主独裁の国体とマルクス主義は我が国で指導的地位を堅持できるのか。このような状況が継続するのを放置したままで、我が国の建設事業は社会主義の道に沿って前進できるのか。我が国は経済と政治の独立自主路線を堅持できるのか。(2)

上のような問題提起は決して少なくない老幹部が抱く憂国憂民の感情であり、典型的な毛左派が主張するマルクス・レーニンの原理主義に基づく政治的な立場である。原理主義が意味するのは、教義の本源に立ち返ることで、ここでは毛左派が遵守するあのもっとも正統で、中共が執政以来ずっと標榜してきたイデオロギーのことを指す。直近(二〇一三年七月十一日発表)に発表された『呼びかけ書』(呼吁書)では、中国が直面する「国内的危機」と「国際的危機」について次のように総括している。

国内ではすでに公有制経済の主体的な地位が失われ、貧富の格差が両極に分化し、環境資源が破壊され、多くの資本家が党内に入り込み、労農大衆は劣勢層に落とし込まれ、深刻な腐敗と風紀の紊乱が蔓延し、中華民族の基礎を脅かす要素が拡散し、全面的な欧化勢力が気炎を吐き、人心が緩み、理想・信仰が失われるなど多方面にわたる重大問題がはびこっている。そして米帝国主義を先頭とする国際反動勢力が我が国に対する軍事的な包囲網を強化し、政治、経済、文化面から「和平演変」で硝煙のたたない全面戦争をしかけ、中国の解体を企図している。

上のような主張に基づき、『呼びかけ書』に賛同するメンバーたちは、「マルクス・レーニン主義と毛沢東思想の偉大な旗幟を高く掲げ、危急存亡の国家と民族を救おう」と呼びかけた。(3)

米帝国主義に対する憤慨は中国歴代の反逆青年(「憤青」=実際には高齢化しているので憤老=反逆老人)に共通する特徴で、これについては本書の後段で分析する。驚くのは、馬賓のような百歳を超えた老人がこのように節を曲げないで意気軒昂なことである。中国人が育んだ敬老の伝統に従えば、本書は馬賓老人の観点をあげつらって批評すべきではないだろう。もう少し若く、典型的な毛左派の代表的な人物に照準をあわせてゆこう。この種の人物は現今の中国知識界に決して少なくはなく、張宏良、司馬南、韓徳強、孔慶東らの名前を挙げることができる。以下、張宏良を例に分析をしてみよう。

張宏良、毛沢東と文革に対する称揚

張宏良（一九五五〜）は山東省済南の人で、現在、中央民族大学の教授を務めているが、厳密な意味での学術著作の刊行は少ない。『烏有之郷』〔ユートピア〕など毛左派が主宰するサイトの書き手として有名で、文中にたびたび矛盾が発見されるが、毛左派のもっとも著名な「理論家」の一人として知られる。

張宏良教授の毛沢東崇拝は激烈だ。二〇〇八年初めに発表した『人民民主を確立した大衆政治制度』（建立人民民主的大衆政治制度）と題する一文のなかで、張は、毛沢東の功績は百余年にわたり西欧列強から蹂躙された中国人民を立ち上がらせ、歴史上初めて人民を国家の主人公に生まれ変わらせ、同時に新しい経済時代に相応しい大衆政治文明を創出したと考えている。張はさらに、「毛沢東が中国人民を率いて多年にわたり模索・創建した大衆政治制度は、人類の政治文明が築き上げたもっとも優秀な成果を継承・発展させ、人類が民主意識に目覚めて以来の数百年間、ブルジョア革命、プロレタリア革命、そして文化大革命という人類史上もっとも偉大な三つの革命を経験して鍛え上げられた民主政治の最高形態であり、人類史上で至高の民主であり、毛沢東思想のなかに見るもっとも輝かしい思想の神髄であり、毛主席が中国人民を含むすべての世界人民に残したもっとも貴重な思想遺産である」と称賛する。(4)

現実には、このような虚偽に満ちた言説は二十一世紀の中国において、すでに多くは見られない。しかし、我々が文革を「人類史上もっとも偉大な革命」のひとつとしてとらえ、なおかつ「人類史上至高の民主」と理解するなら、これは張宏良教授の重要な発見ということになろう。この毛左派学者は、その証拠を以下のように説明する。

人類の政治文明を集大成した者として、毛沢東は生前すでに「大衆政治」の基本的な枠組みを構想し、それは「四大自由」（大鳴、大放、大字報、大弁論）

〔大いに意見を出し、大いに議論し、壁新聞で発表し、民衆の間に論議を巻き起こす〕に代表される市民の民主的権利保護制度、人民主導の政治権力構造（人民代表大会制度、政治協商会議制度および人民政府制度を含む）、権力抑制メカニズム（官僚集団を党中央と民衆の二重制御の下に置くこと）、権力と利益が相互に分離する新しい権力体制、人民を本願となし、天道に符合する現代法律制度、すべての道はローマに通ずるという現代社会の分業制度、崇高な偶像化原則、人本主義を基礎とするマクロ管理制度のことである。(5)

この毛左派学者から見れば、今日の中国はすでに多くの局面で毛沢東路線に背いており、毛沢東の遺産を放棄してしまった。張宏良は言う。「中国の官僚買弁集団が憲法から四大自由を削除し、ここ三十年来、四大自由を軽んじ、大民主を目の敵にするのは、彼ら自身がその理由をいちばん良く分かっている。いったん四大自由を復活させれば、党中央は強大な中央に豹変し、民衆も強い民衆となり、国は強大な国家になり、官僚買弁集団が外資と結託して庶民を搾取し、国家を思いのままにできる時代が終わってしまうからだ。中国人民の偉大な壮挙としての全国人民代表大会は内から外まで官吏代表大会になり果て、代表大会の分科会における審議や討論は行政区別に分けられ、地方の最高党政機関の指導者を中心にして、全人代は地方党政幹部会議に変質してしまうだろう。全人代の官吏化よりもさらに怖いのは、地方人民代表大会が邪悪な勢力に制御され、人民の利益を代表できなくなり、ひどい場合には人民を抑圧する道具となってしまうことである」。張は中国人民政治協商会議全国委員会についても、以下のように懸念を表明する。「政治協商会議の改変の方向性が示すところは、主に堕落によって実現される。同会議は本来政治家が集合する場で、その政治的観点がどうであろうと理想主義の大火を燃焼させるべきところで、これは権貴集団の決して受け入れるところではない。権貴集団の階級性と根本利益は堕落を必要とし、社会全体の全面的な堕落を求めている。まず、政治の堕落だ。そこで、政治協商会議の汚染が進行し、社会各層の有象無象をまとめて政治協商会議に押し込め、本来、いるべき政治家以外はなんでも存在するという状況をつくりだし、国運に関わる事項を協議すべき同会議を有名人士のサロンと化そうとしている」。

張宏良は、さらに次のように述べる。

文革終結後の中国が歴史上もっとも腐敗した時代になった根本的な原因は、封建社会の権力法則が復活し、それが急速に進んだことである。すなわち、官職を登って発財〔金銭を稼ぐ〕することだ。官職は手段であり、その道を突き進むのは財を成すためで、近代以前に例を取れば、一朝に仕えた清廉な知府でも白銀十万もの大金が懐に転がりこんできた、というわけだ。とくに中国が市場経済の御旗を高々と掲げて以降、人類史上空前絶後の大規模な権力売買市場が出現し、仕官は最大の暴力産業となった。権力の市場価格はすべて暴騰し、とくに教育と医療の権力が市場に参入してからというもの、政治エリートや経済エリートだけにとどまらず、頭脳エリートさえも爆富の列につらなり、こぞって改革総設計師の偉大さを歓呼した。実際、権力と利益の結合、官途に就いて利益を得るのは封建社会に固有の法則であり、いかなる政策設計も不要で、もしもそれに言及しなければならないとすれば、適当なデザインを弄することで、利益は一千倍、一万倍と拡大してゆくだろう。現代国家について言えば、とくに社会主義現代国家は、真にデザインが必要なのは、いかにして権力と利益を相互に遠ざけるための制度を確立してゆくのかということであり、権力を介在させた売買を防止し、有限の公権を無限の私有財産に転換してゆくことだ。この意味で、毛沢東は偉大な総設計師であり、人類史上初めて権力と利益を相互分離させる新しい制度を作り出し、役人の出世と発財との間に存在した内在的連携を断ち切ったのだ。(6)

文化大革命はそんなに偉大だったのか

張宏良は勇敢にも改革開放の「総設計師」を批判するが、それがこの毛左派人士に一目置く理由だ。しかし、鄧小平を抑えて毛沢東を称揚し、「偉大な総設計師」とまで持ち上げ、人類史上初めて権力と利益を相互に分離させる制度をつくりだした云々は、同じように誤謬千里を走ると言わざるを得ない。ここで問題になるのは、半世紀が経過したいま、張宏良が「歴史上に前例がない」と絶賛する文化大革命をどのように見ればよいのか、ということだ。それに関連してさらに重要なのは、毛沢東をいかに取り扱い、評価すべきか、ということである。いずれにせよ、毛がいなければ文革はなかったのであり、毛が文革の悪しき発動者であったので、文革というこの歴史現象を理解するための鍵となる。

数年前、筆者は「共和六十年、基本的な問題の整理について」と題する長文を発表し、そのなかの一節「毛と文革に対する再度の反省」（対毛和文革的再反省）で以下のように書いた。

些かの疑問の余地もないのは、毛沢東が現代中国の歴史においては重要人物であるということだろう。崇拝者は、中国の歴史上もっとも偉大な「人民の領袖」と称賛し、「毛主席がいなければ、新中国はない」とまで言う。批判する者は反対に、最悪の独裁者と厳しく、一九四九年から一九七六年までのあいだ、中国に筆舌に尽くしがたい災難をもたらしたと罵倒する。執政者の態度は曖昧ではっきりせず、一方では毛が晩年に「間違いを犯した」ことを認め、のちに「十年の災禍」と呼ばれた文化大革命は行うべきではなかったとする。その一方で、為政者たちは毛の肖像画を天安門楼上に高く掲げずにはいられない。なぜならば、毛がすでにこの政権と制度のシンボルであり、この間の歴史の象徴となっているからである。毛を否定することは共産党の歴史を否定し、中国革命の歴史をも否定することになり、そうすれば今日の指導部にとっては、とんでもない悪名を背負うことになろう。

実際、一個の生命体としての毛沢東は聖人でもなければ悪魔でもなく、一般の人民と同じように長所や短所があった。異なると言えば、毛は人々の長期にわたる議論の話題になったところで、たしかにその突出した方法で歴史に介入し、影響を与え、そして歴史の一部になった。毛はこの間の歴史にきわめて多くの痕跡を刻んだ。その意味で、毛個人への解読は前三十年の「共和国」に対する解読でもあり、近代と現代の中国の歴史がはらむ種々の複雑で特異なパスワードを読み解くことでもある。

それでは、近代と現代の歴史のなかで、なにがかように深刻で不幸な毛沢東の痕跡を構成しているのか。それは毛自身がその時々に唱え、強力に推し進めた継続革命の主張である。毛はまぎれもない独裁者だったが、単なる権力欲の徒ではなかった。毛は共産党員として独特な理想を抱いていた。政権を握るだけの安泰な皇帝では満足できなかった。マルクス主義の理念に沿った、中国人の「大同」の理想にある「この世の天国」の創出に奮闘したのである。「継続革命」こそが、毛沢東の「この世の天国」を実現するための基本綱領であり、具体的な道筋だった。マルクス主義共産革命の基本的な主張を二十世紀における共産主義運動の一般的な論理と理解するなら、毛沢東の継続革命の主張は一九五〇年代から七〇年代、とくに文革期間中に中国のユートピア社会への道筋を示した特殊な論理と同定できよう[7]。

当然、憲政リベラル派の立場で見るとき、このユートピア社会への道筋をめぐる特殊な論理は、一九四九年から中共が掌握した独裁政治構造を背景として生まれたものだ。文化大革命は、まさに現代の全体主義と毛沢東のユートピアの婚姻による最終結果であった。ただこの視角からのみ、我々は毛のあの「自壊」挙動（民衆を鼓舞して上層の「走資派」に造反し、一九四九年以来、営々と築いてきた官僚機構を破壊した）について、その動因はどこにあったのか、あるいは張宏良の言うように、本当に前代未聞の「大衆政治文明」を構想し得たのかについて振り返ることができよう。

以下、議論を進めるために張宏良が示した八つの論証を順に見て行こう。

まず第一は、いわゆる「大鳴、大放、大字報、大弁論」をはじめとする市民の民主的権利の保護政策について検討する。張はこの「四大自由」を「人類史上、庶民が初めて権力、資本、知識の三大障壁を越え、民主の訴えを自由に表明する方法を獲得し、上長などの官僚に反抗して圧力を加える政治手段を有し、専門家や学者など「反動的な学術権威」に対抗するための文化的手段を持ち、中国を世界の人権発展の最高段階に押し上げた」と絶賛する[8]。しかし、贔屓目に見ても、この「四大自由」は当局が抽象的に認可した方便にすぎず、これが一九七五年と一九七八年の「中華人民共和国憲法」で規定されて以降、一度たりとも制度として機能したことはない。具体的な歴史から言えば、「大鳴、大放」はもともと一九五七年に毛沢東が知識人に号令して党を整風するために意見を求めたものだが、それに呼応して本当に意見具申した者の大多数が「右派」と断定されて粛清された。「大鳴、大放」は毛沢東の真意ではなく、少なくとも触れるべきではないコードだった。一九六〇年代になるとこれに「大字報、大弁論」が新たに加えられ、文革の走りとなった。しかし、この呼びかけに深く呼応したのは紅衛兵、「旧思想、旧文化、旧風俗、旧習慣を打破する運動」（破四旧）、「走資派批判」、そして「造反派と保皇派の闘い」（文攻武衛）など特殊な時代において最高権力者が煽動した社会基層の政治運動で、「民主」とは無関係であり、「人権」に至っては何をか況やであった。多くの場合、徹底的に反人権的で、文革期における「四大」は往々にしてあの忌まわしい人権迫害（批判と闘争、家宅捜索、甚だしきは虐殺）を伴った。このため、あの時代を生き抜いた者にとって「四大」は血の記憶と重なるのだ。さらに重要なことは、毛沢東が「四大」をいかに提唱しようとも、それには限度が存在した。この「四大」は党、とくに毛沢東本人を批判することはまかりならず、もしもこのレッドラインを越えてしまえば「反革命現行犯」の罪を着せられた。林昭、張志新、遇羅克ら多数がこのために命を奪われている。これが果たして民主と呼べる代物なのか。これは民主などではなく典型的な専制で、現代民主とははるかに遠いものである。

　第二は、「両会一府制度」〔政府の下に、その立法機関としての全国人民代表大会と中国人民政治協商会議を置く制度〕についてだ。張宏良は次のように語る。

> 人民代表大会と政治協商会議および人民政府を組み合わせた中国の政治制度は、西欧国家の上下両院を基礎とした代議制民主制度をはるかに超えた、毛沢東が中国人民を率いて実現した偉大な政治的壮挙で、史上、もっとも先進的な政治制度である。社会の各種政治勢力と政治的見解の異なる政治家によって組織された政治協商会議は、政治的な創造力と政治的な情念を最大限まで保証し、競争と反復闘争、詳細な論証を経て最良の政治方案を提議し、それを庶民から構成された人民代表大会に送って選択・議決することができる。人民代表大会の代表は大部分が庶民であり、代表たちは天道の公理とみずからの利益に基づいて方案の可否を選択して法律をつくり、それを人民政府に渡して執行する。このような権力機構はもっとも優秀な政治家をして制度設計を行わせ、人民に直接的に方案を選択・制定させることができる制度である。(9)

　ここで、疑念が生まれる。このように主張する張宏良は、果たして中国に生活しているのか。お尋ねしたい。中国の政治協商会議が、いつ「政治的な創造力と政治的な情念を最大限まで保証し、競争と反復闘争、詳細な論証を経て最良の政治方案を提議した」ことがあるのか。

共産党がまだ開明的だった一九四九年時点でさえ、中国人民政治協商会議の「共同綱領」は中共主導でつくられたものであり、そのどこに「多方面からの競争的な議論」や「反復闘争」があったのか。人民代表大会に至っては、その主体が「庶民」であったことなどかつて一度もなく、すべては各級の党官吏であり、仮に少しは基層から選出された代表が含まれていたとしても、それは単なるお飾りにすぎなかった。文革期に開催された第四回全国人民代表大会に出席した二千八百八十五名の代表中、いわゆる「労農兵」代表はたしかに全体の七十二パーセントを占め、彼ら全員は基層から選ばれたのだが、これはなにを意味しているのか。党中央が示した既定の政策にただ拍手を送るだけの代表にすぎない。中共が執政して以来の六十余年間、人民代表大会の代表が「天道の公理とみずからの利益に基づいて方案の可否を選択」する機会は一度たりともなく、また人民代表大会自体はこの目的で設置されたものでもない。それは、党の花瓶であり、装飾品にすぎないのだ。このことを如実に示す例としては、かつて一度も反対票を投じたことのない「資質の豊かな代表」としての中紀蘭（労働模範）や発言が「優等生」の政治協商会議委員である倪萍〔最優秀女優、ＣＣＴＶキャスター〕らがこの制度の欺瞞性を如実に説明していよう。

第三は、張宏良の言う権力抑制メカニズムについて検討しよう。張によれば「中国の権力抑制メカニズムについては、官僚集団を党中央と民衆による上から下へ、また下から上への二重制限下に置く二種類の方式が実現された」という。「上から下へ」というのは、「主に中国古代の行政からその経験を汲み取ったもので、文武高級官僚と民草のあいだの統治構造を現代の人民大衆の上に応用し、民衆のなかから優秀な者を党と政府の最高指導層に抜擢し、不断の人的な新陳代謝をはかって最高意志決定層に人民の新血を注ぐことにより、文武高級官僚と民草との関係が民衆から遊離するのを防ぎ、「三三制」の工作原則を制定したことである。三三制とはすなわち、三分の一の時間を中央で工作し、三分の一を現場で働き、さらに残りの三分の一を基層工作に費やすことで、中央の最高層と民衆のあいだに血肉の連絡を機能させることにより、民衆の利益に背くいかなる方案も通過させるのが難しくなる」というものらしい。[10] これもまた、張宏良のあの時代を理想化しすぎた解読である。毛沢東時代は、たしかに一部の基層にあった労働者、農民を抜擢し、彼らは中南海に入って「国家指導者」になった。陳永貴、倪志福、呉桂賢らがそれで、これは幸運にも毛本人がいまだマルクス主義の階級偶像から免れていなかった証明であり、むしろそれに心を砕いて実践に移した結果である。しかしこれら労農出身の「指導者」は権力の場ではなんらその能力を発揮できなかったのは、早々に歴史が証明した事実なのであった。唯一、毛沢東が見込んだのは基層から抜擢された王洪文で、江青、張春橋の子分となったが、最終的には毛沢東によって捨てられたのである。あの「三三制」が実際に実行されたとすれば、毛沢東の党治枠組みには合理性が認められたのだろうが、実際にはそうはならず、依然として党がいかにして大衆を管理するのかというお決まりの方法が採用された。「下から上への抑制メカニズム」について、張宏良は次のように指摘している。

「世論の圧力」と「社団による民主」について言えば、文革期は人類史上、社団民主がもっとも力強く発展した時代であり、紅衛兵、造反派、各種戦闘隊および様々な大衆組織が活況を呈し、中国は紅一色に染まり、人民大衆は初めて政治生活の主人公となり、新しい政治指導者が出現し、個々の政治権力ばかりか、人民大衆全体の政治権力から見ても、人類史上で最高の枠組みを実現したのだ。(11)

しかしながら、そのような状況が出現したのは文革初期であり、月下美人が翌朝には萎んでしまうように、「全国の山河が紅一色に染まった」(各地の革命委員会がすべて成立し、「三結合」〔奪権後の臨時権力機構として、大衆、軍、革命幹部の三つの勢力の結合を指す〕の新官僚機構が旧権力の代替として捲土重来を期した)とき、こうした革命の高揚は急速に退潮し、人民大衆の各種組織は整理の対象になったことをこの毛左派の理論家は忘れてしまっているようだ。本当の意味での「世論の圧力」や「社団による民主」はたしかに権力の制限に寄与し、この点で張宏良は間違ってはいないが、惜しいことにそれらは毛沢東の時代には存在したことはなく、将来の中国において期待されているものなのである。

第四は、いわゆる「権力と利益が相互に分離する新しい権力体制」である。張宏良は次のように説明する。「現在の中国が汚職に手を染めない官吏が存在しない腐敗構造の泥沼に陥ったひとつの原因として、出世すれば発財〔金儲け〕できるという官界の不文律があり、多くの人々が官僚を目指す目的は発財にあり、そもそもの出発から金儲けにとらわれている。このことは根源的に腐敗の必然性と不可避性を生んでいる。毛沢東の偉大なところは、人類史上初めて権力と利益の相互分離による新たな権力制度を生み出し、官吏としての出世が発財を実現するという内的構造を切断したことにある。このこともまた、官僚集団が毛沢東をあげつらって歯ぎしりする原因となっている。文革後期における政治体制改革の要は、職務の変動が給与や待遇と連動しないということで、工場長や大学の学長、国家機関の局長や大臣、地方の省長や市長を問わず、給与はおそらく庶民よりも低く、極端な場合は国務院副総理になっても相変わらず農民給の陳永貴や工場労働者の給与を食む呉桂賢らの例があるくらいで、これは政治局会議に出席する彼らがお茶ではなくお湯を求めた原因ともなっている（政治局会議でお茶を求めると、代金を徴収される）。こうした新たな管理制度の偉大な意義は、党政最高幹部を含む各級指導者と庶民は利益の上で完全に一体であって、徹底的に官民対立を引き起こす経済的基盤が消滅した」[12]。

　張宏良の論証には、いくつかの問題がある。まず、文革前に実施していた給与制度は文革中に改訂されていない。例えば国家幹部は依然として行政等級別（計二十四等級）に異なる額の給与を支給され、工場の技術労働者には八等級の給与制度が適用され、「職務の変動が給与や待遇と連動しない」という改革は文革後になって実施された（筆者はここで断言できないので、後に確認する）が、それは「党政最高幹部を含む各級指導者と庶民は利益の上で完全に一体であって、徹底的に官民対立を引き起こす経済的基盤が消滅した」わけではなく、この結論は大袈裟に言いすぎであろう。次に、官吏（管理者）にも普通の労働者と同じ給与を支給するというのはマルクスが総括したパリ・コミューンの原則で、「人民の公僕」を「人民の主人」に変質させないための手立てであり、このユートピア原則は決して中南海の「偉大な領袖」の発明ではなかった。当然、中国で一心にユートピア的な社会改造を進め、「ブルジョア階級の権利」を批判した毛沢東はパリ・コミューンに恋をし、それを実施に移そうと試みたが、後になって毛沢東自身がこれを到底実施するのは不可能（ブルジョア階級の権利では「制限」するだけで、否定はしていない）であることを認識する。最終的に、毛沢東は決して「権力と利益が相互に分離する新しい権力体制」などつくっておらず、「一月革命の暴風」が創出した「上海公社《コミューン》」は、最終的には茶番でしかなかった。真の意味で「権力と利益が相互に分離する新しい権力体制」を実現し、「官途の出世と発財を分離」させる必要はあるが、それは憲政民主が確立してからできることで、残念なことに当時の毛沢東にその思考はなく、また張宏良の視野にも入っていない。

第五は、張宏良の言う「毛沢東時代に確立された天道に合致する人民本意の現代法制度」だ。張は次のように説く。

人民本意の現代法制度は大衆立法がエリート立法に取って代わったもので、法律で守られてきた権力と資本の基礎を徹底的に消し去った。これは毛沢東時代に確立された公衆立法の原則で、現代世界が目指す立法の発展方向になっている。世界にもともとあった資本主義の政治的枠組みは公衆が直接的に立法過程に関与することを制限し、公衆の法に対する影響力は世論と司法に限られてきた。例えば、人民陪審員を通じて罪の有無を確定するとは、立法過程で人民の意志と利益に背いた判決を糾し、人民陪審員が裁き、法律はそれ以上の効力は持たないということである。なぜならば、人民陪審員の決定は法律に依拠するのではなく、天理の良心に従って判断するからだ。これは文革期において巨視的にはただひとつの憲法があり、微視的には婚姻法などごく少数の法律しかなかった状況で、「殊途同帰」〔道は異なるが行きつく場所は同じ〕、曲調は違っても巧みさは同じ、ということだったのである。文革期に法律の文章はなかったが、これは法そのものがなかったということではない。多くの法律は「大衆独裁」の様々な因習やしきたりから形成され、典型的な公衆立法であった。公衆立法のすぐれた点は、一人ひとりの市民みずからが立法の主体であると感じ、みずからの目を養うように法律を愛護し、生命に忠実なように法に対しても忠実になることだろう。これもまたあの時代の、道で物を落としてもそれを拾って着服する者のいない、夜に戸締まりをする必要のない理想社会が生まれたひとつの要因である。文革後、中国が形成した悪法治国、根本的な弊害はまさにエリート立法にあり、それも「武松のエリート」〔武松は『水滸伝』に登場する善玉の英雄〕立法ではなく、「西門慶のエリート」〔西門慶は『金瓶梅』に登場する不正な手段で富と権勢を手にした悪役〕立法なのである。[13]

筆者は張宏良が欧米の法律を研究したことがあるのかどうか知らないが、英米の陪審員制度を「法律に依拠するのではなく、天理の良心に従って判断する」と簡単に言い放っているのは、明らかに常識的な間違いである。

現代の陪審員制度はもとより司法権力に束縛され、不公平な判決を矯正し、市民の参与など正面からの機能を実現する。ただし、陪審員の法律知識の欠如から盲目的な裁定がなされることにより、司法コストを増大させ、争議になることもある。米国など陪審員制度を実施する国の趨勢は、陪審員が審理する案件を厳しく制限し、陪審員をもっとも必要とする案件でその役割が発揮できるよう制度を設計している。本論の主題に立ち返ると、重要なことは陪審員制度と張宏良が言う「公民立法」との間にどのような関係があるのかということである。英米の陪審員は決して「立法」に関与せず、「エリート立法」と「大衆立法」の対立に関与しないで、文革時代の「大衆独裁」や「殊途同帰〔道は異なるが行きつく場所は同じ〕」などでは決してない。張宏良のこのような過度の連想は、思いもよらないことである。当然、これらは重要ではない。もっとも重要なのは、張という学者が文革期に氾濫した無法現象を顧みようとせず、なにを根拠にしてあの時代になにか「人民本意の天道に合った現代法制度」があったと断定するのか。「大衆独裁」ということを例にとれば、いったいどれだけの無辜の人々がそうした「独裁」によって傷つけられ、踏みつけられて犠牲になったことか。さらに、当時の公安や検察、司法機関でさえ「大衆独裁」によって破壊され、それが回復すると、ふたたび「最高指示」に従って十数年間も「運動」が絶えず、庶民はいとも簡単に「悪質分子」、あるいは「反革命」の罪を着せられ、打倒されても司法の助けを受けることはなかった。我々の世代はあの時代を乗り越えてきたわけだが、張宏良教授はそれらをすべて忘却してしまったと言うのか。張の言う「公衆立法のすぐれた点は、一人ひとりの市民が、みずからが立法の主体であると感じ、みずからの目を養うように法律を愛護し、生命に忠実なように法律に対しても忠実になる」云々は、せいぜい左派の幼稚な文人の思想にすぎず、それは現実ではなく、文革時代の事実でもさらさらないのだ。

第六は、いわゆる「すべての道はローマに通ずる」という現代社会の分業制度」についてである。張宏良は次のように指摘している。

> 社会に必要なすべての職業は社会的な栄誉を推し進める階梯で、たとえどのような仕事に従事しようと、例えばそれが指導幹部あるいは労働者・農民、専門学者、または行商人・雑役夫、大学教授あるいは肥汲み労働者であろうと、その仕事に誇りを持ち、平凡な仕事でもすぐれた成果を上げることができれ

ば、直接に社会の栄誉を推し進めることができ、最高指導者を含むすべての社会から尊敬されよう。肥汲み労働者の時伝詳が毛沢東と一緒に天安門の楼上に立ち、広場で歓呼する無数の人民を俯瞰し、広場にいる有名教授や専門学者たちが楼上の二人を仰ぎ見たとき、彼らのあいだには分業から形成された社会的な溝が知らぬ間に埋ってゆく。[14]

たしかに、文革前（文革中ではない）に国家主席だった劉少奇は肥汲み労働者の時伝詳に謁見したとき、「私たちは分業で担っている職業は異なるが、革命工作に貴賤はない」と語ったことがある。この話は美談となったが、張宏良が言及していない事実は、あの時代、この「人民」という言葉が意味したのは中華人民共和国に生を受けた者のすべてではなかった。「搾取者」は人民に属さなかったし、「地主、富農、反革命、腐敗分子」もまた人民に含まれなかった。時伝詳が表彰されたのは、まず彼が貧しい農民の出身であったからで、後に「労働者階級」になり、当然、「人民」の隊列に組み込まれた。この肥汲み労働者はもとよりみずからに課された仕事に熱心で尊敬に値するが、ひるがえって同じように真面目な地主階級出身者はどうだったのか。決してこの栄誉に浴することはなかった。張宏良教授は分業制度について、「この制度のもっとも優れている点は、社会のすべての人に希望を与え、万人が麗しい明日を擁し、みずからの命運を掌握しているところである」と絶賛するが、これは張のロマンティックな夢にすぎない。文革時代、どこにこのような状況があったというのだろうか。もしも本当に「すべての道はローマに通ず」という現代における就業の平等を実現するためには、その前提として社会構成員の国民としての身分を認める必要があり、あの「出身」や「階級成分」などが重視された時代にそのような条件は皆無だったのだ。

第七は、いわゆる「崇高な偶像化原則」についてである。張宏良は次のように言っている。

人類の歴史は、これまですべて偶像崇拝の歴史だった。私有制と政治的な抑圧を取り除いた毛沢東時代、偶像崇拝は生命の本来に立ち返り、生命そのものに対する崇拝を形成し、それはすなわち生命理解を崇高で神聖な精神的過程となした。有限の生命を無限の人民に対する奉仕のなかに投影し、生命の消滅に関する至高の境地に到達した。

張宏良はさらに、「右派があの時代を呪うときに常用する理由は個人崇拝だが、それは特定の歴史的な条件の下で人民が自己崇拝に陥ったひとつの方式で、生命崇拝の一種である。人民は毛沢東を崇拝したが、それは毛沢東が人民の利益を代表していたということだけではなく、毛沢東が人民の生命崇拝に対する偶像化原則を体現していたからなのである」と弁護して、次のように続ける。

この問題をめぐり、中国の左派と右派が意志を疎通するための共通言語を探し出せないのは、左派と右派の生命に対する理解が根本的に異なるからだろう。左派から見れば、生命は崇高な精神現象であり、それ自体に崇高を追求する性質を内在している。これに対して右派は生命を純粋な生理現象と見なし、人と犬の間にはいかなる区別もなく、必要なのは一塊の肉のついた骨である。そういう訳で、左派は人が食事をとるのは生きるためであり、生きるのは崇高な追求を実現するためであると考えている。一方、右派は、人は喰うために生きるのであって、喰って、飲めることが目的である。それがために、生産力の指標が生まれ、経済建設が中心になり、白猫とか黒猫とかは問わず、鼠を捕らえる猫が良い猫であるということになり、豊富な乳を出すことが立派な母親の美徳、心情となってしまった。右派の生命に対するこのような理解は西欧文化が本来的に抱えていた欠陥がもたらしたものである。右派のほとんどは西欧文化の崇拝者で、西欧文化は生命を一種の単純な物質現象と見なしてきた。その後、ルネサンスと啓蒙時代にはこうした生命観の上に分厚い物欲の色彩を施し、西欧宗教の発展が西欧文化における生命観のこの致命的な欠陥を補うことによって西欧社会の発展のバランスがとれたのである。しかし、中国の右派はいかなる信仰もないので、西欧の生命観や肉欲的な色彩を極端にまで押し上げ、その結果、社会全体の動物的な発展を招き、中国を歴史上もっとも堕落した場所へと変質させた。(15)

筆者はここで張宏良の論文を長々と引用したが、それはこれらの言説が張宏良の出鱈目と論理の混乱を象徴しているからである。まず、文革期における毛沢東崇拝の狂乱と嘘についてあの年代を経験した者なら誰でも鮮明に記憶しているはずで、張大教授もまた当時「語録歌」を歌い、毛沢東像の前で「朝に指示を仰ぎ、晩に報告」

し、広場で「忠字舞」を踊ったに違いない。あれが「人民の自己崇拝」、あるいは「崇高で神聖な精神過程」とでもいうのだろうか。もしもそうだとすれば、その言説に基づいて推論すると、今日の北朝鮮は「生命の崇高な偶像化原則」をもっとも完全に体現していることになるだろう。実際のところ、文革期に猖獗をきわめた個人崇拝は毛沢東自身がその政治的な目的から意図的に広めたもので、中国人の骨の髄まで滲み込んだ臣民文化の伝統である。我々は本来このことについて真面目に反省して然るべきなのだが、これまでに十分なされてこなかったため、今日の「聖人を称揚する文化」がふたたび台頭してきた。[16] このような醜い現象をいたずらに「高尚」と言いくるめるとは、いったいなんという知能指数であることか。また、雷鋒〔中国人民解放軍の模範兵士とされる人物〕の物語を引っ張り出して当時を「崇高な精神」の時代の証明とするに至ってはまことに深刻な問題で、毛沢東時代における「闘私批修」〔「私心と戦い、修正主義を批判する」という意味で、主にブルジョア階級の批判に使われたスローガン〕の深層論理をいったい何と心得ているのか。この問題は本章の後段で詳述し、ここではこれ以上言及しないが、張宏良が持ち出してきたもうひとつの命題については本当に驚かされた。それは「この問題をめぐり、中国の左派と右派が意志を疎通するための共通言語を探し出せないのは、左派と右派の生命に対する理解が根本的に異なるからだろう」というくだりで、張によれば左派は「精神」を重視し、右派は「肉のついた骨」を求めているにすぎないというのだ。然らば、誰が「右派」だというのか。張宏良は一方で「生産力の指標」と「白猫黒猫論」を攻撃し、「総設計師」の鄧小平に鋭い矛先を向けている。もう一方では、「中国の右派はみな西欧文化の崇拝者」だと罵って中国の憲政民主派を攻撃している。両者を同じように「右派」と断定していることで、それはすでに張宏良の誤謬をよく証明している。さらにおかしいのは、あれこれよく喋るがすべて空論にすぎないことだ。例えば鄧小平の「猫論」について、この主張には特殊な文脈があり、特定の貢献をしたのだが、その限界もあったのである。不備はあったとしても、張宏良が言う「喰って、飲めることが目的」とか「乳が出れば立派な母親」などの解釈は甚だ受け入れがたい。憲政民主派を批判する「西欧の生命観や肉欲的な色彩を極端にまで押し上げた」に至っては笑止千万で、それは張宏良の西欧文化や中国の憲政民主派の両方に対する無知をさらけだしたと言わざるを得ない。西欧文化は決して「物欲」だけを重視しているわけではない。この点で、張宏良教授はもういちど大学に戻って学び直したほうがよいだろう（張先生は、幸い宗教の世俗内禁欲について少しは知っているようなので……）。張宏良は中国の憲政民主派が、ただ「血の滴る骨」だけを欲していると攻撃するが、それは無知であり、冒瀆である。無数の中国リベラリズム戦士たちの勇敢と犠牲は、人類のもっとも偉大で、もっとも香り高い品格を示している。もっと言えば党＝国家の監獄に座したことのない張宏良たちはあれこれ言う資格などないのである。

最後に第八は、いわゆる「人本主義［Anthropologismus］を基礎とするマクロ管理制度」に関してである。張宏良は毛沢東時代の「両参一改三結合」[17]について、「企業に強大な活力と想像力を芽吹かせ、さらに特筆すべきは労働者を管理の対象から管理の主人に生まれ変わらせたことであり、これは企業管理制度の本質的な変化だった」と絶賛する。張は続けて、「ただ歴史の老人が泣くべきなのか、それとも笑うべきなのかが分からないのは人本主義マクロ管理原則を創出した中国労働者が、後に工業社会始まって以来のもっとも悲惨な労働者となり、給与の分配率が歴史上もっとも低い水準に抑えられ、ストライキの自由に関する権利さえも剝奪されてしまった。さらに泣くべきか笑うべきか分からないのは、中国の右派はストライキの自由があった時代を人権のない専制時代だと考え、ストライキの自由がなくなってしまった時代を人権が尊重される民主の時代と認識していることである」[18]。

上の張宏良の主張に対して、筆者は以下に二点の批判を加えたい。

第一点は、「両参一改三結合」は一九五〇年代末から六〇年代初めにかけて毛沢東の認可を経て提唱された企業管理原則で、当時は「鞍鋼憲法」と称され、ソ連の「マグニトゴルスク鉄鋼コンビナート管理方式」（中国名：馬鋼憲法）と区別したものである。この「鞍鋼憲法」とは、労働者が工場管理に加わり、同時に「政治優先」、「大衆運動」、そして「共産党委員会の指導下における工場長責任制」が強調された。その背景には、毛沢東がソ連の工業とは異なる発展路線を模索し、そこには鮮明な大躍進時代の特徴が認められる。今日の毛左派学者（例えば張宏良）あるいは新左派学者（例えば崔之元）はこの毛沢東の遺産のなかからプラスの合理的な要素を引き出し、場合によってはそれに各種の「ポストモダン」な意味合い（「経済民主」はそのひとつ）を付与し、これら毛沢東の遺産が生んだ歴史的な文脈を忘却し、そこから非歴史的で似ても似つかぬ解釈をすることを企図している。これは、科学的な態度とは言えない。筆者は毛沢東時代の一切合切を単純化、絶対化（全肯定でも、全否定でもない）する立場をとらない。第二点、これは必ず指摘すべきことだが、毛沢東時代の労働者に「ストライキの自由」などは断じてなかった。このため、あの年代は「人権のない専制時代」と言っても誰に罪を着せることにもならない。今日の中国でも労働者には依然としてストライキの自由はない。このため、「右派」（リベラル派）は憲政への転換、生存権、言論の自由、そして各種の不公平に対する抗議権を労働者に持たせることを主張している。張宏良に聞きたい。いったい、どこの「右派」が「ストライキの自由を取り消された時代」を人権発展の時代などと言っているというのか。張宏良は今日における中国の労働者がすでに「工業社会始まって以来のもっとも悲惨な労働者になってしまった」ことや、「給与の分配率が歴史上もっとも低い水準に抑えられている」ことを見て取って、以上のような言説を振りまいているのである。そう、これはまさにリベラリストが現在となえている主張であり、労働におけるこのように悲惨な人権状況はとりもなおさず中国の政治構造が不合理であることの証明なのである。なぜならば、中国の政治は労働者にみずからの権利を保護させる制度化の道筋を示していないからだ。

以上が張宏良の観点に関する概略の整理と分析である。すでに、相当な紙幅を費やしてしまった。

以下、毛左派が、現在、開陳している中国が権貴資本を抑えて「文革に回帰」すべきとする処方箋が根本的に誤りであり、本当に通用しないのかという問いかけに回答したい。

毛左派が現代中国に出した処方箋は間違っている

この回答は二段階に分けられよう。まず、中共が政権を掌握後、最初に豹変したのは他でもなく毛沢東だったことを認めなければならない。この点について、一部のリベラリストの友人は同意しないが、事実である。しかし、毛の解決方法は完全に間違っており、それでは問題を解決できないだけでなく、多くの災難を招いてしまった。拙著「権力という文脈における認識と利益の論理の二重変節――改革開放三十年を語る」（権力語境内認知邏輯與利益邏輯的双重嬗変：也談改革開放30年）でこれに詳細な検討を加えている。[19]煩をいとわず、核心の論点を以下に再現してみよう。

毛沢東は現代の党＝国家体制と伝統的な皇権の論理を一身に背負った大独裁者であり、人間性に挑戦を試みたユートピア幻想家である。同時に、中共政治の領袖としていかにしてこの党の「革命的青春を永続させる」のかについて、その勢力と気力を捧げた。毛が中国共産党第七期中央委員会第二回全体会議〔一九四九年三月五日～十三日に河北省平山県西柏坡で開催〕で語った「糖衣砲弾」〔人を籠絡、腐敗させる手段を指す〕に関する戒めはつとに有名である。当時、中共はまだ北京入城を果たしていなかったが、毛はすでに「勝利による党内の驕り、みずからを功臣と思うところから生まれる自惚れ、足踏みしてこれ以上の進歩を求めようとしない気持ち、享楽を貪ってさらなる清貧を欲しない風潮が生まれるのではないか。勝利を収めることができれば人民は我々に感謝し、ブルジョアジーさえも拍手喝采するだろう……。おそらく一部のこのような共産党員は銃を手にした敵に征服されたことがなく、そうした敵の前では英雄の称号をほしいままにできるだろうが、甘い衣に包まれた砲弾の攻撃には堪えられないだろう。甘い誘惑の前では負け戦になる」と考えていた。[20]

「三反運動」（反汚職、反浪費、反官僚主義）のなかで大量の党幹部による汚職問題が暴露され、毛沢東が心配した「糖衣砲弾」問題についての戒めの正しさが証明されたようだ。これを受け、執政当局はさらに「不法資本家」に打撃を与えることを旨とした「五反運動」（反贈賄、反脱税、反国家資材の盗取、反工数減らしと資材盗取、反国家経済情報の窃盗）を発動し、その最初に掲げた「反贈賄」は連続して展開されたこれらふたつの運動の内在関係を明確にした。それはすなわち「不法資本家」の共産党幹部に対する腐敗行為に対して厳しい打撃を与えることだった。これは一九五〇年代初頭に起こったことなのである。毛沢東は当初、建国後の一定期間は「新民主主義」を継続することに賛成していたが、一九五二年になると政策の大転換が起こり、「いまから農業、手工業、資本主義的な工商業の「社会主義的」改造を推進」し、そのあともこの「改造」の歩みを加速してゆくことを一再ならず提起した。なぜなのか。中共の既定の社会改造理念、執政者が痛感していた国の工業化を急がなければならないという要求、そして毛本人のユートピア的でロマンティックな感情以外に、都市の民間資本と農村の自発勢力が共産党幹部や共産党員に持ちかける腐敗行為に警戒心を抱いたのも重要な原因であろう。一九五〇年代後半、そして六〇年代前半から文革までの時期、さらに複雑な形でこの問題が噴出した。「大躍進」とは本来「英国を追い抜き、米国に追いつく」ための政策だったが、毛沢東が経済を理解できないために大きく躓き、盧山会議で彭徳懐が批判されると真実が語られなくなり、生産高の誇大報告や共産風が再演され、一九六〇～六一年の両年には全国規模で空前の人災が発生し、餓死者が続出した。ここで初めて一九六二年の七千人大会による集団反省と西楼会議〔同年二月二十一日、中南海西楼で開催されたため、この名称がついた〕における極左路線の批判が行われた。毛本人も一定の範囲内で極左思想を糾す努力をした。例えば毛がみずから制定した「農業六十条」規定、すなわち採算単位を公社から生産団体に格下げし、後にはさらに生産隊にまで降格させ、困窮隊と富裕隊の間に蔓延した悪性の平等主義（吃大鍋飯）を是正した。しかし、各地からは生産責任制（包産到戸）と独立耕作〔「単幹風」（分田単幹）＝田を分けて各戸が独立して耕作する〕の要求が出され、それは毛沢東の容認範囲を超えるところとなった。毛沢東は、農村で集団経済を実施することで農業に活路を見出すと頑固に考えた。毛に言わせれば、独立耕作は階級分化を招き、富裕な農民はさらに裕福になり、そこでは汚職に染まる共産党の支部書記が多くを占め、妾を囲い、高利貸しを行い、不正に土地を売って儲け、その一方で貧農は破産する。毛は問い糾している。我々は全体の三分の一にしかならない富農の立場に立つのか、それとも三分の二を占めるそれ以外の基層農民の立場に立脚するのか。一生、革命に従事するのか、それとも資本主義や修正主義を進めるのか、と。[21]

ソ連の「修正主義への変質」は、もうひとつの角度、すなわち国際共産主義運動の視角から、共産党が執政党として変質してゆく現実の危機を論証した。一九六〇年代における中ソ両党間の論争はもとより毛沢東とフルシチョフの国際共産主義運動における指導権争いと関係があったのだが、毛沢東にとって「理念」の争いはそれと同じように重要だった。毛の眼には、フルシチョフは内外の要因によって変質した典型であり、外的な要因（帝国主義の和平演変政策）は、内的要因（新たなブルジョア階級の生成およびブルジョア階級イデオロギーの侵蝕）を通じて発生した作用として映った。[22] 中共が中ソ論争でフルシチョフの修正主義を攻撃するために発表した

「九評」(中共中央は一九六三年九月から六四年七月までに『人民日報』と『紅旗』に以下のような九篇の論文を発表した。一評:『蘇共領導同我們分岐的由来和発展』、二評:『関於斯大林問題』、三評:『南斯拉夫是社会主義国家嗎?』、四評:『新植民主義的弁護士』、五評:『在戦争與和平問題上的両条路線』、六評:『両種根本対立的和平共処政策』、七評:『蘇共領導是最大的分裂主義者』、八評:『無産階級革命和赫魯暁夫修正主義』、九評:『関於赫魯暁夫的假共産主義及其在世界歴史上的教訓』)の最後の論文、すなわち一九六四年七月十四日に発表した『フルシチョフの偽共産主義およびその世界の歴史上における教訓について』(関於赫魯暁夫的假共産主義及其在世界歴史上的教訓)で、これは一連の論文のなかでもっとも重要であり、毛本人が推敲に加わり、大幅に書き直して定稿し、ソ連の「ノーメンクラトゥーラ」(特権階級)を暴露したものである。つまり、毛沢東は国際共産主義運動の舞台で「修正主義批判」を進めながら、もう一方では国内で「修正主義の浸透を防御」して「反修正主義」を唱え、それを党と国家の存亡を賭けた運動として展開していた。

問題は、毛沢東がいかなる文脈でこの問題を思考したかだ。半知半解なマルクス・レーニン主義理解と中国の農業ユートピア思想が毛沢東の基本認識の背景と根拠である。マルクスの価値法則や「ブルジョア階級が歴史の進歩に果たす役割」への十分な肯定について、毛沢東は真の理解をしていなかった。反対に、毛は金銭の人心に与える影響、革命家の意志にもたらす腐敗作用を重視し、懸念していた。毛には、経済発展と人間性の矛盾に関する哲学的な省察がある(例えば、毛は一切ならず「貧苦は動力であり、この言葉は正しい。貧窮は革命を欲し、富めば事情は微妙である。中国は、現在、貧困の只中にあるが、将来、裕福になれば問題が起こるだろう[23]」と指摘している)。毛はまた「弁証法」を好んで語り、ヘーゲルを引用することもあったが、このドイツの思想家が語った「悪は歴史を前進させる動力」などの深い意味を理解したことはなく、利潤を動機とする商品生産が市場経済の歴史を発展させる役割についても知らなかった。毛が熱中したのは中国古代の聖賢が鼓吹した「大同」の境地で、共産党の指導下に「神州六億の民がみな舜堯の如き聖人」になるのは決して不可能ではないと信じた。これは毛沢東のユートピア的社会改造の根本認識であり、執政党の変質を懸念した無意識の思想的な出発点でもあった。毛は幹部が集団生産労働(根本制度の遂行と見なした)に参加することを提唱、軍隊の階級制をなくすことを主張し、高級幹部の子弟に対する特別扱いを批判、分配においては「ブルジョア階級の権利の制限」を鼓吹した。これらには、上述した思想的な背景が認められる。

当然、上に挙げたあれこれは共産主義事業の追求者が陥った農民革命家の認識の稚拙さと理解することができよう。実践面においてさらに深刻な結果を招いたのは、毛沢東が執政党の変質問題を「階級闘争」の枠組みのなかで思考し、定義したことで、その結果、事実を発生学の文脈に置き換え、問題の本当の原因と本質を覆い隠してしまったことである。共産党が北京に入城したあと、なぜ「革命意識の衰退」や腐敗、変質現象が起こるのか。この問題は我々が今日すでに会得している憲政リベラリズムの高度な認識から考えれば、答えは決して難しくない。一九四九年に成立したこの政権は、共産党一党によって完全に統御された全体主義政権であることを忘れるべきではないのだ。党のイデオロギーがいかに「誠心誠意人民に奉仕する」ことを強調しようと、党による権力の独占およびこの独占が招く公権力に対する監督の不在により、早晩、各級党員は権力が与えてくれる「余禄」の旨味を味わうことになる。かつて死をも恐れなかった革命家はいま党と政府の役人官吏となったが、革命に加わる前、それらの多くは些かの教養もない農民だった。その彼らが「余禄」の旨味の甘言に抗することができようか。

都市の党政機関、国営企業あるいは広大な農村において、監督制度を欠いた一党独裁体制下、公権力に「腐敗」が発生する可能性は大いにあり、あるいはそれは必然でもある（この意味で、我々は全く四清運動〔中共が一九六三年から六六年まで全国で展開した社会主義教育運動。当初は人民公社の帳簿、倉庫、財産、労働点数の四点を清めるという意味で四清運動と呼ばれたが、後に毛沢東はこれを、政治、経済、組織、思想の四つを清める四清運動に誘導した〕で暴露された問題の真実性を信じることができ、それは程度と細部においていくらか違うだけである）と言えよう。

「絶対権力は、絶対的な腐敗を招く」と言われるが、人の本性とは本来このようなものであろう。共産党がいくら整風・粛正運動を進めようと、権力と不法利益の癒着を断つことはできない。当時の不法利益は今日の「標準」から見れば取るに足らぬもので、おそらく少しばかりの旨味をすくいあげるために行政権力をちょっとだけ動かしたか、あるいは消費市場の売れ筋商品を手配するために少々の賄賂を受け取ったにすぎないのだろう。これらの問題は憲政民主体制内においては解決が難しいわけではない。権力に対する監督とチェック・アンド・バランスのメカニズム、法治、ニュースの公開と世論による監督、反対党とのパワーバランス、司法の独立などの方法で腐敗の予防と懲罰を実施すればよいだろう。しかし、毛沢東はこのような方法を採用しなかった。毛は、彼の偶像であるレーニンと同じように、これらの方法をブルジョアジーの属性と見なし、拒絶すべきものとして斥け、全く別の論理で共産党の変質を読み解いた。これがすなわち革命に勝利したあとの「階級闘争」で、これを長きにわたって実行し、反腐敗は「一場の鋭い階級闘争」の論理となったのである。

上に引用した「糖衣砲弾」に対する毛沢東の警告は、共産党員の腐敗と「銃を持たない敵」からの攻撃を結びつけた。一九五〇年代から六〇年代の前半、一部の地方で生産責任制（包産到戸）と「独立耕作」を求める風潮が出現すると、それらは「凶暴な反社会主義の逆流」と見なされた。あの時代の人々の眼には、幹部が十分に喰い、多くを独り占めし、公金を横領する類の事象はすべて「底辺幹部層におけるブルジョア思想の反映」であり、投機や横領窃盗などの行為は「資本主義勢力が復活を目論む罪行」と考えられた。[24] 毛沢東がみずから参与し組織した四清運動を指導するためのもっとも重要な文献「当面の農村工作における若干の問題の決定について」（関与目前農村工作中若干問題的決定、すなわち「前十条」）には、階級闘争に関する九種の手法が列記され、「すでに覆された地主や富農分子、腐敗幹部が虎視眈々と指導権の簒奪を狙っている。人民公社の生産隊によっては、その指導権は彼らの手中にある。その他の機関の各所にも彼らの代理人が控えている」とか、「排除されるべき旧来のブルジョア階級分子以外に、新たなブルジョア分子が出現している」と指摘し、それらには「汚職窃盗分子、投機分子、変質分子」などが含まれると述べ、社会主義教育運動の目的は教育を通じて幹部や党員を「プロレタリア階級の立場」に矯正し、「絶対多数の人民大衆を正しく指導し、階級闘争を進め、二つの路線〔社会主義の道を歩むのか、それとも資本主義の道を歩むのか〕の闘争を貫徹することで、これは我々の社会主義事業の成敗にかかわる根本問題である」と呼びかけている。[25]

毛沢東本人には「語録」という経典があり、当時、人口に膾炙し、あるいは競ってそれを朗誦した。そこに含まれる一字一句は執政党が変質してゆく毛沢東の論理の体現であった。すなわち、「階級闘争、生産闘争、科学実験は社会主義強大国家を建設する三つの革命運動であり、共産党員から官僚主義を払拭し、修正主義や教条主義と距離をおき、未来永劫にわたって不敗の地に立つ確証となり、プロレタリア階級が広範な労働者、大衆と連合して民主独裁を実行する確かな保証となる。さもなければ、地主、富農、反革命分子、腐敗分子、牛鬼蛇神〔牛の頭を持った鬼、蛇の胴体を有した神。転じて、封建思想に毒された人の総称〕がまたぞろ復活して、幹部は周囲の言うことを聞かず、みずから問いかけることもせず、多くの人が敵と我との区別がつかなくなり、互いに結託し、敵から腐敗攻勢を受け、分化瓦解し、引っ張り出され、殴り込まれ、多くの労働者、農民、知識人は敵から硬軟両方の攻撃を受けて行動するようになる。そうなれば、時間の問題ではなく、短くて数年、十数年、長くても数十年のうちには全国規模で反革命の復活を避け得ず、マルクス・レーニン主義の党は修正主義、ファシズムの党に変質し、全中国がその色を変えることになる。同志の皆さん、よく考えてください。なんと恐ろしい光景でしょう[26]」と警告する。

まことに驚くべき意味深長な指摘であり、予言とも言えよう。しかし、このような「復活」と「反復活」の「階級闘争」の論理は共産党が執政党として直面した真の危機を完全に曲解し、公権力が転化した本当の原因を誤読している。[27] 権力の自己転化は外的勢力による転覆の結果で、権力転化の哲学的、人類学的属性は、大きな二つの対立する「階級」の対立的な属性として解釈されている。四清運動の後期、毛沢東はいっそう明確に階級闘争がかならず党内に反映されるとし、それは、党内——党中枢——の「資本主義の道を歩む実権派」という構図になることを指摘した。小手先の対応では到底歯が立たず、さらに徹底的な方法でしか問題を解決できない。どんな方法だというのか。それは毛みずからが発動した、毛沢東の「継続革命」理論で統率した「プロレタリア文化大革命」である。西欧の民主は拒絶（毛は他人と共産党が権力を分かち合うことを容認できなかった）し、ソ連がまた「修正主義への変質」という反面教師の経験を提供した。そうした前提で、毛沢東の「継続革命論」が一党体制のなかで共産党の変質問題を解決する唯一の選択肢となり、文革で「党内の資本主義の道を歩む実権派」を始末することを通じて「身辺のフルシチョフ」をあぶり出すことが、すなわちみずからの論理に符合する結果だったのである。[28]

毛沢東は文化大革命を自己の一生で成し遂げたもっとも重要な誉れある二つの大事業のうちの一つとした。[29] しかし、それは当たっていない。ある意味で、文革は毛沢東が革命の「価値」を探し求め、そしてそれは晩年の力を振り絞って試したユートピア理念の実践を終わらせ、同時に共産党の変質傾向をなんとか押しとどめようとした望みのない努力だった。多くの人は、権力闘争の視点で文革を読み解こうとするのを好む。それも良いだろう。中共上層の権力争いは現代中国史（文革を含む）を理解するための重要なファクターである。しかし、それは本書の叙述にそれほど大きな「意義」を有しているだろうか。この問題は、もう少し温めておこう。実際、革命と社会主義および共産主義に関する基本理念と認識で、中共指導層に大差はない。「反修正主義」を通じて共産党の純潔を保証することは、当時の主要な中共指導者の共通認識だった。鄧小平は当時、対ソ交渉、論争における主将の一人で、劉少奇は四清運動に際しては毛沢東よりもさらに「左」だった。当然、このことは党の上層に「ブルジョア階級の司令部」があるという毛沢東の指摘がまちがっていたことを証明するものであり、劉少奇を引きずり降ろすための口実でもあったのだ。文革前も文革中も、毛の比類なき至高の権力に対して脅威を与え、あるいは与えようとした者など存在しなかった（文革中の「五・七一工程」〔一九七一年三月二十二〜二十四日、林彪と子息の林立果らが上海で画策したとされる政変計画〕などは別稿で行論する）。毛沢東は、なぜ劉少奇を死地に追いやったのか、これは別途検討すべき課題である。ここでは以下のように指摘しておけば、それで十分だろう。すなわち毛が徹底的な独裁者で、かつロマンティックなユートピアの追求者だったということだ。毛は狡猾、残忍、ユートピア理念への執着、天真爛漫などの性癖が奇異であるほどに一体化していた。執政党の変質に対する憂慮は毛沢東のなかできわめて重要であり、核心の問題だった。これは本来、一国一党の政治指導者にとってきわめて深刻な問題だが、毛はこのことに対する思考枠組みと解決方法を完全に誤り、それは徹底していた。この過ちは中華民族に気の遠くなるような災難をもたらした。もう一度繰り返すが、執政党が変質するのを押しとどめるに際し、民主体制下と独裁体制下では問題に対処する方法が根本的に異なる。毛にはただ階級概念があっただけで、市民概念は持ち合わせていなかった。「党の指導」（実際は毛の指導力）だけがあって、権力のチェックアンドバランスがなかったのである。毛は一党独裁という根本体制が揺らぐことを容認せず、この枠組み内で問題の解決に当たることを幻想し、少なくとも共産党の変質傾向を阻止しようと目論み、その結果、不断の「運動」を通じて共産党の整頓を図るという発明しかできず、基本的な人間性に挑戦し、不断に「私心と闘い、修正主義を批判する」ことで雷鋒のような「共産主義的な新人間」の創出を企図し、党と民族に活力を注入したのだが、その目論みは無惨にも大敗したのである。文革は「ブルジョア階級が共産党内に存在する」という命題を提出したが、実際にはそんなことはなく、問題の解決方法さえ探し当てることはできなかったのだ。

鄧小平およびポスト鄧小平時代の腐敗、権力変質の原因

鄧小平時代およびポスト鄧小平時代についての議論は、我々を上述の問題（現政権は中国社会に対する処方箋を間違ってしまったという毛左派の主張）における第二の側面に引き戻してしまう。それはすなわち、改革・開放が始動して以降の中国には毛沢東時代に提起された変質への抵抗を担保するある種の「効力ある」条件が存在せず、かえって政権の変質を促し、危険にさらしているということだ。ここで問題になるのは市場経済で承認されて生まれてきた歪曲と、歪曲された結果としての独裁体制内における権力と金銭の癒着で、この状況は加速して変質が急速に進行している。毛左派は問題の真の病巣を見ようとせず、独裁政治に対する評価を怠り、常に「毛沢東時代への回帰」を幻想し、歴史の歯車を逆回転させている。これは叶わないことであり、愚かであることを知るべきで、大衆を誤った方向に誘導するものである。

毛沢東時代は市場経済を容認せず、「計画経済」が進行した。それでは、なにが市場経済の真正の論理なのか。この命題については、マルクスがすでにその半分を回答している。マルクスが「価値法則」は商品経済社会で社会生産力を促す巨大な源泉であると指摘したのは正しかった。しかし、マルクスがこのような交換する「資本主義」の性質を人類の労働における「変質モデル」と捉え、そこに恒常性は備わらないと断言したのは正しくない。人間の経済行為にはありのままの利己心があり、これは自然が深化した結果であり、期せずして文明が蓄積した産物であろう。簡単に言えば、利益追求がその核心であり、根本である。これはほとんどすべての人が現実の生活のなかで経験することであり、これまでに人類の理性がいまだ超越できない現実でもある。毛沢東はまさにこの哲学・人類学上の基本的な現実を認めることがで

きなかったため、大きく躓いてしまったのだ。毛は文革中、二つのことに執着した。一つは「私心と闘い、修正主義を批判する」という観念を核心とする道徳完美の禁欲主義で、もう一つは経済領域のいたるところで「資本主義の尻尾切り」による平均主義を実行したことだ。これら二つはともに毛沢東精神に特有な「唯意志」の構成要素であり、その「政治的突出」が極端の域に達し、民族全体の狂気にまで発展した。二百年前のフランス革命におけるジャコバン派、そしてその後の空想的社会主義者も哲学的な土壌の違いはあったが同じような夢を見た。だが、彼らの実験規模は中国の場合よりもはるかに小さく、歴史的な影響、民族に加えられた危害も軽かった。その意味で、中国の文革は空前絶後の禍根を残した。

毛沢東は人間性に挑戦したために、幼稚ななかにも深刻な一面を含んでいた。利益衝動と腐敗の生成の関係は不透明だったが、事態を直観的に結びつけてしまった。これに対して、鄧小平は毛沢東に比べて表層的である。鄧は文革後に出現した大規模で、利益に対する過度の衝動の噴出を予測できなかった。人間の本性に触れた十年の長きにわたった文革の抑圧から解き放たれた後のこの吹き出すような利益に対する衝動は驚愕すべきものだった。それは巨大なプラスの結果を生んだと同時に、規律に欠けた不透明さから破滅的な結果をも招いた。それでは、なにが正しい法則であり、透明性なのか。これは市場経済の合理的な制度を認めることが前提であり、市場経済を運営する法治、すなわち社会環境と民主政治が基礎となる。しかし、政治改革が共産党の指導的な地位を脅かすことを恐れ、鄧小平は憲政民主を拒絶し、市場経済と表裏一体となるべき民主的な政治体制の確立を拒否した。これにより、改革・開放下で権力の腐敗が急速に進行したのである。

この点をさらに具体的に説明するために、以下のような比較をしてみよう。計画経済時代の特徴は、（部門管理、地域管理を問わず）財政と行政（事務処理）が高度に集中管理された。企業のトップにしてみれば、権力と自分が支配できる金銭には限りがあり、汚職をしたくてもそこには限界があった。まさに「指令」の制御メカニズムと毛沢東時代における変質への抵抗の営みは経営者の経済領域における権力変質傾向を一定程度抑制したのである（これは前段で述べた変質への抵抗に対して計画経済がある種の「有利」な条件を備えていたと言えよう。しかし、それは計画経済期に汚職が皆無だったということではない。だから〔三反五反運動などの〕切れ目のない「運動」が必要だった）。計画経済期と比べると現在の状況は全く異なり、社会環境が変化して市場はすでに開放（あるいは、現在、開放途上）され、工場長やマネージャーの裁量で動かすことのできる資金は潤沢にある。経済体制の変化や過渡的な措置の採用（例えば生産手段の「二重価格制」〔国が定めた統一価格と市場調整価格が併存する価格管理制度〕）とその後の「重要な対象に対するマクロ管理と副次的な対象に対するミクロ管理の同時進行（抓大放小）」、「株式制度改革」などは、直接、間接に公共財の個人への転換（尋租＝権力に対する贈賄で行なう交易、特権による収益など）を促した。詰まるところ、権力と市場が癒着したことにより、市場のプラスの役割が不法な権力の介入によって歪められ、市場の必要悪が増幅され、奇形化してしまった。さらに悪いことに、権力または権力を笠に着た不法な利益拡張が「公有制」、あるときは「改革」の名の下に進められたが、それは実際には各級公権力が持つ、あるいは公的財産を管掌する者、そこから「利益を貪る者」によって公的財産の集団性が形を変えた掠奪にさらされていったのである。

このように中国の労働者、人民の利益が侵害され、天文学的な搾取を受けたのは、他でもなく独裁政治へと変質した権力の論理が異常に肥大した結果であろう。馬賓老人らは党の伝統的イデオロギーの復活を呼びかけ、社会の「前衛」とか「指導階級」という美名を弄して労働者の尊厳を回復しようと企図しているが、実際にはいまだに中世に生きる一群の「善良」な臣民が発する不公平にすぎない。これは時代錯誤も甚だしく、完全に現実から遊離していると言う他ない。張宏良ら毛左派学者も腐敗・汚職と中国の独裁政治との深刻な関係に気づいて（あるいは気づいていても、それにあえて触れようとしない）いない。彼らは文革を美化し、「文革への回帰」を虚しく主張し、文革が発生した、専制制度の表裏一体にあった背景を知ろうともしていない。鄧小平の改革・開放は毛沢東の文革の反変質論理を覆したが、さらに手に負えない腐敗・汚職環境を導き出してしまい、空恐ろしい変質という大規模な芝居が進行中だ。これを「継続革命」で解決できるのか。できるわけがないではないか。毛左派学者が歴史の論理を顧みることなく、現代中国の問題に間違った処方箋を出してしまった原因は、まさにここにあるのだ。

毛左派とポピュリズム

毛左派とポピュリズムには、深い関係がある。いわゆる「ポピュリズム」とは、もともと大衆を持ち上げてエリートを軽蔑するところにあるので、「エリート主義」の対極に位置する。ポピュリズムには、大衆が抱く価値観や理想を極端に強調するという特徴が備わっている。すなわち、大衆に依拠した急進的な社会変革、「造反有理」の鼓吹、革命行動を法と法治プロセスの上位に置き、「富を廃して貧を救済する」ことを唱導、「貧富の差を均一にし、貴賤を等しくする」ことなどである。「大衆に依拠した急進的な社会変革」のなかで、社会革命を進める様々な構想や主張が生まれた。十九世紀のロシア・ナロードニキや二十世紀中国の文革のユートピア構想のなかにこの特徴が顕著に見られ、両者の根底では「非資本主義」による発展の可能性が夢想され、ロシアにおける農村共同体《ミール》や中国の労働者階級、貧農下層中農の革命的自覚（覚悟）に依拠して社会主義を実現できるというものだ。ここには平均主義と大衆直接民主による想像が織り込まれている。前段で引用した張宏良の「大衆政治文明」に関する様々な言辞には、毛左派の身体に刻まれた各種の烙印を証明していよう。

現今の中国でポピュリズムは非理性的な「讐富心理」〔富裕層、とくに一夜にして莫大な富を得た人に対する懐疑、怒り、嫉妬、蔑視、軽蔑、憤懣、怨嗟などの情を指す〕として表現される。これは当然、「中国的な特色」を有した市場化を背景とする権貴資本の横行と関係がある。ところがポピュリズムに陥った人は往々にして不正手段で得た富と正当な手続きを経て得た富の区別をせず、一切の財富とそれを弁護する声を攻撃する傾向にある。「茅于軾を討伐せよ」を呼号したムーブメントは典型的なポピュリズムと言えよう。

茅于軾（一九二九～）はリベラル派の老経済学者で、同時に活発な言論活動を行う知識人でもあり、リベラリズムを鼓吹することで知られる。二〇〇六年から二〇〇七年にかけて「富者が保護を受けて、初めて貧者も富むことができる」、「民間企業の原罪問題に関する対話」などの論文を矢継ぎ早に発表し、「富者に代わって発言し、貧者のために働く」などの観点を提起したところ、毛左派から総攻撃を受けて炎上した。実際のところ、茅于軾は社会の底辺に熱い同情を寄せ、底辺層のために汗をかいて良いことをしたというのが事実である。「富者」に代わって発言するところに見られる「富者」とは、自力で奮闘努力し、一家を立ち上げた民営企業家のことを指していたのだ。茅于軾は、中国民営企業の生き残りは困難を極め、頻繁に腐敗官僚の搾取に遭い、同時に国営企業との不公平な競争にさらされているのが現実だと考えた。茅がそのような困難な立場にある起業家に代わって発言し、彼らの権利擁護に動くのはなんら間違った行為ではない。これと貧者のために働くことは決して矛盾しない。以上の道理は複雑なものではないが、茅は毛左派から痛罵される。ここに、ポピュリズムの非理性的な「讐富心理」がいかに激烈であるかを見て取ることができよう。毛左派が常に底辺層の代表を自認し、リベラル派はエリート政治、「権貴」の手先と批判しているが、実際にはリベラリズムこそが底辺層の真正の代弁者であり、弱者層の利益擁護者である。なぜなら、リベラリズムの本旨は権力の横暴を抑制して権利を擁護することにあるからだ。この点については、第一章で検討済みである。あの英国貴族の保守主義を見る角度からリベラリズムを判断するのは視野狭窄というもので、あの種のリベラリズムを故意に中国のリベラル派に当てはめることはまことに恣意的と言わざるを得ない。

茅于軾に対するポピュリズムのもうひとつの攻撃は、二〇一一年に発生した。『財新網』が同年五月二十七日、茅の毛沢東批判論文『毛沢東を人に戻そう』を掲載すると、間髪を入れず毛左派の包囲攻撃を受けた。『烏有之郷』〔ユートピア〕サイトは各地の毛左派勢力を動員して「公訴団」を組織し、各級人民代表大会に代表を送って上書し、茅于軾を「国家領袖侮辱」の罪で「刑事訴追」するキャンペーンを張った。毛左派はさらに様々な会議を招集して「毛沢東思想に反対する凶暴な罪行」と茅于軾を公開批判する。この毛左派による「茅于軾批判」は、近年、中国のポピュリズムを新たな高みに押し上げた。

歴史的に見れば、ポピュリズムによる政治動員は求心力のある政治指導者への呼び声となり、野心ある政治家もまた大衆のポピュリズムを利用してその政治目的を達成してきた。この意味で、ポピュリズムと全体主義は通底する部分があって興味深い。現今の中国も、そのような危機に瀕していると言えよう。党＝国家体制の情報管理、理性的な市民社会に対する扼殺行為はポピュリズムの狂奔に土壌を提供する。なぜなら、形骸化した散砂の民、思考が単純な大衆はいとも簡単に良くない野心を抱く政治家や煽動者の影響、あるいは当局の操作を受けやすいからである。

毛左派と「中国の夢」

毛左派の多くは普遍的価値を目の敵にし、批判し、リベラル派知識人を黒く塗りつぶして、西欧を敵対勢力と見なしている。こうした態度は、当局イデオロギーとの相性が良いようだ。そのため、胡錦濤時代に当局は「封鎖硬化した旧路は歩かず、易幟した邪道をも歩まず」と表明し、これは毛左派を批判し、リベラル派をも批判していたのだが、実際には両者に対する当局の態度には大きな違いがあった。当局は毛左派に対して、ときには大きく眼を見開き、あるときは片目を閉じたりして真面目には取り合っていない。必要なときだけ軽くいなし、その「行き過ぎ」をなかば放任した。ところがリベラリズムに対する態度は厳しく、それは統治者の目からすれば、リベラルな憲政民主の主張は政権を転覆させる危険に満ちているからだろう。

このように毛左派とリベラリズムの「当局イデオロギー」との異なる関係およびこのような関係の異質性は条件が許せば毛左派が党＝国家専制権力と接近する傾向を生み出した。

ふたたび張宏良を例に見てみよう。この毛左派学者は二〇一三年七月に「中国の夢と中国左翼政治の前途」（中国夢與中国左翼政治前途）と題する『烏有之郷』で講演した原稿を発表した。その論文で張宏良は習近平の「中国の夢」に呼応し、「中国の夢は三大復興であり、それは中華民族の偉大な復興、社会主義の偉大な復興、東方文化の偉大な復興」だと持ち上げた。張は中国近代の悲惨な歴史が、立ち上がり、強大になる、という中国人の二つの大きな夢を導き出したと前置きし、「毛主席が率いた中国共産党は大衆の期待を裏切ることなく中国人民を立ち上がらせ、第一の夢を実現した」と述べている。しかし第二の夢は叶わなかった。その原因については、鄧小平の功利主義的な改革が「社会主義の道から乖離した」からだと語り、さらに「ひとつ目の夢が実現し、二つ目の夢が崩れ去ったことはひとつの歴史の真理を一再ならず証明し、ただ社会主義のみが中国を救うことができ、社会主義のみが中国を強大にできるということだ。社会主義から離れたら、中国には死への一本道しか残っていない」とする。張は「習近平が提起した中国の夢は一九七〇年代における強国を希求した夢の継続」だと称賛し、毛左派は積極的に「習近平が行った一連の講話を宣伝する」ことを呼びかけた。なぜなら「習近平の一連の講話には中国の左翼政治についての基本的な主張が盛り込まれ、宣伝関連の講話はまさに左翼の政治主張である」からだという。そして、張もまたリベラリズムに対する批判を忘れることなく、次のように続ける。

憲政を主張する人が必ずしも憲政の実施を望んでいるわけではなく、憲政という聞こえの良い口実を使って中国共産党の一党指導体制を死地に追いやろうとしているだけだ。人類社会にはこれまで三種の民主モデルが存在した。それは権力民主、資本民主、大衆民主である。この三種の民主モデルの歴史的な配列が人類政治文明の低いところから高いところへの発展過程を反映している。共産党指導下における合法的な進歩は大衆民主からもたらされたものだ。しかし、国内外の右派は鄧小平の狭隘な報復心理を利用し、大衆民主を全面的に否定した「歴史決議」を採択し、みずからの合法性の基礎を掘り崩してしまった。その結果、国内外の転覆勢力によって共産党の一党指導は封建権力の民主モデルに歪曲され、権力民主と資本民主の比較をすれば、ふたたびより劣った反動政治モデルに逆戻りしてしまった。これは共産党をきわめて受動的な歴史的位置に立たせ、社会を統治するためのいかなる合法的な口実も探すことができず、ただ軍や警察力を借りて社会の安定を保つ以外に方法がなくなっている。(30)

上の引用部分は笑止千万であり、ふたたび張宏良の論理の混乱が踊り、反論するに堪えない。本章で言及した張の論文を一覧すると、「文革の思惟」に溺れ、いまだあの時代から抜け出ていないことが分かる。そして、その筆法から張が振りまく文革の遺毒がことのほか深刻・激烈で、当の本人すらもその遺毒に当たって混乱の域に達していることが見て取れる。しかし、それらの毒にまみれた論文でも、いくつかの要点をまとめておかないわけにはゆかない。まず、張宏良が言うところの中共を自己転覆させた一九八一年の「歴史決議」についてであり、張はこれを総括して「みずからの合法性の基礎を掘り崩し」、その結果「共産党をきわめて受動的な歴史的位置に立たせた」としている。張が望むのは、習近平が文革を徹底的に見直し、毛沢東の名誉を挽回し、その晩年に過ちなどはなく、その功労で社会を圧倒することであろう。しかし、これは現在左傾中の習近平にとって難題だろう。習はもとより「二つの三十年〔前期と後期の三十年に分け、前期を一九四九年から一九七八年の改革・開放が始動した時期、後期を一九七九年からの改革・開放実施時期〕を一気通貫」して尊毛を党＝国家の正統としたいのは明らかだが、果たして一九八一年の歴史決議を否定してまで「習大帝」はこの道を歩む勇気があるのだろうか。今後の推移をよく見てゆこう。

次に、毛左派自身の立ち位置も見ておかなくてはならない。張宏良はみずからも毛左派の隊列に加わり、中共十八回党大会以来の当局の左傾を奇貨として同派の主張が正しいことを証明しようと躍起である。張は「最近数年の発展を振り返れば、毛左派共産党員を代表とする中国の左派はこの間一貫して改革を進める政治的な指導を担ってきた。それは習近平の一連の講話を、左派の基本的な政治主張として取り入れてきたことが証明している。現在の世界の潮流は大衆民主運動が天下を席捲していることで、大衆民主運動の二つの根本要求は、「ともに富む」ことと「大衆民主の完成」である。この点から言えば、二十一世紀の大衆民主運動は社会主義復興運動のことだ」と強調している。張はさらに、「習近平の一連の講話は歴史のメルクマールであり、中国が正反を併せ持った現代史の第三段階に入ったことを示している」と述べ、中国左翼の政治的な前途は「共産党に鮮血と新生の力を充当し、それを社会の主流として中華民族の偉大な復興の中堅勢力」となり、「中華民族の第二の偉大な夢を実現する」ことだという。[31]

しかし、リベラリストとして見れば、「ともに富む」ことと「大衆民主」は独裁政権によって権力が独占された国では実現不可能である。張宏良が批判するのとは反対に、中国が「夢」を求めようとするなら、それは「憲政の夢」であり、「強国の夢」は憲政が実施されて初めて達成されよう。中共が今日、「きわめて受動的な歴史的位置に立たされ、社会を統治するためのいかなる合法的な口実も探すことができない」のは「敵対勢力」からそのように強いられているのではなく、権力の独占が変質を招き、それが特権の擁護を引き起こし、民衆を抑圧する装置と成り下がってしまったからにほかならない。「社会主義」に背く人がいるとすれば、その悪例を作ったのは一党独裁の党＝国家体制以外のなにものでもない。「社会主義の復興」を言うのであれば、その前提になるのは中国が民主へ転換することであろう。

張宏良のように一面的で粗雑な毛左派に比べ、中国にはもっと学術的な裏付けがある毛左派も存在し、彼らの立論はいっそう貴族的かつ歴史的で哲学的であるようだ。思想の脈絡から見たとき、毛左派は「保守主義」と相通じ、「リベラリズム」とも関わりがある。彼らは「平等」を語ることを好み(このため周囲から頻繁に「新左派」と目される)、文明をも語る。彼らのもう一つの抱負は「国父」を尋ねることで「百年共和」の大きな歴史、大理論を明らかにすることである。毛左派はこうした思考の果てに、党＝国家に倣うようになった。毛左派の論客には名声があり、学術的かつ社会的な影響力を有するため、公衆(とくに知識人や青年学生)に与える間違った影響が深刻で、まずそれを片付けてゆく必要がある。本章で議論すべきことは、こうした毛左派を「片付ける」ことである。以下、二人の毛左派を例に議論を進めよう。一人は甘陽で、もう一人は劉小楓だ。二人とも学界の有名人だが、本章を読んだ読者なら彼らの観点は一長一短があり、なかなか味わい深いものだが、学術としては全く水準に達していないことが分かるだろう。

甘陽の「通三統」

甘陽(一九五二〜)はもともと西欧の学問を学び、三十歳そこそこで中国の学術界や社会的な舞台に現れ、一九八〇年代の「文化ブーム」を牽引した一人だ。一九九〇年代前半、米国で学んだ甘はまだリベラリズムに対する基本的な立場を失っていなかったが、その後になって変節し、新たな世紀に入ってからは全く別人のようになってしまった。

二〇〇四年末、甘陽は『二十一世紀経済報道』のインタビューを受け、いわゆる「通三統」の概念を提示し、そのすぐ後で行った講演でそれを以下のように説明している。

> 現在、中国では三つの伝統に接することができる。第一は、改革・開放二十五年間で培われた伝統で、時間は短いがこの時期に形成された多くの概念は基本的に人々の心に深く刻まれ、中国人の言葉の一部となり、一つの伝統を形成した。この伝統は基本的に市場を中心にして派生した概念、例えば自由、権利などである。もう一つの伝統は共和国開国以来、毛沢東時代に生まれ、その特徴は平等を強調し、正義を追求する伝統である。……三つ目は、当然のことだが、中国文明が数千年にわたって育んできた伝統で、それはいわゆる中国伝統文化、あるいは儒教文化で、伝統文化は往々にして正確に描写するのは困難だが、中国人の日常生活に照らして言えば、人情と郷愁を重んじるということだろう。[1]

甘陽のこの解釈は眉唾ものだ。一般的な解釈では、毛沢東時代の三十年と、改革開放の三十年とは対立関係にあり、後者は前者に対する否定の意味がある。甘はなぜ二つの相反する伝統をあえて「連結」させたのか。さらに、なぜ二千年以上も昔の祖先をわざわざ引っ張りだしてきたのか。この三つを同列に並べて良いものなのか。甘は何のためにそんなことをするのか。これらについては、追々この老先生みずからが答えを出してくれるだろう。二〇〇五年の別のインタビューで、甘はやはり『二十一世紀経済報道』の記者と興味深いやりとりをしている。記者が、あなたは新時代における「通三統」の概念を提示し、この三つの伝統を束ねて中国の歴史文化が構築されると主張しているが、この考え方は近年話題をさらっている中国のソフトパワーと関連があるのかという質問に、甘は「グローバル化した時代に中国のソフトパワーを語るには、中国の特殊性を重視するのではなく、人類社会の共通性に目配りすべきだ。つまり、真に有効なソフトパワーはある種の普遍的価値を備えており、特定国がその価値を認めるだけではなく、他国からも承認されるものだ」と答えた。甘は続いて、欧米五百年の歴史のなかで生まれたいずれの要素が「劣悪なモダニティ」をもたらしたのかについて言及し、「単に資本主義と市場メカニズムに頼っているだけでは劣悪なモダニティしか生まれてこない。社会主義と保守主義のバランスをとって資本主義と市場に対応すれば比較的に良い現代社会を形成することができよう」と説く。甘は次に米国の社会学者ダニエル・ベルの *The Cultural Contradictions Of Capitalism*, Basic Books, 1996〔『資本主義の文化的矛盾』上・中・下（講談社学術文庫、一九九六〜九八年）〕を持ち出し、「この名著も、現代社会をうまく運営するためには経済における社会主義、政治おけるリベラリズム、そして文化における保守主義の重視が肝要だ」と持論を展開する。記者が続いて、一般的に米国に社会主義は存在しないように思われていると問うと、甘は「それは間違っている。〔ソーシャリズムという名詞で〕言葉が覆い隠されていただけだ。米国には欧州のように社会主義政党は存在しないが、社会主義はリベラリズムの名目で発展してきた。フランクリン・ルーズベルトが始めたニューディール政策は主に欧州における社会主義の要素を多く取り入れた。二十世紀の中国を振り返ってみれば、孫中山の三民主義、一九四〇年代の中国リベラル派知識人の自由主義思想は経済領域で社会主義の道を歩むことを強調していた。中国人が二十世紀に社会主義を選択したのは偶然の産物ではなく、決して間違っていなかった。中国の社会主義の伝統は、まさに中国のソフトパワーの一つなのである」と反論した。記者がさらに、ベルが示した三つの要素のなかで、中国におけるリベラリズムの意義をいかに理解すれば良いのか、あなたは一九八九年、『読書』誌上で「自由の概念」を発表し、中国国内では早期にリベラリズムを論じた人と評価され、また一九九〇年代にそれを放棄したとも見なされている。あなたは今もリベラリストを自認しているのか、と質問すると、甘は、「中国人はみずから特定の主義を標榜する悪習を捨て、あれこれの名称による主義の争いに陥るべきではない」と答えている（まことに狡猾な回答だ。立場に関する質問を、名称の争いにすり替えている）。重要なのは現代社会の複雑な構造とメカニズム、そしてグローバル化した時代のアンバランスな発展と社会秩序の問題を研究することであろう。「ベルが提示した三要素、つまり社会主義、リベラリズム、保守主義の順序には道理がある。高度に進んだ市場化と資本の影響力の下で、もしも社会主義の理念を堅持しなければいわゆる自由は少数者の自由、富者の自由、企業主の自由になってしまい、これはまさに筆者〔甘陽〕が一九九七年に発表した『リベラリズム――貴族のものか、それとも庶民のものなのか』と題する一文で提示した命題なのである」。甘は続けて「現在の価値順序は社会主義、保守主義、リベラリズムである」と説明する。なぜ、そうなるのか。甘によれば、「まず社会主義の理念と価値を堅持すれば、自由の理念と価値を確立でき、もしも社会主義を放棄すれば自由は少数者の自由、富者の自由、企業主の自由となり、圧倒的多数を占める労働者の自由ではなくなる。同時に、中国文明の自主性を前提とすることで自由は中国に根付き、さもなければいわゆる自由は買弁主義、半植民地と自己奴隷化の別名となってしまう」らしい。記者はさらに喰い下がり、それではなぜ順序が文化保守主義、経済社会主義、政治自由主義とならないのか、中国の伝統文明の優先を強調していたのではないのかと追い討ちをかけた。これに対して甘は「中国古典文明の理念と価値は社会政治制度の支えを必要とし、それなしには存在し得ない。中国文明の価値は、かつて中国の伝統的な社会制度によって支えられてきたが、伝統的な社会秩序は清末に瓦解してしまった。現在、中国における古典文明の理念と価値は現代の社会主義制度の支えと保護に頼る必要がある。そして、社会主義の伝統は同時に反帝国主義、反植民地主義の伝統でもあり、中国文明の伝統を堅持することでもある。中国が社会主義を放棄すれば、半植民地に陥り、中国古典文明の伝統を維持することもできない。このため今日の条件下では、社会主義の伝統を堅持することが古典文明の前提を堅持する先決条件となる」と述べ、最後に「何が中国のソフトパワーなのか。中国の古典文明と現代における社会主義の伝統が中国のソフトパワーの基礎にある。ソフトパワーとは、思えば叶うものではなく、つくろうとしてつくることができるものでもない。中国のソフトパワーを議論するためには、まずみずからが何を持っているのか、どのような伝統を有しているのかを見定める必要がある。それは第一に儒家が中心となって培った「儒仏相互補完」の伝統であり、第二は現代になって生まれた社会主義の伝統だろう。問題は、この百年近く我々が中国古代の伝統に反旗を翻し、故意に落とし込め、そして近年、現代における社会主義の伝統までをも強く否定してきた傾向にあることだ。これら二つを否定したら、いったい中国に何が残るというのか。ソフトパワーについて議論すべき何があるというのか」と締めくくった。(2)

ここに至り、ようやく事情が明らかになってきた。甘陽が提示した「通三統」は「中国のソフトパワー」を称揚したかったのだ。これには「極富政治」を誘導し、それを進める政治の「絶対的な正しさ」を流布する狙いがあるようだ。問題はこのような甘の主張が正しいか否かである。

以下、まず二つの「伝統」、すなわち「二つの三十年」について検討してみよう。

「二つの三十年」をいかに見るのか

甘陽の主張に従えば、「二つの三十年」のなかで毛沢東時代の三十年は「平等」と「社会主義」の伝統であり、改革開放の三十年は「自由」という新たな「伝統」となる。しかし改革開放の三十年について甘は警戒心を抱いてはっきりとは言わず、論証の重点を毛沢東時代に置き、改革開放時代の「現代における社会主義の伝統までも強く否定してきた傾向」に対抗している。甘によれば毛沢東時代を否定するのはその時代への「理解が薄い」ことの証明で、正しくない。毛沢東時代の「伝統」は改革開放の伝統と合わない訳ではなく、毛沢東の「伝統」こそが改革開放への架け橋となったのだ。これは張宏良教授の「重大発見」に勝るとも劣らない言説である。それでは、甘陽は「二つの三十年」をいかに見ているのか。

苦笑ものだが、近年来、「中国人の思考が欧米に準拠している」[3]と攻撃する甘は、自説の論証に際して(驚くことに)外国人の先行研究を根拠としている。甘は米国のスーザン・シャークが一九九三年に刊行した *The Political Logic of Economic Reform in China*, University of California Press, 1993 を引用し、この論文は「なぜ、欧米理論でソ連の改革は失敗し、中国の改革は空前の成功を収めたのかを「深く検討」」したもので、同時に「中国の改革とソ連のそれとは根本的に異なり、中国の改革は事実上毛沢東が敷いた「分権化」(decentralization)の路線に沿って進められた。ソ連に毛沢東はいないので、倣うことは叶わなかった。鍵となるのは、「大躍進」や文化大革命が中国に中央統制経済を強いたことはなく、毛沢東はそれを排除し、改革前の段階でソ連的な意味での中央統制経済は存在していなかった。スーザンは、毛沢東がいなかったなら中国の経済改革はソ連や東欧のように失敗していただろうと考えている」と断言する。甘は「毛が発動した大躍進と文革はたしかに当時の中国に破壊をもたらしたが、こうした破壊は「創造的な破壊」、すなわちソ連の中央統制経済を解体し、高度な中央集権ではなく、「地方分権」による経済構造を創造したものだ。鄧小平の改革はこの毛沢東が敷いた政治論理と基礎の上に初めて可能となった」としている。[4]

筆者はスーザン・シャークの著作を詳細に検討していないので、どのように論述しているのか知らない。(5)甘陽の引用がスーザンの本意なら引用者と被引用者は同じ間違いを犯した（引用者が原意を曲解したのなら、それは引用者の責任）ことになろう。毛沢東時代、中国は計画経済でソ連の「水準」に達していなかったが、「ソ連的な意味」での中央統制経済を実施した国であったことは事実だ。しかしそれはソ連と比較すれば雑であり、中国的な動員色の濃い計画経済だったが、計画経済でなかったとは言えない。「集権」と「分権」は、毛沢東時代に特有の二種の管理体制で、当時は「条条管理」（企業が所管の中央機関に隷属する管理）と「塊塊管理」（企業が地方政府に隷属する管理）と称して計画経済の原則を体現し、決してそれを否定するものではなかった。毛沢東は大躍進期の一九五八年、文革期の一九七〇年代初期に地方へ「権限委譲」し、中央と地方がともに積極性を発揮すべきことを称えた。それは戦争への準備であり、新たな経済モデルの模索にその目的があったのだが、変革したのは経済管理体制だけで計画経済の本体には触らなかった。毛沢東時代には中央集権を否定して「高度な地方分権による経済構造」を確立するまでには至らず、これら二種の経済管理モデルをめぐって「権限を地方に委譲すれば混乱し、中央で統制すれば硬直化」するという悪循環に陥った。これは経済学の常識であり、現代中国経済史上における史実であり、甘はみずからの専門外で素人話をしてその荒唐無稽な内容に気づいていないだけなのである。

さらにおかしいのは、「鄧小平の改革は毛沢東の敷いた政治理論と基礎の上に初めて可能になった」というくだりだ。甘陽が挙げた、鄧小平が経済特区を実践するに際して毛沢東の地方分権の考え方に沿って進めたという例示は全く噴飯ものの出鱈目である。経済特区の構想は分権に基づいた施策ではなく、特定の状況下で中央が一部の地域に経済改革の実験を進めることを容認したというのが事実である。甘はここでも盛んに素人論を吹聴している。例えばそれは、「経済改革の成功は国営企業改革がソ連よりもうまく進行し、新たな経済モデルが地方から起こり、とくに誰もがその価値を認めなかった郷鎮企業がそれを牽引した」とか、郷鎮企業の成功さえも毛沢東の大躍進期における功績に帰していることなどである。甘は、文革後の改革が農村における「家族聯産承包制」（家族単位による生産責任制）の出現、あるいは郷鎮企業の勃興、都市における「企業活力の増強」を中心に据えた国営企業改革など経済発展の推進力に関わる原則の改変がその基礎にあり、利益を完全に否定した施策から一定程度容認する方向に舵が切られたことを完全に忘却（あるいは理解していない）している（いずれにせよ、当局は明確に態度表明していない）。このことこそが、制度の近代化過程における経済制度と経済構造の近代化理論としての市場経済の根幹であろう。ここが改革開放時代と毛沢東時代の根本的に異なる部分である。中ソの改革のいずれが成功でいずれが失敗かの議論について言えば、一九九〇年あるいは一九九一年時点で比較すると、中国の改革は成功し、ソ連の改革は失敗したようだ。しかしそれは失敗だけだったのか。ソ連の赤色帝国は解体したのである。ソ連が失敗した原因は甘が言うほどに単純ではなく、ソ連の発達した経済計画は利益の鎖を固定化したとか、あるいは一部の愚かで質の悪い党＝国家御用学者が言うゴルバチョフら「叛徒」が売り渡したなど(6)ということでは決してない。重い歴史的な負担、強大な保守勢力、複雑な帝国構造、緊張関係にあった民族関係、劣悪な経済的背景に加え、改革者自身に帰すべきある種の不明がソ連の転換期に多くの困難をもたらしたことがソビエト・ロシアを失敗に導いた深刻な要因であろう。(7)しかし、中ソ両国における改革の制約条件は異なるので、ソ連の失敗が中国の「成功」の反証とはならないだろう。甘の話題に戻れば、一九八〇年代における中国経済改革の成功は毛沢東の「地方分権」の遺産を受け継いだからなどではなく、市場経済化と人間性への回帰要求に従った結果で、こうして初めて生産力の回復と富の噴出が実現した。しかしここで同時に指摘しておくべきは、このような噴出は干からびて久しい社会にとってはチャンスを意味し、また挑戦でもあり、落とし穴でもあった。惜しいことに鄧小平のような指導者は真の意味でこの点を理解できなかったので中途半端な市場経済化を推し進め、「四つの基本原則を堅持する」という前提で全体主義の政治構造と半熟状態の市場経済の構造をない交ぜにし、権力と金銭に同じベクトルを与えてしまった。これは権力と金銭によって生まれた権貴資本〔権力と金銭の双子〕の棲息地であり、現代中国における不平等の温床でもある。それは中国で特徴的な、先に経済改革、後で政治改革〔実際には政治改革は実施されない〕という中国モデルが、政治改革が先で経済改革が後というソ連モデルよりも「成功」するという見方がいかに近視眼的であるかということを示している。

ここでふたたび、振り出しに立ち返る必要があろう。以下、まず甘陽が熱中する「社会主義」と毛沢東の「平等」について、その概念から検討し直してみよう。

「平等」と「社会主義」とは

毛沢東時代は「平等」と「社会主義」に代表され、この一点で新左派と毛左派は野合している。しかし、これは全く検討に堪えない命題である。

平等とは何か。憲政自由主義者の立場で言えば、平等とはまずすべての国民が市民権と国民待遇を享受することにある。毛沢東時代、果たしてこのような平等があったのだろうか。あの時代に立ち返り、具体的な歴史的文脈から検討してみよう。毛沢東時代にはユートピア思想が横行し、同時に階級闘争が鼓吹された。ユートピア主義者だった毛は反特権、ポピュリストとしての一面があったため、軍隊の階級制度を廃止し、「五七路線」〔中国語では「延安路線」、あるいは「五七指示」。一九六六年五月七日、林彪に送った指示。軍隊は大きな学校であり、政治、軍事、文化を学び、生産活動を行う。労働者、農民、学生、機関幹部も同様とする考え方〕、「合作医療」、「裸足の医者」制度を主張し、マルクス主義信徒、共産党の指導者として階級闘争理論を信奉する一面も持ち、「地主、富農、反革命、悪質分子、右派」や「ブルジョア知識人」、「いまだ思想改造されていない子女」に対して容赦なく対応した。毛にとって、「平等」とはすべての人にとってのものではなかったのだ。

甘陽の文章を読むと、毛沢東時代の「平等」に対して別の解釈、すなわち毛沢東が労働者、農民の「主体的」地位をとくに重視したことも主張している。これはいわゆる「延安路線」から派生してきたものだ。甘陽は米国のフランツ・シューマンが著した *Ideology and Organization in Communist China*, Univ. of California, 1968 を引用し、「この著作は新中国が建国以降、徐々にソ連体制と袂を分かっていった原因について深く分析している」と持ち上げ、「ソ連路線」と「延安路線」を区別して「ソ連路線は技術専門家、知識人政策を重視し、延安路線はまず人民大衆、人民大衆の創造精神を重視している」と説明した後、さらに以下のように主張している。

毛沢東は大躍進運動を発動し、全党幹部が経済に明るくなり、全国の大衆が工業建設に挺身するよう求めた。このプロセスは大方の知るところとなり、一般的には毛沢東は頭に血が上ったのだと揶揄されている。しかし、シューマンの見方はより深淵である。シューマンによれば、毛沢東が「大躍進」を発動したのは、各省、各地、各県の第一書記に経済や工業を学ばせ、「素人が玄人を指導」し、「政治が経済を統帥」することなどが目的で、これは当時の社会政治構造と関連があった。つまり毛沢東は農民、労働者、基層幹部が中国の工業化と近代化の主人公、主体になることを企図していた。毛は農民や労働者、教養レベルの低いいわゆる労働者・農民幹部が社会で周縁化され、工業化と近代化の外に置き去りにされることを懸念したからだ……。(8)

甘陽が上に述べたような考えがシューマンにあったかどうかはさておき、甘の主張したいところは明白である。つまり、毛沢東が大躍進を断行したのは決して「頭に血が上った」からではなく、もっと「深淵」な動機があって、それは労働者・農民、そして労農幹部の「主体」としての地位を突出させるためだったということだろう。大躍進が毛の「頭に血が上」って発動されたのかどうかという低次元の議論を甘とするつもりはない。当時、『人民日報』が赤文字で印刷した「一畝当たり万斤の食糧生産」とか「土法高炉で鉄を精錬する」などの報道はまさにその次元にあり、論評する価値すらない。労働者・農民の「主体」としての地位について言及すれば、この問題をはっきりさせるためには以下のように分けて論じる必要がある。まず第一に、「主体」としての地位が労働者・農民の階級的な属性を指すものであり、毛が大躍進期に進めた運動はマルクス主義の伝統から外れるものではなく、共産革命と前衛の理論によって導き出された階級偶像化ということだ。第二として、「主体」が「延安路線」を指すのであれば、毛の意識には新時代における中共「大衆路線」の再現があろう。第三は、「主体」が技術中心、専門家による工場管理に反対するものなら、毛の主張はユートピア理論による「紅専」〔政治的自覚と専門知識の両面具備〕原則とポピュリズムの色彩が滲んだ基層への関与で、これはまさに毛の発明と言えるだろう。最後に、「主体」が工業化の実現方式を指すのであれば、それは毛が推進した（毛が熟知している）「大兵団作戦」と「人民戦争」の千軍万馬兵法だ。大躍進を推進した毛の動機のなかにはこれらの要素がすべて含まれていたが、「平等」とは無関係である。無理に関連づけるとすれば、階級意識やポピュリズムの意味における「平等」であろう。毛が「農民や労働者、教養レベルの低いいわゆる労働者・農民幹部が社会で周縁化され、工業化と近代化の外に置き去りにされる」ことを懸念した云々については、甘の妄想であり、例えばソ連の工場長責任制であっても、労働者の社会主義における「主人公」の地位に影響するものではない。甘は具体的な史実の検討で空論を弄し、さらには毛沢東時代の全体主義政治とユートピア構想の結合を考慮せずにあの時代の背景を議論している。かつてリベラリスト（少なくともリベラル左翼）を自称した者として、このような認識の顚倒はまことに驚かされる。

次に、「社会主義」とは何か。これもまた、明確にすべき問題である。甘陽は「米国には欧州のように社会主義政党は存在しないが、社会主義はリベラリズムの名目で発展してきた。ルーズベルトが始めたニューディール政策は主に欧州の社会主義の要素を多く取り入れた」とか、「二十世紀の中国を振り返ってみれば、孫中山の三民主義、一九四〇年代の中国リベラル派知識人の自由主義思想は経済領域で社会主義の道を歩むことを強調していた」と述べ、だから「中国人が二十世紀に社会主義を選択したのは偶然の産物ではなく、決して間違っていなかった。中国の社会主義の伝統は、まさに中国のソフトパワーの一つなのである」と語ったとき、甘は異なる意味で「社会主義」という言葉を使い、それらを荒唐無稽な因果関係で関連づけようとしている。たしかに欧州の社会党や米国の民主党が推進する政策には貧困救済、国民皆保険、福祉国家などの「社会主義」的な要素はあるが、それは社会や経済を運営する基本制度枠組みとしての市場経済や私有制度を否定するものではない。孫中山やそれに続く民国時代、一部のリベラル派知識人が主唱した「社会主義」は資本の論理を制限する内容だったが、これもまた資本を否定するものではなかった。大雑把に言えば、これらは経済学で言う「混合」であり、市場経済がもたらすダイナミズムを確保しつつ、市場における負の外部性（Negative Externality）を極力排除するもので、効率、公平、〔アダム・スミスの〕「見えざる手」、「見える手」、「資本主義」的な起業家精神、「社会主義」的な労働者の利益擁護などを考慮するもので、これがすなわち「混合経済」あるいは「社会市場経済」である。欧州の社会党、あるいは米国のルーズベルトによる「ニューディール政策」は、原則的にこの特徴を備えている（具体的には他所で論じる）。それではレーニン主義の党＝国家体制における社会主義はどうなるのか。それは第一に、経済面で私有制を否定して根絶し、公有制に置き換える制度である。極端な時代において「社会主義」は商品生産や貨幣交換も廃し、あるいはそのような意図を意味していた。第二は、政治面で党の指導、プロレタリア独裁と独断、排他的なイデオロギー、公権力の完全独占を意味する。一九四九年に建国した中華人民共和国は、まさに党＝国家の社会主義である。甘は異なった歴史段階、異なる文脈における「社会主義」の定義を全く区別せず、ごった煮にしている。一九二〇〜三〇年代の人々が社会経済政策に抱いた期待をそのまま一九四九年以降の党＝国家社会主義建設の合理性に当てはめており、これは学術的な厳粛性を著しく欠き、たとえそれが一つの歴史的な観点だとしても反駁に堪えない。

実際、党＝国家の社会主義、とくにその政治構造において毛沢東時代と鄧小平時代には連続性があり、いずれも一党独裁という根本原則を遵守するものであった。経済面で、毛沢東は鄧小平に比べてより「原理主義」的で、公有制のスターリン主義をさらに強固に堅持し、ロマンティストで、人々が「闘私批修」に邁進できる人間天国(甘陽が心酔する労働者・農民の「主体」的地位はそのなかの一断面)の実現を目指した。毛沢東の失敗は鄧小平になにが「社会主義」なのかという難題を残した。鄧はこの問いかけに正面から答えることはなかった。鄧は理論を解さず、またどうでもよく、ただ実用的にそれを回避した。これが「猫論」で、経済が発展しさえすればどのような方法を採用しても良く、それは「社会主義」と呼べるというものだった。しかし政治、市場にはおのずとその論理があり、応答を回避しようと思っても回避できるものではないのだ。全体主義政治と市場経済の結合が、もっとも野蛮で恥知らずな権貴勢力を生んだことは周知の事実であろう。鄧小平およびポスト鄧小平の時期における市場化はリベラル左派の「ニューディール政策」などではなく、ましてや政治的リベラリズム(Political Liberalism)などでもあり得ず、「特色ある社会主義」の看板を揚げた権貴資本主義にほかならない。

甘陽は賢く、中国の文脈における議論の限界がどこにあるのかを熟知している。また、甘は中国の知識界を「西洋かぶれ」と非難するわりには洋学をひけらかす表現を好む[9]。甘は二〇〇〇年に「中国リベラル左派の基本的な立場」について発言し、「中国リベラル左派は米国のニューディール政策の伝統を重視し、市場経済は国とソーシャル・パワーの制約を受けるべきだ。リベラル左派は「差異」と「文化」の議論を重視し、そこから中国の文脈において「モダニティ」批判に対する課題を提出する。同時に、東欧やロシアで近年大いに流行っているいわゆる「リベラリズム」が実際には大多数を犠牲にして少数者の自由を求めているため、中国のリベラル左派は明確に「リバタリアニズム」を拒絶している。彼らの実践における主要な関心は、中国の改革がロシア・東欧の「掠奪資本主義」の道を歩まないことだ」と主張する。[10] しかし注意深く見ると、「リベラル左派」が並べ立てる上述の事柄は根本的には米国の問題であり、中国のそれではない。この種の表明は一見すると勇壮・壮大だが、実際には中国問題の根本に触れる勇気がなく、故意に中国の頑迷を米国の焦燥で代替したにすぎず、軽薄・不自然で、反論する気にもなれない。何が中国の平等を損なうと言うのか。誰が「大多数を犠牲にして少数者の自由を求めているのか。いかなる勢力が中国の「少数者の自由、富者の自由、企業主の自由」」の売り渡しに「貢献」していると言うのか。それは甘陽が攻撃する「リベラリズム」ではなく、中国リベラリズムが繰り返し批判している制約や監督を受けない党＝国家体制ではないのか。米国にはすでに成熟した立憲デモクラシーがあるので、「社会主義」的政策を高く掲げて各層の利益バランスを保っている。中国で本当に「掠奪資本主義の道」を歩むことを避けるには、まず政治体制の転換が急務で、それはすなわち中国を民主へと転換することである。しかしこの核心問題に直面したとき、新左派は言うにおよばず、毛左派も徹底的に口をつぐみ、あえてそのために地雷原に踏み込もうとはしないのだ。

いわゆる「文明論」の間違いはどこにあるのか

「二つの三十年」問題についてはこのくらいにして、次に「通三統」の第三の伝統、すなわち甘陽の言う「中国文明」について検討しよう。この毛左派学者は、まず「近年、中国国内で多くのメディアによって流布されている「中国は世界の主流文明に加わるべきだ」とする言説にはあまり賛成できない。言下に、中国人はみずからを野蛮人と見るべきで、換骨奪胎して欧米の主流社会に加わる必要がある。一九九〇年代以来、常にこのような心理状態にあるので、中国の正統性の根拠がみずからになく、欧米から承認されたところにある」[11]と問題提起している。博学の甘は「中国文明は西欧からもっとも遠いところにあり、西欧文明との間に大きな相違がある」と読者に訴え、さらに「非西欧的な古い文明として例えばエジプト、インド、ペルシャなどの多くを挙げることができるが、それらの文明と中国は異なり、上に挙げた文明は上古以来、西欧文明との交流があった」が、中国だけはなかったと述べる。さらに、「二大文明間の相違は大きく、中国と西欧の文明を比較しても両者間の相似性は薄く、比較してもあまり意味がない。ニーチェはこの種の比較について、知恵のない行為だと喝破している」と述べ、話題を転換して次のように主張する。

今日の西欧はみな正義と真理を代表していると自認し、中国に言及すればみな法官の如くに紋切り型で、それは少なくともヘーゲルの哲学論争には遠く及ばない。西欧人が西欧を中心に見るのは当たり前で、まさか中国を中心に考えさせろとでも言うのか。……現在の問題は、中国人が世界を見るとき、何を中心にするのかということである。中国人も西欧を中心にすべきなのか。これは今日的な問題の所在である。我々は新たな視点で今日の世界を見るべきだ。中国文明はもともと独自性のあるものであり、西欧文化も同じであろう。西欧はここ数百年の間に全世界を統治し、中国も他の国と同じように西欧の支配を受け入れるべきだと考えた。西欧世界に組み入れられるのが必然と考え、アヘン戦争で一度は中国を打ち負かした。しかし、今日の西欧は中国がこの後いったいどうなるのか、ということを真剣に考え始めざるを得なくさせ、中国は西欧の論理ではなくみずからの論理に従うだろうと考えざるを得なくなっている。[12]

甘陽の、なんと雄弁なことか。党＝国家宣伝装置の親玉と頭脳が単純なナショナリストの怒れる不満分子はこれに熱烈な拍手を送る。しかし学理上から見れば、反駁を禁じ得ない謬論である。人類文明の特定文化（文明）間の発展過程における普遍性とその複雑な関係を一緒くたにし、社会進化の哲学的、人類学的な意義を否定し、「中国文明特殊論」を用いて中国があたかも現代文明の主流の外に「みずからの論理」を有しているかのように立論している。西欧の学問を学んだ者としてカントやヘーゲル、ガダマーらを熟読した甘がこのような方法論の間違いを犯すとは、まことに驚かされる。

社会進化とは何か。筆者は拙著『五四から六四まで』第一巻「導論」で以下のようにまとめた。第一に、社会進化とは人類の普遍的な発展過程（近代以来、それは政治、経済、社会を整合する構造に現象した制度の近代化）だが、各々の民族が歴史の発展過程で育んだ具体的な相違は、言うまでもなく正面（尊従）あるいは反面（歪曲）の特殊性で社会進化自体の普遍性を証明したにすぎない。第二に、「発展」と称するからには社会進化には方向性があるが、それは生成的で、社会進化自体にはいかなる予定、あるいは予め定められた目標も存在しない。換言すれば、筆者が理解する「社会進化の一般論」はヘーゲルの普遍と特殊の弁証法に基づくが、ヘーゲルとマルクスの歴史目的論は拒否する。[13] この導論ではさらに「文化相対主義」を例に、このような普遍と特殊の弁証法がいかなる認識を招くのかを説明し、否定している。

　文化相対主義は、文字通り文化の「相対性」に訴えるものである。多くの場合、それは「劣勢」文化が「優勢」文化の「覇権主義」的な掣肘に直面するとともに、自文化の「独自性」あるいは「優位性」に対する自己陶酔の意味合いもある。本書の立場から言えば、文化相対主義とそこから生まれる必然的な産物としての文化保守主義は、社会進化一般理論の普遍性に対する誤読の結果であろう。歴史的に見ると、この種の誤読は外在的な表象が示す神秘性を通じた文明の進化過程で、後発近代国家の知識界が発する理解可能な反応でもある。その性質から言えば、文化相対主義者、あるいは文化保守主義者の誤読はその対立面、すなわち「全面西欧化」論のような文化急進主義による社会進化の普遍的理論に対する誤読と同根である。彼らは「西欧」の事物（技術、制度、文明）は「西欧」のものであり、それらが同時に人類全体の共有物であることを忘却しているのだ。また、社会進化の論理から見れば、西欧人は欧米民族が実践する特殊な呈示、体現であり、それは人類の文明進化の普遍性を証明している。この点は、歴史を理解する上で重要な意義があることを強調しておきたい。……社会進化の論理自体は異なる文化に対して非歴史的な水平比較を許さず、これは例えば一般的な価値論の立場とは大きく異なる。価値論の立場から言えば、すべての文化（もっとも近代的な文化と原始的な文化を含む）は価値の上では同等である。それは、それぞれの文化が人類のために創造されたからで、同等の尊厳を受けるべきであり、同じように尊重されなければならない。ところがこれを社会進化の立場から見ると状況が変わってくる。異なる文化は人類の社会進化の異なる段階にあり、あるものはすでに近代工業社会あるいは情報社会のレベルに到達し、あるものは近代以前の農耕社会の水準であり、またあるものは焼畑農業の原始社会レベルにあるからだ。明らかなことは、これらの社会は同様の人類的な価値を有しているが、歴史的な価値は異なるということである。歴史的により高い文化（社会）を育む集団はその独自な文化的実践のなかで多くの文明の普遍的な品格を受け継ぎ、率先して人類文明の発展の方向を体現した。当然、同一文化内で人々は類似の区分を行う。それは、文明発展方向の共通性（永劫性、超越性）と現今の社会進化レベル（個別性、非永劫性）として現れてくる。まさにこのようにして、ここで中国問題に立ち返れば、文化相対主義者と文化保守主義者によって盛んに語られる「東西（中国と欧米）」問題は社会進化の意味合いにおいては「古くて新しい」問題と言えよう。マカートニー使節団〔英国国王ジョージ三世の全権大使として、ジョージ・マカートニーが一七九三～九四年に乾隆帝治下の中国を訪問した使節団〕の訪問以来激しさを増した中国と欧米の衝突は、社会進化の一般論からすれば、それまで大国然としてきた中国だったが、実はそれはすでに一撃にも堪えられない前近代的な華夏帝国と高い社会進化の水準を誇った西欧各国間の対抗だった。歴史の論理はとっくにこの対抗の結末を見ていた。我々がこの共時的な歴史的布置から歴史的な文化交叉の特徴をいまだに見て取れないでいるとすれば、それは真の不幸と言うべきであろう。[14]

惜しいことに、甘陽はこのような歴史的な見識を持ち合わせていないようだ。「文明」を語るとき、甘の問題はすでにただ洋学をひけらかすということに止まらず、救い難い論理的な混乱がある。中国文明と西欧文明の相対的な「独自性」は、それが中国の「文明」であろうと西欧の「文明」であろうとも否定されるものではなく、人類「文明」の一部分であり、社会進化と制度的な近代化の基本から逃れられるものではない。時間が早いか遅いか、道が平坦か曲折していたかの違いにすぎない。興味深いのは、甘が時として閃きを見せることがあるということだ。例えば「新時代の「通三統」」で、「今日の中国でもっとも参照価値のある西欧は、二〇〇〇年前後の中国と状況が似ているという点で、おそらく一八〇〇年前後の英国と一九〇〇年前後の米国だろう」と書いている。これは歴史感覚にすぐれた見解で、共時性のある歴史的布置が示す歴史の交叉を甘がいくらか理解していることの証明だが、この「文明」を議論したがる学者があるときは閃きに切れがあり、あるときは暗愚になるのはどうしてなのだろう。

甘陽が主張する「中国古典文明の理念と価値は社会政治制度の支えを必要とし、それなしには存在し得ない」云々に至っては、おそらく本人もいったい何を言いたいのか定かには分かっていないのではないか。続いて「中国文明の価値は、かつて中国の伝統的な社会制度によって支えられてきた」というくだりは正しい。なぜならば中国の近代以前における文化構造は、たしかに近代以前の政治構造と相互依存、相互浸透関係にあったからだ。例えば政治化した儒学と儒学の政治化について、それらは前近代における皇権文化の重要な構成要素であった。しかし「現在、中国の古典文明の理念と価値は現代の社会主義制度の支えと保護に頼る必要がある」とは、いったいどういう意味なのか。甘は「偉大な領袖」が舵を握ったあの「造反の時代」、中国の伝統文化が壊滅的な破壊と攻撃を受けたことを忘却してしまったとでも言うのか。「社会主義」政体ではない台湾で、中国文化がよく継承されていることを甘は知らないとでも言うのだろうか。甘は「社会主義の伝統は、同時に反帝国主義、反植民地主義の伝統でもあり、中国文明の伝統を堅持することでもある」という部分で、目を見開いて嘘をついているのだ。共産党が政権を掌握する前の国民党は同じように「反帝国主義と反植民地主義の伝統」を堅持したが、共産党が執政すると中国はソ連を頭とする社会主義陣営の一翼を担い、「中国文明の自主性のある伝統」を損なってきた。また「中国が社会主義を放棄すれば、半植民地に陥る」というくだりで甘はいかなる根拠も示さず、この主張は成立しない。いったい、これは論証する価値があるのか。耳にタコができるほど聞き飽きた文句だ。これこそが党＝国家宣伝機関によって毎日流される「大きな道理」である。甘が言う「今日の条件下では、社会主義の伝統を堅持することが古典文明の前提を堅持する先決条件」という「通三統」は、党＝国家革命史観の焼き直しにすぎない。絶対的な「政治的真実」なのだが、思想の欠片も感じられず、吐き気を催す腐臭に満ちている。かつてリベラリストを自称した甘陽がここまで堕ちてしまうとは、まことに嘆かわしいと言うほかない。

劉小楓の「国父論」

次に、劉小楓について検討しよう。

劉小楓（一九五六〜）は外国語専攻出身で、一九八〇年代に出版した『救済と逍遥』で大いに名を上げた。その後、欧州に留学して神学の博士号を取得し、帰国後は欧米の学術翻訳の組織化に貢献した。近年、劉は現代中国政治の領域で積極的な言論が多く、とくにその「国父論」は言論界で物議をかもし、賛同者もあれば、批判者、論破を試みる者まで現れた。しかし、甘陽に対するような熱狂はなく、同じく狂人的な劉小楓の場合、抑制的な傾向にある。現代中国史の理解について言えば、劉はカール・シュミットの「主権論」と「支配層」の説を根拠に毛沢東に対して大きな歴史的地位を付与したが、シュミットの反啓蒙の立場は劉が心酔する「国父」への評価に困惑をもたらした。このため毛左派として、劉は独特な「存在」であり、その思考を単独で整理してみる必要があるだろう。まず「国父」問題において、劉がどのようなことを述べているのか敷衍してみよう。

劉小楓は二〇一三年五月、鳳凰読書会（『鳳凰網』(ifeng.com)傘下の読書チャンネル）に参加して「今日、憲政の最大の問題は毛沢東をいかに評価するかにある」と問題提起を行った。[15]その文字原稿が刊行されると、「本人の許可、草稿チェックがされていない」という理由でこれを没にし、別に長文の「百年共和の歴史的な含意をいかに認識すべきか」を出版し、みずからの観点を正確に表明した。劉はさらにルソーを引用し、「私は今日、皆さんが熱中していることの一切に同意できないので、この際、皆さんからの批判を待つしかない」[16]と宣言した。その文章は書き出しを次のように始めている。

二年前、辛亥革命百周年に際し、私は百年共和の歴史的な含意を考えるという課題に注目していた。……この古い文明国の三千年の歴史から見れば、共和制への制度改変というこの「大変局」に対する認識がすでに明確になっているとは言いがたい。しかし私たちはこの変局のなかに身を置いているのだ。この「大変局」はいまだ終わらず、現在も進行中で、少なからぬ人々がその行く末を注視している。困ったことに、メディアそして学界に至ってはいまだ精査を受けていない流行のスローガンに頼ってこの問題に対応している。今年の元旦に起こった「中国の夢、憲政の夢」事件は、まさにその一例である。「中国の夢」を「憲政の夢」とした意味は、いまだ代議制民主主義に到達していない段階では「中国の夢」も実現していないということだろう。しかし「憲政」を「代議制民主」と同義に置くのは少なくとも学理上は通らない。「憲政」の歴史的形態は代議制民主の一種類には限られないからだ。代議制民主を達成しなければ民族の復興は実現できないとする議論も同様の問題を孕んでいる。ワイマール共和制は代議制民主主義のスタンダードとされたが、その結果はナチズムの台頭を許してしまった。(17)

劉小楓がリベラリズムに賛成していないのは明らかで、劉からすれば、リベラル派がもてはやす「普遍的価値」はいまだ良く「咀嚼」されていないので問題として残るということらしい。「世界の歴史を総括すれば、共和制への改制は非常に複雑で、構想することさえも大きな困難が伴う」と指摘する。しかし、この問題を「学理的」に検討したいと表明している。劉の言う「学理」とその結論は、以下のようにまとめることができよう。

まず第一に、「啓蒙運動」と「政治常識」に対する「転覆」についてだ。劉小楓は「二十世紀の中国知識人は伝統的な政治常識をすでに慣れ親しんだ各種の西欧啓蒙観念に置き換えている」と強調する。例えば、それは「秦の始皇帝以来の中国の政治制度を「封建専制」と見なし、さらに「共和制」を単純に民主政治制度と同列に置き、かつ民主と専制の対立を道徳と不道徳の対立にしている」ことである。実際に正しいのは「国家が徳政を敷けば人民生活は幸福になり、そこに徳が生まれる」ということで、それゆえに「「徳政」の有無が政治共同体の善し悪しを判断するための基本的な普遍的尺度となる」と言うのである。「百年共和の歴史的な含意を認識するのが困難」なのは、まず政治常識で共和革命を理解することがすでに難しいか、あるいはあえてそれをしようとしないからなのだ。

第二は、「人民主権と立法者」についてである。劉小楓は、フランス大革命における共和革命とそれによって確立された「人民主権」の原則に果たして偉大な進歩としての意義があったのかという疑問を根底に抱いている。「人民主権」の原則は今日のいわゆる「普遍的価値」論の基礎となっているが、「主権」概念そのものは近代における絶対王権国家が訴求したところに源があり、もともとは君主が有した抑制された封建権力、共同体統治、そして対外宣戦布告の政治的決断権のことなどを指す。いま、「主権」は君主から「人民」の手中に移ったが、「人民」はいかにして「主権」を行使すればよいのか。明らかなことは、人民が「代表」となり、すなわち人民は「立法者」を代表として送り、彼らに主権を行使させる必要がある。それでは、誰が「立法者」となる資格を有しているのか。劉は、「立法者は国の公共福祉と共同利益を実現する意図と能力を具備すべき」だと説くが、「人民」はいまだこのような意図と能力を持つ条件を付与されていない。「人民主権」にはまだ解決しなければならない多くの欠陥がある。これらの欠陥が払拭されなければ、すでに育まれた啓蒙観念によって中国問題を考えることに問題が生ずるだろう。これは今日、私たちが百年共和の歴史的な意義を認識する際に遭遇する主要な困難なのである。

第三は、劉小楓が力説する「主権」は人権の上位に位置するということだ。劉は、「一つの完全な統一体である政治実体としての国家は憲政が前提である。さもなければ、いかなる憲法があろうともそれは紙くずと同じだ」という。そして、「米国のような自由主義国でも、いまだに人権と国益との間の矛盾や困難から逃れることができない。それはとくに国家の安全が脅かされたときだ。例えば九・一一同時多発テロ事件の後における市民権に対する国家権力の介入がこのことを証明している」と説明する。問題は中国人について言えば、劉は、「百年共和の歴史的な含意を認識するとき、我々の思考はずっとフランス大革命がもたらした政体の圧力と制約を受ける。一つの常識、すなわち国家の危機において試されるのは、まず政治共同体の領袖とこの共同体に属する支配層であろう。清末以来、中国が直面してきた深刻な危機は朝廷政治の能力欠如、地方の読書人階層に頼った太平天国の平定などで、これらはすでに王朝衰亡の必然性を予見していた」と語る。

第四の「支配層の政治徳性」は、こうして導かれる。劉小楓は、「一つの政治共同体の生命力は、そこに属する支配階層がいかなる政治的な徳性を具備しているかによって決まる」とか、「『人民主権』の立憲原則は支配層の政治的な心情を変えることはなかった。その結果、政治の徳性を有すると自認する自由人士が雨後の筍の如くに出現した」と述べ、しかしながら、「政治哲学から言えば、啓蒙思想は権利意識で政治的徳性を代替した政治体制の原則を提出し、それは同じように未決の問題となっている。マックス・ウェーバーは支配層の政治的な抱負と国家の大小の間には比例関係があり、スイスのような小国にどうして政治的な抱負を抱いた人が生まれようかと疑問を投げかけた。しかし、必ずしもすべてがそうとは限らない。日本は大きな国ではないが、近代への挑戦を行ったときその原則を捨て、天皇制に基づいた憲政立国の礎を築き、全民投票ではなく少数の支配層による政治決断を行ったのではなかったのか。武士階級の台頭は日本が軍国主義的な性格を備えた根本の原因をつくり、武士の精神は支配層の政治的な信条となり、この立憲国家に生まれながらの侵略的な性格を付与した」と語る。翻って中国に目を向けると、劉は「清朝末期にまともな皇帝は存せず、地方に有能な読書人がいたとしてもそれが力を発揮することはなかった。共和革命の後、中国にはアジア初の憲政共和国が誕生したが、やはりまともな国王は出現していない。近代史を専門とする学者が、袁世凱が尿毒症で数年早く没していなければ状況は全く違っていただろうと語ったことがある。その意味は、中国が軍閥割拠の分裂を招かなかったかもしれないということだ。この観点は孫中山が起こした「第二革命」の正統性を否定しているが、第二革命は真の意味で「共和」だったのか。第二革命の結果、連綿と続いた内戦を招き、立憲君主制の日本が中国に対する全面的な侵略戦争を発動して中国人に真贋が混然となった共和の内戦を放棄させて政治的な生存本能を呼び覚まし、「共和」ではなく国土の防衛に向かわせた」と強調する。

論点が、いよいよ明確になってきた。第五として、劉小楓は最後の部分で議論を「百年共和の精神的な内部障害」に収斂させる。すなわち、「中国は歴史上、為政者の無能による災難を無数に経験した。これは古往今来、いかなる政治共同体もあまねく遭遇した苦悩であろう。啓蒙観念の影響で、現代の政治制度選択はこの問題を覆い隠している。このため共同体の支配層は精神分裂に陥り、その症状は深刻で史上に例を見ない。遠望できる将来、西欧の啓蒙は我々の文明古国に深刻な精神分裂を引き起こし、それは癒し難く、百年共和の歴史的な含意を理解できない根本の原因はここにある」とし、さらに「中国の百年共和は二つの歴史段階を経験し、これに対する評価もひどい精神分裂に陥ってしまった。北洋軍閥時代の共和政局は乱れ、政府は腐敗と無能に溢れたが、現代の知識人はそれを中国がもっとも自由な時代だったと言っているのではないか。法理上から言えば、北洋政府は憲政だったが、一九二一年春、孫中山が広州で再建した軍事共和政権は反憲政で、理念上、南北の政権は真贋混然とした「共和」を争った。第二革命が挫折した後、孫中山は覚醒してまず「専制」を敷く必要性を悟り、やっと共和革命を完成させ、それは二度（一九一四年と一九一九年）にわたったみずからの政党創設行動でもあったのだ。しかし、この政党には相変わらず中国を統一する能力がなく、徳性に欠けていたことに国民党が失敗した根本原因がある。国民党に連なる支配層の質については米国人にもとっくに分かっていたことだが、国共両党間の品格には際立つ違いがあった」と指摘し、さらに続けて「中国共産党の品格は民族に対する責任感から由来してきたものなのか、それとも共産主義に対する責任に由来したのか。この命題は第二次世界大戦以来、ずっと西欧の政治家を悩ませてきた問題だったが、それは我々には自明のことだった。なぜなら、共産党の政治的な徳性は中国の伝統政治の徳性であり、西欧における啓蒙主義の徳性との混合体だからである。しかし、この混ざり合った二つの徳性はその性質面で相容れない部分もあり、混合体としての徳性が果たしていかなる性質を有するのかを見極めるのはきわめて困難である。これが、毛沢東が学界、とくに思想界において一つの歴史的な難題になっている所以である。我々の憲政制度が直面するもっとも大きな難題は、毛沢東をいかに評価するかということなのだ」と論じている。

議論がここに至り、「国父」問題が正式に登場してきた。劉小楓は、「誰が中国現代の国父なのか。孫中山は共和革命を急いだが、それを完成させることはできなかった。毛沢東は孫の後で共和革命を完成させた。しかし毛沢東の抱負はきわめて高遠でそれを評価するのは難しく、孫中山は毛沢東に比べるとはるかに劣り、ゆえに孫中山の評価は困難ではない。毛沢東の自己評価によれば、毛はその一生で二つのことを成し遂げたという。中国を再統一したことと、「文化大革命」を発動したことだ。毛自身は「文化大革命の発動」により重きを置いている。畢竟、中国はその歴史上、分裂後に再統一を果たしたのは一度に止まらず、「文化大革命」は中国の歴史にその前例を見ない。中国統一は中国の歴史における成果だが、「文化大革命」は世界の歴史において意義が認められる」と持ち上げる。だが「「文化大革命」の構想は「人民主権」がその基礎にあり、まず平等が第一原則である」と述べ、さらに「これは啓蒙哲学ではないのではないか。ヘーゲルの言う世界歴史における「自由」の精神を実現するために、共和国は「道徳の生命力」を備える必要がある。毛沢東にとっては、人民民主が道徳の生命力だった。しかし、「文革」は急進的な啓蒙徳性が徹底的に自然徳性を破壊し、共和国はふたたび分裂状態に陥った。「文革」

理念が犯した罪を追及するなら、最終的には西欧の啓蒙理念にまで行き着くだろう」とし、最後に、劉は「百年共和の歴史は我々に二つの明確な内部障害を残した。一つは肉体に、そしてもう一つは精神にである。辛亥革命を経て、中国は真贋共和の争いで分裂し、いまだ統一されていない。誰が中国の統一を阻んでいるのか。米国か！　米国が中国の統一を阻む拠り所としているのは、いかなる理念によるものなのか。カエサルが実行した「分割して統治せよ」という方策は、普遍的概念の衣をまとっているにすぎない。精神面の内部障害は毛沢東が中国というこの文明古国をヘーゲルの世界歴史哲学の最終幕としたことに由来し、そのために今日の知識人のこの国父に対する評価が極度に分裂し、あるいは恨み、あるいはもてはやされているのだ。「文革」精神の遺産は、急進的な啓蒙概念がもたらした中国人の精神的な内部障害なのである。いったい、どこの国の国父がこのような有様だというのか。全く悲しくなる。中国三千年の文明史から見れば、共和百年はまことに短い。しかし、世界史における「自由」の精神は、百年共和における中華の大地で、天を覆し、地を覆った。〔毛沢東が詠んだ如く〕たしかに、「過去のことだ、風流な人物を数えるなら、今の世を見よ」〔俱往矣、数風流人物、還看今朝＝毛沢東「沁苑春・雪」〕なのである。しかし、五百年後の中国人が過去を振り返って今の歴史を書くとき、果たしてどう思うのか。まだ、精神分裂症が続いているのだろうか。そのようなことが誰に分かるというのか」と締めくくっている。(18)

　なんと、激しく悲憤慷慨する劉小楓なのだ。この「精神分裂」症診断家は中国百年共和の元凶、あるいは西欧「啓蒙理念」の混乱を訴え、果ては偉大な「国父」までもがそのとばっちりを喰っていると嘆いている。この知識と道徳を自負し、みずから「孤高」を自認し、学界の人々を高所から眺める狂人は、「浅薄」なリベラル派を軽蔑している。リベラル派学者の鄧暁芒が一文をものしてその「学理」を批評したとき、この御仁は軽蔑してそれに応答すらしなかった。その理由は、相手〔鄧暁芒〕が「啓蒙教化の教師か戦士」にすぎず、「みずからが欲するのは啓蒙教化の間違いと啓蒙理性の迷信を暴くことだが、それについてはもうやってしまった(19)」というものだった。

　しかし、劉小楓の啓蒙の伝統と普遍的価値に対する拒絶、およびそこから発せられるあの百年共和の「ご高説」は大丈夫なのか。その依拠する思想はどこにあるのか。以下、劉の発言をたどりながら、この人の観点がどこから来たのか検討してゆこう。

カール・シュミットの「主権」観と「支配層」の問い

劉小楓が憲政民主の普遍的価値を否定する思想的な源流は、カール・シュミット（一八八八～一九八五）の「主権」観にある。

新たな世紀に入って以来、劉小楓はシュミットの著作翻訳を企画した。このこと自体は本来素晴らしいことなのだが、劉はその過程でこのドイツ人学者から深く影響され、とうとうその思想に絡めとられてしまったのである。手元にちょうどシュミットの翻訳『政治の概念』があるので、シュミットが「主権」問題をいかにとらえているのかを見てゆこう。この翻訳の第一部はシュミットが一九二二年に書いた『政治神学』であり、その冒頭で「主権者とは、例外状況にかんして決定」し、「ここにいう例外状況とは、国家論の一般概念として理解すべきものであり、なんらかの緊急命令ないし戒厳状態の意味ではない」と説明している。[20] シュミットは公法理論の「規範」と「決断」を区別し、「決断」こそが重要であり、「法秩序といえども、すべての秩序と同じく、決定にもとづくものであって、規範にもとづくものではない」[21] ことを強調する。しかし、いったい誰が「決断」を下すのか。「主権」はどうなのか。ここでシュミットはハンス・ケルゼン（一八八一～一九七三）らカント派公法学者が称えた「人格的なものはすべて、国家概念より消失しなければならない」とする観点について、「ケルゼンによれば、人格的命令権という概念こそ、国家主権にかんする諸説の根本的誤謬なのである。国家的法秩序の優位説を、かれは「主観主義的」とよび、法理念の否定――客観的に通用する規範のかわりに、命令という主観主義がすえられているという理由によって――である」と批判している。続いて、「このように、人格的命令を、抽象的規範の客観的効力と対置するということは、法治国家的伝統をうけつぐものなのである」と指摘する。ある種の人たちは「人格的表象とはすべて、絶対君主政時代からの歴史的遺物なのである」と見なしている。しかし、「これら異論のすべてが見落としていることは、人格表象および形式的権威とその関連というものが、すぐれて法律学的関心から生まれてきたものであること、すなわち、法的決定の本質を構成するものについての、とくに明白な意識から生まれたものである、という点である」[22]とシュミットは指摘する。この点を説明するために、シュミットは『政治神学』で次のように述べている。

現代国家理論の重要概念は、すべて世俗化された神学概念である。たとえば、全能なる神が万能の立法者に転化したように、諸概念が神学から国家理論に導入されたという歴史的展開によってばかりでなく、その体系的構成からしてそうなのであり、そして、この構成の認識こそが、これら諸概念の社会学的考察のためには不可欠のものである。例外状況は、法律学にとって、神学にとっての奇蹟と類似の意味をもつ。このような類似関係を意識してはじめて、ここ数百年における国家哲学上の諸理念の発展が認識されるのである。[23]

当然、シュミットは「一九世紀の国家論的展開は、ふたつの特徴的な要素を示す。すなわち、あらゆる有神論的・超越的表象の除去と、新しい正統概念の形成とである。伝統的な正統性概念は、明白にあらゆる明証性を失う。復古期の私法的―世襲的な考え方にしろ、感情的な恭順な帰依への依拠にしろ、この発展には抗しきれない」ことを認めている。ただし、過去二百〜三百年間、「伝統とか慣習という概念によって、また、歴史の緩慢な成長という認識によって、復古は、革命の活動的な精神と戦った」[24]と説く。シュミットはこれら「カトリックの保守的な思想家」、例えばフランスのド・メーストル（一七五三〜一八二一）やスペインの外交官で思想家のドノソ・コルテス（一八〇九〜一八五三）らから深い影響を受けている。シュミットは『政治神学』でメーストルの学説を詳細に引用している。例えばそのなかで、「メーストルは、とくにこのんで主権について論じ、主権は、かれにあっては、本質的に決定を意味するのである。国家の価値は、それが決定をくだすところに存し、教会の価値は、それが究極の、抗弁不能の決定であるところに存する。メーストルにとって、無誤謬性は、抗弁不能の決定の本質であり、教会的秩序における無過失性は、国家的秩序における主権と本質を等しくする」と述べる。例えば、「バブーフからはじまって、バクーニン、クロポトキン、オットー・グロースにいたる無政府主義教説はすべて、「民衆は正しく、そして当局は腐敗するもの」という公理を中心に展開される。これに対し、メーストルは、まさに逆に、「当局は、それが存続しさえすれば、それ自体善である」と言明する。その根拠は、当局という権威の存在そのもののなかに、ひとつの決定があり、そしてまた、まさにきわめて重大なことがらにあっては、決定されるということが、いかに決定されるかよりも重要なのであるから、決定それ自体が価値をもつのだ、という点にある」とシュミットは述べている。[25]同じ論理で、もう一人のカトリック保守思想家のコルテスは、ブルジョア議会制批判を展開した。コルテスにとってみれば、「ブルジョア自由主義」の特徴は「論議」を好むことであり、コルテスはブルジョアジーを「論議する階級」と定義し、「ブルジョアジーが決断を回避しようということであるから、すべての政治活動を、新聞や議会に、つまり論議に置きかえてしまう階級は、社会的闘争の時代には、太刀打ちできないのである。この七月王国の自由主義的ブルジョアジーの内的不安定性・不徹底性は、いたるところに認められる。かれらの自由主義的立憲制は、国王を、議会によって弱めつつ、しかも、王位にとどめておこうとする。つまり、そのことは、神を世界からしめだしながら、しかも、その存在に固執するという理神論の犯すと同一の論理的矛盾なのである」とする。出版の自由の問題もまた同様で、「コルテスはこれを、責任を回避し、言論と出版の自由に対して過度に強調された重要性を付与し、結局においては決断しなくてすむようにしようというやり方だ、としか考えないのである。自由主義なるものは、政治的問題の一つ一つをすべて討論し、交渉材料にすると同様に、形而上学的真理をも討論に解消してしまおうとする。その本質は交渉であり、決定的対決を、血の流れる決戦を、なんとか議会の討論へと変容させ、永遠の討論によって永遠に停滞させうるのではないか、という期待を抱いてまちにまつ、不徹底性なのである」とリベラリズムに厳しく、「討論の対極は、独裁である。いかなるばあいにも極端な事例を想定し、最後の審判を期待する、ということが、コルテスのような精神での決定主義には含まれている。それゆえ、コルテスは、一方で自由主義者を軽蔑すると同時に、他方、無政府主義的社会主義者は、不倶戴天の敵としてではあるがこれを尊敬し、悪魔的な偉大さを認めるのである」[26]とシュミットは言う。

シュミットは、みずからも「討論の対極が独裁である」ことに賛成している。シュミットはコルテスの「論議する階級」としてのブルジョアジーに対する批判、および「言論と出版の自由がブルジョアジーの宗教である」という言辞に対して攻撃を受けるとすぐに、「少なくとも大陸の自由主義についての、もっとも目ざましい概観である」[27]と返した。十八世紀から十九世紀に活動したカトリック保守思想家のメーストルやコルテスらはこのようにして二十世紀におけるナチスの「桂冠法学者」であったシュミットに影響を与え、そしてシュミットは今日の中国における学界の狂人劉小楓に影響を及ぼしているのである。ここから見えてくるのは、この中国の「詩的哲学」者が啓蒙と共和、そして表面だけを繕う議会制に対して根本から疑念を抱いており、どうりで中国の百年共和に対して風刺と激烈な言葉で攻撃するのも怪しむに足りない。甘陽と同じように、これはまたみずからの知識をひけらかす衒学的な結果になっており、劉の場合は甘陽が引いたスーザン・シャークやダニエル・ベルではなく、シュミットやメーストル、コルテスに加えて気がおかしいことこの上ないドイツの哲学者ニーチェを引っ張り出してきただけのことである。

それでは、議会民主とは本当に「うわべだけを繕った無用の長物」なのかについては、ここで再度繰り返さない。いま、すべての成熟した民主国家のこれまでの実践がとっくに回答を出してくれているからだ。劉の言う「支配層」については シュミットの「決断」と「主権」を援用しているのは明らかで、それに少し中国的な要素を加味しているにすぎず、それは劉の「徳政」説に顕著である。しかし「徳政」説も、鄧暁芒から「この概念は「以徳治国」(徳を以て国を治める)を政治の最終目標とする儒家の政治観があって初めて理解できるもので、すなわち統治者が意図するところの「徳」に従った基準で実施される。西欧の法治国家が進めるのは「憲政」であり、それは憲法と法によって進められるのである。当然、西欧における政治理論の背後にある動機は道徳だが、彼らは二段階の区分を明確にしている。道徳は人の内面のことで、法によらない「以徳治国」は必然的に個人の内面の好悪で政治問題を処理し、それは最善の場合でも君主専制であり、偽善を生む」と反駁され、鄧暁芒はさらに「憲政法治は腐敗と不道徳現象を抑制する有力な制度設計で、専制国家にはこれが欠如している。このため、「徳政が政治共同体の善悪を判断する普遍的な基準」ではなく、徳政を将来できるか否かが政治共同体の善悪を判断する普遍的な基準となる」[28]と指摘している。

当然、劉はこの鄧暁芒の反駁を承服できない。劉が信じているのはシュミットの『政治神学』である。先頃(二〇一四年十一月)、劉は「民主政治の神学問題」と題して講演し、「政治的な統治」は「神性」も必要とし、「これは我々の普段の観点に対する大きな挑戦であり、民主政治は個別の指導者の権力を制限するものだが、政治は必ず最高権力者にすべてを上まわる権力を付与しなければならない」と述べた。それればかりか、「これはまた、根本的な法理問題に関わることだ。すなわち、政治制度には主人を不要にできるのかという問題である。プラトンは問うた。我々は人間の生活のなかで徹底的な自由状態を追求する必要があるのかと。ソクラテスは、もっとも聡明な人は自由を獲得すればさらにすぐれた庇護者を得ることができるとはおそらく思わない、思考能力の低い庶民だけが主人から逃げなければならないと考えた。これは突出した問題だ。つまり人類の共同生活は主人から逃れることはできない。我々はこの主人が善人であることを望む。代議制民主主義の大統領は、やはり主人である。民主政治は最終的に人類の歴史が始まって以来の政治的統治の実質を変えることができていない」[29]と説いている。ここに至り、とうとう「主権」、「決断」、「支配層」、そして「主人」が出揃った。これはカール・シュミットの問題であり、劉小楓の問題でもある。まず前者について言えば、ここでふたたびシュミットの「学理」の誤謬を追いつめなくても良いだろう。畢竟、このドイツの法学者はナチスに加わったことですでにその対価は支払済みだ（この御仁はナチスに加わり、ナチス政府の公職に就き、戦後は連合軍に逮捕され、ニュルンベルクに移送されて国際軍事裁判にかけられた。ただ、シュミットは思想家として、ヒトラーの政策に全面的に賛成していたわけではない）。シュミットの著作は一九二二年に発表されたが、当時はまだムッソリーニ、ヒトラー、スターリンのファシズム、全体主義の悲劇あるいは赤色ソビエトの粛清は発生していなかった。一方、劉小楓は二十一世紀の今日、「政治神学」を鼓吹している。人類はこの百年間に独裁からもたらされた多くの災難、とくに共産党による赤色の災難を目撃してきた。中国の毛沢東、アルバニアのエンヴェル・ホッジャ、カンボジアのポルポト、ルーマニアのチャウシェスク、そして醜聞著しい北朝鮮の金氏一族。そのいずれが悪名高き「指導者」でないというのか、これまで自国にいったい何をもたらしてきたのか考えて欲しい。

「百年共和」の歴史の論理

いま、我々は次のような問いに正面から回答（きわめて簡単にだが）する必要があるだろう。いったい何が「百年共和の歴史の論理」なのか。当然、筆者はこのような議論が劉小楓の言う意味での「分裂」を深刻にすることを知っている。しかし我々には他に選択の余地がないようだ。なぜなら歴史（とくに歴史評価の基準において）はこの御仁によって混乱状態に落とし込まれており、最終的にまた「国父」問題に戻らざるを得ない。いったいいかなる尺度や評価が二十世紀中国の歴史における毛沢東に深刻な影響を与えたのか。

筆者は拙著「「共和」六十年――いくつかの基本問題の整理について」[30]で、制度近代化の論理と共産革命の論理を区別した。後者は前者への離反であり、歪曲とそこから形作られる歴史の巨大な張力であり、中国の百年共和の変化の起伏、千変万化する歴史の中核である。

制度の近代化論は、近現代社会の変化を次のように解釈する。すなわち過去三百年、人類社会は前近代の農業文明から近代工業文明への偉大な変化を経験し、この変化は制度上で起こったもので、三重の相互連携と相互促進の構造的な変遷が現在進行している。それはすなわち政治構造面では、前近代の君主専制から近代民主政体への変遷として捉えられ、経済構造面では前近代の自然経済から現代の市場経済への変遷と見なされよう。これらは当然「啓蒙」の伝統の常識だが、「ポスト・モダン」として語られる欧米思想のモダニティに対する様々な省察を試みる現代に至るまでの人類史は、大きな歴史の基本理論を決して否定していない。

それでは一九一一年以来の中国の歴史は、このように大きな発展の趨勢と論理に合っているのだろうか。辛亥革命は誕生して二千年の長きにわたった皇権帝政を終わらせ、共和の新紀元を開いた。一九一二年から二九年までの北京政府、そして一九二八年から四九年までの南京政府は近代立憲民主国家を建国の根本原則とし、それぞれの政府は現実的な施政でこのプロセスを推進してきたのである。当然、後発の近代国家として、一方では皇権の伝統が濃厚であり、他方では列強から侮りを受けながら民族自決を希求し続けた国として、そして伝統体制が崩壊して新たな体制を構築中の未成熟な国として、民国時代の中国人は多くの歴史的な緊張と多くの困難、挫折を経験しながらも近代化を追い求め続けた。それゆえに、この間の努力は貴く、また意義深いのだ。後の共産党の教科書は一九四九年以前の中国を単純に「旧中国」、甚だしきは「万悪の旧社会」として一色に括り、これは制度近代化の論理から見れば明らかに歴史の曲解であり、みずからの統治能力を固める目的で故意に前政権を醜く描いたと言えよう。

中国共産党には、当然歴史を解釈する系統的な論理がある。それはマルクスの共産革命の論理が基になっており、人類の歴史は階級闘争の歴史であり、原始社会、奴隷社会、封建社会、資本主義社会、そして共産主義社会が人類社会が経るべき発展段階であるとする。しかし、伝統社会を「封建社会」と称し始めたのは最初は共産党員だった。共産党員の目には過去二千年の中国社会は「封建社会」であり、一八四〇年に発生したアヘン戦争以降は「反植民地、反封建社会」に変わった。このため、中国共産党がまず完成させる必要があったのは「ブルジョア民主共和国」の建設による「民主革命」で、その後に「社会主義革命」を進めて徹底的に私有制を消滅させ、最終的に「共産主義」を実現することであった。これこそが共産党の「最低綱領」であり「最高綱領」で、これが共産革命の論理が指し示す中国の将来と世界の未来である。だから、毛沢東と共産党員が完成させたのは「共和革命」というより、彼らが成し遂げる必要があるのはむしろ「共産革命」と言うべきだろう。一九四九年、共産党が指導する「革命」は成功したが、一九一一年に始まった共和路線とその制度の近代化は歪曲され、離反し、あるいは徹底的に覆されてしまったのだ。

次に「支配層」について見ると、国民党と共産党には時代の精鋭が多く結集した。「政治徳性」について言えば、国民党の方が共産党よりも中国の伝統的な政治徳性と西欧の啓蒙徳性の混合を体現している。国民党は「忠孝節義」、「礼儀廉恥」を重んじ、それ以外にも「三民主義」と「民主憲政」を旨とした。これに対して共産党は反対に「階級闘争」と「社会革命」を重視したのである。国民党は大陸で執政した時期、内政と外交の両方でその運営に苦慮したが、全然成果を上げることができなかった訳ではない。早くも一九三〇年代には国民党政府はすでに大部分の不平等条約の撤廃に成功し、列強から中国の主権を取り戻していた。第二次世界大戦の終結で中国の国際的な地位は復活したが、それはルーズベルト個人の根まわしがすべてだったという訳ではなく、当時の中国は弱国だったにもかかわらず、国民党が全面抗戦を指導して最終的に国際的な承認を取り付けた結果であった。この弱国が「弱」であったことの所以は「王」を欠いていたという訳ではなく、その反対に王になることを望んだ人間が多く、同時に近代的な政治ゲームのルールを有せずに規約に臨んだからであった。すでに「王」となっていた国民党と、国民党の転覆を狙ってみずからが王になることを企図した共産党はともに多くの兵力を握り、双方は最終的に米国が一再ならず勧めた民主の論理による問題の解決を否定し、伝統的な武力征伐の論理で勝敗を決する方法を選んだ。

そして共産党が勝ち、国民党が負けた。これは共産党に「政治徳性」があったということなのか。国共両党の全面的な角逐を経て中共が最終的に勝利したのは、いくつかの歴史的な要因が重なった結果である。中共は国民党にはなかった強みを持っていた。それは例えば理念（マルクス主義を信奉する力）、組織機能（レーニンの前衛組織の構造的な優位性）、長期にわたった困難な環境と在野あるいは非合法で磨いた力（独特の革命経験）などで、一九四九年の成功で国民党よりも共産党の分銅の重さが増した。加えて、新民主主義に下支えされた社会政策、巧妙な宣伝、統一戦線戦略、そして共産党にとっては一時の慈雨となった「外国援助」（ソ連が共産党に提供した援助）など、一九四九年、速やかに勝利したことには様々な背景があった。これに対して、国民党の側はどうだったのか。理屈から言えば国民党の憲政理念は本来、制度の近代化に符合したもので、勝利すべきは国民党の方で共産党ではなかった。しかし歴史はときとしてそのようには進まないこともある。なぜなのか。これはふたたび、権力の本質とその制度の問題に回帰する。国民党の三民主義は民権をその実現目標に掲げたが、具体的な政策面では一党独裁を憲政を達成するために必要なプロセスと見なした。社会的な動員力の欠如と一党独裁は政治運営のなかで急速に領袖独裁に変質し、国民党の執政党としての名声を徹底的に下落させた。抗戦期間中に起こった二度にわたる大規模な憲政運動は国民党の一党独裁に反対し、国民党は「三民主義と憲政の理念から」ますます遠ざかることになる。共産党による国民党政府の転覆、政権交代への恐怖は日々つのり、これも独裁強化の原因となったことは否めない。一九四六年、南京で憲政国民大会が開かれ、これは名目上「政治を国民の手に」取り返すための機関とされたが、実際には国民党の管理下に置かれた民意機構にすぎなかった。国共内戦がかくも特殊な歴史の現場に置かれるなかで、国民党は依然としてその内部の腐敗状況を克服することができなかった。党と国民党政府の要人の多くが「党＝国家の利益」を優先し、しかも不正な蓄財に励み、あえてみずから退路を準備したのだ。国民党は共産党に敗れたのではなく、みずからに負けたのであり、自己の統治能力の不全に破れたのだと言えよう。もっと煮詰めて表現すれば、国民党の長期にわたった一党独裁に屠られたのである。結果として、本来、正しい理念を有した政党は政権を担当して二十一年後に当時の歴史に淘汰されてしまった。理念面から言えば、よりユートピア的な性格を持った政党がその現実政策の高度な支えと長期にわたった困難な環境、さらに在野あるいは非合法で磨いた組織力、巧妙な宣伝で、それに歴史が好感し、勝利をおさめた。これはまさに中国現代史が孕んだ根深い不合理性であろう。それは後代の人間の多くに黙考、沈思、慨嘆させた。そこには一つの道理が突出していた。それは支配層の「政治徳性」ではなく、執政集団が戴く実際の政体とその政体の下にいる行動者の作為が政治の衰亡の鍵を握るのだということである。

こうして、「国父」をいかに理解すべきかという命題も明らかになってきた。国民党は孫中山を「国父」として尊崇し、そこでは三民主義が国民党の綱領として採用され、国民党が現代中国を建設するための基本綱領としたという意味で道理がある。社会の進化と制度近代化の一般論から見たとき、この三民主義と近代的な民主中国を建設するという基本目標は相性が良い。このことから、孫中山を民国の「国父」と呼び、あるいは現代中国の「国父」と称するのは大筋で当たっている(孫には個人または歴史の行動者として幾許かの欠点はあった)。劉小楓の指摘にも頷けるところがある。それは劉が言う「統一中国の成立は中国の歴史の功労にすぎないが、文化大革命は世界の歴史にとって意義があった」というように、孫中山と比べると毛沢東の志向はより遠大であった。毛沢東は文革を発動し、「反修防修」で執政党の革命意志の衰退を防ぎ、さらに毛の思考にはより積極的な野心が隠されていた。それは全く新しい社会と新しい人間を創造するということであった。毛はスターリンとは異なり、スターリンが「専」〔専門性〕を重視したのに対し、毛は「紅」〔思想〕に重きを置いた。スターリンは秘密警察に頼って国家を統治し、ライバルを粛清し、さらに物質的な刺激で他者を籠絡し、部下(スターリンの執政期、ソ連の特権システムが形成され、肥大した)を買収した。毛沢東は、スターリンとは異なる。毛には一種の詩人気質、天下を慈しむ感情、そして農業ユートピアを実現するための大同思想への憧れがあった。毛は一般的な意味におけるレーニン主義者でもスターリン主義者でもなく、桃源郷のような人類のユートピアを目指したのである。こうした一連の流れのなかには、国共両党による国権の争奪合戦とともに国際共産主義運動における主導権争いが絡み、歴史上に例を見ない偉業達成の理想と抱負があった。毛沢東の唯意主義的な人格の特徴と近代社会科学の結合に見られる欠陥が荒唐無稽な妄想を生み、中国の共産主義教父としての放埒な行動を招いた。毛沢東は政敵の劉少奇を党中央から追放して自身の権力固めに乗り出す。それはスターリンが死後に批判されたような事態を防ぐための布石であり、毛が生死を賭けたユートピア社会への改造事業、党の救済、党の再構築、国家と人類の霊魂をふたたび喚起することにその目的があった。まさに「人は偉大な理想と志を抱けば、難事を遂げることができる」〔毛沢東が一九六五年五月二十二日、井崗山に登って詠んだ「水調歌頭・重上井崗山」（ふたたび井崗山に登る）の一節。原語は「可上九天攬、可下五洋鱉」〕というもので、毛は気迫闘牛の如く、歴史上に例のない、追随を許さない勢いに満ちていた。

しかし、毛沢東のユートピアの実験は徹底的に完膚なきまでに失敗した。そのもっとも簡単な理由は、中国人も人間であり、そこには日常の欲求があり、利益を求める動機があり、蓄財を渇望する普通の人々がいた。偉大で荒唐無稽な神話の時代なら人々を奮い立たせて「革命」の情熱を燃え上がらせることもできたが、現実生活というのは過酷である。人間の経済行為における本性は強固に自己を表出し、本能的にあのイデオロギーの童話世界を拒否する。これを歴史哲学の角度から見れば、毛沢東の「革命」は二重の歪曲であったのだ。共産革命の基本理念で構築されるレーニン・スターリン主義の政治経済構造と社会整合構造は本来的に制度の近代化に対する背理と歪曲であった。毛の文革ユートピア社会の改造プロセスは、（毛の本意がそれを糾し、超越しようとしたとしても）この歪曲に対するさらなる歪曲だったのである。毛の「大民主」はたしかに急進的で、毛の「闘私批修」を求める情熱はたしかに「純粋」だったのだが、それらすべての「超越」と非市場化、「純潔化」への努力は制度の近代化からますます離反し、倍加した荒唐無稽と奇形的形式で共産革命が深く孕んだ論理の矛盾が噴出し、それが共産革命が抱える荒唐無稽な現実とユートピア性を証明した。[31]

さて、「文明」の問題については、まだ言及していなかった。例えば中国における前近代皇権文化の要素をまとめて考えると、毛沢東現象にはより複雑で深い歴史的な意義が認められる。毛はみずからを「マルクスと秦の始皇帝を合わせた人格」と自称し、それはたしかに厳粛な場で語られた厳粛な言葉ではなかったのだが、毛本人、そして毛が掌握した政権、毛が作り上げた制度の本質を表現した言葉として相当程度にポイントを突いている。筆者は拙著『五四から六四まで』で中国現代における共産党専制の特徴を二十八の命題に帰納した。そのなかの二十二から二十五までは中国前近代における皇権文化と中共の党文化を繋ぐ「血縁」を明らかにしたものである。

同書は、単一的な「党専制」が決して中国現代専制主義の特色ではなく、党専制と皇権の伝統が結合して初めて名実ともに「中国的特色」となることを論証した。中国の現代専制主義は当然に古代皇権制度の単純な焼き直しではないが、両者間の内在的連関と歴史的な継承を明らかにできていないのは学術上の不手際であろう。毛沢東は「朕が国家である」と称えたことはなかったが、毛が構築した「プロレタリア独裁」や「人民が主人」というスローガンを冠した政権には旧時における帝王文化の骨肉エキスが大量に染み込んでいる。歴史の表象において、我々が見るのは革命潮流の溢れるような噴出だが、前近代の精神的な残滓は往々にしてさらに隠蔽された形で保存され、作用してきた。独裁者が権力を運用する方法と、臣僚あるいは民草のこうした権力の運用に対する反応は文化と伝統の潜在的な制約を体現している。文化や真理の構造に規定される認知経路と情感の帰趨は往々にしてマクロ的な意味における政権構造と運用の非民主的な結果である[32]（補足：これは当然甘陽らの望む議論ではなく、甘のあの「通三統」で話すべきものでもない。しかしこの問題に対して甘陽は認識不足だ。甘の「伝統」に対するバラ色で非歴史的な解釈は「ソフトパワー」を論証するために引っぱり出されたもので、もとよりそれ以外に役割を果たすものではない）。

劉小楓のいわゆる「国父」問題に戻れば、毛沢東を中国共産革命の「教父」とはできるが、現代中国の「教父」では絶対にあり得ない。これは毛沢東に「支配者」としての野心と才能が欠けていたという訳ではなく、毛と毛が指導した中国共産党が制度近代化の論理に根本的に背いた発展路線を推し進めたことによる。さらにはこの路線が、中国の伝統的な帝政文化が有する伝統の淵源および現代に生きる中国人の文化に対して隠れた制約をなしているからである。これまで我々はこの間違った歴史の選択に疲れてきた。しかし劉は六十年間におよびつつある党専制という基本的な史実と二千年の長きに渡った専制の伝統が現代人に与えられた教訓であることを一顧だにせず、果ては「人類の共同社会には一人の主人が欠かせない」などと饒舌に語っている。これには全く言葉を失ってしまうのだ。

重慶詣での学者たち

現実の政治に立ち返り、毛左派に対する議論を終えよう。

栄剣は二〇一二年に「重慶詣での学者たち」という一文を書き、新左派、毛左派と当局との政治面における連携について、「重慶モデル以来、ここに学者が不在であったことはなく、省レベルの地方政府がかくも大きな注目を集め、学者たちは蜂が蜜に集まるように重慶へと向かい、先を越されまいと争って重慶の話をするのは、まるでこの都市の輝きをつくりだすようだ」と述べ、さらに「発信力をもっとも重視する重慶の執政者は理論を求めている。その目的はいわゆる重慶新政に関するもっとも説得力のある言説を手に入れるためだ」と語る。薄熙来の重慶に対する思いは、「遅れて来た者は、他より努力すべし」(成後来居上之事、須非同尋常之挙)だ。「この「努力する」ことの合法性と正統性を論証するため、その将来における普遍的な意味を付与するため、理論や言説がとくに重要になった。このために重慶は外に向かってその大門を開き、才能を集め、論客が殺到」した。[33]『新華網』の重慶チャンネルは二〇一一年七月十一日、ふたたび「重慶大学は国内外の著名学者を集めて人文社会科学院高等研究院を創立」し、招聘した最初の兼任教授のリストにはそのトップに甘陽の名前があり、その他に崔之元、劉小楓、王紹光ら新左派や毛左派を代表する人物が名を連ねていると報道した。[34]

その後、薄熙来は失脚し、「重慶詣で」の学者たちを大いに失望させた。しかし中国の政治がこのように微妙な状況にあるなかで、中国共産党第十八回党大会で最高権力を掌握した習近平の党中央は薄熙来を断罪し、その一方で全国では紅色文化の炎が再燃し、同じように「発言力をもっとも重視」する習近平の「二つの三十年はともに否定することはできない」という指示や党＝国家の合法性を近代以来の「革命の伝統」に置き、同時に五千年の中国文化の伝統に立脚するという手法は、毛沢東への模倣と尊崇であるとともに、普遍的価値や憲政民主への明確な敵意があり、そこに新左派や毛左派たちの大きな足場がある。事実、甘陽や劉小楓らがいかに考えようと、彼らが主唱する「通三統」や「国父論」の類は明らかに現代の「皇帝」と完全に平仄が合う。これは甘や劉ら学者たちの狡猾なところだが、それはみずからの墓穴を掘ることでもあるのだ。まさに栄剣が言うように、「左の思想はいったん学術から離れて現実の領域に入ると、すぐにそのイデオロギーの本質を復活させて科学的で実を求める精神が乏しくなり、価値判断とお題目が先行し、最終的には権力の陥穽にはまり、そこから抜け出すことができなくなる」[35]のである。

甘陽や劉小楓らは権力の甘い呼び声や誘惑に耐え、このような結末を避けることができるのか。うまく対応することを願うばかりである。

第九章　中共党内民主派

新左派と毛左派を「片付け」終えたので、本章では改めて中国リベラリズムの同盟軍——中国共産党内の民主派について議論しよう。中国の民主的転換という大きな戦略から言えば、体制の内外が互いに力を合わせて転換を推進することが最良の選択だ。これまでの二十年余り、中共の体制内には、普遍的価値に賛成し、政治改革の推進を主張する代表的な人物たちがたしかに数多く現れ、基本的には退職した役人や学者だが、重大な社会的影響力を有した。そうした老人たちのなかでも重要な人物が相次いでこの世を去るのにつれて、とくに、習近平の新たな強権が形成されるのに従い、中共党内民主派の勢力は衰えつつある。だが、政治思潮としての中共党内民主派は再起する歴史的チャンスをいまだに有しており、その時は、すでに異なる世代であっても、異なる歴史的条件の下で新たな一幕を演じると筆者は信じている。

中共党内民主派の定義

中国共産党はレーニン主義の党設立の原則に基づいて結党された革命政党であり、政党の分類としては、近代における全体主義政党の類型に属する。厳密な組織、指導者への服従、あらゆる派閥の活動を禁止していることは全体主義政党の基本的な特徴である。かつて、毛沢東が政権を掌握していた頃の中国共産党は、そうした特徴を極限で発揮していた。当時、党の最高指導者と対立するような政治的に異なる見解が現れる可能性は少なかった。例えば、劉少奇は中共が政権を樹立した当初は毛沢東と異なる意見を有していたが、毛沢東から批判され、粛清されたのちはたちどころにおとなしく頭を下げて服従すると誓い、足並みを合わせてひたすら恐れているだけだった。林彪は毛沢東の心理を忖度することにすこぶる長けて、一見すると愚者のような「韜晦〔才知を包み隠す〕」の策略は非常に熟練した境地に達していたが、最終的には「後継者」としての地位を手にする直前で失敗してしまい、またしても中共の歴史における「路線闘争」の犠牲となってしまった。つまり、毛沢東の時代は、中共の党内では自分たちの党規約が定めた正常な、あるいは最低限度の「民主的な活動」さえも存在せず、異なる政治的見解の表明や党内で主張が異なる派閥を形成することなど全くもって不可能だったのである。強権的な政党の内部に分化が生じ、政治的に異なる主張が生まれるということは、その党が誕生した当時の歴史的条件に変化が生じ、全体主義政党としての党自体が零落に向かっているか、あるいは内部に危機が生じている時のみ、そのような可能性があるのだ。

中国共産党の党内分化は、まず認知の意味で生じたものであり、組織的な意味で分化したのではない（後者はさらに難しく、より多くの条件を必要とする）。この数年来、共産党内にはきわめて特色のある古参の共産党員が現れた。当時、彼らが革命に参加したのは「自由で民主的な新中国」を建設するためだったが、彼らの生涯にわたる経験が証明したのは、自分たちがみずから建設に参加した体制は、そのような「新中国」を打ち立てることができなかったばかりか、かえってその目標から次第に遠ざかったということだった。憲政民主、それは本来マルクス主義によって「ブルジョアジー」の政治体制が構築したものだと批判されていたが、それこそが人類にとって明るく正しい道なのである。彼らはこの党の構成員のなかで、もっとも早く自覚した人々だった。「両頭真〔二つの真理〕」という言葉は、彼らのような古参の共産党員たちをありのままに描写している。それはつまり、当時革命に参加して共産主義の理想のために奮闘したという真理であり、現在は憲政民主を提唱して共産党の一党専制に反対していることもまた同様に真理であるという意味だ。そのような「両頭真」である古参の共産党員が現れたことは、中共党内民主派の形成にとって重要な局面となった。(1)

リベラリズムの学者である馮崇義は、かつて中共党内民主派の基準について、以下の三点のようにまとめていた。「第一、リベラリズムの民主的な価値体系に賛同し、学理的にリベラリズムの民主政治に対する認識の程度に相違があってもかまわない。第二、一党の独裁に反対する。民主的な観点から個人に対する盲信や指導者の独裁に反対するが、一党専制の人物に対して明確に反対するのでなければ、それはせいぜい半民主派としか言えない。第三、行動面では、中国共産党内部から中国の民主的な政治改革を積極的に推進し、思想はあるが行動しない党内の潜在的な民主派と区別され、公然の反対派として民主化運動に従事する党外の民主派とも区別される」。「厳密に言えば、中国共産党内の民主派は、実際のところ前述した二つのグループに分かれる。つまり、極めて少数ではあるが完全な意味で自由民主派である人々と、程度は異なるもののリベラリズムの民主的な傾向を有しているが、リベラリズムの民主には必ずしも完全には賛同していない「半民主派」である」[2]。

これは、比較的現実に即した定義である。

胡耀邦、趙紫陽は中共党内民主派の二つの旗印

胡耀邦、趙紫陽はいずれもかつて中国共産党の総書記を務め、党内改革派の重要な指導者であったが、後に中共の元老たちの勢力によって権力の座から引きずり下ろされた。胡耀邦は一九八七年、趙紫陽は一九八九年の出来事である。彼らの遺産は約二十年来、中共党内民主派の重要なリソースとなっている。

胡耀邦は中共党内でも有名な「革命の申し子」で、長征に参加したこともあり、毛沢東から高く評価され、長期にわたって共青団の任務を取り仕切った。一九六〇年代はとくに文化大革命の時期に迫害を受けたにもかかわらず、彼の共産主義に対する当初からの信奉が揺らぐことはなかった。文革後に復職すると、胡耀邦は真理の基準問題に関する議論を積極的に推進し、冤罪事件の名誉回復に力を尽くし、党の歴史を再評価して、個人崇拝と「終身制」に極力反対し、「真実を話す」よう提唱し、知識人を大切にして保護した。寛容な社会の雰囲気をつくり、マルクス主義を「発展」、「革新」することを堅持して、経済、科学技術、教育、農村発展、「精神文明建設」、国家の発展戦略、平和外交などの分野で幅広い改革構想と施策を提起した。そうした例は様々あるが、すべてはこの党を救い出すためであり、この制度の生命力を回復させて中国の人民に幸福をもたらそうと試みたのである。この改革派指導者は、共産党員のたゆまぬ努力

をもってすれば、党の本来の理想の実現は依然として可能だとたしかに心から信じていた。一九八七年に罷免された後、胡耀邦は深い苦しみと思索に陥り、その二年後に世を去った。趙紫陽もかつては伝統的な共産党員だったが、胡耀邦と異なるのは六四の洗礼を経験し、十数年の長きにわたる軟禁生活での省察を経て、趙紫陽は最終的に「党独裁」のイデオロギーを否定し、憲政民主に賛同した。その転換の過程は苦難に満ちたものであり、また輝かしいものでもある。

実際、胡耀邦、趙紫陽に代表される共産党員は、強権政治が最高潮にまで達した後に反対方向に向かった産物であり、党が分化する過程で生まれた体制内の新たな勢力だった。この勢力はまだ弱小で、多くの人が認知や行動様式などの面で依然として旧体制の影響を抜け出せずにいるが、彼らは客観的に見てもある種の新しい方向性を代表している。彼らが証明したのは、共産党は全体主義の執政党として換骨奪胎の改造と転換が必要であり、そうしなければ専制政党から憲政民主体制の枠組みのなかで民主政党に転換できないということだ。これは中国社会の転換にとって必要なことだ。中共にとって、それは苦痛であり、苦難に満ちた自己解体と再構築のプロセスでもある。一連の刺激と推進が必要であり、それには自身の内部からの刺激と推進も含まれる。中共党内民主派が担当すべきは、一種のハンドル役なのだ。一九八〇年代の胡耀邦のように、そうした役割をみずから明確に認識しているとは限らないが、しかし歴史の発展というものは往々にしてそういうもので、行動する人は大きな歴史的転換の時代において、無意識のうちに歴史を進歩させる道具となり、ひいては歴史を前進させる機関車の役割を担うのだ。趙紫陽はその晩年に至って、完全に時代の先頭を歩んでいたのである。二〇〇〇年前後に録音して制作され、「立此存照〔ここに文書を作成して後の調査照合に供する〕」という特徴のある自己総括の『改革歴程』において、趙紫陽は政治制度と中国の未来の政治の行く末をみずから思考するなかで、最終的な結論を次のようにまとめている。「二十世紀以来、世界に存在した様々な政治制度を見渡すと、専制君主制、ドイツやイタリアのファシズムの独裁は、いずれも歴史によって淘汰された。また、軍人による独裁政権も槿花一日の栄の如く消え去るか、あるいは次第に市場を失った。現在でも、立ち後れた国家ではそのような状況がいまだに絶えず発生しており、例えば南米の国家では軍人による政変がしばしば発生しているが、それはそのような国々が次第に議会政治に向けてゆっくりと変化しているという短い間奏曲のようなものでもある。二十世紀に登場し、数十年という時間のなかで西側の議会制度と対立してきたいわゆる新興の民主制度――プロレタリア独裁制度は、すでに多くの国家で歴史の舞台から退いている。つまり、西側の議会民主制がその生命力を示したということだ。この制度は現在のところ探し得る限り比較的良好に民主を体現でき、現代のニーズに適い、また比較的成熟した制度でもあるようだ。現在、これよりもより良い制度はまだ見つからない」[3]。

一九八〇年代にすでに原型を見せ、六四以降さらに重合した中共党内民主派は、その核心部分の多くが胡耀邦、趙紫陽の旧友や部下であり、また体制内で影響力のある学者などである。もっとも名声が高いのは、李鋭、胡績偉、朱厚沢、謝韜、何方、杜光、鐘沛璋、杜導正などの老人だ。党内民主派のなかで先人の後を受けて新たな発展の端緒を開く人物としては、胡耀邦の息子である胡徳平も重要な役割を果たしたことがあり、彼の周辺は民主派で古参の共産党員と体制内のリベラル派知識人たちが交流や会合を行う中心になったことがある。趙紫陽時代に中央政治局常務委員政治秘書を務めた鮑彤は六四によって長年投獄されたが、現在では公然として中共体制と決裂した著名な政治的反対派の人物であるため、本書では鮑彤先生を中共党内民主派には含めない。

李鋭「憲政はいつ成し遂げられるのか」

李鋭（一九一七～二〇一九）は原籍湖南省平江の出身で、一九三四年に国立武漢大学工学院機械系に入学し、「一二・九運動」に参加した。一九三七年に中国共産党に入党すると、その後は湖南、延安、中国東北部で青年に関する仕事や報道に従事し、一九四五年に東北地方で高崗、陳雲の秘書を務めた。中共政権の成立後は、中共中央委員、中共中央組織部副部長、水電部副部長、毛沢東の兼任秘書を務めた。一九八〇年代に出版した『廬山会議実録』は、李鋭に高い名声をもたらした著作である。同書は作者自身の経歴に基づき、一九五九年の廬山会議の際に中共のハイレベルで繰り広げられた内部闘争の残酷さを暴露し、その残酷さを大陸の読者に初めて示した。この二十年余り、李鋭は多くの文章を発表して政治改革を呼びかけ、衆望を担う中共党内民主派を率いる人物の一人となった。

二〇〇九年、胡耀邦逝去二十周年を記念して、李鋭は「奴隷にならず、なおさら奴隷根性の持ち主にもならない」と題した文章で次のように述べている。

革命に身を投じてからこの世を去るまで、胡耀邦は党内で六十年を生きた。その長きにわたる重苦しい歴史に対して、彼は深い省察を行った。現代中国が抱える不治の病に対して、彼は徹底した洞察を行っていたのである。省察と洞察によって、人類の文明における主流を反映し、またそれに順応する数多くの思想、観点、そして理念を彼は形成した。胡耀邦は、党がふたたび「左」の危害を被ることがあってはならず、いかなる人であっても絶対に盲信してはならず、独立して思考すべきだと考えた。党と国家の活動は、正常化、民主化、法治化すべきであり、家長制、独断、鶴の一声といったものは根絶しなければならない。知識人を大切に保護して、知識人の才能を存分に発揮させるべきである。自由、民主、人道、法治という原則を重視し、人類の文明における共通のすぐれた成果を吸収しなければならない、と考えた。改革開放以来、彼は数多くの政策や主張を提起して実施したが、とくに経済と政治体制の改革を同時に進めることを堅持し、それまでのイデオロギーを超越した人類の普遍的価値を体現していた。一九八七年に「辞職事件」が発生した後も、彼の思考は依然として停止することなく、かえって深みを増した。共産党の最高指導者が、人類の文明的視点から、国家、民族、政党の進むべき方向を思考したことは、これまでの我々の党において、たしかに稀に見るものだ。(4)

李鋭は文章のなかで、「改革の推進」をすべきであり、「胡耀邦の遺志を全うすること」を前提として、「党独裁という古い道をふたたび歩むことがあってはならない」と声を大にして主張している。

人類社会の進歩を促進する普遍的価値の法則に照らして、すなわち自由、民主、法治、憲政によって国を治め、人民に接すべきである。これは政治体制改革という古くて難しい問題に関わるが、その解決をもはや躊躇することなどできない。政治体制改革は山積して雑然としているが、私はまず言論の自由を開放し、世論による監督を実行することから始めるよう主張する。県や処レベル以上の党員指導幹部は、個人の収入、家庭の財産を申告し、公示することから着手すべきだ。党と政府は職権を分離し、政府と企業を分け、法によって国を治め、憲政を実施しなければならない。「ただ一つ憂うのは天下のこと、憲政はいつ成し遂げられるのか」。これは私が八十八歳の誕生日に自分で書いた詩の末尾の一句である。この一文を借りて、また呼びかけよう。中国共産党の執政党としての地位を合法的なものとするために、国家、民族、天下万民のために、政治体制改革は目前に迫り、時は人を待たない。(5)

謝韜「民主社会主義こそが中国を救う」

謝韜(一九二二〜二〇一〇)は四川省自貢の出身で、一九四四年に成都金陵大学の社会学部を卒業し、一九四六年に中国共産党に入党した後、一九四八年に華北大学(中国人民大学の前身)の創設に参加した。一九五五年には「胡風集団の中堅分子」とされ、原籍地に戻って長年にわたり「改造」され、文革終了後にようやく学術の場に戻った。一九八〇年代、私が中国社会科学院で学んでいた頃、謝韜は中国社会科学院研究生院〔大学院に相当〕の第一副院長の職にあり、私たちには師弟の縁があった。当時、湖南省張家界の会議に一緒に出かけた際、列車で語り合い、襄樊で乗り換える時に古隆中で諸葛の故居を遊覧した当時の情景は、今でも鮮やかに目に浮かぶ。

謝韜が後世に残したもっとも重要な代表作は、二〇〇七年初めに発表した「民主社会主義こそが中国を救う」である。(6) 一般的に、中共党内民主派の人々は、マルクス主義の遺産のなかからプラスの要素を掘り起こすことを重視するが、これは共産党員の認知の伝統と関係があり、ある種の闘争の策略も体現していた。つまり、中共が熟知している言語表現を用いて新たな政治的見解を表明すれば、為政者に受け入れられやすく、しかも比較的安全だ。「民主社会主義」はまさしくそうした必要を満たしたのである。謝韜は次のように述べている。

第二次世界大戦後、ファシズムは滅び、帝国主義は零落し、世界には三種類の社会制度が残されて平和的な競争を展開した。一つは米国を代表とする資本主義制度、二つ目はソ連を代表とする社会主義制度、三つ目はスウェーデンを代表とする民主社会主義制度である。競争の結果は民主社会主義の勝利で、それによって資本主義を進展・変化させ、また共産主義も進展・変化させ、民主社会主義はまさに世界を変えつつある。

　民主社会主義のもっとも偉大な業績とは、古い資本主義国家が生産力の発展と分配の調整により、都市と農村の格差、工業と農業の格差、肉体労働と頭脳労働の格差を基本的に消滅させ、民主社会主義の輝きを築き上げたことである。その業績に比べて、ソ連モデルの暴力的な社会主義は非常に見劣りのするものとなった。[7]

　謝韜は次のように指摘している。我々の制度はとても良いと言う人がいるが、西側の民主、三権分立などを決して学ぶことはない。その制度が良いかどうかというのは、理論の問題ではなく、実践の問題である。実践は本当の民主と偽の民主を検証する唯一の基準である。我々の制度は五十万人以上の知識人が右派として批判されるのを阻止できず、人民公社化や大躍進運動という狂気の発動を阻止することができず、ファシズム的な文化大革命が憲法を廃止し、議会の活動を停止した時、我々の制度はいかなる抵抗もなかった。この制度が、民主を保障し、人権を保障し、憲法の尊厳を守るというが、見るからに飾りばかりで、全く何の役にも立っておらず、まさか事実に即しているとでも言うのか。民主社会主義モデルを構成するのは民主憲政であり、私有制度、社会市場経済、福祉の保障が混合した制度である。民主社会主義の核心は民主である。民主の保障がなければ、そのほかの三つはいずれも異化し、変質してしまう。この「四大宝物」のなかで、我々中国人は後の三つを学んだが、民主憲政を学んでいないのだ。それゆえに、その他の三つもしっかりとできるはずがない。暴力的な社会主義が窮地に陥った時に、民主社会主義は西洋と北欧できわめて大きな成功を収めた。そこで、謝韜は声を大にして、「貧しいことが社会主義ではなく、豊かさに専制の腐敗を加えたのが社会主義でもない」と叫んだ。一般の民衆の豊かさと政府の官吏の清廉潔白さは、民主社会主義の二つの大きなすぐれた点である。民主社会主義は人類の希望を託している。中国について、作者は次のように考えている。

　政治体制改革はこれ以上引き延ばすことはできない。毛沢東モデルの政治体制を留保させ、経済面のみ改革開放しようと企てるのは、蔣介石の国民党が大陸で滅亡に向かった官僚資本主義の道をふたたび歩むことになる。民主憲政こそが執政党の腐敗や汚職の問題を根本的に解決することができる。民主社会主義こそが中国を救うことができるのだ。次のような政治的局面をつくりだそう。すなわち、党の指導者が間違えたら、党内で有効な制止と是正がなされ、執政党の官吏が間違えたら、国家権力機関——人民代表大会による有効な制止と是正がなされる。共産党は執政党としてその運用方法を根本的に変更しなければならず、憲法の下で活動し、憲法を上回る位置にあってはならない。各レベルの人民代表大会に民主国家の議会として適切に職権を行使させ、政権の体制内で独裁を防止し、腐敗を防止し、失策を防止する過ちを正すメカニズムを構築しなければならない。意識的にそうした対立面を設置して強化すれば、我が党が民主的な政策決定、清廉公正、正確な指導を行う執政党になると保障するだろう。執政党の指導体制の改革から国家の政治体制の改革に至るまで、そうした二段階の戦略は、おそらく中国の特色ある憲政の道である。(8)

朱厚沢「「中国モデル」は世界に深刻な結果をもたらすだろう」

朱厚沢（一九三一〜二〇一〇）は貴州省織金の出身で、一九四九年に中国共産党に入党し、中共政権の樹立後は貴陽市党政機関で勤めたが、一九六四年の四清運動で党籍を剝奪され、下放されて労働に従事した。一九七八年に名誉回復すると、前後して中共貴陽市党委員会書記、中共貴州省党委員会書記を務め、一九八五年には中共中央宣伝部部長に就任した。在任中は、「寛厚、寛容、寛松〔広い心で、寛容に、伸びやかに〕」という方針を打ち出し、文芸界と学術界に対する規制を緩和したことから、「三寛部長」という名声を得た。一九八七年一月、ブルジョア自由化に反対する運動で解任された。

朱厚沢の思想は深く、物事をよく考え、中共の党内民主派のなかでも中心人物といえる。『近現代中国における道筋の選択に関する思考』が朱厚沢の代表作のひとつだ。この文章の基本的な構想は、一九九〇年代の半ばから後期に形成され、二十一世紀に入ってから次第にインターネットに掲載され、大きな影響をもたらした。その文章は次のように指摘している。三つの大きな潮流（グローバル化、知識化、民主化）の衝撃の下、三種類の経済形態（伝統的な農業経済、近代の工業経済、現代の知識経済）が併存し、二つの大きな社会文明の転換（農業文明から工業文明への転換、工業文明から知能文明への転換）が併存し、制度的かつ構造的な一連の重要な転換は、時空の両面で圧縮され、一緒に重なりあって、現在の中国できわめて独特な経済、社会、文化の景観を形成し、深いレベルにおいて難度高い一連の問題を提起している。中国が文明の峡谷を越えて、比較的明るい未来に向かうことができるか否かは、我々が歴史の経験を正確に総括できるか否か、とくに近現代中国の「道筋の選択」が、なぜ文明の主流から逸脱してしまったのかという問題に対して十分な回答を導き出せるか否かにかかっている。[9]

「道筋の選択」が文明の主流から逸れてしまったとはどういうことか。朱厚沢が明確に指摘したのは、二十世紀の中国共産主義革命およびそれが生み出した紅色強権体制が人類の文明という正道から逸脱してしまったという点である。党内民主派にとって、この見解は素晴らしい認知の業績である。だが、朱厚沢はこれに満足することなく、そのような「逸脱」はなぜ可能なのか、その背後にある歴史的な原因はどこにあるのかと、さらなる探求を続けた。筆者が考えるに、二十世紀は四大思潮——レーニンを代表とする共産主義指導およびその後継であるスターリン主義制度、欧州各国の社会党を代表とする民主社会主義思潮およびその制度、ヒトラーを代表とするドイツナチス党のファシズム思潮とそれによって実行されたファシズム制度、さらに、ルーズベルトの新政を代表とする伝統的な資本主義に対して改革を行う思潮が存在した。その後の歴史は、ソビエト式の共産主義思潮は「下降する放物線」だと証明したが、かつて二十世紀の前半には驚異的な生命力を見せ、獲得した成果は折しも当時の不景気で危機にあった資本主義と対比を成していた。それは全世界が左傾化に向かう時期であり、現代中国における道筋の選択に大きな影響を及ぼした。もちろん、朱厚沢にとって、彼がはっきりさせたいのは「なぜ（中国人は）民主と自由を求める門から入って、文化大革命という窓から飛び出したのか」という問題であり、彼が見たところ、その答えは「二十世紀前半の世界的な左傾にある」。これは、ある種の大きな枠組みのような歴史的なまなざしである。それは単純な是非の判断を超越し、歴史哲学の味わいを持ち始めた。[10]

中共の体制内で数十年も死に物狂いで働いてきた「古参の活動家」として、朱厚沢は中共の党の文化に対しきわめて深い理解があった。ある時、友人との対談で、朱厚沢は心の扉を開け放ち、この民族と人々の心を害する党の文化について深く分析している。彼は次のように指摘した。組織によって人をコントロールしようとし、人の個性に重きを置かないことが「党の文化」が成立し得る基礎である。啓蒙にとってもっとも重要なことは何か。個性の開放、個性の独立がもっとも重要なのだ。では、「党の文化」とは何か。重んじているのは他者をコントロールすることで、いわゆる集団主義、鉄の規律である。つまるところ、多数の名によって少数の統治を実現するということだ。第三インターナショナルがそうであり、毛沢東もそうだった。「党の文化」は、大衆に対しては愚昧主義で、国家制度では全体主義であり、「独立した人格の喪失と組織的なコントロールの成功は、まさに我々の悲劇が生まれた根源にほかならない」――この指摘は、当然のことながら非常に痛切かつきわめて深い分析である。

朱厚沢は、また次のようにも指摘した。「党の文化」とはとても腐っていて、すごいものでもある。あらゆる隙を狙い、どこにでも存在して、非常に堕落し、たいそう醜い。だが、四方八方にまで浸透できる力を形成して、我々はそれを我慢せざるを得ないのだ。ゆえに、それは恥知らずの文化であり、少しも恥を知ることなどない。そのような邪悪さに対して、見通しが甘いようではいけない。「しかし、そういう人たち（党の文化の影響を深く受けた各レベルの役人――筆者注）は至る所で、表向きは堂々として体裁良く、聞こえの良いことばかり言って、徹底的に悪事をはたらくのだ。昨日、我々は現代の通信技術について話したが、多方面で情報を理解する可能性を庶民に提供した一方で、多方面でコントロールする可能性も彼らに提供した。メディアの問題について言えば、中国中央電視台も二十四時間ニュースを放送するよう検討中だが、これは本当だろうか、それともデマだろうか。私にはよく分からない。したがって、「党の文化」を改造するという問題に対する私の見方は、やはり難度がとても高いと考える。山河の改造は容易いが、本性は改め難いものだ。それはすでに一種の文化となっている」[11]。

もう一つ、朱厚沢が本質に深く迫っていたと示すのに十分なことは、彼が亡くなる少し前に「中国モデル」を警戒していた点である。二〇〇九年十一月二十八日と二〇一〇年一月三十日、重病だった朱厚沢は二回にわたって古い友人であった姚監復のインタビューを受け、「中国モデル」について言及した。朱厚沢は次のように述べた。これまで、為政者が経済改革だけを行い、政治改革を行わないのは「不具の改革」だと人々は批判していたが、現在は、中国のこのような改革は「不具」ではなく、「正しい道であるから、全世界が学ぶ価値のある「モデル」だと考える人がいる。過去、政府を弁護する知識人が政治体制改革を実行できないと強調したのは、中国人民の文化的レベルが低く、何億もの農民が直接選挙で大統領を選ぶことなどできるはずがない、という理由からだった。ところが、現在は「中国の道と中国モデル」という新たな言い方が登場し、中国が歩んできた道と現実の中国の発展モデルは最良で、米国を含む全世界が学ぶ価値があるという。このように、中国にはさらなる改革が必要だという問題ではなく、現在のモデルが全世界に適用できる最良の選択であるならば、全くもって改革など必要ないではないか。[12]この老人が当時語った言葉は、現在の中央のやり方によってすでに完全に実証された。このような論調が見られたのは、もとよりこの数年来の中国経済の高度成長と関わりがある。おそらくそこから、一党体制は相変わらず「急速な発展」ないしは「民族の復興」を実現できるという結論を導き出した人たちがおり、彼らは中国経済の成長がもたらした甚大な代償や分配段階で驚くべき不平等が存在していることを無視している。さらに深刻なのは、そのような「成果」が本当に為政者を有頂天にさせ、民間からの憲政改革の要求を徹底的に拒絶するばかりか、さらに一党独裁の道に沿って進み続け、「党＝国家の中興」や紅色帝国の「勃興」を実現すべくもくろみ、壁にぶつからなければ改心することもない。

朱厚沢は次のように断言した。このような政治の独裁と経済発展のモデルは、独裁政権と外国資本の結託によるもので、中国の発展を国際的な反動勢力と盟約を結んだもっとも邪悪な勢力にしてしまう可能性がある。二十世紀のソ連モデル、十月社会主義革命の道は、最終的に自国と世界に悲劇的な結果をもたらした。二十一世紀の中国の道と中国モデルは、「世界のどこでも適用できる」もので、幸福、民主、自由、法治の国家による成功体験となるか、あるいは最終的に自国と世界にとって悲劇的な結果になるのか。これは、人類にとって実践と理論の面で一大論争となり、この大論争は二十一世紀全体を貫く可能性がある。[13]

明らかに、朱厚沢はきわめて悲観的だった。二〇一〇年五月九日、朱厚沢は北京で病死したが、この前中国共産党中央宣伝部部長、中国共産党党内民主派の傑出した思想家が問いかけた問題は、後世の人々が反芻する価値がある。

中共党内民主派の「集団お目見え」

彼ら中国共産党の老人たちは勇敢であり、また慎重でもある。個人的に見れば、彼らの思想の深さ、言論の「尺度」はそれぞれ異なるが、しかし手段は異なっても行き着くところは同じだ。では、集団として、彼らには「集団お目見え」の可能性があるだろうか。中国の転換にはその必要がある。

二〇〇八年秋から二〇〇九年春にかけて、朱厚沢の支持と参与の下で、私と他の友人たちは『胡耀邦と中国の政治改革――十二名の共産党員の省察』と題した本の出版を計画し、胡耀邦の逝去と天安門民主化運動二十周年の記念とした。我々は、李鋭、胡績偉、謝韜、何方、鍾沛璋、辛子陵、林京耀、宋以敏、張顕揚、杜光、王家典、周成啓など十二名を作者として招き、一人一編ずつ、様々な側面から「胡耀邦と中国の政治改革」というテーマについて議論してもらった。同書が二〇〇九年四月に香港で発行されると、雑誌『亜洲週刊』は十頁の誌面を割いて特集を組み、BBCも（同書の編集責任者として）私の単独インタビューを行い、二回に分けて報道した。これは、中共党内民主派が国内外で成功裏に「集団お目見え」したものと言えよう。だが、本来ならばもう一つさらに直接的な「集団お目見え」があるはずだったが、達成できず、あるいは全く別ものになってしまったというべきだろう。事の次第は次のとおりだ。二〇〇八年十月十二日、北京順風酒楼で『胡耀邦と中国の政治改革』の作者が集まり、食事をした際に、李鋭と胡績偉が二〇〇九年の元旦にある「宣言」を発表し、中国の政治改革推進に対する皆の期待を表明しようと提案した。老人たちは、在席の「少し若い同志たち」が代わりに起草するように希望し、当然の責務として、私はその仕事を引き受けた。

半月後、私はこの「宣言」の初稿を書き上げ、暫定的に「適切に政治体制改革を推進し、憲政中国を建設することに関する意見書」と表題をつけた。全文は約五千字で、十三の内容に分かれる。最初の部分では、まず次のように提起した。「一九九〇年代から二十一世紀に入って以来、中央は社会の安定維持においてきわめて大きな努力をしており、中国の経済も大きな発展を遂げているが、しかし政治体制改革には恐れをなして手を出そうとせず、長年にわたって凍結されている。各レベルの権力機関でチェックアンドバランスが不足している状況は、解決されないばかりか、ますますひどくなっている。権力と不法な利益の結託は、権力と威勢をふるう既得権勢力をはびこらせ、貧富の矛盾、官と民の矛盾は突出し、現在では党による執政の合法性に重大な脅威となっている。それらすべてが我々に伝えているのは、政治体制改革はもはや回避できないということだ。それでは、もっとも実質的な意義を有する政治体制改革とは何だろうか。我々が考えるに、我らの党がみずからこの一党独裁の制度を終結させて、全人民と共に力を合わせ、名実ともに憲政民主国家を建設することが、いまの中国における政治体制改革の根本的な任務である」。『意見書（草稿）』は、共産党の執政理念の転換、言論の開放、結社の開放、政党政治の発展、選挙制度改革を徐々に進め、司法の独立を一歩一歩実現し、六四の解決という問題を政治課題の日程に挙げて、胡耀邦と趙紫陽の二人の総書記の名を正し、法輪功を鎮圧した問題における過ちや、軍隊の国家化および憲法改正などについて全面的に詳述した。私は起草者として、このテクストは彼ら「二つの真理」である共産党の古参党員たちの本当の考え方と期待を総括したものだと信じていた。

ところが、筆者がこのテクストを取り出して朱厚沢に見せると、彼は頭を振って「必ずしも同意を得られるとは限らない」という考えを述べた。我々は胡績偉の家に赴いてこの原稿を彼に目を通してもらったが、案の定、老人はきわめて真剣に修正を行い、原稿の「テーマが間違っている」と考え、「受け入れられ、改めることができる」部分のみ記すよう主張した。その後、この原稿は杜光のところで二回目の修正が行われたが、それでも依然として同意が得られなかった。それ以降の事情については、私にははっきりとは分からない。ただ聞いたところによれば、李鋭が他の人に依頼してまた書き直し、その原稿は最終的に「〇九上書」という形で海外の『争鳴』という雑誌で発表されたが、その原稿はすでに全く別ものになっていた。『争鳴』の特集号は「編集者付記」として、「本誌は「経済困難を克服し改革の新局面を切り開くことに関する建議」と題した文書を受け取った。これは、李鋭などの古参の共産党員が胡錦濤と中国共産党中央政治局常務委員に宛てた上書である。署名をしなかった古参の共産党員もいるが、それはこの上書の精神が「二つの真理」に背くものだと考えたからである。本誌がこの上書を発表する意図は、評議と論争を引き起こすためである。反民主、反普遍的価値という不健全な風潮が激しく押し寄せているなかで、中国における思想の前進を推し進めることは回避できない責任である」と記した。筆者の知るところでは、この「上書」に署名した人のなかには、全く本心からではない人や、事情が分からないまま代理人に署名された人までいたようだ。

この件は、民主に対する認知がすでに比較的はっきりしている彼らのような古参の共産党員でも、集団の宣言という形でさらに徹底して自身の政治的観点を表明するには、やはり懸念や遠慮にあふれるということを物語っているかのようだ。こうした点で、彼らには馬賓のような毛左派共産党員の勇敢さはまだないらしい。もし、党内民主派の老人たちの思想がもう少し「解放」されていたならば、この「〇九上書」は、張祖樺や劉暁波が発起して起草した「〇八憲章」と互いに輝きを増しながら、中国の政治の舞台に同時に登場することが可能だったはずだ。これは中国の転換にとって遺憾である。本章では、採用されなかった「意見書」の初稿と「〇九上書」を付録として掲載した。興味のある読者は対照させて読んでいただきたい。

『炎黄春秋』の命運

雑誌『炎黄春秋』は一九九一年に創刊し、経験豊かな中国共産党の古参の革命家が筆頭に名を連ねて創刊した。この雑誌は歴史を中心として、「古今東西について、とくに現代の革命と建設における重大な事件や重要人物について、その是非や功罪を論じることを重点とし、詳細かつ正確な資料に依拠し、歴史の真実を包み隠さず記し、華美や悪意の記述をせず、事実を求めて真実を記し、歴史を鑑として、歴史を政治に資するものとする」という編集方針だ。『炎黄春秋』の創刊者、編集者、作者の多くが党内民主派であるか、またはリベラリズムの傾向を持つ学者であったため、この刊行物は改革の声を伝えるプラットフォームと見なされ、また中共党内民主派の重要な陣地でもあった。

二〇一三年の年初、『炎黄春秋』は「憲法は政治体制改革の共通認識である」と題した編集部の文章を発表した。この文章は次のように指摘している。

三十年余りの改革を経て、政治改革が経済改革よりも立ち後れているために生じる弊害は日増しに明らかになり、社会の不安定要素は次第に累積し、政治体制改革の推進は当面の急務である。しかし、政治体制改革をどのように進めるべきか、諸説入り乱れて、今に至るも共通認識がない。「謀定而後動〔定めを謀りて後に動く〕」という古い言葉もある。共通認識がなくて、どのように謀をするというのか。ゆえに、我々の現在の政治改革には「穏当さ」には余りがあり、「積極さ」が不足している。

実は、政治体制改革の共通認識はすでに存在している。その共通認識とは中華人民共和国憲法である。現行憲法は決して完璧なものではないが、それを具体的に実現させれば、我が国の政治体制改革は大きく前進するはずだ。[14]

この文章は『炎黄春秋』の特徴を典型的に表している。それはつまり、改革開放以来のプラスの要素を十分に掘り起こし、体制内の方法で普遍的価値を語り、民主の転換に向けて努力するというものだ。一般的に言えば、これもまさしく党内民主派の特徴である。彼らとリベラル反対派の行動様式は異なるが、大きな目標は一致している。だが、このような刊行物もこの二年余りの間、次第に大きな圧力を感じている。二〇一四年九月、国家新聞出版ラジオテレビ総局は通知を出し、二カ月以内に雑誌『炎黄春秋』の主管部門をもともとの中華炎黄文化研究会から文化部に所属する中国芸術研究院に改めるよう命じた。こうした「収容と改編」は国内外で高い関心を引き起こし、『炎黄春秋』内部にも思いがけない災難を招いた。編集長の呉思が辞職し、雑誌社の人事が再編されたのである。二〇一四年十一月、『炎黄春秋』は北京の著名な弁護士の莫少平に依頼し、雑誌社を代表して国家新聞出版ラジオテレビ総局に行政再審議を求めたが、その結果がどうなるか、現在のところまだ分からない。

実際のところ、『炎黄春秋』の命運は習近平による新たな強権の下、中国の自由な知識界の命運がどうなるかという一つの縮図にすぎないのだ。習近平の新たな強権は、一面ではイデオロギーを引き締め、普遍的価値を包囲討伐し、党内では「規律遵守」、「規則重視」を強調しているが、そのような状況で、中共党内民主派の活動空間と影響がさらなる圧力を受けるであろうことは想像できる。当然ながら、歴史の長い道のりから見れば、そのような局面が長く続くはずはない。全体主義の政党に短い「中興」が現れ、内部で変革を求める衝動を成功裏に押さえつけたとしても、変革の力は依然として積み重ねられ、力を蓄えて機が熟すのを待つことだろう。やはり同じ言葉になるが、おそらくは、異なる世代が新たな歴史的条件の下で新たな一幕を演じるのだろう。未来の中国の民主への転換が具体的にどのような形でも、突発的なものであれ漸進的なものであれ、民間と「内部の人」の協力が必要だ。その意味で、中共党内民主派は依然としてその責任は重く、道は遠く、世代を繋ぐバトンをみずから作り上げる必要がある。

付録一

「適切に政治体制改革を推進し、憲政中国を建設することに関する意見書（代理起草稿）」

一

一九七八年に党の第十一期三中全会が開催され、党の任務の重点が改められたことは、中国の経済の近代化を推進する上で大きな意義があった。この点は、すでに改革開放三十年の歴史が証明するところである。しかしながら、我々は同じく重要な政治体制改革をしかるべき時に推進せず、逆に新たな個人の権力集中を作り出してしまい、党内の異なる意見を抑えつけ、民間の民主化要求を抑えつけ、最終的に六四・天安門という悲劇的な事件の発生を招いてしまった。これはまたしても沈痛な歴史の教訓である。

一九九〇年代から二十一世紀に入って以来、中央は社会の安定維持においてきわめて大きな努力をしており、中国の経済も大きな発展を遂げているが、しかし政治体制改革には恐れをなして手を出そうとせず、長年にわたって凍結されている。各レベルの権力機関にチェックアンドバランスが不足している状況は解決していないばかりか、ますますひどくなっている。権力と不法な利益の結託は権力と威勢をふるう既得権勢力をはびこらせ、貧富の矛盾、官と民の矛盾は突出し、現在では党による執政の合法性に重大な脅威となっている。

それらすべてが我々に伝えているのは、政治体制改革はもはや回避できないということだ。それでは、もっとも実質的な意義を有する政治体制改革とは何だろうか。我々が考えるに、我々の党がこの一党独裁の制度をみずから終結させて、全人民と共に力を合わせ、名実ともに憲政民主国家を建設することが、いまの中国における政治体制改革の根本的な任務なのだ。

二

みずからが作り出した体制をみずから着手して終結させるには、執政理念の転換を成し遂げることが前提である。古参の共産党員として、それをやり遂げることは艱難に満ちていると我々は当然ながら十分に理解している。我々のこの党は長期にわたってレーニンの建党理論を尊び、プロレタリアの「前衛」を自認し、政権を奪取した後も他の政党と権力を分かち合おうとは考えなかった。抗日戦争の時期、かつて我々は国民党の一党独裁を強力に批判したが、その後、我々は国民党よりもさらにひどい一党独裁をやってしまった。

一党独裁の論理的な根拠は、社会の人民大衆を異なる「階級」に分類するのみで、党は「統治階級（労働者階級）」の代表として執政権を行使する。目下、我々の党はすでに事実上階級闘争の論理を放棄し、みずからを全人民の代表と公権力の執行者として位置づけた。そうである以上、一党独裁はすでに論理的な根拠を喪失したのだ。我々には自分たちが永遠に執政権を有していると公言する理由はなく、権力というものは本当の願いを体現する億万の有権者から期限を定めて授与されるものでしかない。

実践面から見れば、いかなる権力も監督や制約がなされなければ、腐敗と堕落に向かうことを免れない。各国の憲政建設の経験がすでに証明しているように、権力の交替こそが、権力に対するもっとも有効な監督なのである。

この道理は、我々の何代もの指導者が遅遅として受け入れず、それにはとても複雑な原因があったが、ここでは詳述しない。だが、歴史が歩みを進めた今日、時代は今日の中国共産党の指導者に対してこれ以上見て見ぬふりはできないと要求している。まさに、我々の執政理念を変える時なのだ。

この数年来、中央の指導者は「以人為本〔人を以て本と為す〕」、「和諧社会〔調和社会〕」の建設、「科学的発展観」などの統治の方針を次々と提起しているが、三十年前の「四つの堅持〔社会主義、プロレタリア独裁、共産党の指導およびマルクス＝レーニン主義、毛沢東思想の四つを基本原則として堅持すること〕」と比較すれば、すでに大きな進歩が見られる。だが、これらの善良な願いを本当に実行するには、一党独裁という古い道を歩んではならないということが前提だ。我々の指導者はすでに多くの場所で、自由、民主、法治、人権など人類の様々な普遍的価値について公然と承認しているのに、中国共産党には憲政民主を推進する勇気があり、野党の存在を許可ひいては奨励し、多くの政党が平和的に競争する枠組みのなかで有権者からの選択を受け入れると存分に語ることができないのはなぜだろうか。我々のような古参の共産党員が当時革命に参加したのは、国民党の蔣介石による「一つの主義、一つの党、一人の指導者」という独裁統治に反対したからだ。なぜ、共産党は現在もなおこのような歴史の潮流に反するものを堅持しているのだろうか。我々の党はいつも、中国人民の根本的な利益を除けば、党はいかなる私利も求めなかったと語っている。そうであるならば、共産党が「天下を取った」のは自分たちが永遠に「天下の座につく」ためではないと、我々は行動をもって証明すべきであり、みずからを現代の民主政党としての役割に位置づけ、その他の政党と平等に執政権力の競争をすべきである。

現在、台湾はすでに民主への転換を成功裏に実現したが、当時政権を握っていた国民党と蔣経国の功績が消えることはない。民進党はかつて国民党を打ち負かし、台湾の公権力を握ったことがある。政権交代を経て、国民党はふたたび執政の舞台に戻り、民進党は在野で監督する役割に戻った。これらすべては、憲政民主体制の下では正常なことだ。台湾で発生した変化は、我々に深く考えさせるのに十分である。みずからの立ち位置を改め、社会の転換を推進する上で、中国共産党員は中国国民党員をみずからが学ぶ模範と見なすべきなのだ。

三

憲政民主体制の建設にはプロセスが必要であり、条件を作り出す必要がある。我々が考えるに、当面の急務は言論を開放することであり、国家の重要な政策方針および様々な公共の問題や事件について、人々が意見を発表するよう奨励し、市民の言論の自由を保障しなければならない。

この数年来、中国共産党中央宣伝部と党の各レベルの宣伝部門は、世論とイデオロギーのコントロールにおいてきわめて悪辣な効果を発揮した。このような状況を続けてはならない。中宣部は党の宣伝機関として、国家の政治権力の上あるいは外でイデオロギーと文化事業に対してみだりに干渉したりコントロールしてはならない。法律は党の宣伝部門にそのような権力を与えてはいないのだ。

公共のメディアは社会の公器であり、市民の知る権利、表現の権利を実現し、各レベルの権力機関に対して監督を行うための有力な武器である。公共のメディアの独立性を保障し、立法の形で保証しなければならない。一九八〇年代、かつて関係機関が中国新聞出版法規の起草を実施に移したが、その後、残念なことに夭折してしまった。

我々は提案する。全国人民代表大会常務委員会と関係機関は、五四運動九十周年を記念する際に「中国新聞法」と「中国出版法」の起草と審議を再始動させ、中国市民の言論の自由をさらに有効かつ具体的な法律で保障されたものにすべきだ。

四

結社の自由は民主的な社会のもう一つの要件である。我々は憲政中国の建設を求めており、党がすべてをコントロールするという伝統的な思考を改めなければならず、市民が各種の政治的または非政治的な団体を設立するのを許可し、奨励すべきである。

この数年来、中国各地で民間の自発的な非政府組織（NGO）がすでに大きく発展しているが、現存の社会団体管理制度によって制約され、多くのNGOが正式に登記できず、合法的に活動を展開することができない。そこで、我々は主張する。民生部は現行の社会団体管理条例を改正し、社会団体の登記批准制度を社会団体の登記報告制度に変更すべきである。我々の政府は市民のために服務するもので、政府は「管理」という名目で市民の結社の自由を剝奪するいかなる権利も有してはいない。

五

憲政中国を建設するためには、政党政治を発展させ、各政党が独立自主を基礎として、政治を論じ、政治について議論し、政治に参加すべきである。中国共産党は過去の長きにわたる革命闘争のなかで、統一戦線の枠組みで多くの政党と協力し、政治を熟議する伝統を作り上げたが、建国後はこの伝統が次第に変質してしまい、各民主党派はすべて共産党の指導に従わなければならず、多党の協力は共産党による一党独裁の飾りになってしまった。このような状況をこれ以上継続させてはならない。

我々は主張する。我が党と現存する八つの民主諸党派の「指導する」「指導される」という関係を変更し、共産党は各民主党派における内部の問題（指導者の誕生、政治綱領の制定など）に干渉してはならず、各民主党派が独立した政治的見解を提起するよう奨励すべきである。中国共産党中央統戦部が深く掘り下げて調査し、各民主党派は誠意ある交流を基礎として、関連する改革のタイムスケジュールを提出するよう提案する。我々は、全国人民代表大会常務委員会が各国における憲政建設の経験を真剣に学び、政党法制定の任務を議事日程に組み入れるよう主張する。中華人民共和国の市民には等しく結社と政党を組織する権利があり、その権利は立法によって保障されるべきである。

六

選挙制度は民主制度の重要な構成要素である。早くも一九四五年に、毛沢東はロイター通信の記者キャンベルの質問に答えた際に、「「自由で民主的な中国」とは、このような国である。各レベルの政府は中央に至るまで、普遍的、平等、無記名の選挙によって選ばれ、投票した人民に対して責任を負う。これは孫文先生の三民主義を実現するもので、リンカーンの、人民の、人民による、人民のための政治という原則やルーズベルトの四つの自由〔表現の自由、信仰の自由、欠乏からの自由、恐怖からの自由〕を実現するだろう」と指摘した。

台湾では一九五〇年に郷鎮、市県の二つのレベルで民意の代表および官吏に対して市民の直接選挙を実現し、一九五四年には省議員の市民による直接選挙を実現し、一九九四年には台湾省長および台北、高雄の両市長を市民の直接選挙で選出し、一九九六年には「総統」の国民直接選挙を実現した。それと比較すれば、我々は県長の一人さえも有権者による直接選挙で選ぶことができず、本当に現在の中国共産党員を赤面させることだ。我々は組織を通じて選挙の過程と選挙結果を制御することに慣れており、近年は基層レベルの全国人民代表大会選挙において組織が指名したのではない候補者が数多く登場すると、彼らに対して抑圧的な態度をとることがよくある。このようなやり方は、民主的で文明的な社会を建設するという目標に逆行するものだ。

我々は提案する。中国の選挙制度改革の力を増大させ、市民の直接選挙によって選ばれる人民代表大会の階級を高めるべきだ。県レベルの政府の官吏は有権者による直接選挙で選ぶべきである。発展している地域では市民による市長の直接選挙を試行してもよい。さらに多くの独立候補者が全人代と政府の官吏を選ぶ自由選挙に参加することを奨励する。全国人民代表大会常務委員会は、関連の法律および法規の改正を組織し、中国の選挙改革を法に依るものにすべきである。

七

司法制度の改革も目前に迫っている。司法の独立は各国の憲政建設に通ずる道理であり、我が党は長年にわたり「党が政治と法律を管理する」と強調してきたが、実際には党が国家の司法を凌駕しており、これは憲政の基本精神に合致せず、実践面でも多くの問題が生じている。

我々は主張する。各レベルの党委員会に設置されている政法委員会または政法書記を廃止し、党委員会は司法部門の業務を干渉してはならない。その次の目標は、各レベルの司法機関における党組織を次第に廃止し、また将来的には政党法のなかで、いかなる政党も等しく司法系統において自分たちの基層組織を設置してはならず、司法の独立を保障すると明記する。

現在、中国の司法分野に存在する大量の問題は早急な解決が待たれている。我々の裁判、労働による思想改造、投書や陳情、刑務所の管理業務のなかには、市民の基本的権利を尊重しない頑固な症状が多く存在しており、全くもって無法の限りを尽くすようなやり方まである。そうした現象の存在は、文明社会の恥辱である。

八

二〇〇九年は六四・天安門事件二十周年であり、我々の民族の心に深く隠されたこの大きな苦痛は、これ以上覆い隠し続けることはできない。我々は勇気をもって認めるべきだ。当時、我が党の実質的な政策決定者の六四に対する判断およびそれに基づく学生と市民に対する武力鎮圧の決定は、我が党が平和な時期に犯したもっとも深刻な歴史的過ちである。この過ちを正さなければ、我々の党は歴史に直面することができず、未来に直面することもできない。

近頃、六四問題を解決する条件はすでに熟している。我々は提案する。党中央は専門機関を設立して六四の名誉回復の問題を研究し、「四・二六」社説の学生運動に対する誤った判断を覆すべきだ。全国人民代表大会常務委員会は特別調査委員会を組織して六四事件の顚末について独立した調査を行い、全国に向けてその調査結果を公表する。国家の名義で六四の犠牲者に対し哀悼の意を表す。六四の犠牲者の遺族に対し、精神的および物質的な慰問を行う。六四に関わり依然として拘留されているすべての人を釈放する。六四の指名手配を解除し、海外に亡命している民主化運動の活動家に対して親族訪問のための帰国、就業、定住を許可し、あわせて彼らの名誉も回復する。

九

第八項と呼応するが、我々が考えるに、中央は二〇〇九年というこの尋常ならざる年に、改革開放以来新たに発生した各種の冤罪事件の名誉回復という任務を正式に議事日程に組み入れるべきだ。

胡耀邦、趙紫陽の二人は、我が党の改革開放期における傑出した指導者であった。胡耀邦は我が党の歴史上最大規模の冤罪について名誉回復の任務を執り行い、何千何万人という冤罪を晴らして名誉を回復した。彼自身は一九八七年に辞職を余儀なくされ、開放期の我が党の歴史における新たな重大冤罪事件となってしまった。趙紫陽は民主法制の軌道に立って学生運動の問題を解決するよう主張し、戒厳令に賛成しなかったため、「動乱を支持し」、「党を分裂させた」と批判され、十六年もの長きにわたって軟禁された。このような軟禁はいかなる法的根拠もない（党規約の規定によれば、党員に対するもっとも厳しい処罰は党籍剝奪である）。

我々は提案する。中央委員会は当時の胡耀邦、趙紫陽の二名の総書記の「問題」に対する処理について再審査し、事実にそぐわないすべてを是正し、胡耀邦同志と趙紫陽同志の名誉を回復すべきである。当時、「ブルジョア自由化反対に力を尽くさなかった」ことを理由に、あるいは六四事件で処分され、迫害を受けた多くの共産党員と中国の市民はすべて、いずれも等しく冤罪を晴らして名誉回復されるべきである。

十

我々が考えるに、一九九九年に政府が法輪功の信仰団体を取り締まったことは、我が党が犯したさらに重大な誤りだ。現在、その過ちがすでに深刻な結果をもたらしている。

宗教の自由は市民の基本的な権利である。我が党が長期にわたってこの市民の権利を尊重せず、独立した宗教団体を社会の不安定要素と見なし、ひいては党に対する脅威と見なした認識は正しくはない。宗教団体の良好な発展は、まさしく社会の安定剤である。市民の宗教の自由を尊重し保護することは執政党と政府の職責なのだ。

我々は提案する。中央は専門機関を設立し、法輪功の信仰団体の名分を明らかにする問題について研究し、しかるべき時に、当時法輪功は「邪教」だと発表したのは誤りであったと公に認め、多くの法輪功信者に謝罪すべきだ。全国人民代表大会常務委員会は独立調査機関を設置し、法輪功事件の真相を調査して全国に公表すべきである。法輪功を修練したために処分を受け、甚だしきに至っては迫害された中国市民は、すべて等しく冤罪を晴らして名誉回復され、相応の賠償をされるべきだ。そうした措置は法輪功組織の政府に対する敵意を取り除き、民族の和解に向けた基礎となる。

十一

さらに長期的な観点から考えれば、名実ともに憲政民主国家を建設するためには、現行憲法の改正は、いずれ議事日程に組み入れなければならない。

我々が考えるに、中央は憲法改正に対して十分な思想的準備があり、戦略的な展望がある。憲法改正の根本原則は、現行憲法の「党主立憲〔党が主に憲法を制定する〕」という本質を改め、憲法のなかで憲政の原則と合致しないイデオロギーに関する記述を除去し、憲法を国民主権と市民の権利を擁護し、憲政中国を建設するための真の根本法としなければならない。

我々は、憲法序文の「共産党の指導」に関するすべての記述を削除するよう主張する。中国共産党はたしかに革命と戦争の時代に人民のために功績を残したが、だからと言って我々の党が永遠に政権を握る理由にはならない。未来の憲政中国は成熟した政党政治を建設すべきであり、条件に適った政党はいずれも執政権を競争して獲得する資格を有する。憲法はいずれかの党がこの国を「指導する」と規定することはできず、また規定してはならない。

十二

憲政中国の建設は、軍隊を国家のものとし、これ以上党の軍隊としないことも意味している。これもまた、我々の党がやり遂げなければならない認知の転換である。

戦時中、中国共産党は「党が銃を指揮する」という伝統を形成し、中国革命の勝利において重要な役割を発揮した。しかし、「党が銃を指揮する」というのは憲政の時代にふさわしくない。なぜなら、憲政民主体制では、もはやいかなる政党も軍隊を制御して「指揮する」特権を有することなどできず、武装兵力は国家に属すのみだからである。軍隊の任務は国防であり、国内政治に対しては中立を厳守しなければならない。手続きの面から考慮すれば、軍隊の国家化という任務は、中国憲政改革全体のプロセスのなかで、少し後に実施するのでもかまわないが、我々は今からしかるべき認知と組織の準備をしなければならない。中央はこの問題について早く配置を行うよう提案する。

十三

中国における憲政への転換は、官民それぞれによる共同の努力が必要である。この数年来、体制内外で多くの有識者が的を射た意見を数多く提起し、そのなかには中国の未来の発展と政治文明建設にとって洞察力に富む見解も少なくない。我が党は敵対思考を放棄すべきであり、党と現存制度に対するあらゆる批判を「敵対勢力」の陰謀や脅威と見なしてはならない。天下を治めることをみずからの務めとしている政党は、包容力をもって胸襟を開き、他の人に話をさせるべきで、そうしたからといって天が崩れ落ちるわけではない。例えば、なぜ中央の関係機関は、政治的見解が異なる代表的な人たちを招いて深く交流し、彼らの意見を聞くことができないのだろうか。良好かつのびやかな対話の環境を創造することは、官民の間で相互理解を得て、さらには協力に向けて歩み出すための基礎である。中国の憲政改革は、まずはここから着手してはどうだろうか。

以上、十三項目の意見と主張は、我々古参の同志や党員が二〇〇九年の訪れを前に提起する国是の提案であり、党中央の参考に供し、国内外の有識者の議論に供するものである。これら十三項目をやり遂げれば、中国共産党は革命党から現代の民主政党へ、みずからの転換を成功裏に始めたことを意味する。この転換は、先賢たちの革命の理想を真に継承するものであり、我が党の党設立の宗旨を真に継承するものであり、我々の党が十三億の人民に対して責任を果たすという具体的な現れであると、我々は信じている。

憲政中国の建設のために、我々は共に努力しよう。憲政中国万歳。

署名者

二〇〇八年十二月×日

付録二

『争鳴』特集

李鋭ら老人が中南海に宛てた「〇九上書」

作者：李鋭ら十六名

【『争鳴』雑誌編集者註】本誌は「経済困難を克服し改革の新局面を切り開くことに関する建議」と題した文書を受け取った。これは李鋭ら古参の共産党員が胡錦濤ならびに中国共産党中央政治局常務委員に宛てた上書である。署名をしなかった古参の共産党員もいるが、それはこの上書の精神が「二つの真理」に背くものだと考えたからである。本誌がこの上書を発表する意図は、評議と論争を引き起こすためだ。反民主、反普遍的価値という不健全な風潮が激しく押し寄せているなかで、中国における思想の前進を推し進めることは回避できない責任である。

経済困難を克服し改革の新局面を切り開くことに関する建議

錦濤同志ならびに政治局常務委員の同志

改革開放三十周年、さらには金融危機の襲撃に際し、我が国はまさに経済が急速に悪化し社会の矛盾が増大するという重要な関門にある。我々八十、九十歳の古参党員は、錦濤同志が党の第十一期三中全会三十周年記念大会において発表した講話を精読し、錦濤同志の「第十一期三中全会が切り開いた道を確固不動のものとして堅持し、大胆に変革し、大胆に新機軸を打ち出し、いつまでも硬化することなく、いつまでも停滞することなく、いかなる危険と恐怖をも畏れず、いかなる障害と迷いにも妨害されず、引き続き勇気を奮い起こして改革開放と社会主義現代化建設の事業を推進する」という呼びかけを忠心から擁護する。錦濤同志が中国人権研究会に宛てた書簡と温家宝同志が中南海で行った経済界有識者座談会における演説を入念に読んだが、以人為本［人を以て本と為す］というスローガンは人心を得ており、人権の普遍性の原則と基本的な国の現状を結びつけ、すべての市民が平等に参与し平等に発展する権利を保証し、以人為本、執政為民というスローガンを徹底させるという、この構想は非常に良いものだと我々は考える。温家宝同志は、困難で複雑な情況であればあるほど、民主的な政策決定を強化し、政策決定の透明度を高め、政策決定の民主的な監督を強化しなければならないと強調している。民主、透明、監督の六文字は、第十七回党大会で打ち出された「法律に基づき、民主選挙、民主的政策決定、民主的管理、民主的監督を実行し、人民の知る権利、参加する権利、表現する権利、監督する権利を保証する」という決定を具体的に表したもので、各レベルの党委員会と各レベルの政府の行動規範となるべきである。上述の構想は、時代の潮流に順応し民意に合うもので、我々は断固として支持する。具体的にどのように行うかについて、我々には以下の提案がある。

1　我々は中央が四兆元の人民元を投入して経済を牽引することについて非常に賛成するが、同時に特権と腐敗分子がこの機に乗じて私腹を肥やし、党と人民の関係を破壊し、社会の矛盾を激化させることを非常に懸念している。我々は、今後の重大な四兆元投入の計画とプロジェクトのすべてに、いずれも真に有効な民主的手続きが厳格に履行されるよう提案する。党内においてはまず委員会票決制度を確実に実行し、個人の独断で物事を決定する最高責任者を厳罰に処し、巧みに名目を立ててこの機に施政業績を上げる目的のプロジェクトや過度の箱物建設を行うことを厳しく禁止すべきである。全人代は十分な時間を取って四兆元の財政収支を確実に審査しなければならない。政協と各党派や社会団体は、すべての過程において四兆元支出の政策決定と使用に参与すべきである。

2　四兆元に関わる重大な決定と実施の全過程は透明に公開しなければならず、すべてのメディアに向けて開放し、メディアが追跡報道するよう奨励し、責任を持って遂行するよう指示する必要がある。封殺やメディアを抑圧する行為は絶対に禁止する。一九五三年と一九八八年に中央が公布したメディアの批判的報道に関する規定は有効であると、重ねて言明すべきである。なかでも、いかなるレベルの指導者についても、記者が上層部に報告する内部参考の原稿は、報道される本人および関係する上級部門に報告する必要はなく、直接中央に報告することができるという規定は、とくに重ねて言明すべきである。汶川地震の時期、全国のメディアは全力で駆け付け、党と政府の指導者の偉大なる震災救援活動の全過程を公開して透明に報道し、全世界に向けて中国の不屈の姿を示し、国内外から広範にわたる称賛を勝ち得た。中宣部は二〇〇八年の新聞報道工作を総括した際に、正確、適時、確実、公開、透明等の五項目の経験と、透明度が信頼度を決定するなどの三つの経験を提出した。我々は、汶川の震災救援活動の見事な経験を規範化、制度化し、長期的な実施を提案する。現在の経済困難は地震よりも甚だしく、メディアの開放的な環境を必ず保障し、メディアがすべてを公開しすべてを透明にする報道を保護しなければならない。これは腐敗を抑制して人心を集め、共に困難な局面を乗り越えるのに、取って代わることのできないきわめて大きな役割を有している。

3　監督機関の独立性を強める。党の各レベルの紀律検査委員会は上下の垂直的指導を確実に実行し、同レベルの党委員会の関与を受けることなく、公正な処理を保証すべきである。

4　民間の各種社会的組織を育成する空間を拡大する。汶川地震では、民間の慈善組織が政府には代替困難な役割を果たした。重慶のタクシー運休労資紛争では、政府との間に立って仲裁し、効果を得た。この種の経験を押し広め、各種民間組織の自主的な成長を保護し、労働者や農民が組織的に法律に基づいて自身の利益を表現し追求することを指導し、政府が各方面のために協議のプラットフォームを提供することは、内需拡大にも役立ち、さらには貧富の矛盾と官民の矛盾を緩和することにも有利で、群衆による事件の絶え間ない発生を減少し、より効率的かつ清廉潔白に公共サービスを提供することもできる。これは長期にわたって社会が安定する道である。我々は、重慶と慈善救援事業の経験を真剣に総括し、次第に普及させるよう提案する。

5　一九八六年に成立した中央体制改革領導小組を復活させ、第十三回党大会の報告に基づいて定期的に研究討論し、さらに改革を進める目標と方案を提出する。我々の経済体制が計画から市場に転換して以降、政治体制改革の停滞は深刻であり、権力が市場に参入して横領や乱用、汚職と腐敗が蔓延し、党と人民は莫大な損害を蒙っている。腐敗を抑制するには必ず根本的治療と局所療法を併せて行わなければならず、権力を制約し監督する根本的な制度の構築がきわめて必要である。

6　中央から仕事のやり方を改め、紋切り型の常套語を排除し、「重要指示」や「重要講話」などの話を減らすことを提案する。同時に、公用車の使用、公費旅行、公費による接待などの問題はさらなる改革案を有するべきと提案する。その他、多くの国営企業、とくに金融、電力、電信等独占企業の指導者の年収が、何十万、何百万、甚だしきに至っては何千万にもなるというのは驚くべきことだ（昔は一級幹部の月収は五百元で、最低レベルの幹部の給料との差も十倍までにはならなかったものだ）。自主的に減俸して、人民と共に難関を乗り越える姿勢を示すよう提案する。

人を以て本となし、人民のために執政し、憲法に規定された市民の権利を履行し保障するという方向は全く正しいが、中国の国情を考慮すれば、前進の歩調が勇まし過ぎると党と国家にはいまだそれに耐える能力がない。

したがって党と国家の指導の下に、手順よく秩序立てて逐次推進しなければならない。我々が知っているのは、そのように小さな前進であっても、幾重もの困難に直面しているということである。

錦濤同志と常務委員会の各同志たちよ、三十年前、経済の崩壊が頻発した際に、鄧小平、胡耀邦たち同志は何ものをも恐れない気概で中国の改革開放という偉大な事業を推進し、中国はそれによって危機を脱したのである。三十年後、我が国の総合的な国力は強まり、人民の生活は著しく改善し、国際的な威信は先例にないほどまで高まり、国民は我々が難関を乗り越えることが可能だと堅く信じている。かくも良好な執政基盤と政治情勢は、三十年前にはなかったものだ。四人組粉砕ののちに国家はあれほど困難であったが、しかし我々は勝利した。現在、人民はあなたたちと共にあり、老幹部はあなたたちと共にある。困難であればあるほど民主が必要であり、困難であればあるほど透明が必要であり、困難であればあるほど監督が必要なのであり、我々の党は必ずや勝利する。ことわざにもあるように、大海原が渦を巻くが如く政治が乱れ社会が不安定であれば、まさに英雄本来の面目が明らかになるというものだ。人を以て本となし、人民のために執政し、憲法に規定された市民の権利を履行し保障するという方向が全く正しいものである以上、あなたたちは各種の妨害、とりわけ既得権集団の妨害を排除する必要がある。行きて休まず日々寸進し、改革開放の新局面を切り開こうではないか。

以上のとおり申し上げる。

敬礼

馮健、朱厚沢、李鋭、李普、杜光、杜導正、呉象、呉明瑜、張思之、何方、鐘佩璋、袁鷹、高尚全、彭迪、曾彦修、魏久明

二〇〇九年一月二十日

第十章 「憲政社会主義」の様々な主張

「憲政社会主義」はこの数年中国大陸に現れた新しい思潮で、「著名な学説」にもなった。憲政社会主義を鼓吹する人たちは、実際のところそれぞれが互いに異なっている。実質的には普遍的価値派だが、「憲政社会主義」という比較的安全な表現を使っているだけにすぎない人たちもいる。彼らは漸進的な方法で政治改革と民主への転換を推進するよう主張し、その面では、彼らとリベラリズムの穏健派は比較的似ている。一方、憲政社会主義を喧伝する人たちは、新たな名称、新たな概念を山ほど創出して「憲政」を大いに語るが、党＝国家体制の根本に触れる勇気もなく、客観的に見て一党独裁体制の新たな論証を形成している。習近平が政権に就いてから、中共のイデオロギーのさらなる左傾は、憲政社会主義の輿論空間を圧縮した。二〇一三年のいわゆる「憲政派」と「反憲派」の論戦は、でたらめな闘いではあったが（なぜなら、真の憲政民主派は参戦することができなかった）、やはりそのような論戦は、「憲政派」を自称しながらも党＝国家体制の新たな論証人でもある人たちに限界があることを本質的に明示したのである。

胡星斗「中国政治改革順序論」

胡星斗（一九六二～）は北京理工大学の経済学の教授で、彼が打ち立てた「胡星斗中国問題学」、「弱者層の経済学」は社会的影響力がある。また、胡星斗は憲政社会主義をもっとも早く提唱した一人でもあり、二〇〇六年には論文「憲政社会主義と近代中華文明の探求」を発表したほか、その後「憲政社会主義と統制可能な民主が中国の国情にふさわしい」、「政治改革特区を設立し、憲政社会主義を試験的に行う」、「憲政社会主義こそが中国を救うことができる」などの文章も発表した。二〇一二年初め、胡星斗は「中国政治改革順序論」を執筆し、自身の観点を引き続き展開して、「憲政社会主義を実行し、新たな改革開放の時代をひらく」と提案した。胡星斗は以下のように主張している。

中国の政治改革は、「正義の実現、安定保持、順を追った漸進、やさしいことから難しいことへ、法治が先で民主は後、理想と現実ならびに目標と手段の双方に配慮する」という原則を遵守しなければならず、憲政社会主義の旗印の下で秩序立って推進すべきである。いわゆる「やさしいことから難しいことへ、法治が先で民主は後」とは次のとおりだ。正義の実現と安定保持という前提の下、漸進的な憲政改革を進め、憲法の権威を確立させ、違憲審査を推進する。党政分離および権力のチェックアンドバランスの原則に照らして、組織間および権力間の相互監督を実現する。統制可能な民主を実施し、全国人民代表大会の制度と党の代表大会制度を改善し、全国人民代表大会と党代表大会の重要な役割を発揮させ、政府は全人代に対し、党委員会は党代表大会に対して責任を負い、罷免や責任追及の手順を改善する。輿論による監督を盛んにし、民意を尊重し、共同推薦による公開選挙制度を改善する。しばらくは、行政の指導者を直接民主選挙で選ぶことはせず、代議民主を徐々に実現する。また、言論の自由と報道の自由を先に実現し、十年、二十年後に結社の自由と政党の自由を実現する。憲政や法治は民主と不可分ではあるが、やはり物事の重要性と緊急性には区別をつけ、中国においては、憲政、法治、権力のチェックアンドバランスを先に行い、直接民主選挙、政治結社、政党の自由はしばらくは見合わせるべきだ。

いわゆる「理想と現実ならびに目標と手段の双方に配慮する」とは、理想と現実——理想は憲政、現実は社会主義という矛盾や二つの側面を調和させ、包容し、受け入れるということだ。目標と手段——これについて、ある程度は次のように言えるだろう。憲政は目標であり、社会主義の道を歩むことは憲政という目標を漸進的に達成させる手段で、当然ながら社会主義の公平と正義も目標と見なすことができる。ほかにも、右と左——憲政はある程度は右で、社会主義は左——、普遍的価値と中国の国情——憲政は普遍的価値で、中国の国情は社会主義の道を歩むこと——これらの両方に配慮し、包容する必要がある。さらに言えば、リベラリズムと社会主義の両方に配慮しなければならない。憲政と公平はリベラリズムのものであり、また社会主義のものでもある。現代の潮流と道筋への依頼——憲政は現代の潮流で、社会主義は今のところ道筋への依頼である——についてもそれら両方に配慮する必要がある。長期目標と現在の道——憲政は長期の目標であり、現在の道は社会主義である——という両方に配慮しなければならない。[1]

明らかに、胡星斗は実質的には普遍的価値派だが、彼の主張は将来と現在の両方に配慮し、中国政治の現実を認めるというもので、「憲政社会主義は、ハイレベルの政策決定で認められる可能性が高く、民主は社会の動乱を招くと心配する人たちに受け入れられる可能性が高い」と考えている。[2]

王占陽「普遍的な憲政社会主義」

胡星斗と同じく、中央社会主義学院教授の王占陽（一九五六〜）も普遍的価値を指向する憲政社会主義の提唱者だ。しかし、胡星斗とは異なり、王占陽は自分の主張を詳述する際に二つの大きな旗印を高く掲げることに慣れている。一つの大きな旗印はマルクスで、もう一つの大きな旗印は鄧小平だ。二〇一一年十二月二十四日、第一回「憲政社会主義フォーラム」が「新たな改革期における社会主義憲政建設」をテーマに北京社会主義学院で学術シンポジウムを開催した際、王占陽が発言した。彼は最初に「普遍的な憲政社会主義」と「特色のある憲政社会主義」を分けて、次のように強調した。

「憲政社会主義」は全局面と全人類に関わる非常に高いレベルの「主義」であり、その段階では普遍性が第一で、特殊性は第二である。憲政社会主義の基本思想および基本制度はいずれも普遍的であり、したがって憲政社会主義は本質的にも普遍的なのだから、特殊的ではない。憲政社会主義が頼りとする具体的な道筋と具体的な形式は、当然ながら特殊的であり、さらに個性的な内容もあるはずだ。そのため、相応する特殊な理論の表れと特殊な道筋や制度設計もあるだろう。しかし、そうした特殊な内容そのものが、憲政社会主義の主体を構成することはできない。憲政社会主義の主体は、その普遍的な内容だけであって、普遍的な内容から離れてしまえば、どうでもよい憲政社会主義というような特殊な内容になってしまう。[3]

では、「憲政社会主義に固有の普遍性を強調する」ことは、何か「政治の原則」に背くことになるのだろうか？　そんなことはない。なぜなら、次のとおりだ。

マルクスとエンゲルスがいずれも近代憲政民主の政体を主張し、鄧小平が社会主義市場経済を主張したことを我々は知っている。これらの結合体は、つまりほぼ普遍的な憲政社会主義である。我々がほかにも分かっていることは、現在、党中央文件で完全に公開されている正式な表現も、すでに「長期の執政で、執政の使命を全うする」というもので、もはや「永遠の執政」ではなく、しかもこれこそまさに鄧小平理論の重要思想なのだ。[4]

マルクスとエンゲルスは「いずれも近代憲政民主の政体を主張」という占陽同志の言い方は、地に足がついているとは限らず、厳密に言えば、マルクスの国家理論はユートピアに満ちていて、本質的に幼稚なのだ。[5] 占陽教授は分析を加えずに鄧小平の「社会主義市場経済」を引用しているが、概念的にも同様の問題が多い。なぜなら、この言葉はもともと「中国の特色」にあふれ、権威主義の背景と鄧小平の智慧の結合であるからだ。[6] しかし、現在のこうした状況について言えば、占陽同志の意図も理解できる。彼はマルクスと鄧小平という二人の「大人物」を庇護者として、当局の認可を得るべく努力したと同時に、反対者たちに口をつぐむよう強要した。彼は中共中央文件にある「長期の執政」という表現を、「永遠の執政」とは異なるものとして故意に解読したが、それは未来の中国の民主への転換のために、苦心に苦心を重ねて余地を残しているのだ。

本質的に言えば、王占陽、胡星斗のような憲政社会主義者は、いずれもリベラリズムの同盟軍であり、中国の転換と未来の中国の運命などの重要な問題についてきわめて厳粛に思考している。数年前、『共識網』〔学術ウェブサイト〕の記者から単独インタビューを受けた際に、王占陽は政治体制改革の緊急性に何度も言及し、次のように述べた。

必要な政治体制改革なくして、きわめて重要な分配の制度改革はあり得ない。ゆえに、内需拡大に基づく全体的な発展戦略を実現することなどできず、高い経済成長率を長期的に維持し続けることなどもできず、正真正銘の制度による反腐敗、公平な分配、司法の公正など、十年来、人々の心が急速に離れている危険な傾向を根本的に転換させることなど不可能だ。したがって、経済の悪化、社会矛盾の先鋭化、人々の心が離れていくことによってもたらされる未来（十年後）の深刻な社会的危機と危険な非常事態を避けることなど不可能だ。このような認識は、すべての人が容易に到達できるものではない。だが、ほぼすべての人が改革しなければもう駄目だと認識するようになった時、その時はすでに改革しようにもどうしようもない状況になっている可能性がきわめて高いだろう。つまり、その時に現れるきわめて深刻な情勢が招くであろう政治の激変は、もはや温和な政治改革などではない。(7)

少し前には、中央社会主義学院教授と何人かの将軍たちの間で「カラー革命」の問題をめぐる大試合も行われた。事情を話せば面白い。二〇一四年十二月六日午前、環球時報社が主催した「環球時報二〇一五年会——大国が競争を急ぐのはいずれも容易ではない」が北京で開催された。会場では、まず短編映画の『カラー革命は私たちからどれほど離れているか？』が上映され、それから軍の将軍が先頭を切って発言し、目下、中国はカラー革命という現実の脅威に直面していると警告した。続いて発言した王占陽はそうした観点に反駁し、カラー革命は外来語であり、言葉の罠に捕らわれているようだとして、『「カラー革命は私たちからどれほど離れているか」という議題は縁起が悪い。あの頃、林彪が紅旗をどれくらい掲げられるだろうかと言ったような自信のなさの表れだ」、「鄧小平が打ち立てた中国の特色ある社会主義を建設するという道を歩み続ければ、中国には何事も起きるはずはない。中国は超大国で、外部の影響力はとても小さい」と述べた。王占陽はさらに、もし私たちの「社会と政治が清く明らかになり、政治が平等になり、誰もが裕福になったら、カラー革命など恐れるものか？」と続けた。占陽老師の発言は、軍側のもう一人から不満を買い、「党校の教授が党を信じず、社会主義学院が社会主義を重んじない」と王を非難した。王占陽も憤り、自分は社会主義の核心的価値観と鄧小平理論に百パーセント賛成していると反駁したが、「反腐敗こそ社会主義を重視しているのだから、もし反腐敗をやらないなら、あらゆる社会主義は全部偽物だ」と強調した。とりわけ将軍たちをかんかんに怒らせたのは、王占陽が中国ではまさに「カラー革命」が発生していると、はっきり述べたことだった。「その「カラー革命」とはつまり、周永康、徐才厚などの腐敗分子がやったことで、共産党を紅党から黒党に変えてしまう黒色革命である」、「知識人については心配はいらない。知識人は秀才だから、この国がどうにかなるような影響はあり得ない」と発言した。王占陽は、政府側のカラー革命に対する評価には自己矛盾があり、甚大な災禍だとする一方で、外交の場では各国人民が自分たちの道を選択するのを尊重すると言っているとして、次のように述べた。

私たちは、彼らが選択を誤ったことを尊重するのか？　そうではない。私は専門的な研究報告をたくさん聞いたが、少し聞いただけで分かったことがある。この社会はこれほど暗黒で、これほど腐敗していて、庶民はこれほどまでに大きな苦しみを抱えている。圧迫があれば反抗があり、革命には合理性があるのだから、あれはすべて外国勢力がやったなどとは言えない。かの国の人民はみんな愚かだとでも言うのか？　だから、私はカラー革命を単純に否定することはできないと思う。もっと具体的に分析しなければならないのだ……。[8]

この論戦で、鄧小平は依然として王占陽のお守りだったが、この読書人は軍側の保守的な将校たちの包囲攻撃を恐れることなく、巧みに相手の矛を使って相手の盾を突き、党＝国家の外交辞令と党＝国家のイデオロギーの非対称を暴き、カラー革命の合理性を論理的に問いかけ、しかも『環球時報』という党の代弁者である刊行物に掲載させたのだから、奇跡を成し遂げたとも言える。我々は王占陽に拍手を送るべきなのだ！

華炳嘯

「憲政社会主義と「トップレベルの設計」」

インターネットで検索しても華炳嘯が何年生まれなのか分からなかったが、写真と発表した文章から見るに、比較的若い世代の学者だろう。現在は、西北大学政治伝播研究所所長を務め、『憲政社会主義論叢』の編集主幹である。数年前、私がまだ北京にいた頃、共産党の古参党員である鐘沛璋が電話をかけてきて、理論界の「優秀な新人」をずいぶん力を入れて推薦したので、それがきっかけで華炳嘯を知り、その研究に注目し始めたことを覚えている。だが、正直に言えば、この青年学者の文章を読んでから、私が総じて感じたのは愛惜と失望である。

華炳嘯も「憲政社会主義」を論証し、しかも「理論性」と「系統性」にさらに重きを置いている。二〇一〇年六月、華炳嘯は五十六万字もの大著『リベラリズムを超えて――憲政社会主義の思想言説』を出版した[9]。二〇一一年十月、華は『共識網』で四万字の長文「憲政社会主義の思想進路とトップレベルの設計」も発表した。この文章は、憲政社会主義の「現実の改革を直視した学理の言説として、社会の規律を把握し尊重するのみならず、現実の政治が確定する「正しい方向」について正確な把握と理解をしなければならない」と強調している「正しい方向」とは何だろうか？　作者が言うには、それは「主流を占める支配的地位を体現する一種の政治認識」を指し、「歴史の経験と智慧の結晶で、時勢を判断して情勢を推し量り、共通認識を凝集し、力を集中して、重点的に難関に取り組む現実的に実行可能なロードマップでなければならない」と述べている。具体的に言えば、現在の中国における「政治改革の正しい方向」を評価するには、主に五つの基準がある。すなわち、「人民が主人公であるという原則、憲法に基づく国家統治の原則、社会主義の方向を堅持する原則、党の指導の原則を堅持、そして漸進的な改革を堅持するという原則である」[10]。

これらの「原則」に基づき、華炳嘯は自身の「トップレベルの設計」案を厳粛に提起した。そのなかで、比較的重要かつ「斬新」な見解は次のとおりだ。

共通認識に基づいて民主を統合する立憲分権体制を打ち立て、全国人民代表大会制度は以下四つの権力を統合して分権のチェックアンドバランスを確立する。すなわち、公意の代議機関（現在の全人代常務委員会から改革する）、国民の総意としての代議機関（現在の中国人民政治協商会議から改革する）、国務院および司法院が、立法権（公意を代表）、参政審議権（国民の総意を代表することは、民意の体現であり、民主の審議は協商〔熟議〕民主の制度的なプラットフォームでもある）、行政権、司法権をそれぞれ行使する。

国務院は政治権を行使し、自由選挙によって組閣を行い（執政党の党代表大会が指名して組織された二つの政府候補チームが、全国人民代表大会においてまたは適切な時期に、直接全国民に向けて公共政策の問題をめぐる選挙を行い、政府の組閣権を競争し、それによって公共政策のガバナンスのレベルで「権力は人民に付与された」という授権の民主的なプロセスを実現する）、公共ガバナンスの改革を推進し、民生の改善と経済社会の発展に力を入れ、公共サービス型の責任政府を建設する。

政党制度は憲政という規制の下で社会主義多党協力制となり（すなわち、公意型の一党執政、国民総意型の多党参政制）、指導党は公意型の政党――共産党である。また、異なる利益集団を代表して政治に参加する民主党派と民主政治団体は、多元的な国民総意型の政治団体のパワーとして、共産党が推進する民主協商〔熟議〕と多元的な共同統治によって中国の特色ある政治団体の民主的な構造を形成する。[11]

当然ながら、作者は次のようにも指摘している。

共産党は党内の民主改革と執政方法の改革によって近代的な民主への転換を実現しなければならず、「自由人の幸福な生活共同体」を追求すると同時に、必ず公意に従い、人民の根本利益のために努めるという科学的な信念を持つ組織となるべきであり、人民が憲法を至上のものとして擁護するのを指導し、立憲分権体制を強固なものとし、憲法を遵守して秩序を治め、憲政民主の甲子を守る憲法擁護者の組織となるべきであり、科学的な民主制度を実行し、公共の利益を図り、民主的な共通認識を促成し、公意を目標として先導する公意型の政党となるべきであり、公意を備えた先進的な政治家を育成し、公意型の政治エリートを国家に提供して、公意を整合する機能と組織動員の機能を発揮する「人民エリート型」の先進的な政党となるべきであり、公意の機関と国民総意のパワー、市民社会のパワー、そして市民のパワーによる法律に基づいた監督を終始自覚的に受け入れ、最終的には、「一元的な共通認識が指導し、多元的な共同統治を享受する」という憲政体制のなかで国家、社会、市民が有機的に結合し、中国の特色ある憲政構造において欠くことのできない機能的な構成部分となるべきであり、中国の近代的な転換のプロセスのなかでもっとも民主的活力に富んだ戦略的かつ安定的なパワーになるべきである。(12)

作者はさらに次のような公式も提起した。

憲政社会主義の政治体制＝憲法による統治の秩序×{党内民主制＋人民民主制（公意による立法制度＋国民の総意による審議制度＋公共の統治権を選挙によって組閣する制度＋司法独立体制）＋基層政権と市民社会の自治制度＋市民の権利を保障する制度}＝憲法による統治の秩序×{共通認識型の統合民主＋競争型の選挙による民主＋協商〔熟議〕型の審議民主＋規制型自治民主＋権利型の民主への参与}＝憲法による統治の秩序×{一元的な戦略的共通認識のレベル＋二元的な公共政策の競争のレベル＋多元的な表現のレベル}

要するに、このような憲政社会主義の政治体制の下で、公意型の政党は憲政民主体制と近代化建設を保障するパワーとして、機能需要型の長期執政の合法的な地位を獲得し、公共政策のガバナンスチームは競争的な選挙によって民主に基づいて授権した施政の合法的な権威を獲得し、多元的な利益の枠組みを反映した国民総意のパワーは、国民総意の代議機関という政治参加と政策論議のプラットフォームにおいて、国民の総意が方向付けを行うという多元的な共同統治を実現した。このような新たな体制は、人民民主、憲法による統治と党の指導の有機的な統一を実現し、またもっとも基本的な憲政民主の原則を体現したのである。それは、国情の特色と社会主義の本質的なニーズに符合し、現在の段階的な政治の発展による新たなニーズと人民からの新たな期待に応え、制度刷新の合法性、現実性、建設性、安定性、先進性を備えている。(13)

党＝国家は華炳嘯同志に拍手を送るべきである

前述した「論証」を読み終えると、賞賛の手拍子をしたくなるような感じではないだろうか？　党＝国家の宣伝部門の作文グループはおそらく恥ずかしくなり、とてもかなわないと嘆くだろう。これは、一党体制下の「憲政」に関するなんと完璧な実現可能性の理論的枠組みとロードマップだろうか！

だが、この「理論」は全く独りよがりな産物である。共産党を「公意型の政党」と定義すること、このようなルソー的な概念は「三つの代表」といった類の「政治的正しさ」には符合するが、科学的ではない。どれか一つの党が絶対的に権力を独占するという条件で「公意型」という初心（もし、そのような初心があるというならば）を堅持し、そのイデオロギーのスローガンがどれほど素晴らしく叫ばれたとしても、自分たちの特殊利益は発生しないなどと、そんなことは世界のどこにも存在しないのだ。全国人民代表大会と中国人民政治協商会議に至っては、華炳嘯はあまりにも過分なバラ色の上着を羽織らせ、周知である「ゴム印」〔全人代〕と「花瓶」〔政協〕という現実を全く無視している。こうしたことから、この青年学者の学術的な誠実さは疑わしい。国務院が選挙によって組閣するという制度の構想に関しては、この法案のなかで唯一操作可能に思われる部分であり、しかも非常に「斬新」だ。なぜなら、作者は「執政党の党代表大会が指名して組織された二つの政府候補チーム」があり、しかも「全国人民代表大会においてまたは適切な時期に、直接全国民に向けて公共政策の問題をめぐる選挙を行い、政府の組閣権を競争する」と強調しているからだ。これは、党が候補者をコントロールするという伝統におおよそ符合し、自分に保険をかけるのに等しい。そして、華炳嘯は年齢こそ若いが、党＝国家政治に熟練していることを十分に証明している点でもある。しかし、いわゆる「市民社会の自治制度」、「権利型の民主への参与」などの類は、きれいなスローガンにすぎない。試しにたずねるが、もし一党独裁の権力を堅持するなら、「権利型の民主への参与」など、本当にやろうとするのを許すものだろうか？

要するに、華炳嘯が自分で言っているように、「憲法による統治の秩序がゼロならば、その他一切がゼロ」なのである。問題はここにある。中国共産党による党独裁の枠組みのなかで、「憲政の秩序」などどうして存在し得るのか?!　その「秩序」は自分たちが「定めたルール」で、それが必要とされる時に無視したり、ひどい場合はその「ルール」を完全に投げ捨ててしまうが、それを阻止できるような人もいない。実際には、華炳嘯がこれらの文章を発表した二〇一一年は、党＝国家政府が「ジャスミン散歩」を鎮圧するという独裁の大芝居を演じたばかりだった。とは言え、インターネット上で皆に集まって「散歩」しようと呼びかけたにすぎない情報だったのだが、党＝国家政府を言いようもないほどまでに緊張させ、わずか数日のうちに、北京だけでも数多くのリベラル派知識人、民間の反対派、権利擁護の活動家などが逮捕され、「黒頭巾」を頭からかぶせられて車に押し込められ、長期間にわたって家族でさえも行方が分からないという状況だった。そうした背景の下で、華炳嘯のいわゆる「市民社会の自治制度」、「権利型の民主への参加」などの文章を読むと、読者はどのように感じるだろうか?

もちろん、この青年学者を弁護する人もいるだろう。例えば、ここで述べられているのは「策略」にすぎず、結局、華炳嘯も「憲政」を吹聴しているし、彼も「共産党は党内の民主改革と執政方法の改革によって近代的な民主への転換を実現しなければならない」と呼びかけているのだから。その通りだ。温和なリベラリスト、中共党内の民主派、民主化を目標とした新権威主義者たち、ひいては胡星斗、王占陽のような普遍的価値に立脚した憲政社会主義者たち、彼らはみな民主への転換は体制内外の結合のプロセスであるべきで、共産党はそのなかで重要な役割を果たすべきだと強調している。だが、そのプロセスの結果は、リベラリズムの意味合いでは憲政への転換と民主化であるはずで、共産党一党独裁体制の解体となるだろう。たとえ、共産党の執政地位を一定期間は留保する必要があると認めたとしても、そのような留保は政治体制改革を安定的に成し遂げるために役立つということを根本的かつ過渡的な前提とする。これは中国の漸進的な転換の戦略に関するリベラリズムの完璧な説明である。しかしながら、華炳嘯について言えば、この若者はリベラリストと異なるだけでなく、胡星斗と王占陽のような普遍的価値に立脚した憲政社会主義の提唱者とも異なる。彼は明らかに、「社会主義憲政民主化」と「リベラリズム憲政民主化」をこちらでなければあちらだというような異なるオプションとして並べている。一定の条件の下で、歴史の必然性とは、歴史を変える可能性を歴史の現実性と見なすそのプロセスに存在し、それこそが主体的に歴史を創造するプロセスなのだと華炳嘯は言う。だが、そのような歴史を創造する主体的なプロセスは、二つの前提を満たさなければならない。一つ目の条件は、「全体的な歴史の必然性」という法則に符合しなければならず、二つ目の条件は、全体的な歴史の合成力の方向とおおよそ同じでなければならないということだ。現在の中国では、「全体的な歴史の必然性」という法則は、阻止できない憲政民主の進歩という潮流を体現し、全体的な歴史の合成力の方向とは、近代的な憲政民主国家を構築することにほかならない。我々が唯一選択できるのは、そのような憲政民主を実現する具体的な形式、方法、道筋であり、換言すれば、社会主義憲政民主化とリベラリズム憲政民主化の間で、あるいは「改革」と「革命」の間で、歴史的な選択をするほかないのだ。(14)

華炳嘯の「革命」とは具体的に何を指すのか、彼自身も語ってはいない。私が思うに、「社会主義憲政民主化」を「改革」と理解し、「リベラリズム憲政民主化」を「革命」と理解しているのだろう。学理上はそれも悪くはないが、異なる解釈の系統に分別したにすぎない。本書の第三章では、次のように指摘した。もし、我々が目標という視点から「革命」を定義するなら、現存の政体を変えることを行動の目的とする者はすべて、いずれも「革命」の性質を帯びている。孫文は「革命」にあり、康有為と梁啓超も「革命」にあった。「転覆」は「革命」であり、「改良」もまた「革命」である。なぜなら、君主立憲であれ民主共和であれ、いずれにしても前近代の皇権制度に対して根本的に転覆を謀るという意味で政体的な変革であるからだ。筆者の『中国憲政改革報告』で使用した言葉は「改革」だが、実際に述べているのは「革命」である。なぜなら、中国共産党による一党独裁制度を終結させ、憲政民主制度がそれに取って代わることを「改革」の目的として最終的に定めているからだ。だが、華炳嘯の言う「改革」は、彼が提供した「トップレベルの設計」に照らせば、中共の党＝国家体制の「自己発展」と「自己完結」(党＝国家そのものも「改革」をそのように定義している)に似ており、その意味で、この青年学者は「オリジナル」の「学説」のようなものを用いて、党＝国家体制が存在する合理性、合法性、ひいては適合性をさらに一歩進んで論証している。それは、リベラリストが言う「改革」や「転換」とは全く異なるものだ。党＝国家は、華炳嘯同志に対して本当に拍手を送るべきである。

憲政社会主義とリベラリズムの「分岐」

華炳嘯のリベラリズムに対する理解には、実のところ問題が多い。華は、いわゆる「個人の権利を本位とするリベラリズム」と「市民社会を本位とする憲政社会主義」について、以下のように「学理的な価値から七つの大きな分岐がある」と見なしている。リベラリズムは個人主義を基盤とし（「原子的な個人」の仮定および先験的権利の学説はいずれも成り立つものではなく、広く質疑がなされる）、憲政社会主義は共同体主義を基盤とする。リベラリズムは市場の自由を第一とし、憲政社会主義は憲政経済体制における市場の規制をより重視する。リベラリズムは「国有企業」の私有化を主張し、憲政社会主義は現有の国有企業を政府所有制の公営企業と人民所有制の公営企業に分け、財産権を明らかにさせ、様々な所有制の共同発展を堅持すると主張する。リベラリズムは私有制の発展を主張し、憲政社会主義は社会所有制の発展を主張する。リベラリズムは自由の価値の優先を主張し、憲政社会主義は平等の価値の優先を主張する。リベラリズムは「消極的な平等の権利」（権利の平等、身分の平等、機会の平等を指す）に重きを置くが、憲政社会主義は「消極的な平等の権利」の上に「積極的な平等の権利」（正義の分配を指す）を発展させる。リベラリズムは「消極的な自由の権利」（個人の利益である個人の自由な権利は干渉を受けないということを指す）に重きを置き、憲政社会主義は「消極的な自由の権利」の上に「積極的な自由の権利」（公共の利益である政治の自由な権利は奨励されるべきということを指す）にさらに重きを置く。リベラリズムは国民総意型が方向づける多元的な民主を行うが、憲政社会主義は公意型が方向づける複合民主を行うよう主張する。[15]

以上のいわゆる「七大分岐」は、その大部分が、作者が自分の観点の正確さを明らかにするためにリベラリズムに無理を押しつけている。経済面について言えば、近代のリベラリズムはすでに「自由を重んじ、平等を軽んじる」、「市場の効率を重んじ、正義の分配を軽んじる」という古典的なリベラリズムを超越し、また同時に「見えざる手」と「見える手」を同等に重んじ、「消極的自由」と「積極的自由」を平等に重んじることも強く指摘している。まして——本書の理解に基づけば——リベラリズムの重要な意義は、政府の権力を制約し、市民の権利を擁護し、守り抜くことであり、この「制約」と「擁護」は経済の領域で体現されるだけでなく、政治の領域と社会の統合的な領域においても体現される。華炳嘯は「個人の利益」に基づく「国民総意型の民主」は次に列挙するような合法的な危機を招きやすいと批判している。つまり、「政治のマーケティング的な意味合い」に満ちて、真偽が判別しにくく、優位な利益集団が国政選挙の票を互いに奪い合い、市民の「独立した冷静な政治的識別能力、積極的に参与する公共の理性と民主的な在りよう」に影響を与えるはずだ。それゆえ、「リベラリズムの制度の偏在性」という「神話」は暴かれるべきで、消し去らなければならず、それに代わる憲政社会主義は「公意型の政党による長期の執政」とそれを基礎とした「複合民主」という「新たな理念」だと述べている。しかし、華炳嘯の「国民総意型民主」に対する批判は、新左派の王紹光が「選主」制度について批判したことを繰り返し、言い方を変えただけにすぎない。このような批判に対する反駁は、本書の第六章ですでに詳述したので、ここでは繰り返さない。重要なのは、以下で指摘することである。たとえ多党競争を基礎とした選挙に多くの欠点が存在するとしても、一党独裁の党＝国家体制には絶対に及びもつかない長所が一つある。それは、権力が有権者から与えられたという合法的な基礎を体現するだけでなく、権力の秩序ある交替という問題も解決した点である。後者は今なお党＝国家独裁体制が超えることのできない体制的なブラックホールだ。最近、インターネットで「誰が引き継ぐのか」という文章が広く伝わっているが、これは共産党体制の下で後継者の頑迷な病と潜在的な危機について徹底的に明らかにしたものである。[16] 比べてみれば、華炳嘯のいわゆる「公意型政党」の理論的抽象はなんと弱々しいことか!

本書が華炳嘯のような若い学者に対して厳しい批判を提起するのは温厚さに欠くようだが、しかし、それもやむを得ない。私はもともと華の作品に表出される学術的な潜在力、ひいてはオリジナルな力を非常に評価していたが、残念なことにそうした優秀な潜在能力は使い道を間違えたようだ。華炳嘯はスターリン主義を批判する能力もあり、「二十世紀の現実の社会主義運動の経験と教訓が十分に証明するように、スターリン的な「全体社会主義」モデルの本質は、社会主義ではなく国家（官僚）独占主義であり、またすでに歴史によって証明されたように、その経済制度であれ政治制度であれ、いずれも根本的に失敗した」[17] と断言しており、作者の基本的な政治判断力が十分であることを物語っている。だが、そのような判断力もひとたび中国の現実に直面すると、すぐに割り引かれてしまうのだ。こうした「聡明さ」を有する学者は、実際のところ非常に多いが、中国の学術と政治について言えば、決して福音ではない。

イデオロギーの包囲討伐を背景とする「反憲派」と「憲政派」の論争

二〇一三年の春から夏にかけて、中国では「反憲派」と「憲政派」の論争が勃発した。大きな背景は中国共産党第十八回大会以降、中国のイデオロギーが引き続き左傾したことにある。前述したように、二〇一三年四月、中共中央弁公庁は「現在のイデオロギー分野の状況に関する通達」(「九号文件」)を印刷配布し、「誤った思潮と主張および活動」として批判しなければならない七項目を列挙した。第一に挙げられたのが、「西洋の憲政民主を宣揚し、党の指導を否定しようと企み、中国の特色ある社会主義政治制度を否定する」というものだ(18)。

党=国家がすでに「剣を見せた」ので、自ずと御用学者の一団はただちに行動し、憲政に対する討伐を繰り広げた。そうしたなかで注目を集めたのは、楊暁青という名の人民大学法学院の教師で、彼女は雑誌『紅旗文稿』に「憲政と人民民主制度の比較研究」と題した文章を発表し、次のように五つの側面から両者について「比較」を行った。憲政は私有制の市場経済を基礎とし、人民民主制度は公有制経済を主体として様々な所有制の併存を経済の基礎とする。憲政はブルジョアジーの議会民主政治を実行し、その選挙には欺瞞性がある。人民民主制度の下では一切の権力は人民に属し、中国共産党の指導的地位は選挙によるものではなく、中国民主革命の勝利によってもたらされた成果であるため、中国共産党は多党選挙で選ばれずに政権を掌握しているが、疑う余地のない合法性を有している。憲政は三権分立と相互のチェックアンドバランスによる国家政権体制を行うが、人民民主制度の国家政権体制は人民代表大会制度を行い、「議行合一」〔立法権と行政権の一致〕である。憲政は司法の独立を行い、司法機関は違憲審査権を行使するが、人民民主制度の下では司法機関はつまるところ裁判機関と検察機関であり、法律の規定に照らして独立して職権を行使すべきだが、政治的、思想的、組織的に中国共産党の指導を受けなければならない。憲政は軍隊の中立化、国家化を行うが、人民民主制度の下では人民軍の一切の行動は「党の指揮に従う」ので、共産党の絶対的な指導を受けなければならない。要するに、作者は「西側の近代政治の基本的制度の枠組みとして、憲政の基幹的制度の要素と理念は資本主義とブルジョア独裁に属すだけで、社会主義人民民主制度には属さない」と考えているのだ。[19] 楊暁青の文章は、もとより党＝国家の古くさい表現で、新たな見解もなく、列挙した五項目も「九号文件」とおおよそ一致するが、[20] しかしながら学者の顔をして現れると、文章による批判は非常に顕著である。「反憲派」の攻撃に直面しても、中国国内には「憲政派」の老人たちの何人か、例えば、江平、李歩雲、楊天石などが意気に感じて迎え撃った。しかし、この「論戦」はそもそも対等ではない。「反憲派」の背後で党＝国家が後ろ盾になっていることは、「憲政派」には百も承知で、当然のことながら憲政の普遍的価値という本来の姿をはっきりと示すことはできず、党＝国家の伝統という倉庫に行って、例えば毛沢東の「新民主主義憲政論」のような使用に適した武器を拾い、「我が党の歴史も憲政を重視した」と強調することしかできないのだ。[21] 老人たちは憲政のためにわずかな場所でも勝ち取ろうとそのような形で極力努めており、その努力に積極的な意義がないわけではないが、しかしこのような「論争」は、実は訳の分からない勘定だ。なぜなら、党＝国家専制主義の対立物としての真意と憲政問題における現在の本質を、その論争が避けたからである。だが、旗幟鮮明なリベラリズム憲政民主派は、とっくに国内メディアでの発言の機会を奪われてしまい、話をしたくても話す場所もない。それゆえに、憲政に関する「大論争」で、もっとも徹底した憲政派が逆に「場外の人」になってしまい、これも中国の輿論の場に見られる奇観の一つだった。

華炳嘯のような「憲政社会主義者」に至っては、党＝国家の旗印を掲げて「憲政」を包囲討伐する人に対し、自然と怒りのなかから勇敢に立ち向かい、「社憲論（社会主義憲政論）」の名誉を守る。「反憲派の無恥と臆病を論ず」と題した文章で、華炳嘯は次のように非難した。

楊暁青はわざと熟達した人の目をくらます方法で、自憲派〔リベラリズム憲政派〕以外の五大憲政思想の流派――社憲派〔社会主義憲政派〕（中特社憲派〔中国の特色ある社会主義憲政派〕の童之偉、老左社憲派〔老左派の社会主義憲政派〕の韓毓海、新左憲政派〔新左派の憲政派〕の甘陽、憲社派〔憲政社会主義派」の江平、郭道暉、周瑞金などを含む)、儒憲派(秋風など)、汎憲派(布坎南など)、国憲派(強世功など)、専憲派(林来梵など)――の観点や内容に対して、ことごとく見て見ぬふりをしている。

こともあろうに、急進的なリベラリズム憲政派の一家言と「近代憲政主義」というブルジョア民主革命の段階で形成された数百年前の観点を選び出し、マルクス主義の方法論を一切顧みることもなく完全に捨て去り、局部を全体と見なして妄想し、ごく一部のことで一般的なものを否定し、「憲政を全面的に否定する」というでたらめな観点が、ある種の「正統性」を欺瞞的な方法で獲得させたのだ[22]。

実は、楊暁青などの「反憲派」も「憲政社会主義」に対して本当に見て見ぬふりをしているのではなく、ある程度の批判――当然ながら「左」の立場に立った批判――を行った。楊の文章は、以下のように述べている。

西欧の憲政は良い言葉で、西側の諸国が普遍的に使用し、第三世界の多くの国々にも受け入れられていると考える人がいる。中国は改革開放の過程で西側諸国の数多くの制度文化に触れ、憲政制度の要素と理念に対してもすでに受け入れることができた。我々は憲政の前に社会主義という修飾語をつけることができ、中国の国体、政体、基本的な制度を変えることなく、中国の特色を体現することも可能だ。その内容を西欧の憲政と区別させ、例えば、我々が市場経済の前に社会主義という修飾語をつけて、資本主義市場経済と区別するのに成功したのと同じである。社会主義市場経済は憲法に明記されたのに、なぜ「社会主義憲政」は憲法に明記できないのだろうか?

楊暁青によれば、「「社会主義憲政」を憲法に明記するという主張は、客観的には憲政の政治の強権と発言権をめぐるヘゲモニーに迎合する。憲政にそのような政治の強権と発言権をめぐるヘゲモニーがあるのは、憲政の背後にブルジョアジーの財産による統治があるからだ」という。

「社会主義憲政」論に取るべきところがないのは、基幹的ではない制度的要素と理念が、憲政の基幹的な制度的要素と理念を覆い隠しているからだ。それらの基幹的ではない制度的要素と理念のなかで、例えば法の下の平等や、連邦制（ソ連は実行したが、すでに失敗した）のように、社会主義国家の憲法に明記されたものもある。社会主義国家の融通性によって受け入れられたものもあり、例えば市場経済、人権の尊重と保障、宗教信仰の自由、議会が財政計画を審議し批准することなどだ。依然として西側諸国に固有のものもあるが、例えば報道の自由や人権に国境はない。私有制、多党制の選挙による政権交代、三権分立、司法の独立、軍隊の国家化、中立化は憲政の核心であり、制度化されなければならず、リベラリストが本当に憧れる政治体制の目標でもある。だが、「社会主義憲政」論はそれらの憲政の基幹的制度の要素と理念をなおざりにし、憲政の全体的な制度の構築をなおざりにし、憲政の基幹的ではない要素と理念ばかりを強調している。まるで、国際人権条約に加盟し、人権保障、法の下の平等、宗教信仰の自由を憲法に定めれば憲政になったかのようで、前に社会主義をつければ「社会主義憲政」であるかのようだ。客観的に見れば、人民民主制度を憲政で束縛し、人民民主の国家が真の西欧的な憲政の道を徐々に歩むように導くものである――ソ連と東欧諸国はこの道に沿って歩んできた。[23]

では、華炳嘯はさらにどのような言葉で応えているのだろうか？　「反憲派」がつけた「レッテル」に直面して、この「社会主義憲政派」の学者は憲政派の老人たちと同様の策略を取った。それはつまり、党＝国家の正統性のなかに自分たちにとって有利な証拠を探すことだ。今回役に立ったのは毛沢東ではなく「マルクス主義の権威的作家」で、マルクスとエンゲルス本人の観点およびそれに対する作者の解釈である。例えば、次のようなものだ。

マルクス主義は、国家が階級統治の産物である以上、社会的分業に基づいて発展し形成される官僚の職業集団が実行する官僚統治の形式でもあると考える。国家には独裁の職能と社会管理の職能という二重性があり、階級統治（国体レベル）と官僚統治（政体レベル）の二重性も備えている。階級統治と官僚統治の間には、緊張した矛盾の関係が存在する。歴史上の統治階級は憲政を部分的に受け入れたか、あるいは全面的に実行したが、そのもっとも重要な目的は、官僚統治をルールによって制限し、その階級の統治を実現することにあった。例えば、ブルジョアジーが憲政を実行するのは、国家の官僚集団の権力をルールによって制限し、手なづけるためで、ブルジョアジーの利益のために奉仕させる。また、人民が共和国の統治階級になる時には、自ずと憲政の実行によって国家の官僚集団の権力をルールで規制し、手なづけなければならず、人民の利益のために奉仕させる。「誰が統治階級か」というのは国体レベルの問題で、「憲政か独裁か」（統治階級の権力の運用、あるいは官僚が権力運用には憲政秩序の制約を受けるべきか）というのは主に政体レベルの問題だ。(24)

このような「解釈」によって、「憲政社会主義」はマルクス主義の「国体の根拠」（依然として、階級統治）を有し、かつマルクス主義の「政体の根拠」（「憲政」の実施によって国家の官僚集団の権力をルールで規制し手なずけ、「人民の利益のために奉仕させる」）も有した。この青年学者の「理論の創造性」は、ここでまた使い道ができた。(25)

しかし、このように解釈された「憲政」はすでに人々が通常理解している憲政（すなわち、党＝国家批判、包囲討伐されたリベラリズム憲政観でもある）からますます遠ざかった。しかも、党＝国家がイデオロギーの宣伝機器を始動させてリベラリズム憲政観を強力に包囲討伐すればするほど、華炳嘯のような「憲政社会主義者」は、「急進自憲派（いわゆる「急進的なリベラリズム憲政派」）」と意識的に一線を画すようになり、現体制に対する自身の忠誠を表して、それによって「憲政社会主義」の有限な言論空間を留保しようと希望を託すのだ。並大抵の苦労ではないと言えよう。しかし、華炳嘯の努力にどれほどの結果が伴うのか疑わしい。なぜなら、党＝国家の統治者が「憲政」は良いものではないと定めたとき、この不運な語彙を用いることは、たとえその解釈が花のように美しくても、「憲政社会主義」は党＝国家から好まれるものではないのだと、すでに決定づけられたからである。

第十一章　儒学治国論

儒学は中国の伝統文化を構成する重要な部分である。過去百年において、中国社会と政治の変化に伴い、儒学も何度か浮き沈みを経験し、ある時には持ち上げられ、ある時には批判された。国内外では、伝統儒学の学術としての価値はないが、全面的に捨て去るべきでもなく、そのなかから良いものを掘り出し、現代中国の必要に適応するべきだと考える学者もいる。この数年、国内では、とりわけ一部の人々が儒学を全面的に肯定し、中国における政治構造の改造に儒学を応用する可能性について大胆に論証し、さらには「政治儒学」によって「王道政治」の完全な構想と制度設計をどのように実施すべきかという提案までしている。こうした人々の努力は真面目で、厳粛なものだ。リベラリズムの立場から見れば、儒学治国論には多くの欠陥があり、現実的に全く通用しないが、それでも儒学治国論を現代中国の政治思想に一種の手がかりを与えるものとして、そうした主張が何を語っているのか、根拠は何か、なぜ通用しないのか、私たちが考慮することを妨げるものではない。その他、儒学をリベラリズムと結合して、それを儒学治国論のある種の変種だと主張する人々もいる。意味深いことに、近年、政府も「伝統文化」を強力な発揚と推薦が必要なものとしており、これを「国策」として掲げている。それはまた賑やかなことだ。政府の「文化ソフトパワー」戦略と民間の儒学を復興しようとする努力との関係、またそこに存在し得る互いの影響をどのように見るべきか。そのような相互作用の性質と今後の方向性についてどのように理解すべきか。本章はこうした問題について検討する。

蔣慶が論じた「王道政治」

蔣慶（一九五三〜）。字は勿恤、号は盘山叟。原籍は江蘇徐州の出身で貴州省貴陽で育ち、もともとは法律を学び、前後して西南政法大学、深圳行政学院で教えたが、国学に対して特別な思い入れがあり、一九九五年に『公羊学引論』を出版した。春秋経伝にある内聖外王之道の道理を説き、後に思い切って早期退職し、明朝の大儒王陽明が道を悟った貴陽龍場驛に陽明精神舎を設立して、自ら山長を務めて道を説く授業を行った。彼のような学者は我々の世代では本当に稀な存在だ。

二〇〇三年以来、蔣慶は前後して『政治儒学』、『再論政治儒学』等を出版し[1]、その主張を系統立てて詳細に解説した。この儒者は、中国政治の発展する方向は「王道」であって「民主」ではなく、「これは中国文化の西欧文化に対する回答という挑戦にとって欠かせない義である」と考えた。

近代以降、中国政治の発展する方向に偏りが現れた。それは中国のすべての政治思想が民主を中国政治の発展する方向としたことである。リベラリズムを標榜する西欧の「真の民主」は言うに及ばず、社会主義が追求するのは「資本主義的民主」とは区別される「社会主義的民主」であり、さらには中国文化の発揚を担う新儒家でさえも、民主を儒家による内聖心性之学から生まれた「新外王」としたのである。現在の中国の思想界を見回せば、中国人が政治問題を独立して思考する能力をすでに喪失していることが見て取れる。すなわち、中国人はすでに自分たちの文化（中国文化）の内にある条理に従って現在の中国政治の発展についての問題を思考することができなくなっているのだ。これは現在の中国思想界における最大の悲劇である[2]。

明らかに、蔣慶は「西欧の民主」に賛成しないばかりか、「社会主義的民主」も好ましいものとは考えていない。では「民主」はなぜ良くないのだろうか。あるいは、少なくとも何かが欠けているのだろうか。それは蔣慶が、民主政治が体現するところの「民意の合法性」が、単なる「一重の合法性」でしかなく、民主政治は主に人の欲望と利益によって成り立ち、「神聖性」を排斥していると見ているからである。「民主政治は制度面で、人を超越した神聖な価値観の領域に達することができず、完全に世俗の民意を中心としている。また世俗の民意は人類の世俗的な欲望に深く根付いているため、民主政治による「治道」の試みは人の世俗の欲望を実現するためのもっとも精巧な道具となってしまった」。例えば「米国の民主制は「政道」において神聖合法性の制約を欠いており、また制度的にはきわめて巧みに米国の有権者の現在の利益を擁護している。そのため、米国の民主制は永遠にわたってきわめて巧みに米国の民意（実際のところは欲望と利益）を擁護する道具でしかないのだ」。「民主政治にはもう一つ重大な問題がある。それは民主政治が道徳に欠けていることである。民主制度の下では、政治的権威もしくは政府の合法性が「実質的な民意」ではなく「形式的な民意」によって決定される。それはつまり、政治的権威もしくは政府の合法性が民意の数によって決定され、それは決して民意の質によって決定されるのではなく、民意の道徳的な内容によって決定されるのでもないということである。民意が人類の道徳に背いたものだったとしても、選挙民が数量的に法で定める政権を選出する人数に達していれば、彼らによる政権的権威もしくは政府の選出は合法となる。これこそが、民主選挙がファシスト独裁政治と覇権主義政治を生み出しうる原因である」。つまり、この中国の儒者によれば、「民意の合法性だけが独り歩きし」、政治的権威の選出過程における民主政治の「不道徳」を決定づけるだけでなく、民主政治の運用過程における「無理想〔現実主義〕」を決定づけるということだ(3)。

そのような訳で、蔣慶は中国文化の内にある条理に立ち返って中国政治の発展する方向を確立しなければならず、西欧の政治潮流に追随して横道に逸れてはならないと主張している。このいわゆる「中国文化の内にある条理」とは、つまり「王道政治」のことである。蔣慶の見方によれば、「王道政治」が「民主政治」より優れているのは、前者が「三重の合法性」を有するからだ。

公羊家は「天・地・人の三界に通ずるを王と為す」（董仲舒）、また「王道三通」（董仲舒）とも言う。つまり政治権力は必ず「天と地と人」という三重の合法性を備えて初めて合法となるのだ。「天」の合法性は人を超越した神聖な合法性を指す。なぜなら中国文化における「天」とは、目に見えない人格を持つ支配者の意志という意味の「天」と、人を超越した神聖さを特徴とする自然の理という「天」を指しているからである。また「地」の合法性は、歴史と文化の合法性を指す。なぜなら歴史文化は特定の地理的な空間で生み出されるからである。「人」の合法性は、人心と民意の合法性を指す。なぜなら人心が民意の合意に従うか否かということが、人々が政治権力もしくは政治的権威にみずから服従するかどうかを直接的に決定するからである。

もし、政治権力が上記の「三重の合法性」を同時に備えないとしたら、その統治権威は割り引いて考えなければならず、国民全員の忠誠と完全な同意を得ることができず、統治権威の合法性はいとも容易く危機に瀕し、政治の秩序は常に動乱と崩壊の辺境をさまようだろう。そのため、儒家の王道政治こそが、政治権力の合法性という問題を全面的かつ完全に解決し、長期にわたって安定した、調和の取れた政治秩序を建設するのだ。(4)

「儒教憲政」の基本構想

前述した「三重の合法性」を体現するために、蔣慶は非常に苦心して、儒教による一連の政治秩序——「儒教憲政」を立案した。それは「議会三院制」、「虚君共和制」、「太学監国制」等の内容を含んでいる。ここでは重点的に「議会三院制」について考察する。

いわゆる「議会三院」とは、それぞれ「通儒院」、「庶民院」、「国体院」を指す。蔣慶によると、「通儒院」は「人を超越した神聖な合法性」を代表し、「「通儒院」の議長は儒教が公に推薦した大儒が担当する終身制で、自身は直接関与せず、代表を任命して議会の運営に当たらせることができる。議員は二つの方法で選ばれる。(一)社会から公に推薦された儒家、つまり民間の賢儒。(二)国が通儒学院を設立し、『四書』『五経』等の儒家の経典に精通した儒士を専門的に養成し、政治実習と審査を経て、国家、省、市、県級の議会の議員に任じる。議員選任の規則制度は古代の「推挙制」と「科挙制」に倣ったものだ。「庶民院」は「人心と民意の合法性」を代表し、議員は西欧の民主政治における議会の選出規則と過程に従って選出される。「国体院」は「歴史と文化の合法性」を代表する」。「孔子は伏羲から堯舜禹湯文武周公にかけて何代にもわたり受け継いだ歴史と文化の伝統——すなわち王道を継承したため、中国の歴史と文化の合法性を代表する。ゆえに孔子の子孫が、その血縁により孔子の王統を継承し、「国体院」の世襲議長となる」。「議員は聖公が指定した歴代聖賢の末裔、歴代君主の末裔、歴史と文化における歴代の著名人の末裔、社会の声望ある人、さらに道教界、仏教界、回教界、ラマ教界、キリスト教界の人士から選出される」(5)。

蔣慶の構想は「三院の各院はそれぞれ実質的な権力を有し、法案は必ず三院同時に通過した場合のみ公布、施行され、最高行政長官であっても必ず三院が共同で同意して初めて選出することができる。もし、ある法案が「庶民院」により提案された民衆に利するものであったとしても、天道に背いたものならば、「通儒院」は同意せず法律として成立しない。例えば、同性婚姻の合法化についての法案などがその例である。反対に、ある法案が「通儒院」により提案され、天道に利するものであったとしても、民意に符合しない場合は、「庶民院」が同意せず法律として成立しない。例えば、西欧の緑の党による過度に急進的で時代に先行し過ぎている多くの生態保護に関する法案がその例である。さらに、ある法案が「庶民院」により提案され、民意に符合するものであっても、歴史と文化の伝統に符合しない場合、「国体院」は同意せず法律として成立しない。例えば、国民投票による国号、国語、国教の変更と国家領土を分裂させる法案などがその例である。三院制の各院がそれぞれ法案の通過と最高行政長官を決める実質的な権力を有することにより、「三重の合法性」が「治道」の面で互いに牽制し合い均衡を図る。それぞれの合法性が独り歩きする可能性はなく、そのため他の合法性を排斥して具体的な制度の取り決めによって政治の過程をコントロールし支配することはない」。当然のことながら、全文を通して見れば、やはり蔣慶が関心を払っているのは「通儒院」とそれが代表する「天道」であり、それがつまり「王道政治」の精髄である。王道政治は「政道」において「人を超越した神聖な合法性」を含んでおり、民主政治が「政道」において「民意の合法性が独り歩きする」ことによる弊害を適切に処理し、政治において民意が「境界を越えて膨張し、人を超越した神聖な価値観に背くに至らない」ように留める。同時に、「「人を超越した神聖な合法性」

とはつまり「実質的な道徳」であるから、王道政治は道徳的な政治を十分に体現することができる。王道政治は「形式的な民意」を考慮する必要があるだけでなく、さらに「実質的な民意」をも考慮する必要がある」。「王道政治」はやはり「高い目標を掲げる理想的な政治だ。なぜなら、王道政治は「政道」において天地人に通じるものであり、三重の合法性があまねく物事を決定し、またそれぞれの位置を守り、中国の文化（人類の文化でもある）が己を保持するなかで調和を追求する「中和」の理想を体現しているからである」。その他、王道政治は「制度の枠組みにおいて「中和」の理想を実現する必要があるだけでなく、政治に携わる人物は人格の上でも「中和」の理想を実現する必要がある。それはつまり、政治に携わる人物が正統な民意を実現する責任を負うだけでなく、さらに神聖な天道を実現させる責任と歴史と文化の命とも言える知恵を永続させるという責任を負うということである。王道政治が追求するところの政治的人格とは、人はみな平等であるという教条の下での政務官の人格ではなく、カリスマ（charisma）の風格を備えた天地人に通じる聖賢としての人格であり、そのような聖賢の人格は古来より人類が追い求めてきた人生の理想と人格の手本である」[6]。

「天道」と「民意」について
――「議会三院制」の分析

この儒者の求める境地はやはり高遠である。だが、「天道」と「民意」について前述した議論に何も疑問がないというわけではない。

「天道」とは何か。私の見るところ、「天道」とは何か抽象的なものではなく、先験の「超越」と「神聖」である。それは人類の歴史の発展と変化の過程における人間性の進歩と文明の向上にすぎず、その意味において「天道」とは一つの歴史的な概念であり、形而上の概念ではない。『五四から六四まで』という著書で、私はかつて人間性の構成とその歴史の発展と変化に関わる体系的な概念について詳しく解説し、次のように述べた。人間の社会的な本性はヒトの自然の本性に対して継続的な止揚を繰り返し、重要な歴史進化の意義あるいは哲学や人類学的な意義を超越してきた[7]。「天道」の継承者は一代また一代と、個人や小集団の限界を超越し、時代の先頭を走る人々である。彼らは時代の精鋭また耕作者であり、異なる歴史的背景の下で、同じように異なる様相を構成する。前近代において、そうした偉大な哲人と彼らに追随した知識人や精鋭は、しばしば「道統」を代表していた。現代社会では、彼らは広い心を持ち、小集団の私利ないしは国民国家の限定的な市民を超越した「天道」を体現しており、それはすなわち人間性の輝かしさと世界の未来である。だが、「天道」はある特定の人々もしくは集団に固定されることはなく、ある特定の人々もしくは集団が自ずと「天道」を代表するとも言えない。それは何かほかの理由によるのではなく、まさしく人間自身にそのような弱点があるためだ。個人もしくは集団として、ひとたび「真理」また「天道」の唯一の化身と宣言されたなら、それは必ずその個人もしくは集団の異化(すなわち自身との対立)の始まりなのである。

「民意」について言えば、実際のところそれは歴史的な概念でもある。討論を簡単にするために、私たちはとりあえず、「天道」と比べれば「民意」はさらに「形式的」だと認めることにしよう。例えば、現代の民主国家における選挙の実施における「民意」は、たしかにしばしば選挙民の近視眼的な利益のために移り変わる。この限度内において、民主政治は「当面のことしか顧みず」、「近視眼的で」、たしかに合理的な要素を持つと言える。ただし、この点は西洋人自身も早くから察知していた。米国のフィラデルフィアで実施された憲法制定会議の出席者は、議会の第二院を設計するために、地方の原則を体現することで連邦と各州の権力均衡の問題を解決するほか、第二院にさらにその他の意味を付与した。それはつまり、第二院(上院)によって第一院(下院)により提出される可能性のある近視眼的で狂騒的な政策決定の不備を取り消し、均衡を図るということである。マディソンが憲法制定会議で行った演説はとても有名である。なぜ議会に第二院が必要なのか、「第一に、統治者の圧迫を受けないよう人民を保護するためであり、第二に、瞬時に消えていく思想の誘惑から人民を保護するためである」。「多人数の下院」により、容易に「軽はずみや衝動による間違いが出現する」、「この種の危険に対処するには、ひとつの垣根を築く必要がある。それがつまり、人数は限られるがしっかりした立場を保つ啓蒙を受けた一部の市民を選出し、必要に応じて異議を提出できるようにし、急進的で過激かつ狂騒的な議員に対処することである」(8)。

まさしく同様の考えに基づいて、私自身も『中国憲政改革実行可能性研究報告』において、未来の民主的な中国の議会の枠組みについて三院制の制度設計を行った。そのなかの第一院は国民議院と称する直接選挙により選出される議院で、数の原則に従い、人口の比例に基づいて議員を選出し、それは世界各国と同様である。第一院において、選挙民は選挙を通して彼らの意中の議員もしくは政党を選出し、政治に対する訴求を表明する。政党も第一院での活動を通してその政治的な抱負の実現を目指す。第二院は参議院と呼ばれ、民主的な選挙で選出される議院ではなく、知恵と見識の原則を採用し、知識団体、教育団体、宗教団体と社会の声望ある人々のなかから推薦で議員を選出する。この構想は、米国の先賢に啓発を受けたものだが、制度的には個別に挙げられ、党派を超越した政治、国家の長期的な利益を把握する機能を受け持つ。第三院は省際連合議院と呼ばれ、地方の原則を採用し、各省により議員が推薦され、地方の利益を代表する。(9)

筆者の構想する「第二院」と蔣慶の「通儒院」がいずれも「実質的な民意」の長所を用いて「形式的な民意」の短所を補おうとする意図は容易に見て取ることができるだろう。二つの構想は似ているところがある。ただし、両者で根本的に異なるのは、「第二院」の議員を選出する範囲が知識団体、教育団体、宗教団体そして社会の賢達を含んでおり、特定の集団、特定の教派を規定することによって排他的に「第二院」を独占しないということだ。それ対して「通儒院」はまさにその反対であり、蔣慶の構想によれば「通儒院」には非儒学であるその他の人々が占めるところがない。それは「通儒院」だけに限ったことだろうか。蔣慶が構想する「虚君共和制」は「未来の儒家憲政国体形式」として規定され、そのなかで「虚君」は五つの条件を含む。高貴かつ長久の血統であること、政治性を備えていること、中断したことがないこと、唯一であり競争性を排除していること、国民の敬慕を受けていること、である。上記の五つの条件に符合していることが明らかなのは、「衍聖公（孔子の末裔）」だけであり、その他の者ではない。また、蔣慶が構想する「太学監国制」とは、つまり儒学の名士によって組織された最高学府を「太学」と呼び、「それは儒教憲政の枠組みのなかで国家の政治を監督する最高機関であり」、「国家における最高の監督権、最高の審査権、最高の礼儀祭祀権、最高の罷免権、最高の仲裁権、教育を維持する最高の権利、等々を有する」。(10)

もし本当にそうであれば、それは逆に儒家が天下を支配する「儒教共和国」になってしまう。儒生集団は劉小楓の言うところの新しい「支配層」、まさしく「唯一者」

となる。これはまた、儒家専制が今日の中国共産党による党専制に取って代わり、未来の中国における新しい専制形式となることを自ずと意味している。おそらく、大儒である蔣慶は、そうではない、そのような意味ではないと言うだろう。儒家は「天空を地と化す」(漢書・谷永伝)、つまり天に代わって道を行うのだから、どうして「専制」になり得ようか、と言うだろう。これはまさに、実際のところ蔣慶が人間性を理解しておらず、政治をも理解していないことを説明している。儒生も生存環境においては具体的な個人であり、儒生により組織された集団は環境と人間性が彼らに課す制約から逃れることはできないのだ。ひとたび儒生集団が本当に蔣慶の希望するような公権力を牛耳る唯一の者となってしまえば(その時、彼のいわゆる「三院制衡」は形式上の退場を余儀なくされる)、この集団がいずれ今日の党＝国家と同じように腐敗への道を迅速に進むことなどないとどうして分かるだろうか。中国歴代王朝において官吏を担った多くの儒生のうち、いったい何人が官として、また人として、儒教を道徳の基準および奥深い真理として本当に抱き続けることができただろうか。

「歴史の合法性」について
──儒学の歴史的な位置をどのように見るか

蔣慶の構想では、出身により身分が定められ(例えば「国体院」のように)、明らかに歴史の流れに逆らい、現代文明との齟齬を生み出している。この身分が過去における皇族や官吏また貴族であれ、今日の紅二代であれ、血縁を絆として打ち立てられた政治の系譜は、二十一世紀においてはすべて反文明的な挙動である。

しかしながら、蔣慶のさらに深層における問題はこの点ではない。この儒者のさらに大きな問題は、歴史を観察し理解する方法が間違っており、そのために導き出された結論にしばしば大きな誤りがあることだ。例えば、蔣慶は一度ならずも「西欧」と「中国」を異なるものとして区分している。彼は社会進化の基本原理を理解しておらず、「西欧」と「中国」が「人類」と最終的にどのような関係を持つのかも分かっていない。蔣慶の民主に対する誤読、伝統に対する誤読はともにこの点に関係する。このような面で、彼と甘陽は少し似ている。ただ、甘陽は分かっているのに知らぬ顔をしている雰囲気があったが、蔣慶は本当に分かっていないのだ。二〇〇八年の曲阜孔子文化節に孔子学術会堂で行った演説で、蔣慶は次のように強調している。「私の「政治儒学」を再建する試みと努力は、主に私が「政治儒学」の基本理念を堅守し動ずることがなく、西欧の自由民主理念と制度がすべての国家に適用できる「人類の公理」であることを認めず、自由民主を中国政治の発展すべき方向および最終的な目標とすることを総合的に拒絶している点に体現されている（もちろん、技術上の具体的な細部においては、自由民主の道具としての有用性を吸収し、受け入れている）[11]」。蔣慶が「西欧民主」を拒絶しているのは、例えば新左派もしくは毛左派のある学者のように決して政府に媚びているためではなく、本当に彼の認知と信念から生じている行いなのだ。この一点において、蔣慶は愛すべきまでに誠実だ。だが彼は、民主が今日の普遍的価値観となったこと、実は「西欧」とは関係がなく、一種の意味深い人類文明における現象であること、人類文明が現在まで発展してきたことの必然的な結果であることを分かっていないのだ（この「必然」は決定論的な意味での「必然」ではなく、社会進化の「生成論」的な意味での「必然」である）。いかなる民族も、その歴史的な特殊性がどのようであれ、遅かれ早かれこの道を歩むことになるのだ。欧米の国家が一歩先を進んでいるとしても、それは「西欧」文明の特殊性が比較的早く人類の発展における普遍的な趨勢だと証明されているにすぎない。また、蔣慶が堅持しているのは、文化相対主義の使い古された論議をいくらかの新しい言い分を用いて述べたにすぎない。この種の文化相対主義における方法論上の最大の問題は、哲学と人類学を根拠として社会進化の原理が包含する普遍性と特殊性を弁証する方法を分かっていないことである。

蔣慶等の儒学治国論者が方法論として抱えているもう一つの重大な問題は、「伝統」を非歴史的に見ていることであり、それには儒学の遺産をも含む。「歴史的に形成された」ものについては、考察と識別を加えなければならず、決して先祖が遺してくれたものだから貴重だ、伝承されているから良いものだという態度であってはならないことは知られているはずだ。識別を経て、どのようなものが留められるべきなのか、どのようなものが今日および未来に至るまで有用なのか、どのようなものが改善され更新されねばならないのか、どのようなものが完全に時代遅れで歴史博物館に送られねばならないのか、そうした問題を確定する必要があるのだ。それを行うには、同じように社会進化の歴史的な目が必要である。例えば、中国の前近代の政治構造について言えば、秦の時代から、中国皇帝による統治権は一貫して至高かつ無上の性質を持っていた。いわゆる「六国合併の内、皇帝の領土」、「人迹の至る所、臣たらざるはなし[12]」（史記・始皇帝本紀）である。これとさらに早い時代の「天が下、王しろしめし、地のかぎり、王が臣なれ[13]」〔目加田誠訳「小雅北山」『詩経・楚辞』（平凡社中国古典文学体系15、一九六九年）一七六頁〕は認知の面で完全に一致している。荀子は「道に従いて君に従わず[14]」〔金谷治訳注「臣道篇第十三」巻第九『荀子』上（岩波文庫、一九六一年）二八六頁〕と説いたが、中国政治の知恵のなかで、異なる合法性の基礎に立って君主権を有効に制約する制度設計がなされたことは一度としてない。西漢の董仲舒は「天人関係」を用いて皇帝の統治権を解釈し、皇帝の統治権を神秘主義のさらに濃い色彩を帯びたものとした。この漢代の思想家の最初の動機が何であれ、その標榜する君主権が天から授けられたものだとする意義こそが、中国文化における天、道、聖、王の「四合一」の伝統の最終的な完成を促進したのである。[15] この伝統において、暴君に対する批判は決して皇帝の統治権の否定なのではなく、それはまさに名君、聖主に対する忖度と希望なのである。

経済機構の面では、孔夫子の「まれに利を言う」が中国の伝統を二千年来支配してきたというのが事実である。もちろん、我々がさらに昔に遡れば事情はいくらか異なるだろう。経済思想史家である胡寄窗の研究によれば、周人（とくに西周を指す）は農業を重視したが、工業と商業の必要性を軽視した。[16] 春秋時代から戦国時代にかけて、経済発展と各諸侯の国同士の競争が激化したこと、そして社会生活の複雑化につれて、人々の「義理」関係に対する理解が重大な相違を生み出し、各種の代表的な学説が出現した。例えば、『管子』の作者は「自利説」を主張し、人の本性は「利を欲して害を避ける」であるため、治世者としては必ず「民の欲するところに順う」（管子・禁蔵）でなければならないと強調した。[17] 少し後の時代に管仲と同じように宰相を務めた晏嬰は、個人の財産への追求に倫理的な制限を課すことを要求したとしても、一定の限度を超えれば、財産は災いへと変化すると提唱した。ゆえに、「義を廃せば則ち利立たず」なのである。[18] 理論上、農業を重視し工業と商業を軽視した最初の思想家は荀子である。曰く「士大夫の衆《おお》ければ則ち国は貧しく、工商の衆《おお》ければ則ち国は貧しく、……故に田野県鄙なる者は財の本なり」[19]〔金谷治訳注「富国篇第十」巻第六『荀子』上（岩波文庫、一九六一年）二〇五頁〕。また荀子の衣鉢を継承し、「農を本とし、工商を末とする」という簡明な標語を明確に掲げたのが、戦国時代末期の思想家、韓非である。[20]人々は当然のことながら、様々な角度から「重農抑商」を主張する思想の内容を理解することができ、「義理」の論もたしかに深淵な哲学と人類学のはるかなる思いや黙想を引き出すのに足るものである。だが、我々がここでまず注目したいのは、やはり国策としての「重本抑末」が皇帝の統治体制下の社会に対して及ぼした実際的な影響である。この種の影響は理論的なものだけではなく、さらには社会構造的なものである。「重農本」や「抑工商」と中央集権の強化を最初に関連づけて一つにまとめたのは漢武に至る西漢王朝であった。漢武帝による「天下の塩、鉄を専売し、富商、大商を排す」という塩鉄官営政策は、工業と商業で権勢を誇る者に強力な打撃を与えただけでなく、匈奴討伐による財政的な困難を緩和し、勢力が割拠する状態へと分裂する潜在的な脅威を消し去った。しかも、その「専売禁止制度」は官営によってもっとも儲かることができ、利益が厚い工業と商業を独占する先例となったのである。「専売禁止制度」と並存したものには、他にも土貢制度と官工業制度がある。前者は皇族と富んだ統治者が商業的な過程を全く経ずに各種の物品（贅沢品を含む）を獲得することを可能にし、後者は皇室の御用品、官府の公務用品および軍需品の生産を官府による「計画」とし、市場とは無縁のものとした。それらはすべて自ずと前近代の中国における交換関係の発展と市場の育成を制限するものとなった。[21]後の唐、宋、元、明等の諸朝の時代には、商品経済の発展は度々途切れたものの、大規模な都市の繁栄が出現した。だが、政府の商業に対する管制と商人に対する偏見は、程度は異なるもののずっと存在し続けたのだ。[22]思想の領域について言えば、南宋の葉適が公に「抑末」を否定した最初の人である。それは後の明清における啓蒙思想の先声となったことはもちろんだが、実際の制度の運用に対して及ぼした影響はとても限られていた。総じて言えば、中国の前近代の悠久なる伝統の「重本抑末」と中国の前近代の市場における交換関係の未発達、市場文化の未発展には十分に密接な関係がある。皇権社会の運用における構造の一つの要素として、民間の工業と商業の未発達は皇権と社会の間に必要な張力が欠けていたことを意味している。そのような文化的土壌のなかでは、中国近代の私有財産権制度が遅々として芽生えることができないとして、その事情を完全に理解することができるのだ。

もし、中国の前近代における農業文明の経済形態上の特徴が小生産だと言うのであれば、中国の前近代社会全体の構造的な特徴は父系家長制の宗法家族統治であり、この二つはともに中国皇権文化の深くて厚い社会基礎を構成していた。前近代の皇権専制社会の重要な構成要素として、家族全体の一つの根本的な特徴は「家」と「国」が組織形態と精神形態において同じ構造をしていることだ。組織形態から見ると、一家族一戸の小さな「家」であれ、国家全体の大きな「家」であれ、どちらも縦型のピラミッド式の権力構造を有している。権力の支配範囲内にいる構成員（小さな「家」は家族のすべての構成員、大きな「家」は全国民）は必ず、「家長」に絶対服従しなければならない。精神形態の上で、私たちの民族は「家」と「国」をともに維持するために多くの倫理的な主張を考え出してきた。そのなかでももっとも有名なのが「君を臣の綱と為し、父を子の綱と為し、夫を妻の綱と為す」という三綱と、「父子に親（＝骨肉の情）あり、君臣に義あり、長幼に序あり、朋友に信あり」という五倫の定めである。皇帝に対する「忠」、父母に対する「孝」、夫に対する「従順」（夫が死亡したら「節を守る」）というのが中国人の人としての根本と見なされる。これらのすべてが合理的ではないとは言えない（例えば「孝道」はそのうちもっとも原初的で、もっとも素朴な意義を持ち、現代に至るまで重要な価値があることは明らかだ）。しかし、我々は皇権制度の背景の下でこれらのものを解読しようとする時に、これらが持つ専制文化の本質がすぐにはっきりと明らかになる。事実上、「三綱」の類の精神的な枷が中華民族文化の性格形成と国民心理の塑像に対して及ぼした影響はきわめて深遠である。我々の文化の性格における個人の独立性と自主性の欠如は、ちょうどその正反対の――根深くて覆すことができず、生まれつきの奴隷根性が蔓延しているような――精神的な枷が長期的に存在しているためだとはっきりと結論せざるを得ないのだ。奴隷的な精神の存在形式は臣民心理である。もちろん、「臣民」についてもさらにもう一歩進んだ解釈をすることができる。服従という意味の「臣民」は、すなわち「順民」である。皇権体制において相対的に身分が低く取るに足りないと自覚している「臣民」は「草民」だ。社会と衝突し、一方で「犯上作乱」の「臣民」は「刁民」、「暴民」さらには「罪民」である。臣民により組織された社会を臣民社会と呼ぶことができ、農業家族全体――前述した「家」、国と同じ構造と形態を特徴とする――これは、まさしく皇権専制文配の下における臣民社会の微視的な基礎である。

　もちろん、精神階層において、我々の民族の歴史においても強力な人格的な意志を発揚する書物や公共心から出た浩然の行いが欠けている訳ではないことを認めなければならない。「天行建《こうけん》なり、君子は以て自強して息《や》まず[23]」（易・象・乾）、「士は以て弘毅ならざるべからず、任重くして道遠し。仁以て己が任と為す、亦た重からずや。死して後已む、亦た遠からずや[24]」〔金谷治訳注「泰伯第八」巻第四『論語』（岩波文庫、一九六三年）一五六頁〕、「天下の広居に居り、天下の正位に立ち、天下の大道を行ない、志を得れば民と之に由り、志を得ざれば独り其の道を行ない、富貴も〔其の心を〕淫す能わず、貧賤も〔其の節を〕移（か＝易）うる能わず、威武も〔其の志を〕屈（挫）く能わざる、此れを大丈夫と謂う[25]」〔小林勝人訳注「滕文公章句」上『孟子』（岩波文庫、一九六八年）二三一―二三二頁〕、「天地のために万物を生育する心を立て、民のために生計の道を立て、昔の聖人のために断絶した学問を継ぎおこし、万世のために太平の基を開く[26]」（張載『張氏語録』）と言われる通りだ。さらに、「以て物を喜ばず、以て己を悲しまず」「天下の憂いに先んじて憂え、天下の楽しみに後れて楽しむ[27]」（范仲淹『岳陽楼記』）などは、たしかに中国民族の歴史における一種の浩然の気を構成している。これらは「天下を以て己が任と為す」という洋々たる理想を持つべく、無数の読者たちを激励してきた。私自身も愚才ではあるが、この偉大な伝統を現代において伝えるべく自負している。そしてこれは、儒家の理想における人間を超越したいくつかの特徴的な思想的要素が、現代の公共理性を建設する際に重要な精神資源となるかもしれないことを意味している。そうではあっても、我々はやはり、前近代の皇権文化という文脈では、そのような偉大な精神が制度的な存在へと変遷するはずがないこと、またその構造様式が持つ機能が発揮されるはずがないことを認めなければならない[28]。

　つまり、中国前近代の文化、とくに儒学の歴史における位置づけについて、私自身の主張は以下のように要約できる。

　第一に、思想と思想を生み出した社会的条件について言えば、儒学は前近代中国における農業文明の産物である。儒学の偉大さと歴史的な限界はともに、それらによって説明することができる。儒学が偉大だと言えるのは、儒学ほど精確また完全に一つの古い農業民族の精神気質と文化的な性格を明らかにしている学説が他には一つもないからだ。儒学が歴史によって局限されると言えるのは、その前近代的な本質と特徴による。儒学を生み出した文化母体自体が前近代的であるだけでなく、儒学自体も前近代的である。そうであるとしても、それは一つの前近代的な文化思想の体系が包含するかもしれない哲学や人類学のレベルにおける分析と人間を超越した普遍的価値観の思想的要素を否定することを意味するわけではない。いずれにしても、社会進化的な立場から見れば、儒学は前近代における農業文明の段階という水準に位置づけられ、この文明形態の文化的な表現である。どう考えても、儒学の価値を永続化し、さらには復興した儒学を用いて中国を救う、世界を救うという主張はすべて、彼（もしくは彼女）の動機がいかに誠実であれ、方法論的に非歴史主義の間違いを犯すものである。

第二に、思想と制度の関係における相互作用について言えば、儒学は自身の発展と変遷において、少しずつ政治化とイデオロギー化を遂げ、専制皇権統治の重要な道具となった。イデオロギー化した儒学は華夏だけでなく、前近代の政治、経済、社会全体の諸結合条件の産物であり、必然的に後者に対する反作用となり、二者の間にある相互的なシステムを強化した。二千年にわたる文化の淀みのなかで、この種の相互作用は大量の惰性的な因子を生産してきた。それは二十世紀の中国制度の近代化における文化的な障害であるだけでなく、その歩みの構造的な障害でもあった。[29]

儒学治国論を唱える人々は、儒学が中国の前近代文化として遺したこの歴史的な経緯を明らかに軽視し、儒学の現代における意義について過ぎた解読を行っている。

中国文化は悠久かつ古い。しかし我々は、前近代の中国皇権文化と制度の近代化という普遍的な要求との間に合致する構造要因が比較的少なく、中国が近代へと向かう過程は一つの制度が変転する過程というだけでなく、一つの文化が更新され、文化が再構成されるに至る過程であることを見て取るべきだろう。ここには永遠に変化しないものは一つもないのである。一方で、政治、経済、社会の各領域で近代の制度文明と精神文明のもっとも本質的な部分を体現したそれらのものを積極的に吸収し、参考にすることによって、中国人は憲政民主の要求に符合する法律制度の枠組みの建設に力を尽くさなければならず、もう一方では、理性的なふるい分けと自身の文化伝統のなかにある惰性的な要素を取り除くことにより、外来文明のなかに普遍的に見られる特徴的な精神的養分を吸収し、本国の文化における農業文明の障害を超越した精神資源を輝かせるならば、中国人はその基礎の上に中華文化の新天地を開くことができるかもしれない。これがすなわち我々が力を入れて目指すべき方向である。「儒学治国論」は現代および未来の中国において通用しない。そのように述べたとしても、それは伝統が全く役立たずだということは意味しない。文化が永遠に変化を続けるなかで、このような変化の合理性を推し量るのが社会進化の普遍的な原則である。この普遍的な原則はもちろん、民主政治の発展と進歩の過程についての解釈にも適用される。

秋風——儒学とリベラリズム

秋風（本名 姚中秋、一九六六〜）は独立した学者で、近年は北京航空航天大学人文社会科学高等研究院で教授を務めている。古典派とオーストリア学派経済学の翻訳紹介と研究に従事したことがあり、その後、リベラリズムの学者のなかで儒学の復興を唱える代表的な人物の一人となり、「中国大陸をリベラリズムから儒家へ移行させる学者の一人」とも呼ばれている。彼自身は最近、自分は「儒者」であると明確に宣言している。秋風の転向は、現代の中国思想界の情況をよく表す出来事である。

二〇一二年、当時はまだリベラリストだと自認していた秋風は、「儒家復興と中国の思想と政治が向かう先」と題した長文を発表した。作者は文中で、統治権を維持擁護することだけを考えている現政府のイデオロギーを批判するだけでなく、リベラリズムをも批判している。秋風によると「文化や社会領域を重んじる反伝統と個性の開放」を唱えるリベラリズムであろうと、「個人の財産権と自由経営権の保障」を唱えるリベラリズムであろうと、「それらの哲学と倫理学の出発点はどちらもホッブズの言う自然状態にあり、それらは身体の欲望と理性の推論・計算のみを認め、人間の倫理的な規定性を剝ぎ取る」。また政府が言うところのマルクス主義と民間のリベラリズムという「現代中国の二つの大きなイデオロギーは、一世紀近くに及ぶ隆盛と衰退の後、己の終点に向けて歩んでいるようだ。それら二つの衝突を経て、中国大陸は文明の廃墟、心霊の廃墟、社会の廃墟、文化の荒漠化、そして共同体秩序の解体という趨勢を迎えている。ただ、富の金色が人の目を輝かせ、このかつては美しかった新世界の荒涼とした光景を覆い隠している」[30]。

では出口はどこにあるのか？　秋風の答えは儒家の復興である。「儒家は宗教であるとは完全には言えないものの、社会統治において果たしているその役割は、キリスト教が伝統的な欧州社会で果たしている役割と類似した点がある。歴史から推し量れば、儒家こそが中国文明の核心であり、儒家こそが中国性の根本的な所在である。これに基づいて言えば、中国は近代国家を建設するというこのように激烈な変革のなかで、儒家を整えることこそがもっとも重要な仕事の一つである」。彼は以下のように述べている。

少なくとも政治的な観点から見れば、儒家はリベラリズムの敵ではなく、友である。さらに一歩進めて、思想的な観点から見れば、儒家は中国リベラリズムの展開における理論を構築する土台の在り処である。百年にわたって、中国の伝統と自由は互いに敵対する状態にあった。この状態はもとより儒家に不公正な扱いを受けさせただけでなく、リベラリズムから理論構築能力をも喪失させたのである。百年にわたって、リベラリズムは始終、常識を宣伝する局面にとどまり、きわめて限られた概念上の革新力と理論上の創造力しか持たなかった。いくらか理論構造を持っていたが、それも欧米への追従でしかなく、欧米人が自身の問題を解決するために設定した議題のなかで堂々巡りを繰り返し、中国の現実という基本と食い違い、漢語の思想や伝統とも食い違った。少なくとも大陸では、そのようなリベラリズムが理論的な創造力を持たず、「三千年来かつてなかった大変局」に対して人を納得させる理論も未完成で、それに答えるのに不十分であることがはっきりと観察されている。もしも、リベラリズムが儒家と和解し、儒家に取り入れられ、儒家を解釈することができるなら、リベラリズムと中国伝統との対峙を解消し、リベラリズム理論の内在化と転向を実現することができるだろう[31]。

中国リベラリズムが「中国の現実という基本と食い違う」という言葉がリベラリストの秋風の口から語られたのはたしかに意外だが、中国のリベラリズムが「漢語の思想や伝統とも食い違う」というのは思い当たるところがあるはずだ。なぜなら、「儒者」へと転向した秋風が自ずと「伝統」の大切さを強調しているからだ。だが惜しいことに、リベラリストと「儒者」を兼ねる秋風は、蔣慶と同じ方法論上の間違いを犯している。それは「中国」は必ず「西欧」と対立させなければならず、中国のリベラリズムが「三千年来かつてなかった大変局」に対応するためには必ずや祖先に立ち返り、そこで答えを見つけなければならない、それこそが私たちの「根」である、という主張だ。明らかに、秋風は蔣慶と同じように社会進化とは何かを理解しておらず、社会進化の根拠が「文化」ではなく「人類」にあるのだということを分かっていない。哲学と人類学は、ある一つの民族の「文化」もしくは「文明」ではなく、現代における人類の普遍的な発展方向の基礎と座標を理解することである。この座標を認めるという前提の下で、リベラリズムはもちろん儒学を再度吟味し、儒学と「和解」することができる。それがつまり「理性的なふるい分けと自身の文化伝統のなかの惰性的な要素を取り除くことにより、外来文明のなかに普遍的に見られる特徴的な精神養分を吸収し、本国の文化における農業文明の障害を超越した精神資源を輝かせ」、「その基礎の上に中華文化の新天地を開く」ことなのである。これこそが、リベラリストおよび伝統と未来に厳粛に対峙するすべての人々がなすべきことなのだ。ついでに一言述べれば、儒学の精神的滋養という役割を強調するために、リベラリズムが「身体の欲望と理性の推論・計算のみを認め、人間の倫理的な規定性を剝ぎ取る」という批判は、受け入れられないものだ。そのように断言することは、秋風を毛左派学者の張宏良と同じレベルにまで貶めるものだ（本書の第七章を参照）。また、秋風が「儒家の風習と制度の回復は、実際のところ全体主義の政体が社会に対して行う大規模な破壊の後に残された廃墟で、社会の自治を再建しようとする一種の自発的な努力である」と述べている点については、部分的に認めることができる。結局のところ、「儒家の理想に依拠して秩序を建設しようと尽力する儒者は皆、通常、強烈な倫理と政治的な主体意識を備えている。彼らは現政体が提供する論理や弁明に絶対に満足しない。反対に、彼らはみな通常、憲政主義者であり、彼らがリベラリズムや民主に対して批評を提出するとしても――実はさらに多くの場面で補足しているのだ。例えば、蔣慶が提起したのは三院制の議会主義憲政構想であり、康暁光の儒家憲政構想も三権分立と民主制度を決して拒絶するものではない」[32]。秋風がここで述べていることはすべて事実である。蔣慶の他にも、「儒化中国」を主張した康暁光（一九六三〜）も一貫して次のように主張している。「儒家の道統を継承し、儒家憲政を建設し、中国政府の正統性を中華五千年の道統の継承と近代民主政治の吸収の上に建設する。憲政の構造の下で、憲法は原則的に儒家の義理を採用し、強力な憲法審査制度を建設する。この前提の下、儒家は多党制や競争的な普通選挙制度、権力分立、有限政府等の理念と制度を吸収し、伝統と近代の融合を実現する。民主的な要素を取り込み、国家と社会の権力の均衡を保ち、そうして古典儒家に足りないものを補充できる。これが古今中外を調和させる政治的な一つの解決案である。ここでの憲政的な機能は、儒家と民主が提供する現代の整合性のある枠組みにある」[33]。

しかし驚くべきことは、本来リベラリストと儒者を兼ねていたはずの秋風自身が、最近の発言ではリベラリズムの立場をほぼ放棄し、純粋な「儒者」へと変化していることである。二〇一四年十月、秋風は『儒家網』のインタビューを受けた際に次のように述べている。平等と自由は「近代」の価値ではなく、「仁」こそが普遍的価値である。儒家は現代において倫理の疾病を治す精神的な良薬であるのみならず、さらには国家を統治する「完全な理論体系」であり、かつ「伝統中国の統治体制は本来近代的なのである」。秋風はさらに、私たちは「中体」を再建し、学術上の「鞭虜を駆逐し、中華を回復」しなければならず、それはつまり「概念の革命、思考方法の革命、学術パラダイムの革命であり、総じて言うならば学問の革命によって中国における学問の主体的な地位を回復する」とまで述べている。また、「我々が言う思想学術上の「駆除韃虜」とは、みずからを封じ込めることではなく、洋学を「用」の地位に帰することである。そうしなければ、中国は思想概念上、永遠に植民地のままだ」と語った。記者が「あなたは以前リベラリズムの学者を自称していたが、後になって儒家に転身し多くの人を驚かせ、これも象徴的な現象だ。あなたの心のなかで儒学とリベラリズムはどのような関係なのか」と質問した際、秋風は次のように答えた。「過去百年余りの間、中国の教育は幼稚園から始まり、全力を尽くして中国化に邁進した。結果として、教育の程度が高まれば高まるほど、中国人らしくなくなったのだ。中国人学者の脳を満たしているのは、すべて中途半端で成熟していない西欧の価値観、概念、さらには信仰であり、例えばキリスト教の思考方法は非常に根深い。一定の経験と省察を経て、私たちは転換しないわけにはいかず、「反逆」しないわけにはいかないのだ。しかしながら、これは回帰である。悲しいことに、大多数の学者は今でも虚構と幻の概念の檻に囚われており、西欧の真理をもって高みから中国を判断しようとしている。彼らは私を見ても、当然理解しない。だが、私はさっぱりしている。我々はもともと中国人だが、慣れないやり方で他人の方法を使い、他人の問題を思考してきたのである、それは本当に情けないことだ。例えば、左派と右派の争いは本当に哀れむべき事柄だ。ある人は階級闘争を主張し、他の人はそれに大声で反対する。だが彼らの発言と行動は実際のところは自己と敵との間で行われる階級闘争なのだ。この種の左派と右派の争いこそが、キリスト教的な思考が招いた概念と政治的現象である。中国の知識人は不幸にもこのような思想の「エイズウィルス」に感染してしまった。中国は彼らによって引き裂かれたのだ。いわゆる左右の両派はどちらも闘争を尊び、彼らの構想はいずれも地獄へと向かう道なのである。彼らの争っている問題は、実のところ、どのように悪びれば見た目が良いか、どのように死ねば美しいか、というようなものだ。彼らに争わせればよいだろう。私はこの問題には全く何の興味もない。私は左派ではないし、右派でもない。私は儒者だ。でも私は信じている。彼らのなかにも、翻然として悔悟する人々がいるだろう。なぜなら儒家こそが正道だからだ。……もしも、より多くの人が儒者になるなら、左右両派の死の争いも雲散霧消するだろう。もしも、より多くの中国人学者が儒者になるなら、世界は救われるだろう」[34]。

嗚呼、「儒者」の秋風はこれほどまでに「揺るぎない」。私はさらに何を言えるだろうか。

儒学と「文化のソフトパワー」

この話題はさらにもう一つの現実的な領域、すなわち政府と儒学および「伝統文化」との関係へと私たちを連れ戻す。中国共産党は本来「反伝統」を旨として立ち上がり、共産革命の綱領と実践のなかで、中国の伝統の絶対的な大部分に「封建主義」というレッテルを貼り、批判を加え、拒絶した。毛沢東が権力を掌握した時代には「横掃四旧」(旧思想、旧文化、旧風習、旧習慣)の「革命」や、躍起になって何でも批判する「批林批孔」が起こった。荒唐無稽ではあったが、それは少なくとも毛沢東の共産革命の理論に対する十分な自信を裏付けるもので、「伝統」ではない何らかの合法性を見出そうとしたのだ。この情況は、現在では完全に変化してしまった。文革と六四を経験した党＝国家統治者は、マルクス・レーニン主義のイデオロギーと「特色のある社会主義」の類がすでに現政体と一九四九年に樹立した政権の歴史的な正統性を支え切れなくなっていること、新しい合法性の源を探し出して「中国革命」が正統なものであることを証明しなければならないことをはっきりと理解したのである。その新たな合法性の源とは何か。それこそが「民族復興」である。そのため、国家博物館でもともとは「中国革命」として陳列されていたものが、ひそかに「復興の道」という名称に変更されている。中国革命の主旋律も、本来の共産革命の理論がこっそりと民族復興の理論に置き換えられている。そのため、ナショナリズムが盛んになり、「大国の勃興」が盛んになり、「伝統文化」がふたたび人気を得て、もはや「伝統」は批判される対象ではなくなり、逆に重要な「国家のソフトパワー」となった。中国共産党は百年余りの近代中国革命の継承者であるのみならず、五千年に及ぶ中国文化と中華文明の継承者にもなった。やはり、甘陽は賢い。「通三統」がその内にある諸々の紆余曲折をまとめてさらけ出し、持って回った言い方をする必要がもうなくなったのだ。

蔣慶のような民間の儒者が、政府に対して儒学に親しみ再興しようと働きかける挙動は十分に慎重なもので、有頂天になっているわけではないことを指摘しなければならない。二〇一四年十月、蔣慶は新浪歴史ウェブサイトの記者からインタビューを受けた。記者は次のように質問した。「習近平が国際儒学連合会開催の孔子誕生二千五百六十五周年記念大会に出席した後、いくつかの地方政府は公開で孔子を祀る式典を始めた。だが、今年、政府高官が公にまた大規模に孔子を祀ったのは、道具主義的かつ機会主義的な態度で儒学に対処したからだと考える人々もいる。これについて、あなたはどう見ているのか」。蔣慶は次のように答えた。「現在、中国大陸のいくつかの地方政府が公開で孔子を祀る式典を行ったのは、古代中国政府の孔子を祀る伝統の継承であり、中国の歴史文化の伝統と符合し、中国の歴史文化の合法性を有するもので、非難されるべきものではない。だが、率直に言えば、それについて批判する者は大陸の地方政府が孔子を祀るのは道具主義的かつ機会主義的な態度で儒学に向き合うことだと考えており、それもまた事実である。なぜなら、祭祀を行う者にはそもそも儒学の信仰がなく、動機が不誠実であるにもかかわらず、大げさに孔子を祀るからだ。たしかに、故意に儒学を利用している感覚を抱かせ、嫌われる行為である。その原因を突き詰めれば、それは現在の中国大陸がイデオロギーの儒家文化への根本的な転換を本当の意味で完成していないからであり、中国の政治秩序と政府統治が本当の意味で儒家道統と儒学の価値観の上に建設されておらず、相変わらず旧来のイデオロギーの上に建設されているからである。そのため、目下の状況では、大陸の地方政府が孔子を祀るのは道具主義と機会主義にすぎず、信仰と価値によるのではない」。蔣慶はさらに次のように表明した。「大陸の地方政府が孔子を祀る問題について、ずっと困惑させられるのは、その行為を完全に肯定できないからだ。なぜなら、イデオロギーが完全には切り替わっていない状況で、道具主義的かつ機会主義的な態度で儒学に向き合うのは、明らかに儒学を利用することであり、儒学はそのために濡れ衣を着せられることになる。しかし、またこの行為を完全に否定することもできない。なぜなら、政府高官が孔子を祀るのは中国の歴史文化の伝統に符合しており、少なくとも現代の中国は形式上儒家の「王官学」の地位を体現しており、それは孔子が代表する「道統」が政府官吏を代表する「政統」よりも高い地位にあることを体現するものだからである。それはすなわち、孔子を祀る儀式が「孔子の道」が現実の「政治権力」よりも高い地位にあることを象徴的に表明しているということだ。このような困惑は、歴史の夾雑と奇妙さ、そして曲折によってもたらされたもので、どうしようもない。我々は困惑のなかで冷静に観察し、政府の不誠実な点を指摘し、政府が次第にそれらの夾雑を克服し、純粋な道へと向かうことを希望することしかできないのだ」[35]。

二年前、リベラリストとしての秋風は、党＝国家が孔子を尊ぶ行為に対してきわめて冷静な見解を表明した。彼は次のように指摘した。一九七〇年代後半以来、イデオロギーの信仰が壊滅したことにより、当局が儒家を敵視し、消滅させようとする頑迷な態度はすでにいくらか和らいだ。とくに一九九〇年代以降、当局の儒家に対する態度には著しい変化が見られる。当局はナショナリズムの正統性を模索しようと試み、そこで「中華民族」、「炎黄子孫」、「中国文化」等のスローガンを強調し、それらに強烈なナショナリズム的色彩を与えた。党＝国家は儒家に対して一種の道具主義的な態度を採用したのである。例えば、「当局は国際的な儒学組織までも成立させ、資金や人材等のチャンネルを通してそれらを制御し、そうした組織が国内外で様々な文化的「統一戦線」活動に従事するのを指揮している。これらの政府側の儒家は、きわめて活動的に国内外における各種の文化交流活動、いわゆる「文明対話」に参与している。彼らは決して儒家の実体的な価値観を信奉しているわけではなく、彼らにとって儒家は、政治目標を実現するための一種の記号的な道具にしかすぎないのだ」[36]。

この批評は痛烈である。それではさらに純粋な「儒者」になった後の秋風は、今日の党＝国家の行為をどのように見ているのだろうか。私たちは刮目して待つこととしよう。

興味深いのは、党＝国家政府が大儒たちのそうした主流から離れたイデオロギー、ひいてはその経典からも外れた反道的な色彩を持つ言論（例えば儒教三院制の類）に対して、決して力を入れて圧殺してはいないことだ。儒者たちの著作は国内の出版社から出版され、新華書店で販売されている。インターネット上でも誰か大儒の言論が「消音」されたという話を聞いたことがない。これは、今日の中国における公共の言論には一定の空間があり、決して完全に塞がれてはいないことを証明しており、また一方では、蔣慶のような「政治儒学」の主張が、政府転覆を図るような意見を含んでいたとしても、過度に空虚で、現実となる可能性が絶対になく、そのため統治者から脅威と見なされることもありえず、それを理由として独り言を許され、自然に発生し自然に消滅するに任されていることを証明しているのである。とりわけ、影響力があるものの政府にとってはそれほど害とはならない知識人に、いささかの「自由」な声があるということは、かえって党＝国家の「調和」と「学術的な繁栄」を装飾する手助けをしているということだ。これは当然のことながら、蔣慶たちのような儒者たちの初心ではない。

つまり、これらすべてが証明しているのは、まさしく儒学は今日の党＝国家専制の難病を解決することはできないということである。中国で政治の新たな秩序を切り開きたいと考えるならば――その新たな秩序がどのようなものであれ、「儒家憲政」あるいはリベラリズム憲政であっても――その前提として、中国の現存する政治システムを変化させなければならない。同時に、儒者たちは警戒する必要がある。党＝国家が儒学と「伝統文化」に対して手招きして歓迎するとき、うかつにも自分が権力の追従者となってしまうことを警戒する必要があるのだ。その危険はたしかに存在している。

第十二章　紅二代と「新民主主義への回帰」

党＝国家特有な文化、政治現象である「紅二代」という言葉について、さらなる解釈をほどこす必要はない。だが、「紅二代」の中身は決して同じものではない。普遍的価値を主張し、またその傾向がある秦暁、胡徳平のような人々がいれば、巨大な特権にしがみつき、いかなる改革も拒否する「紅二代」もいる。これら二種類の互いに対立する紅二代以外にも、第三の紅二代がいる。それは「西側勢力」や「帝国主義の野望」に反対し、さらに党＝国家の腐敗に憤り、「時限爆弾を廻しあっている」と厳しい言葉で怒る人々である。彼らは「左に行けば右に出会い、右に行けば左に出会う」ものの、それと同時に、「共産党人に投降なし」とし、「新民主主義への回帰」が党のもっとも良い選択であり、中国の道であると考える人々である。これら紅二代には傲慢な一面がある一方で誠実な一面もある。改革的一面があるが、保守的一面もある。彼らは真理がみずからの掌中にあると思っているが、実は認識上の巨大な分裂に陥っているにすぎない。だが、政治現象として、こうしたいくつかの紅二代は、中国共産党第十八回党大会前夜に差し迫った声をあげており、明らかに新世代の党＝国家執政者が執政方向に影響を与えようとする明確な意図を持っている。本章で我々は、彼らが何を述べて、その論理的脈絡はどこにあって、提供された処方箋は今日の中国、そして中国共産党の病を治せるのかどうか、そして本当に習近平新政権による「国と政治のガバナンス」の方向に影響を与えるのかどうか、もし影響を与えるとすれば、我々はどのようにこの影響を評価すべきか、などについて検討する。

張木生——驚異の人

張木生（一九四八〜）は、すでに退職した中国税務雑誌社元社長で、かつて生産隊に入隊したことのある知識青年であり、両親はともに共産党員で、その父は周恩来、董必武の秘書になったことがある。張木生は二〇一一年四月、『我々の文化歴史観を改造する』を出版したが、この一冊で一気に人気を博した。この本の「序」で、筆者は述べている。「我々の世代の人々は、「文革」中に啓蒙について考え、冷戦中に思考した」。学者である李零は張木生の友人であり、しかも鉄のように固い結びつきがあるが、張木生はこの友人を崇拝するかのごとく心から敬服している。張はいう。李は「三つの古学家（古代文字、古文献、考古学）があるが、決して骨董家などではない」。「彼の本を読めば、眼前が明るくなり、一貫して中国と世界に向けて学ぶまなざしを与えてくれる」[1]。したがって、張はこの本に「李零を読む」というサブタイトルをつけている。

張木生のもう一人の親しい友人が劉源だが、彼は劉少奇の息子であり、人民解放軍総後勤部政治委員であり、かつ上級軍人である。劉源がみずからこの張木生の著書に寄せた文章では「張木生の文章を読むたびに、その細部と品格をゆっくり、そして繰り返し味わうことになる」。書を閉じたあとも、「依然として気持ちがざわめき、感慨に尽きず」、「張木生は決して見知らぬ人物などではあり得ない」と記している。多くの知識青年が下放する三年前の一九六五年、彼は理想を抱いて農村生産隊に入隊し、みずから苦行を積んで理論を実際へと繋げていった最初の人であり、孤独に苦しみながら、社会主義の道を追求した先駆者の一人である。文化大革命初期、張木生の名が世に知れ渡ったのは「中国の農民問題——社会主義体制についての研究」という長い文章を介してであり、手書きの写本という形で世に広く伝わった。その頃、農村では「一大二公」〔第一に規模が大きく、第二に集団所有〕が実施され、貧しく立ち遅れ、多くの庶民がひもじい思いをしていた。彼はマルクス・レーニン主義、毛沢東思想で現実に直面して、多くのきわめてすぐれた見解を出して、読者の思索を誘発したものの、運が悪いことに、「小反革命分子」の罪状を背負って投獄させられるという代価を支払った。文化大革命が終わると、張木生は内モンゴルの農村から戻り、農村発展問題研究チームの創設に参加し、そこで滁県の生産請負制に関して大きな調査を行った。また中国共産党中央農村工作「一号文件」を起草・討論し、「マルクス・レーニンの射撃術に熟達している」ことで有名であった。それから張木生は、チベットに送られ、林芝地区の専門員を担当したが、これは劉源みずからが張木生をチベットに送ったのである。劉源にとって、「張木生は共産党員の初志を堅持し、マルクス主義の基本原理を堅持し、中国社会主義の道をめぐる思索に対して一刻も停止していない」。「彼が叫び求めているのはうそ偽りがない制度建設であり、はでに立ち回って人気をとる政治スローガンなどではない。彼が優れているのは、「新左派」・「旧右派」、「主流」・「非主流」といった枠組みをはるかに超えていることである。古きに立ち返って、起点をこまかに調べ、出発点を定める。新しい時代の相に焦点を合わせ、まずは問題をはっきりさせ、それから解決する」[2]。

明らかに劉源は、張木生と同じ高みにいる。『我々の文化歴史観を改造する』刊行記念会の席上で、劉源が五人の解放軍少将を連れて出席し、これを祝ったことは、彼らの勢力がただならぬことを物語っている。張木生自身は述べている。「どこかで新民主主義について話せと言われれば、私はこの友人の命に従って、どこへでも行って話をするし、どこかで取材したいと言われれば、どこでも取材を受ける。私は今すでに新華社と中国新聞社国際部によって「新民主主義」の人と見なされ、内部参考用の情報源という一つの現象となっている。これだけ短い時間で西側各大手メディアからの集中的取材にあい、このひどい状況と問題について報告することとなった。誰の命に従っているのか。それはいわずもがなである」[3]。

なぜ「我々の文化歴史観を改造する」ことが必要なのか。

張木生はいう。「我々の文化歴史観を改造しないのであれば、なぜ新民主主義に戻ることが重要なのかを理解できない」[4]。これについて話すと長くなる。まず張木生が一体どんな「文化歴史観」を改造したいのか。これについては、劉源の「前書き」のなかでいくつかの言及がある。

「封建的」という、これだけ重要な政治、歴史概念は、意外にも混乱してはっきりせず、我々はどうしたらよいか分からない。

「民主的」という、これだけ常用される歴史・政治的語彙であるのに、これほどまでに本題から離れ、曖昧となっている言葉はない。

我々は理論的原点に戻って、その定義を明らかにし、我々の文化の歴史観を作り直すべきではないだろうか。(5)

「封建」に疑義を呈するのであれば、まず李零を推奨する。「理論的原点に戻る」プロセスで、李零は先生である。なぜ「封建」を疑うのか。それは李零が何年もの間、人々にとりついてきた「西洋中心論」を批判するためである。李零からすると、西洋人は「ひとつの物差しで天下を量る」ことに慣れ親しんでおり、マルクスでさえこの毒に犯されている。マルクスは『一八五七〜一八五八年経済学批判要綱』のなかで、ギリシア人を「正常な子供」と称する一方で、その他の古代民族を「粗野な子供」、「早熟の子供」と呼んでいる。このような言い方は、明らかにヘーゲルに影響されており、ヨーロッパを中心に問題を観察するという制約がある。もちろん、「今我々は、五段階社会形態説を評価する際にも、これを一概に論じることはできず、これまでの人類史発展の一つひとつを承認するべきである。(6)つまり、原始社会と近代工業社会との大きな段階的差異は明確なのであって、むしろ問題になるのは主に中間の段階、すなわち、いわゆる「奴隷制社会」と「封建社会」に対する評価である」(7)。

だが、李零は、中国も「正常な子供」で、中国文明には自ずとその尺度があると考える。

ヨーロッパの「封建」概念、あるいはマルクスの「アジア的生産様式」を中国に当てはめて「停滞論」や「萌芽論」を導き出すというのは、何代かにわたる中国研究者の愚かさを象徴している。「中国は東アジア文明のなかでもっとも代表的文明であるだけではなく、その起源は古く、発展段階は高く、その伝播する範囲も広い」。「その上、連綿と続いて絶えることのない文化の手がかりを維持して、伝統的農業社会の発展において達成した業績は他と比べようがない。このような歴史上の業績は、中国近代の後れをごまかすことはできないが、伝統社会の研究・分析に絶好の材料を提供している」(8)。張木生は李零の意思に即し、続けていう。「中国は西側よりも百年近く遅れているか、ぜいぜい二百年の遅れがあるとはいえ、人類史の長い流れのなかでそれがなんだというのか」。「我々は昔の輝きで今日を勇気づける必要もないし、近代的勢いで祖先をののしる必要もない」(9)。それゆえに張は、『河殤』には賛成せず、『大国の飛躍』にも賛成しないで、たとえそれらが一つの「悲惨なバージョン」か「気高いバージョン」かのいずれかであっても、すべて西側を正しいと見なし、西側にならって自らを整序するものと考える。[10]張は恐らく、蔣慶らによる「儒学治国論」も気に入らないであろう。なぜなら、張からすると、伝統の放棄も擁護も、いずれも等しく「西側による言葉の上での覇権」を抜け出しておらず、すべて「自ら立場を異にする世界資本主義システムの心理状態と関係がある」からである。[11]

ではなぜ「民主」という言葉は、「本題からはるかに離れる」のだろうか。張木生はやはり李零と同じであり、「帝国主義」批判から議論を始めている。それによると、この世界には「まず帝国主義があり、次に資本主義がある」が、「民主」がこれまでずっと戦争や帝国の征服と関係があったのは、このような征服の副産物だからである。「古代の民主共和国とローマ法典は、たしかにきわめて近代化されたものであり、近代西洋の元祖であって、海洋法システムの国家であろうが、大陸法システム国家であろうが、すべて祖先を見分けて祖先に帰る。だが、古代ギリシア、ローマ時代はきわめて残酷で、その他の文明とは大きく異なり、典型的奴隷制度、すなわち全世界でもっとも発達した奴隷制はこの地で生まれ、成長している。ギリシア、ローマも農耕文明であるが、古代中国と比べれば、物産はより単調で、まともな大平原は何もない。彼らの貴族、平民のほとんどが農耕に従事しておらず、戦士を育成しているので、彼らは四方の城を攻め落とし、土地を奪い、無造作に人を殺してきた。元からあった私有制には手をつけられず、報奨が手厚ければ必ずそこに勇敢な男が現れたにせよ、それが何の役に立つというのか。新たに奪い取ったものは、土地、女性を含む奴隷である。対外的には人を殺し、征伐し、死傷者を多く出す兵事、戦いによって対内的にはようやく民主主義が実施できる。古代の民主制国家がこのように発生したように、現代民主制国家もまた、このように発生したのである」。「西洋古代民主制が奴隷制度の基礎の上に創られているように、西洋近代の民主制は植民地の基礎の上に創られており、他人への圧迫の上で初めて民主的であり得たのである」。したがって、「専制に汚れた血が必要であったように、民主にも汚れた血が伴っており、いわばそれらは同じ一つの歪んだ鍋のなかにある。それは一方が対内的に残忍であり、もう一方が対外的に残忍であるだけの違いである」。「この五百年の西洋の戦史とは、必ずや罪悪の歴史であって、その原罪は最初の植民戦争にまで遡ることができるが、その基本的方法とは不変であり、基本的論理も不変である。その特徴とは覇道である」[12]。このことは「もっとも民主的な国家」を含んでおり、「どうしても戦争したいのであれば」、「一匹がロバ、一匹が象になるだけで、そのうわべを除けばすべて同じなのである」。「牛肉党」であろうが、「鶏肉党」であろうが、選出された大統領は、在任中に一度か二度の「きれいな戦争」をしておけば、人々は必ずや驚喜するであろう。彼らが「もっとも信じている米国の利益とは全世界の利益である」。「全世界の大事はすべて彼らの家事で、彼らの家事はすべて全世界の大事である」。「この五百年近くの間、西側には戦争依存症があって、民主と戦争とは、影がその形に添うようにお互いに仲が良いのである。西側に反戦があるとすれば、その反対とはすべて自国の死人が多すぎるときのことであり、他国の死人に反対しているのではない。「文明国家の標識」とは、自分たちの死を恐れて、その他の国家の人を含まず、さらに言えば「野蛮人」を含まず、生命は決して等価ではないのである」[13]。

それゆえに張木生は西側の「民主」が気に入らず、価値観の上で断固とした帝国主義への反対では揺るがない。

さらに重要なのは、張木生が戦争、帝国主義など「歴史的構造」のなかから「革命とは強いられたものだ」という一つの重要な結論を引き出していることである[14]。「二十世紀における二度の世界大戦は、ロシア革命と中国革命という二度の革命を強いている」。張木生は李沢厚、劉再復の「革命に別れを告げる」に賛成せず、「革命に別れを告げたければ、まず帝国主義戦争に別れを告げるべきである」としている。張はとりわけ、李、劉による「革命の結果は封建専制である」という説に賛成せず、次のように言い切る。「中国現代化の道は、曲がりくねって複雑であるが、伝統の復活では絶対にありえない」。「中国革命は、外部を囲んで取り巻く強敵があり、内部で対峙する強敵があるとき、独裁あるいは専制で、もう一つの専制に反対するが、これは残酷な環境がそうさせるのだ。毛沢東を封建の帝王とするのは不公平である」。「中国革命が農民戦争の結果であり、伝統的聖人王の政治であるとするのは、中国の伝統の力を誇張して、中国革命を汚している」。張木生の見るところでは、「中国革命の発生と毛沢東の「個人的魅力」とは関係なく、その「ロマン的」「動員闘争」とも関係ない。フランス革命が一人の「革命皇帝ナポレオン」を排除したのは、もちろん風刺である。中国革命は国の存亡の危機に救国を求め起こしたものである。西側の論理では、義和団が「ナショナリズム」で、八カ国連合軍は「国際主義」である。革命で血を流さないことはよいにはよいが、そんなものは灯籠を掲げても見つからない。中国革命には流血が多すぎて、代価はきわめて大きなものであるが、依然として偉大で、誉れ高く、正しいものである。これは誰か一人の功罪の問題ではなくて、百数年の歴史で、すべての中華民族の選択であり、何代かの人々の功罪の問題である。中国革命は国の滅亡を救い、生存を求めて、列強による分割を解決したとはいえ、列強の凶悪なやり方をどうして許せようか。中国は列強による分割から抜け出し、すでに六十年間、暴力の被害を受けずにいるが、このことは中国革命と中国共産党の歴史的功績であって、覆すことはできないのである」[15]。

「紅二世代」の不満を表しているもの

以上のことは、張木生が相当なる共産党員、堅物の「紅二代」であり、たんに「戦争説」(「強制」説)で「中国革命」の合法性を反証するだけではなくて、論理の上では一貫して、反米、反帝国主義で徹底している。おそらく生まれのよさから由来するのであろうが、張木生は何人かの学者のように口ごもるようなことをせず、現代中国の諸問題を驚くほど大胆かつ率直に提起している。

一方で、張木生は中国の巨大な貧富の格差(『我々の文化歴史観を改造する』第四章第三節で大量の数字、データを使い、読者に「自分で考える」ように促した)について率直に述べているが、それによれば、「中国最大の成果とはまた、全世界に類を見ない後進国最大の問題でもあり」、「ごく僅かな数の金持ちと世界最大の弱者層を作ったのである」。張によれば、中国大地の至る所で見られるのは、「悪徳商人と汚職官吏の暗躍」という醜い現象であり、「改革開放の過程で権力の資本化、権力の市場化、政権の産業化、そのために過去もっとも清廉であった学校の教師、魂のある技師にまでその影響が及んでいる。例えば、病院の医者など、以前には「白衣の天使」であったのに、今では「腹黒い悪魔」として、医者と患者との間の矛盾はかつてないほど激烈になっている。信仰にどれだけ大きな危機が現れたのかと言えば、様々な邪道がすべて伝統イデオロギーの真空に取って代わり、多くの共産党員、一般大衆を含め、仏を拝み焼香し、跪いてお辞儀をし、伝統に復帰するという動きが著しく、我々の権力は産業化、資本化、政権の市場化だけでなく、さらに黒社会〔マフィア社会〕的組織化をもたらしている。[16]

一方、張木生は「論争しない」ことを皮肉って、政務担当者が「一般大衆に本当の話をする勇気がない」と批判している。張木生の見るところ、改革開放政策の採用以来、いくつかのマイナス面の現象は避けられなかった。「市場経済という条件下で一部の人が先に豊かになるというが、この一部とはいったいどんな人々なのか。資本の人格化とは人格化された資本であることは明確である。しかも、「一部の人が先に豊かになる」というスローガンは超然としているように見えて、実はすべての先進国がかつて歩いてきた道であり、少しも不思議なことではない」。だが、「論争しないことで裕福になる原因を覆い隠し、かつ一般大衆に本当の話をする勇気もない」。「したがって、改革開放の最大の誤りとは、資本主義の発展を許したことで、資本家の出現を許し、官僚資本の復活を許し、外国帝国主義の資本を回帰させ、官僚資本を再建し、民間資本、民族資本を発展かつ強大にさせたことにある。これが道理にかなっているのは、結果的に我々がそれを覆い隠し、庶民にそれがどういうことなのかを伝えずに、「中国的特色」、「初級段階」、「論争しない」というそれぞれの論法で、それを包み隠せたからである」。[17]二〇一一年十月のある内部討論会で、張木生は率直に述べている。「実は党内の多くの人は、こうしたことが二十年から三十年維持できると感じているのは、彼らが時限爆弾を抱えたまま、決心も下さず、なにもしないでいるという自己欺瞞に陥っているからである」。[18]

このことが張木生の鄧小平に対する批判としても理解できるのは、「論争しない」という悪例を作り出したのが鄧小平その人であり、またこの言及をした際に、胡錦涛、温家宝は政権の中心にいたのだから、彼らを批判しているとも言えるためである。もちろんそれが共産党内の権勢グループへの批判としても理解できるのは、彼らがただ自分の利益だけを考慮して、党＝国家の大事業、党の創設者の根本的理想とその初志を全く顧みないでいるからである。張木生は「本当のことをありのままにいう」人物であり、羊頭狗肉の必要はないというだけのことである。この話に偽りはなく、張木生には自分だけの理論的根拠がたしかにある。

張木生の理解による「新民主主義」

『我々の文化歴史観を改造する』のなかで張木生は、三十数年前の自分のノートを公開した。これは当時（一九七七年）、李零のマルクス主義に対する思想を整理した総括の記録である。筆者は真剣にこの総括を読んでみたが、それは李零を全く新しい目で見る上で刮目に値するものであった。李は全くの独学で、正確にマルクス『資本論』の基本的論理をとらえている。例えば彼は、「共産主義とは資本主義のもたらす憶測の代替物ではなく、資本主義発展の必然的転化物であるにすぎない」というマルクスの言葉を強調している。だが、このような転化は、資本主義の商品経済における「価値」がもともと「労動時間と効用の計算」に基づくものであることを意味し、それゆえに「価値の還元とは、本質的に社会主義的なものであるしかなく、しかもこの基礎の上においてのみ「計画経済」があるのだ」。だが、いったいどのようにして資本主義から共産主義への「移行」を実現するのか。これについては、マルクスとエンゲルスがわずかの「直接見ることのできる措置」を提出しているにすぎないのに対して、この問題に対する回答にもっとも貢献しているのはレーニンである。李零にとってレーニンは、「この移行を資本主義から社会主義の移行に直接、解釈しているだけであり、社会主義社会はこの移行の直接的目標である」[19]。レーニンは「一九一七年の十月革命以前、帝国主義戦争という環境の下で、本国ブルジョアジーが民主的改革を徹底的に行う力がないため、戦争の災難から抜け出られるようロシアを援助すべく、プロレタリアートは政権を掌握せざるを得ず、ロシアのブルジョア革命を迅速にプロレタリア革命へと転じ、社会主義への移行に導いた」と指摘している。「十月革命の成功ののち、レーニンはロシアで五つの経済的要素に対して、国家資本主義を主体とする異なる移行措置に着手した。内戦の時期にあって、帝国主義の武力干渉に打ち勝つため、国家資本主義の発展を一時停止して、戦時共産主義の政策を実施したが、それは内戦の終了後、戦時共産主義の政策を終わらせるべく、改めて国家資本主義の措置を実施し、新経済政策を実行した。すなわち、小規模生産に譲歩する食糧税と自由貿易、国際資本に譲歩する租税制によって、工業・農業の正常な交換の回復を望みつつ、国家資本主義という起点までの退却を実施したのである。レーニンが亡くなる前にとくに協同組合制という重要な意味（流通分野の消費者協同組合）を強調して、協同組合を狭義の国家資本主義（すなわち、国家統計および監督の一部である大都市商工業の国家資本主義）に見合った小規模生産の発展（例えば自然発生的貿易）を制限するための経済的形式を打ち立てた。それは（経済形式として国家資本主義の概念を縮小したものの）さらに国家資本主義政策の概念を拡大し、小規模生産と国際資本主義に譲歩する一連の便宜的計画をすべて国家資本主義として実施する措置のなかに包括していった」[20]。だが、その後スターリンは、レーニンの新経済政策を変更し、「社会主義へ引き続き移行する政策を取りやめ、早急に共産主義へ移行するという問題を提出し、社会主義の本質的規定を曖昧化し、共産主義と社会主義の区別を曲解した」。「彼は過渡期にあるべき分析と予想を取りやめ、過渡期の矛盾と問題を覆い隠した」。「彼は社会主義に移行する過渡期の措置と社会主義社会そのものとを混淆したが、このことで社会主義と資本主義とが理論上対立し、実践の上で混同しはじめた」。「彼はもともとただ移行措置として実施していたにすぎないが、資本主義の性質のものが伴うことは避けて通れず、例えば国家資本主義、協同組合などはすべて社会主義社会のものとして、これらの過渡期資本主義的性質を、甚だしきに至っては、きわめて遅れた資本主義的性質を覆い隠してしまった」。「彼は一国社会主義と国際労働運動とを対立させ、東洋と西洋という二つの世界の間に大きな溝をつくり、社会主義を民族範囲内のものへと変貌させてしまったのである。もはや世界革命は世界の資本に打ち勝つものではなく、ソ連を守り民族社会主義を実現するための手段となったのである」[21]。

上述した李零によるレーニンに対する説明とスターリンへの批判とが、本章で扱うテーマにとってきわめて重要であることを理解してほしい。なぜなら、張木生はちょうど青年期の李零にあったこの観点を全面的に受け入れ、さらにそのことをなぜ新民主主義へ回帰すべきなのかという問いへの根本的根拠としているからである。張木生は二〇〇二年、劉源の『劉少奇と新中国』という一冊の本に寄せた文章で、李零のスターリン批判を引用している[22]。二〇〇九年に張木生が『南風の窓』の記者の取材を受けた際、彼は分かりやすくこの観点を敷衍しつつ、こう言っている。

レーニン、ブハーリン、トロツキーは、共通する一点について堅持している。すなわちそれは、帝国主義戦争ゆえに、我々のような後進国が意外なことにも政権を獲得し、社会主義国家を創立したものの、西側における革命の発生が伴わないならば必ずや失敗するであろう、ということである。レーニン全集の二十七巻から四十二巻には、これに関連した大量の論述がある。レーニンはしっかりと「新経済政策」を実行するというが、そもそも「新経済政策」とはどういうことなのか。それは共産党の指導下で資本主義を実施するには、世界の資本主義文明の行列のなかへ割り込んで、西側での革命の発生を待たねばならないということである。(23)

張木生はさらに、延安期の毛沢東など、共産党の指導者も全面的にレーニンの観点を受け入れており、中国共産党の「新民主主義」こそは、まさにレーニンの新経済政策の精神を継承して提唱されたものであるという。

中国の新民主主義をめぐる最初の議論は一九三八年にまで遡るが、誰がそれを取り入れたのか。張聞天だ。張聞天は一九二二年、米国に留学し、ソ連の過渡期および新経済政策の学説に大量に接しているが、さらにソ連にも長く滞在し、一九二一年からレーニンが亡くなるまで実行された三年間の新経済政策、さらに過渡期の延長をめぐる学説に大量に接している。そのシステムを理論化したのが毛沢東であり、もっとも長い時間それを実践したのが劉少奇である。(24)

二〇一一年十月の内部シンポジウムで、張木生は毛沢東がいかに新民主主義論を体系化したかについて詳細に紹介した。張は若き毛沢東が「農業社会主義病」を患っており、「彼はこうした農業社会主義を吹聴する完全な文章を書いたことがある。延安にいる頃、つまり共産党がもっとも清廉潔白で、民主的で、もっとも盛んな頃、張聞天がレーニンの過渡期延長論と新経済政策の政治問題に関する論文を提出したが、のちに毛沢東がこれを改稿し、新民主主義論をひとつの体系として完成した。新民主主義は次のようないくつかの部分に分かれている。ひとつは新民主主義の革命論であり、この完成度は高く、王明への批判を通し、全党の共通認識に達したことで、中国革命は勝利を収め、すべてが順調であることを皆が認める、これが新民主主義革命論である。新民主主義革命論もまた一歩で進めることはできず、二歩あるいは数歩に分けなければならない。もうひとつは、毛沢東が提出した新民主主義建設論であり、新民主主義建設の時間枠について、毛沢東はそれを数十年~百年、あるいはもっと長く、資本主義が発達している西側地域での根本的変革がない限り、新民主主義は続けなければならないとしている。これが時間枠の幅である。その第一目標は、新民主主義共和国の成立であり、新民主主義憲章の制定である。新民主主義共和国は独特な社会形態、歴史的時期にあり、植民地・半植民地という発展途上国における「第三の道」であり、国家は社会形態でも歴史的時期でもあり、またもう一つには、もっとも長い時間にわたる移行段階である」。「新民主主義の政治は五星紅旗で、一個の大きな星は中国共産党で、残りは労働者、農民、ブルジョアジー、小市民階級(プチ・ブル)である。したがって、新民主主義政治の許容度がどの程度なのかを議論すれば、リンカーンの人民の、人民による、人民のための政治、またルーズベルトの「四大自由」を含むだけでなく、彼らを上回るべきである。時代の前進につれて、独立、民主、自由、公正、正義、富強の新民主主義共和国は、ただ西側先進国を上回って初めて合格し、社会主義に転化できる、と毛沢東は述べている。新民主主義軍について、彼は二度、議論しており、新民主主義の軍隊は軍隊の国家化であるが、共産党、解放軍における党の指揮を模範とすれば、これら両者の間が矛盾することはないとしている」。「新民主主義の経済構成要素には五種類あって、新民主主義の議会と人民代表大会は共産党指導の下での多党制代表組織であって、選挙制に基づいている。多くの人々が毛沢東に反駁したが、我々が多数派の利益を代表しさえすれば、大多数の人は我々が彼らの利益を代表していることを認めるはずなので、多党が競争しても恐れる必要はない、と毛沢東は述べている」。「新民主主義の経済構成要素は国有経済であるとしているが、以前、私は毛沢東がここで間違いを犯していると感じ、むしろそれは社会主義のことだと思っていた。否、毛沢東が論証しているのも国家資本主義であって、経済構成要素のなかでもっとも高度な国家資本主義であり、それを方向誘導して、各種の経済構成要素を含めることができて、資本主義百年の発展、あるいはさらに長い時間の発展を許すのである。ここで我々の苦悩があるとすれば、むしろ資本主義が発達しないことに対する苦悩であるべきなのだ。新民主主義の予算・決算制度でさえ彼は詳しい論述をおこなっているが、これは私が全く思い付かなかったことである」。「新民主主義論は党中央第一世代指導者の集団的知性であって、その正しい原型については一九三八~一九四五年の『解放日報』を読むべきである。解放前の毛沢東選集全四巻の文章のうち約百六十二編、百二十数編は延安期に書かれているが、この百二十数編については、解放前後で少なくとも三回の改定を経ており、そのたびに本来の新民主主義からは徐々に離れ、いつのまにか十五年の過渡期から新民主主義を放棄するまであと数年というように完全に変わってしまった」。だが、張木生には一つの解釈がある。「新民主主義の中断は表面的には一九五三年以降であるが、実際には七期第二回中央委員会全体会議（二中全会）である。毛沢東はもっとも親密な何人かには次のように話している。どうやら新民主主義をやってはいけないようだ。新民主主義ができるための前提は米、英、ソ連が一つの連盟となり、冷戦構造がないことであって、冷戦があれば、中国は間違いなく一方だけに専念するしかない」。「だから、毛沢東は朝鮮戦争に打って出て、ソ連の工業援助百五十六項目を手にしたのちに、新民主主義ではやっていけないと分かったのである。新民主主義の外交はその時設計したものだが、ソ連一方だけに専念せず、米国一方だけにも専念せず、我々は一つの独立自主の路線で進むべき国家なのだ、と毛沢東は明確に述べている」[25]。

明らかに張木生は、正真正銘の共産党員であり、しかもマルクス・レーニン主義者であって、かなりのレーニンファンであり、毛沢東ファンである。張木生は言う。「毛沢東はなぜ新民主主義を放棄したのか」ということの説はまだ完成したわけではなく、少なくとも全面的なものでもないとはいえ[26]、彼は毛沢東選集現行版の「新民主主義」とはことなった紹介をしており、この問題の研究で貢献があったことは否めない。このことは恐らく、生産隊に入隊した頃の張木生や李零などの人々が狂ったように読書していた頃、張は陳伯達の息子である陳暁農と一緒に生産隊に入り、陳は延安時代の原版の文献を読んでいたが、そのなかには毛沢東の『新民主主義を論じる』も含まれていた[27]。張木生は言う。「彼が第七回党大会以前に公布していた演説を含めて、毛沢東原版の『新民主主義を論じる』をよく読み、さらに原版の『連立政府を論じる』や『共同綱領』をよく読めば、毛沢東が以前、もともとの中国の設計をめぐり、一九四五年、延安にいた頃には、劉少奇のそれととても一致していた――もっとかいつまんで言えば、中国共産党の指導の下で、中国は資本主義をやるということである」[28]。

このように見てくると、張木生が「特色のある社会主義論」を批判するのも不思議ではない。彼の論理によれば、改革開放は実は「新民主主義への回帰」、つまり「共産党の指導の下で中国は資本主義をやる」ことにほかならないのだが、平凡な指導者はどうしてもそれを承認できない。このような相手を取り違える行為は、庶民をだますだけでなく、性質の悪い権貴資本主義をもたらすだけである。「こうした皇帝に冠をするような資本主義をすべきではない。それはもっとも悪く、もっとも凶悪な資本主義である。もしも中国が権貴資本主義社会をやるのであれば、劉少奇の言葉で言えば、革命は社会を無駄に変えることになるだけではないのか」。ではいったいどうするのか。張木生の回答は次のようなものである。

「肝心なのは、マルクス、エンゲルス、レーニン、毛沢東が本当に述べた正確な中身を回復させることだが、かつて言いにくかったことが、現在ではすべて言えるのも、それらがすべて実際に彼らが言ったことだからである。社会主義のはっきりした概念を取り戻すことは、つまり社会主義とは何なのかについて問うことを意味する。我々は今日何をするのか。私たち自身とは何なのか。我々にはどんな移行措置と移行環境が必要なのか。この過程で我々は何を捨てるのか。最後にはどんな目的に達するのか。毛沢東がもっとも偉大なのは、マルクス主義を含めた西側のものを中国化し、土着化したことである。中国は今同じ問題に直面している。私は若い頃にこう言ったことがある。「我々は我々のダヴィンチの時代を探すのだ」と。このことは今日まで変わっていない――我々は我々の歴史の伝統を継続し、中国人が新たな挑戦に出会った際、外部からやってきたものでも、自分のものに変えることができるということである。古代もそうだったが、現代もまたそうあるべきなのだ」[29]。この観点はもちろん張木生だけのものではなくて、さらに劉源など何人かの紅二代のそれも代表している。今、我々が張木生を読むことは、未来の中国を思い描くための方法的基礎となっているのである。

「新民主主義」という国治法

張木生の説明では、この方法にはおおまかに次のような要点が含まれている。

第一に、レーニン、毛沢東を原本にした、党内民主、党内分派、権力抑制・均衡などの問題解決である。「レーニンのもっとも高い職務は中央委員会委員で、ソビエトの主席であるが、ただ中央委員にすぎない。立法、司法、法の執行をめぐるレーニンの設計は党内の三権分立で、労働組合（工会）、農民協会（農会）には独特な役割があって、彼は労働組合を議論し、農民協会を議論し、反対派を議論しているが、さらにレーニンは生前、反対派を拒絶したことはなく、十月革命、ブレスト＝リトフスク条約、新経済政策の実施を含めて、つねに少数派であって、すべて辞職という方法で人に仕事を依頼している。レーニンはメンシェビキ、社会民主党による政権の参加を考えたが、彼らの拒絶にあって、政治色を単一で強めることで、みずからのブルジョア政権を一掃した。中央検察委員会が十分な証拠を有するという状況下で、中央最高指導者を含むいかなる人に対しても、単独で調査し、処理し、罷免を弾劾できた。十月革命後も彼は七年間生きて、その死の前に解決したいと望んだ最後の案件がスターリンのことで、しかも彼を権力から下ろすことであった。レーニンは総書記と書記処がすでに一つの政策決定機関になっていたことをきわめて嘆かわしいと感じていたのである。レーニンは、我々が作り上げているのが一つのきわめて問題の多い官僚主義だという。レーニンはどうして当時、今日と比べてもそれが危ういと考えられたのであろうか」[30]。現在あるいは未来の中国では、「共産党内分派の存在を許せるのか。社会の支持という基礎的力、労働者と農民の支持がありさえすれば、党内分派は恐れるに足りない。我々は西側を見ればきわめて明らかであって、例えば民主党と共和党にはなにか区別があるというのだろうか。日本の自民党は党内に派閥があっても問題を解決してきたではないか」。「我々の党のもっとも良い時期、例えば五十六年前、延安の三九年〜五六年ということの段階から、すでに「党外に党あり、党内に分派あり」」であった。「我々は将来、たしかに抑制・均衡問題を解決でき、立憲政治の問題を解決でき、党内民主が党外民主を動かすという問題を解決できるはずである。だから、多くの人が賛成しなかったのは、私が四二年版『新民主主義を論じる』、『連立政府を論じる』、『共同綱領』のそれぞれを我々の終点ではなく、さらなる政治改革の起点としたことであった。これは多くの古い世代の人々の共通認識で、左派も右派にもすべてこの共通認識があり、劉源が言っていることでもあるが、これが我々の党改革の最大公約数と最小公倍数になっているのである」[31]。

第二に、「不作為」という退勢を転換させ、権貴資本主義を抑制し、社会的富を弱者層に傾け、共産党執政の基礎を固めることである。「中国の現在でもっとも良い条件は第一に金があることであり、中国すべての銀行はすべて国有企業で、国有銀行は内外で百兆元の貯蓄があり、国有企業の純資産で百兆元を有し、一つには共同基金になっており、すでに七十パーセントの貧困者が安定的住居に暮らし、教育、医療、社会保障、住宅など、これら弱者層の問題は、解決すべきところから解決できている。売れず、転売できないのはあなたの株であって、本当の所有とは国民全体すべてのものである。あなたにはどうしてできないのか。以前にはそんなことをいっさい考えたことがなかったのである」。「七十～八十パーセントの人は満ち足りた衣食を解決しているが、やはり問題は貧困者であり、これは巨大な戦略的深淵と潜在的市場であって、この条件があってこそ、中国はさらに二十～三十年、急速に発展することができるのである」。腐敗反対という点では、「香港での腐敗一掃は司法から独立した汚職取締委員会が腐敗問題を解決し、シンガポールでは「一人の居住者はその部屋を持つ」で、難しいことなど何もなかった。今では金があって、安定維持費と軍事費とが同じくらい多いことで、人は様々に騒ぎ立てているものの、年間七千億元に及ばない金は、大衆の身の上に使うべきである。立場を変えて考えてみれば、これと似たような状況について、私は二十～三十件を一気に話しだすことができる。我々は世界の生活物資の半分を生産しているのであり、できないことなど何もないはずである。現在、中国の農民工が教育を受けている平均年数は十三・五年で、毛沢東の時代、人々は皆高卒以上の知識人であり、新民主主義文化がいったい何なのか、皆はっきりと分かっていた。科学的、民主的、大衆的であれば、どんなものでも受容でき、本当の意味で百花斉放、百花争鳴だったとはいえ、それで共産党国家が不安定になったとでもいうのであろうか。共産党が労農同盟を基礎にするという伝統を失い、労農を中国社会の弱者層に変化させてしまったことこそ最大の危険性なのだ」[32]。

第三に、共産党の指導下で労働組合（工会）と農民協会（農会）を創設して、農民に発言権、代表権を与え、労働者に発言権、代表権を与えること、「これはすべて杜潤生同志と鄧小平が話し合ったことで、しかも鄧がすべて承諾していたことである」[33]。

第四に、「新民主主義の対外的な最大の目的の一つは、彼らは自分たちよりも先進的であり、あまねく照らす光であると同時に、罪悪の源であることを認めることである。中国は少なくともまだ欧米と二十年の間は太極拳を続けなければならない」。「あなたがもしこのように行くなら、人が変わるまでずっと続け、変わった後に、ようやく本物の社会主義となるのであり、さもなくば全く不可能なことである。もちろんこの過程には比較的強靭なる闘いが必要だ」(34)。

要するに、「私が主張したいのはレーニンの発展途上国過渡期論を含めた大新民主主義であり、これはその意義がすでにタイトルに示されている。毛沢東がこれに賛成したのは、彼の出発点が過渡期の延長と新経済政策を学ぶことだったからである」。――張木生はこのように言っている。明らかに、これは劉源の言葉で言えば、「祖先帰り」であり、マルクス・レーニンに帰るだけではなく、一九四〇年代の毛、劉に帰るということなのだ。

問題は、張木生のこの提案は本当に実行可能なのかであり、その背後の論理は本当に成立するのかということである。我々はこれについて検討し、討論する。

張木生の論理はどこに誤りがあるのか
――「帝国主義」の誤読に関して

張木生の立論は「我々の文化歴史観」の改造、再建にあるが、張木生の論理を解体、解析するために、我々も「文化歴史観」の根源から着手しなければならない。まず、李零、張木生の「帝国主義」への誤読について見たい。このような誤読には多くの形式があり、しかも多くの結果を導いている。まず、李零、張木生が、古代戦争と共同体政治構造との間の複雑な関連を曲解し、かつこの五百年間の社会進化と文明の変遷における歴史的張力について洞察できていないことである。次に、張木生らは二十世紀以降、人類が新しい国際秩序を打ち立てるなかで生まれた新しい文明の規則、およびそれが体現している歴史的進歩を見ずに、レーニン主義的帝国主義の概念に滞留していることである。さらに、反民主的、反普遍的価値というこの認識の恐ろしくも、論理的結果には適合していることである。最後に、現在の中国が新民主主義であり、「特色のある社会主義」ではないという考えを堅持することは、グローバルな帝国主義概念を堅持していることの産物であり、今日の中国はもちろん「特色のある社会主義」ではなく、「資本主義」の包囲の下での「新民主主義」でもない。こうした理解は、現代世界の大勢への分析でリベラリズムとは完全に衝突し、ちぐはぐなことになっている。

人類の歴史的変遷は、社会的進化という普遍的原則と文化的変遷の特殊性との間の弁証法を体現している。この意味で、マルクス主義の五段階発展説という単純なひと括りで中国を議論できないというのはもともと正しい。しかし、中国文明の特殊性は決して社会的進化という基本原則の普遍性を否定するものではなく、この意味で、必ずや「東洋」から区分すべきなのであって、「西洋」がどのように異なりかつ同じであるととらえるのも愚かなことである。戦争と「帝国主義」問題も同じである。

戦争とは人類的現象である。それは人類の生物学と過去には関係があり、文明的進化の推進力の一つである。戦争はたしかに一定の意味で人類共同体の政治構造を形作っているが、「民主」が戦争の副産物なのだと主張すれば、それは一つの軽率な断言である。中国の古代戦争は多く発生しているものの、民主制を伴っていない。これは戦争と「民主」(古代ヨーロッパ民主制を含む)との間を簡単に結び付けられないことを意味しており、とりわけそれを普遍的真理だと見なすことはできない。

戦争は「帝国主義」と関係がある。では、「帝国主義」とは何か。帝国主義は領土の併呑、あるいは他国に対する政治的かつ経済的覇権という方法で、みずからの利益を拡張する手段のことである——この定義は歴史上の様々な「帝国」、すなわち、古代ローマ帝国、ペルシア帝国、モンゴル帝国、オスマン帝国や近代大英帝国とロシア帝国まですべてに適用できる。中国の漢・唐期は「帝国」と言えるのか否か、これには論争がある。なぜなら、対外的拡張は華夏農耕文明の本来の性向ではなく、もちろんいったん戦争を始めれば同様に狂暴であるとはいえ、その「帝国」行為はしばしば草原部落の侵犯に対する反応を含んでいるからである。哲学上、帝国の征服は人間性の悪を象徴している。

筆者は別の場所で言ったことがある。「集団の形式(とくに国家の形式)で現われる人間性の悪は、これまでの人類史で、人類の未来を代表するよりもはるかに、人類の理性と社会的人間性の善に根を下ろしていることを十分すぎるほど暴露しており、かつしたい放題をしている」。事実上、「人類の歴史を見渡せば、容易にこのような現象を見ることになる。すなわち、異なる民族同士が互いに出くわして、関係が発生する時、その民族は利害のバランスを評価し、明らかに自分の利益をめぐる衝動を抑制しようとする道徳的理性がある」。したがって、「人の利己性を論証することはたやすいが、人の利他性を論証することは難しい」。さらに、「個人の利他性を論証することはやさしいが、国家の利他性を論証することはさらに困難である」[35]。この論断を用いて過去二千年の人類の征伐史と過去五百年の植民地拡張史を解釈することは、おおまかに成立する。我々もこの限度内であれば、李零と張木生の帝国主義批判に同意できる。

しかるに、この五百年近く、とくに十九世紀の植民地拡張史は、決して見落とすことはできない。というのも、それはつまり十九世紀西欧が国民国家の成長と植民地拡張の黄金時代だっただけでなく、ヨーロッパ近代民主主義を熟成していった世紀だからである。この二つの概念は時空の上で重なり合って、巨大な歴史的張力を構成している。その含意は意味深長である。私は、対内的に民主制を実行して対外的に拡張戦略を実行し、これらを共存させることは、制度的近代化の先駆者であるヨーロッパ諸国の重要な国家的現象と称せられるべきものだと思っていた。この民主制度は決して対外拡張の結果ではなく(つまり、我々は簡単にヨーロッパ近代の民主主義が「覇権」につながっているとは言えないということだ)、もっと複雑な内部の原因があるのだが、国内の民主主義が対外征服と共存しているというのは、さすがに社会的進化が政治の領域に有する明らかな矛盾である。筆者はこのような現象を「征服者の論理」と称しているが、この論理は政治文明の発展力に内在している二律背反であることをはっきりと示している。それは以下のようなことである。

一方で、国民国家内部における各方面の利益と権利の抗争が民主主義を推進し、自由、平等、人権を核心とする現代民主制の生成と確立を促進したが、他方で、民主主義は国民国家レベルで利益追求の駆動力とその実施を強化したが、弱肉強食の規則に基づき、「先進国」の「発展途上国」に対して繰り広げられる略奪は、自由、平等、人権といったこれら人類のすべてが共有する普遍的価値と衝突する。

この二律背反の存在は、国民国家の各方面での利益によって確立された基準のもたらす局限性を証明している。歴史哲学の意味から言えば、植民者による経済的企図は往々にして文明の未発達地区に向けられ、想定外の社会的結果を招き、しかも少なくともさらに安全で、理想的投資環境という目的を超え出て、「先進国」も「発展途上国」への制度の輸出に注意を払うか実施してしまい、それによって――フィヒテが言ったように――「間接的に全人類の自己実現を促進する」のだが、その直接的原因について言えば、本国の利益追求を根本動力とする経済拡張の行為は、さすがに道徳上、罪深い一面を持っている。人類の相互征伐は、巨大な生命の代価を払うことになるはずである。二十世紀に二度の世界大戦を経験したのち、人類はどうしたら超国家的集団に助けを借りて、全世界規模で民主的、理知的、かつ人道的世界外交と各種利益の紛争を処理できるのかようやく試みはじめた。このような超国家的人類の集団的理性の形成は、本来の意味で人間の社会的属性の新しい昇華を示しているだけでなく、同時にそれは二十世紀国際関係の領域でもっとも重大な歴史が成し遂げるものである。(36)

上述の引用句の最後の二つの文章は、張木生は間違いなく賛成しないであろうが、これはまさに我々が重点的に討論を要することである。二十世紀はたしかに火薬の匂いで満ちており、人類間の相互征伐が巨大な生命の損害をもたらした時代であった。だが、それは同時にまた、人類が新たな文明的原則を創設し、画期的成果を獲得した時代でもあった。この新しい文明的特徴は、平和が戦争に取って代わり、民主が専制に取って代わる時代である。伝統的帝国による征服の原則は、民族自決と人類対等の協力原則に席を譲り、それと同時に、民主、人権が現代人類の普遍的価値となって、それが主権の陣営を打破し、国民国家レベルよりも高い地位に駆け上り、人類共同体の集団的責任を確立し、道徳と権威を兼ね備えた超国家的政治機構と経済機構を創設したのである。

これはもちろん二十世紀の人類全体としての重大な進歩だ。だが、このすべての獲得は一つの国家、つまり李零、張木生がつねに罵倒している米国と関係がある。

冷戦時代に中国人の政治的語彙のなかで、米国は最大の「帝国主義」国家であった。もちろん、今日の米国はすでに大多数の中国人の心のなかでは「天国」であり、外出して旅行するにも、さらに移住するにも、第一の選択になっている。しかし、この国家には「帝国主義」的性格もあるのではないか。普通の中国人がこの点ではっきりしているとは限らない。中国の政府系メディアは、すでにこの語を使わず、その他として使って良いもう一つの「覇権主義」という言葉で米国を形容している。リベラリズムの立場で見れば、このような官製報道は、同様に中国の公衆への明らかに誤った誘導である。実は、米国は一つの若い国家として、その歴史的変遷は決して複雑なものではない。たしかに米国はかつて「帝国主義」であり、その領土はそうでなければもとの東部の十三の州（もともと英国に属する植民地）から西部の太平洋沿岸まで拡張することはできなかった。この過程では、たしかに同じように原住民のアメリカ・インディアンへの残酷な殺戮を伴っていたが、これはもちろん犯罪であって、今日の米国人はその結果を認めたのである。しかし、米国人はまたとても特殊な民族で、彼らは共和制をかたく信じて、米国の初代の大統領のワシントンの言葉で言えば、彼は「一つの被抑圧民族が自由の大旗を掲げるのを見たならば、それがいつであれどの国であれ、胸が高鳴るのを抑えることができない」[37]と言っている。米国人の西部への拡張行動は、貪欲さの産物であり、また価値観による機動力であって、「それがルイジアナ、フロリダ、オレゴン、メキシコ地域に進歩と発展をもたらすと思うからこそ、自らを米国人として自認できるのである」[38]。米国人にはある種「明白なる使命」という概念があり、自分が神に選択されて「普遍的正義を補いすべての人類の利益のための代表になる」と考えるのだが、この使命論は「ナショナリストが拡張を求めることを可能にさせつつも、その最初の理想的感覚を裏切らないことも求めている」[39]。興味深いことに、米国人の共和制への理想の堅持は、往々にして、さらに多くの土地が併呑されることを阻止するのだが、それは彼らが「共和主義がたんに優越した政府の形式であるだけでなく、さらに絶対的に必要な制度であり、もしも米国が大量の外国人をそのなかに組み入れれば、このような制度は堅持しにくくなるからである。もしも堅持できないというのであれば、まさにこの信念こそが、意気盛んな帝国の夢を実際の地理上は北米の外に拡大させなかったのである」[40]。これは伝統的「征服者の論理」に対する大きくも小さくもない一つの修正であるが、同じ論理で十九世紀末の米国の行為を解釈できる。この時期の米国はまさに本格的に海外市場を広げている最中であったが、彼らは英、仏、独のように植民地の創設を渇望してはおらず、米国自体の条件が優越していること以外（巨大な北米の大陸自体が尽きることのない秘蔵の宝物を開発する）にも、一つの重要な原因がまだあった。それはつまり、米国人は「憲法の条項の効力が海を越えてはるか遠い場所まで伸び広がることはできないか、あるいは非アングロサクソン民族への拡大に及べば、それは必ずや崩壊する」と堅く信じているということである。[41]

米国はかつて「孤立主義」を行っていたことがあるが、二十世紀の二回の世界大戦が米国を徹底的に世界という舞台の中心へと引きずりだした。戦争はたしかに米国を金持ちにさせたが、それはまた全世界にその価値理念を広める機会を米国に提供したのである。第一次大戦終結時、米国大統領ウィルソンの十四カ条平和原則の提案は、一つの綱領的文書と見なされ、ある意味で人類文明というプロセスの転換点を示していた。この提案はカント的理想主義に満ち溢れていたが、それは国家間で武力によって自身の利益を拡張することの合理性を否定して、人類それぞれの共同体の成員が仲よく暮らすべきことを公言し、平和的手段で紛争を解決するというものであった。植民地は過去の歴史となって、人類は自分の狭隘性を超越すべきである。具体的な提案として、ウィルソンは国際連盟を創設して、世界平和の保証を呼びかけた。この連盟は一九二〇~三〇年代、何度も順調ならざる憂き目を見たが、その原則は確固たるものとなり、ついに第二次世界大戦後、国連の創設という果実として結んでいった。それゆえに、二十世紀の米国は「帝国主義」ではなく、人類の平和、脱植民地化、民族平等の強力な呼びかけ人になっていくのである。ただ、第二次世界大戦後、米ソ両陣営間の冷戦により、米国は共産革命という論理のなかではつねに「帝国主義」、しかもその「第一号」として引き続き解読されざるを得なかったが、米国もたしかにその建国の理想に基づいて、自由の価値を堅持すべく、全力で共産主義を抑制したのである。共産革命の論理では、米国はもちろん邪悪である。制度的近代化と近代普遍的価値の立場では、民主主義で二十世紀の紅色全体主義に対抗するために米国側がしたことは全く正しい。だが、このように言ったからといって、それは米国にそれ自体の国民的国家利益があることを承認していないという意味ではない。しかし、戦後半世紀間余りの歴史は、圧倒的ケースで、米国の国民的国家利益がこの国家の価値を履行するという使命への重大な障害にはなっていないことを証明している。米国はその強大な経済力に頼って、主導的に「ブレトン・ウッズ体制」など戦後の新国際経済秩序を作り上げたが、この体系はもちろん米国に幸福をもたらし、世界にも幸福をもたらし、改革開放の中国を含めて、すべて米国主導で創設された国際経済と貿易・金融システムのなかから利益を得ていたのである。同様に事実であるのは、これまでのところ、米国は世界各国の民主的事業に対する支持者であるということだ。このような米国の支持は、「覇権」の需要から出たものではなく、米国の自由という価値理念に基づくものである。いわゆる「全世界の大事はすべて彼らの家事で、彼らの家事はすべて全世界の大事」というこの言葉に決して偽りはないが、これをどのように評価するかは、どんな立場でこれに言及しているのかで判断すべきであろう。米国人はこれまで自分に対していい加減であったことはなく、たとえ必要の際に「金を使って弾で遊ぶ（要銭玩弾）」ことがあったとしても、彼らはこの世界の「指導的責任」を引き受けているのである。

李零と張木生は「征服者の論理」の陰で隠れている歴史の張力と社会的進化の弁証法が分からず、二十世紀人類文明の巨大な進歩を見ていなかった。彼らの「大歴史観」ではただ「覇道」だけが見えて、「人道」が見えていない。初期には骨身を惜しまず本を読んだという経歴がかえって彼らの負担になって、冷戦期に形成された認識は意外にもいまもなお持続しており、みずから制限する心理的殻を設けている。いわゆる「二度の世界大戦が二度の革命を強いる」という説は、歴史の論理からも現在を把握するには十分な歴史的事実から言っても、すでに成立していない。むしろ全く反対に、旧ソ連で「十月社会主義革命」が発生したのは、実は戦争がもたらした機会を利用してボルシェビキが獲得した「想定外の成功」だったのであり、その結果は一九〇五年からのロシア的制度の近代化のプロセスを荒々しく断ち切ったのだった。「中国革命」はと言えば、さらに第二次世界大戦が「強制した」ものではなく、むしろそれとは正反対に、第二次世界大戦の結果とは、中国が戦勝国として国連創設の構成国となり、しかも安全保障理事会の五大常任理事国の一つになるというものであった。その際中国は、依然として弱かったものの、少なくともすでに「分割」される危険性はなかった。もしこのあとに発生した国民党と共産党との間の内戦がなければ、まだ中国の前途には光明があるとは言えなかった。いわゆる「中国革命が滅亡から救いと生存を求め、国が滅ぶことと種の絶滅を解決しても、列強に分割されるなら、どうしてその凶悪なやり方を許せようか」という言葉は、共産党の党＝国家という後代の人の屁理屈をこねたものである。それは自分で編み出した「帝国主義」の論理に自分で深くはまり込んで、自力で抜け出せないまま、その結果を隠しただけであり、基本的歴史の事実をきちんと顧みれば、また悲しむべきことなのではないだろうか。

李零、張木生においては、レーニン流「帝国主義」概念がしっかりと守られており、とくに彼らの米国に対する偏見は驚くべきものであり、かつ人に深く反省することを促している。張木生は米国について、「あまねく照らす光はまた諸悪の根源だ」としばしば述べているが、実はそれを言っている張本人の認識上の迷いや分裂状態を裏から証明しているようなものである。なぜなら、彼はこの二種類の現象が共存するのをどうしても証明できないからである。張木生を読めば、彼が大量に例を引きつつ証明したのは、李零以外ではただ毛沢東左派、新左派、軍事科学院の内部の宣伝用の印刷物と戴旭、張維為といった人々だけだったことが分かる。類は友を呼ぶのであり、人が自分の観察したくない事実を観察できないとは、まさにこのことを言うのである。

張木生の論理はどこに誤りがあるのか——レーニンの遺産のなかの全体主義を全く無視している

我々は今、張木生によるレーニンの遺産への解読という、もう一つの問題を見てみよう。張木生が真剣なレーニンびいきであることはすでに上述しておいた。「帝国主義論」自体もレーニンの遺産の一部だから、張木生は今なお依然として「世界革命」がいつの日か到来すると信じているので、「帝国主義」の方がいつも変化するのである。それ以外にも、張木生は「新民主主義」への堅持が、根本的には彼（と李零）の十月革命後のレーニンによる経済政策についての読解に淵源しているが、この解釈が歴史とレーニンの本来の意味に適っているのかどうか疑う余地がある。『五四から六四まで』という本のなかで、筆者はマルクス主義とレーニン主義がどのように中国共産党の独断的イデオロギー発生の出所になったのかについて分析したが、そこでは多くの紙面を割いて、とくにレーニンの経済ユートピア思想とソビエトの経済政策・実践について検討した。この時期のレーニンの著作への筆者の読解では、十月革命成功後のレーニンの初志が、社会主義への移行期としての国家資本主義の実施だったとは思えない。むしろレーニンは、実は直接戦時共産主義の政策に頼ろうと考え、組織的計画に基づく生産品の分配を貿易に取って代え、もっとも急進的な措置で貨幣を消滅させるよう準備していたのであり、一言でいえば、彼はおそらく「プロレタリア国家が直接命令を下すという方法を使い、一つの零細農業国家において共産主義の原則によって国家の生産品と分配を調整しようと考えていたのである」。後にレーニンが自分で「現実的生活は我々が間違ったことを説明しており、共産主義に向かって移行の準備（長年の仕事を通じて準備）をするために、国家資本主義と社会主義というこれら過渡的段階を経過することが必要なのである」[42]とした。それはつまり、新経済政策という名の国家資本主義的措置が、戦時共産主義政策による失敗の産物で、レーニンが時機と情勢を推し量った後にどうしてもしなければならなかった調整と「退却」を意味しているのである。(43) 李零と張木生の読解は、少なくともこの時代の歴史の単純化とロマン化にすぎない。

もちろん、この問題は学術上の争いとして判断を留保することができる。筆者は李零と張木生のレーニン主義の遺産については、もっとひどい認識の盲点があると考えている。それはつまり、彼らはレーニンの遺産のなかの全体主義の思想的要素と組織的要素を全く無視しているものの、この二点については、のちのスターリン主義、毛沢東主義と今の中国の党＝国家制度を理解するのにきわめて重要な意味があるということである。このような全体主義の要素(およびそれがもたらす結果)は大まかに次のようにまとめられる。まずはレーニンの建党理論と「前衛部隊」をめぐる学説である。この問題は、本書の何章か前ですでにある程度は触れているが、しかしまだ詳細には議論していないので、ここで少しばかり展開しておく。いわゆる「前衛部隊」は、次の通りいくつかの条件を含む。一、党はプロレタリアの優秀な分子で構成される先進部隊であり、どんな人でもすべて自由に出入りできる緩やかな団体のことではない。二、党の核心は小さな細胞で敏腕な人によって構成される「職業革命家の組織」であるべきである。三、党の周辺には様々な大衆組織があり、それらは党の監督に従うべきで、党の指導を受けるものの、「これらの組織を革命家の組織といっしょくたにするべきではない」。四、党組織内では必ず集中制による組織の原則を貫徹しなければならない。集中を強調して、「鉄の紀律」を強調することこそが、レーニン主義の建党理論であり、建党を実践する重要な特色である。このような特色は、こっそりと秘密闘争する時期に顕著であるだけでなく、ボルシェビキ革命が成功したのちに、党の家伝の宝物にもなったのである。

次が「鉄の政党」と国家権力の結合である。レーニン主義によれば、国家は階級矛盾の調和できない産物である。国家はまた特殊で強力な組織で、一つの階級がもう一つの階級を鎮圧する暴力組織である。この原理によって、革命成功後のプロレタリアは独りで政権を独占するのであり、ブルジョアジーの議会制度はもちろん否定的な列にある(この問題で、張木生はまた誤読しており、彼はレーニンが「メンシェビキ、社会民主党に政権に参加させようとしたものの、彼らが拒絶するので、自分のブルジョアジー政権を一つの色で染め上げた」はずだとしているが、ゴーリキーの記録によると、レーニンが人に強要し、社会革命党員に多数を占める立憲会議がまだ協議していない『搾取される勤労大衆の宣言』を受け入れるように求めたが、立憲会議がこの案件の討論を拒絶した際、ボルシェビキの政権は立憲会議解散の宣言を強行して、武力を使って抗議者を鎮圧した)[44]。要するに、レーニン主義の階級闘争とプロレタリア独裁の論理は、議会を否定するのに用いられるだけではなくて、道理に適った異なる見解を抑圧するのに用いることができるということである。

第三に、レーニンは「敵」の反対側が「人民」であることを信じて、「敵」に対しては「独裁」を必要とし、「人民」に対しては「民主的」であることを必要とし、「プロレタリア階級の民主」は貧乏人にとっての「民主」であって、労農はすでに新しい社会の主人になっているという。この結論はもちろんマルクス主義の「科学的社会主義」から派生している。それは一方ではその他すべての労農の人々を別種に入れ、もはや「人民」には属さず、もう一方はまた労農を神聖化した。さらに重要なのは、プロレタリアが「党」を通じて、自分の指導(まとまりのない群集的プロレタリアは階級的指導者の重責を引き受けることができないため)を実施することによって、「党」が初めてプロレタリアの前衛部隊となることである。このような労農の神聖化は必ず「党」自体の神聖化を招いていく。「職業革命家」とボルシェビキという「鉄の政党」がすべて自ずと「プロレタリア」の代表になっていった。これが政権を奪い取る前と、政権を奪い取った後の状況である。党独裁の論理はこのように形成されるのである。

第四に、このように名目上はプロレタリアが権力を握っていると称し、実際には少数の何人かがもっとも高いレベルで操縦するのが党の独裁である。同様にマルクス主義者のローザ・ルクセンブルクは、かつて次のような分析をしている。「レーニンとトロツキーはソビエトを使って普通選挙で選ばれた代議機関に取って代わって、ソビエトが労働者の唯一かつ真の正しい代表だという。しかし、政治生活が全国で抑えられるのに従って、ソビエトの生活も必ずや日に日に半身不随に陥るであろう。普通選挙がなくなり、制限を受けない出版と集会の自由がなくなり、自由な意見のやり取りがなくなって、いかなる公共機関の生命も次第に絶滅し、魂のない生活となって、ただ官僚だけが依然としてそのなかの唯一の活動因子となる。公共生活は次第にひっそりと静まりかえって、何十人かの精力の尽きないはてしない理想主義的党の指導者が指揮し、統治している。だが、彼らのなかで実際には十何人かの傑出した人物が指導しているだけなので、度々招集させられて会議に参加する何人かの労働者のなかの精鋭が、指導者の演説を聞いて、これに拍手し、一致して出される決議に賛成しているにすぎない。このことで分かるのは、この根本原理は小グループが統治するということだ――これはもちろん独裁であるが、プロレタリアの独裁ではなくて、ひとつまみの政治家の独裁である」(45)。

第五に、事はまだこれだけではすまない。一党独裁は社会の公共生活を窒息させるだけではなく、権力者と異なるすべての意見を一掃して、その上党内でも異分子排除と指導者による独裁の構造を形成する。これは党独断の論理の変遷と発展であり、かつロシアとその他の国の共産党のために権力を握るという歴史が証明したところのものである。事実上、すべての共産党国家のなかで、一党独裁という条件の下で党の指導者が同時にまた国家の政権の最高代表者であるため、党首の独裁は同時に国家最高執政者の独裁となる。このようにして、党の独裁から指導者の独裁(党内独裁と国家の政権の独裁を含む)へと向かうことが、レーニン主義の論理に適う政治的結果となる。

第六に、もちろん、この形成には一つのプロセスがある。多くの人は権力(権力の貪欲)を求めて独裁者の行為を解釈することを好む。このような解釈はもちろん一部の真理に言及したものであるが、共産党の指導者がどうして独裁の道に足を踏み入れたのかを理解するにはまだ十分でない。通常、共産党の第一世代の革命家は、多くの場合、強烈な理想主義と献身的精神があって、決してたんなる権力に貪欲な輩の集まりではない。しかし、錯綜し複雑な闘争において、異なる観点、異なる策略をめぐる主義・主張間の論戦は避けられないことである。権力の掌握は、往々にして自分の主張の貫徹、強行を意味する。自分の主張の正しさを固く信じることは、往々にしてその他の異なる観点の排除を形成する。残酷で、瞬時に千変万化する闘争という環境のなかで、集中的かつ非分散的なものが形成され、独裁的かつ非民主的な方法モデルと指導の風格が自ずと現れていく。政権奪取後、状況はひっそりと静かなものになるが、それはまた意義深い変化である。革命闘争という長い年月で威信の形成された指導者は、後に権力を握っていく歳月の間に、その自信、自負、そして達成感を膨張させ、いっそう不一致な意見を耳に入れなくなる。重大な国家的政策の問題上、いかなる有効なものも、本来、党外の権力抑制均衡と監督からやってくるのであり、政策決定者は事実上、政策決定過程で不可欠な誤りの修正制度を喪失したことになる。「党内民主」はいっそう当てにならない。在野の社会民主党ですら、寡頭・独占の傾向を示しており、執政にあるものは、すでに国家唯一の権力中枢の革命党になっており、そこに「党内民主」のようなものが存在することなどあり得ない。権力をめぐっては一連の新しい規則を形成するが、それらは矛盾したものであって、本当の意味で民主的精神に忠実なものであることはできない。

この意味で、一党独裁政権がみずから打ち立てるのは、指導者独裁の最大の酵母を促進するメカニズムであり、言い換えれば、指導者の独裁はもともと一党独裁の必然的結果であり、体制的産物だということである。もちろん、「組織」力も軽視してはいけない。政権奪取の前か後かを問わず、「組織」はすべて指導者独裁の重要な道具になる。唯一の執政者になってからの「組織」最大の変化とは、党組織と国家政権機関の融合である。党の組織体は国家政権の核心となって、国家政権はたんなる党の組織体へと疎外されるのである。[46]

劉源、張木生達はおそらく上述の問題に直面したくはないはずだ。彼らはむしろこの「前衛部隊」の論理を信じ、「党」は人民を代表しているとかたくなに信じている。たしかに、二十世紀に発生した中国共産革命は、一世代の人たちの夢を集めたことがあったが、この夢は強国の夢であるだけでなくて、社会改造の夢であり、この社会改造の根拠はマルクス主義の（手段としての）「階級革命」と（目的としての）「無階級社会」の遠景に向かうことであり、「新民主主義」もそのうちの手段であるにすぎない。厳密に言えば、中国共産党の政権奪取の面での成功は、別にマルクス主義の運用結果ではないものの、それは党の指導者達がたしかに彼らの理解したマルクス主義によって「新しい社会」について描き出した発展の青写真であることを否定しているのではなく、またレーニン主義的政党の組織形態と政権建設モデルについて中国共産党員が学ぶ上で模範とする基礎的テクストとなっていることを否定しているのでもない。しかるに、ロシア革命はマルクス主義で一つの東洋的専制の性格を兼備するヨーロッパ民族の結んだ異様な果実であるとすれば、中国革命はさらに一つのもっと古く、さらに純粋で典型的な東洋民族に西洋の急進的理論を接ぎ木した結果である。この接ぎ木によって醸成された矛盾と不幸は、それがもたらした巨大な歴史的歪曲であり、ただ今日になってようやく、人々に徐々に、そして十分に理解させられるようになったにすぎない。

上述したことがすべて分かれば、張木生が「新民主主義」に対してどんなに心から忠実であったとしても、この案が実は全く通用せず、現実的ではないことが分かる。毛沢東とその時代に「党内民主」、「党内分派」(この点で張木生は再度歴史を美化しているが、劉源はこれに対して発言権があるはずだ)がなかったことは言うまでもないが、中国共産党が政権を打ち立ててから六十年余りの歴史で、これまでいかなる「党内民主」も「党内分派」もありえなかった。今もなおすべての政府と党の文書のなかで、誰と誰と誰が総書記の党中央のために意見が一致していないと強調しているというのか。独立労働組合、農民協会を創設し、反対派の存在を許しているというのか。おかしな話である。今までのところ、そんなことは一度も起きたことがない。なぜなら、それは一党独裁の政体と矛盾しており、党の権力を一手に握る政体と互いに衝突するからであり、たとえ「共産党の指導の下」という文句を付け加えるとしても、党もそうした勇気や度量を表したことはないからである。国家的富の蓄積を使って、国民全体、とくに弱者層に傾けるのか。その考えはとても良いものだが、実行困難である。というのも、あまりに多くの既得権層の権貴勢力がこうすることに反対しており、彼らが百でも千でもその理由を挙げることができるからである。では、権貴高官の勢力に宣戦布告するのか。習近平という王様はこの二年間、反腐敗で残忍ではなかったとは言えないが、たとえさらに五年、十年、権力を維持したとしても、紀律検査委員会の書記が犠牲となって過労死でもすれば問題が解決できるとでもいうのか。最後に、「欧米と二十年間太極拳を打つ」には、やはり引き続き「才能を隠して外に現さない(韜光養晦)」路線を継続するであろう。だが、これをどのように打つかにかかわらず、一つの専制政体はやはり民主世界の共同体とは自ら立場を異にしており、今のところ金のある人ほど横柄にふるまっているものの、人々はこの政体だからこそ、あたかも他人であるかのように装っている。張木生が提唱するいくつかの条件を本当に実現したくても、そのためには中国立憲政治への民主的転換を推進するという一つの道しかない。劉源、張木生達はこれに賛成できるのだろうか。

「党＝国家の中興」
——劉源、張木生が習近平を生む

どうも彼らが賛成するとは思えない。劉源の名言は「共産党員が投降しない」であり、[47] 張木生も「大是大非（本質的是非）、大本大源（本来的原則）」と述べているが、この二つの言葉の意味は、まず一つには国家が統一し、もう一つには共産党の思想に動揺があってはいけないということである。[48] 彼らに必要なのは、「旗を巻いて武器を渡さない」だけではなく、さらに党＝国家が改めて元気を取り戻すよう望むことである。紅二代としてのこのような気持ちも理解できる。

筆者は最近、「党＝国家の中興」という一つの言葉を常用しているが、この言葉が比較的正確に習近平、劉源、張木生という紅二代のおおまかな心理状態をとらえていると思っていた。このように考えるとけっこう興味深く、張木生のいくつかの表現の仕方は、その後の習近平のいくつかの「名言」とたいへん似通っていることが分かる。例えば、習近平の「男らしい男は一人もいない（竟無一人是男児）」というのは誰でも知っているセリフだが、張木生はその数年前には次のように言っている。旧ソ連の崩壊に際して、「一つの支部さえなく、支部が部門として共産党に取って代わったなら、一部の老いた男女がレーニンの墓で泣きながら訴えるだろう」[49]。

劉源であろうと張木生であろうと、彼らが「新民主主義」という案件で、第十八回党大会で新政権に就いた習近平中央に影響を与えたことには少しの疑いもない。共産党指導の堅持において、党＝国家の中興というこの大きな方向性の実現では、彼らも高度に一致している。しかし、現在までのところ、習近平中央が提起する「国政運営（治国理政）」は「新民主主義」に完全に重なっているわけではない。「党＝国家の中興」には二つの異なるバージョンがあり、そのなかには一致しているものと、似通ったものとがある一方、さらに全く異なるものがある。しかし、目下のところ、習中央が提起している「国政運営」には党内分権が全くなく、それとは正反対に、習近平は大幅に集権を進め、近ごろでは新たな個人崇拝の風潮をもたらしている。これに対して張木生は公開で批判している。

共産党最大の腐敗とは、はじめから自分で自分をおだてあげることであり、自分を駄目にすることである。これは汚職の問題よりさらに大きくて、習大大、彭麻麻などという賛歌がすべて出そろいはじめた。陝西省富平には習詣でをする施設があるが、あんな大きなものを建設していったいどうするつもりなのか。共産党がおだぶつになるよう助ける一部の悪者がいるということだ。(50)

張木生がどんな「新常態」であっても賛成しないことが、かえって経済領域の奥深い問題を覆い隠してしまった。「例えば電気を使えば、一・六パーセント増加しても、運送量は十一カ月連続して落ちている。このような状況を新常態と言わなければならないのだとすれば、どうして新常態なのか。新常態とは本来望ましい状態であり、努力してようやく実現できるものである。いつもの方法で投資して、中・高速成長を確実に引き出そうというのでは、それは古い常態である。実際には中国は改革開放を三十六年やってきたとはいえ、この五年前までは実際にはとても簡単なことで、農村がたらふく食べられるようになって、生産請負制で民営企業を多角経営すると、今度は輸出に向けた拠点を国外に置き、さらなる輸出へと導いていった。ＷＴＯに参加したのちには、政府がどう管理しようがおかまいなしで、経済はあれだけ急速に成長し、財政も年約二十二パーセントのスピードで成長してきた。そうした日々はすでに過ぎ去り、過去のものとなったのである」。「我々が新世代の指導者であることは皆が承認しているであろう。腐敗一掃もよいし、「八項」規定も、反「四風」も、大衆路線もたいへん結構なことである。しかし、経済について新政府は、第一に理論がなく、第二に毛沢東や鄧小平のときのような権威がない。つまり理論がなく、頼るべき道義的資本もないので、天下を取っても、改革をやっても、全面的に完全なものは、自分たちで創ったものではないということである。第三に、経済構造を転換したいと望んでも、その前に経済構造のあらゆる面を転換しなければならず、マクロ経済から銀行システムまで、三農問題から財政問題に至るまで、すべての面で最高レベルの設計ができなければいけないのに、そんな人は一人もいない」。今では「右派は右派ではなくなって、私有化に普遍的価値を付け加えたら問題解決すると考えるような者ばかりで、習近平が蔣経国になることを待ち望むような者では全くあり得ない。左派は今や功績・人徳をむやみに褒め称えて、習近平が毛沢東になることを望んでいる。したがって、もっとも大きなことがらを提起できる人がいなくなってしまい、自分の設計した経済改革が三百三十項目あって、法に基づく国治の全面推進では百八十項目あったとしても、どれがあなたの手がけたもので、どれがあなたの専門分野であるかなど、全く区別できない。既得権の利益集団、官僚集団を使って新常態の改革をやるとでもいうことなのか。これほど単純な新常態でこれら具体的なことがらを覆い隠してしまえば、どんな課題も解決できないし、どんな苦境も乗り越えられないであろう。その結果はめちゃくちゃなものになるだけだ」。「だから、単純な新常態で我々の直面した巨大な問題を覆い隠さないでほしい。我々は今、崖っぷちで倒壊する危険にさらされているのである」[51]。

これはもちろんとても厳しい批判である（リベラル派に立場を変えていれば、たぶんとっくに言論封殺させられていたはずだ）。しかし、張木生自身も積極的提案を行っているのであり、例えば彼の『改革開放からの若干の重大な歴史問題をめぐる決議』の提案は、「先に応急処置をして、後に根本的に治癒するものである。そのためには、何よりも党内民主、次に社会的民主である。まず思想的整頓をして、それから全党での政治思想理論研究会を開催し、共産党員に規矩を立たせ、党員に共産党の本来の姿を取り戻させ、再度、治国についての提案を慎重に行わせ、五年以内には『改革開放からの若干の重大な歴史問題をめぐる決議』を完成させるのである。中国には共産党に取って代わることができる力を持つ組織は他にないのだから、歴史的経験には注意を払う価値があり、共産党だけが共産党を瓦解できるのである。現在、反党については衆知のことだが、知識資本家の多数は共産党内にあって、まずは党をおだて党に媚び、次に党で食べて党で飲んで、今では党を罵り、党を毀損し、最後に墓穴を掘ることを「救党」と称するという。いわゆる「三部曲」である。政治的に硬化した古い保守的やり方と経済的官僚独占資本主義の邪道は衆知のことであり、そのことは知識資本家がより大きく、強くなるための土壌となっている。新しい党中央は、まずは応急処置をして、心中の邪念に勝ることは困難とはいえ、足元を固めてしっかり立ち、知識人たちの空間と時間に打ち勝たなければならない。新しい党中央が五年以内に徹底的にソ連の解体、東欧革命、また「六四〔天安門事件〕」の土壌を取り除くことは、広範なる人民の期待である」[52]。

一途に思う心を真に改めることはない。このような「党＝国家の中興」への期待は内心での本当の自信から発しており、江沢民、胡錦濤時代の劇場的振る舞いとマスクゲームとは異なっており、習総書記とその同志たちは、これに喜び、小躍りしているに違いない。しかるに、このような「自信」は、李零のような「学理」を根拠に、現在を、さらに未来をかえって面倒なものにするだけであり、それゆえにさらに危険なものである。たしかに、張木生のリベラル派の友人である李偉東が言っているように、今日中国はすでに世界第二の地位にあるのだから、「もし中国が世界で二番目の地位で世界の民主的潮流を導いて、自分で自発的に専制体制を放棄するという意外な手に出て、共産党が自発的に民主的体制を提唱すれば、国際的には新しい民主的秩序を提唱して、例えばさらに四十、五十年という長期安定政権を維持し、半世紀の間、わが世の春とすることもすべて可能である」。しかし、もしこのような「自信」を崩さず、「専制の路線に沿って歩き続け、自分の内部からの陰謀で転覆されるのではなく、外部からの革命で転覆させられるのであれば、たしかに政権維持はできないであろう」。「中国の未来の運命とは、全世界の指導者になるか、それとも全世界の敵になるかということにあるが、これこそが「中国の世紀」の本当の意味なのだ。今がちょうどその分水嶺で、中国がファッショ化すれば全世界はこれを打ち負かすであろうが、かつてヒトラーがそうであったように、人々は世界の共通の敵だと思うであろう。もしも我々が世界の共通の敵から世界の指導者になりたいのであれば、ただ民主主義の道を歩むだけである」[53]。

真心をこめていう。張木生らが熟考してくれることを望む。

第十三章　対外的に勢力の強まるネオ・ナショナリズム

本章で言われる「ネオ・ナショナリズム」とは、この二十年余り中国で増大し、かつここ数年で急速にブームとなった政治思潮を指している。ネオ・ナショナリズムは、中国のナショナリズムの病的状態の変異であり、かつそれはナショナリズムの奇形化、膨張化として現れており、反西欧の特徴を鮮明に帯びている。中国の勃興につれて、ネオ・ナショナリズムは中国が世界に新しい地位と「使命」を持つべきことを強調しているが、それはつまり、グローバルな秩序を再構築し、さらには米国に取って代わり、新しい世界のリーダーになるということである。この思潮は、当初はただたんに新左派的特徴を有した文人と民間の怒り憤る青年の感情を表出したにすぎなかったが、ここ数年で一部の学界、軍人界の重要な人物の支持を得るようになっている。中国共産党第十八回党大会後、中国の情勢がさらに左へと転換するにつれて、もともと民間で発生したネオ・ナショナリズムと政府の提唱する「中国の夢」が合流し、現在では中国政治の一つの重要な景観となっている。ある意味で、新しいナショナリズムは、習近平という新たな世代の指導者による激しい剣幕を伴う正式の外交辞令では都合の悪い戦略の意図を表現しているのであり、民間あるいは半官半民の形式における「党＝国家の中興」と「紅色帝国」の勃興の民間のシナリオであると言える。これは目下のところ、あるいは将来のある一定期間を想定した中国政治のゆくえに深く影響している。

「NOを言える中国」から「不機嫌なる中国」まで

北京では一九九六年、『NOを言える中国――ポスト冷戦時代の政治と情念の選択』という一冊のベストセラーが出た[1]。著者は、宋強、張蔵蔵、喬辺、古清生などである。本書の第一版では五万部（聞くところでは、その後百万部以上）が発行され、全世界百余りのメディアの関心と報道を引きつけた。相前後して八カ国の言語に翻訳されたことは、明らかにその影響力の大きさを物語っている。本書出版の背景には、一九九六年の台湾海峡の危機があり、当時、台湾では初めての総統直接選挙が行われていた。大陸が台湾近海にミサイルを試射し、米国が急遽二隻の空母を派遣し、戦闘体制に移行するという対応に出たことで、海峡の情勢は高度な緊張に陥った。「NOを言える」著者らが強烈な「反米」、「反西欧」という情念を表現していることは容易に想像できるが、この本は次のように警告している。

> 米国人は世界の指導を自分の任務といつも考えるような「唯我独尊」の態度をとるべきではない。台湾演習に際する米国の出方は愚かなものであると同時に、慎重さに欠くものであり、第七艦隊が台湾海峡に入ったことは、まさに公然たる挑発である。米国防長官ペリーは、次のような口ぶりで中国を脅している。「米国の海軍が世界一であることを、誰も忘れるべきではない」。私も米国に対して、次のようにご忠告申し上げる。「中国の人口が世界一であることを誰も忘れるべきではない」。もしも中国と台湾問題で駆け引きをする余地があると思ったら、それはたいへんな間違いである[2]。

本書の「「NOについての断想」――序に代えて」はこう言っている。「冷戦は終わったが、冷戦の意味は決して消え去っていない。ここ数年のアジア太平洋地域、とりわけ中国経済の急速な発展に加えて、西側諸国はみずからに対する考慮と来るべき次の世紀でも世界の自然資源が引き続き制御されるという私的利益から出発し、決して偏狭な政治的観点を諦めるつもりはなく、また世界経済の貿易と資源の独占に対して諦めるつもりもない。そこで、彼らのいわゆる貧しさへの憂慮、貧困者への同情が、すぐさま西洋人特有の偏見と傲慢さにおいて覆い隠される。今世紀初期、今世紀中の情況と同じように、西側諸国は、みずからの銃剣と革靴で中国人が西側を学ぶという夢を打ち破った。今日、彼らはまたもや他国の主権に対する荒々しい干渉を行い、他国のことがらを勝手気ままに語り、他国の民族の感情を踏みにじり、中国の新世代人の西欧への夢を打ち破っている」(3)。米国による「抑制」に直面しつつ、中国は長期に及ぶ「反抑制戦略」を打ち立てるべきであって、「米国がとっている中国へのすべての抑制措置において、我々は必ずや真っ向から対決すべきであり、ほんの少しでも甘やかしたり、寛容であったりすることは絶対にできない」と筆者らは提言している。

米国は国際関係において、つねに一種の横暴なる覇道と悪辣なる下心、さらに責任能力のない憎むべき顔を表にしている。雲をつかむように確かでなく、ただ自尊心だけが強大で、偽りが絶えず変化し、責任を負わないというのが、米国が対外関係で表しているいくつかの基本的特徴である。このことを鑑みれば、国連常任理事国としての中国には、国際的事業の上でも次のような義務があるべきだ。すなわち、グローバルな領域で不公平さに反対するという役を勇敢に引き受け、複数の大国勢力が国連を利用して他人に損をさせ自分の利益をはかり、いざこざを引き起こしていることに対して、我々は少しも躊躇せずに拒否権を行使すべきであり、大声でNOと言うのである(4)。

実は、中国経済上の「勃興」と言うにはまだほど遠かった一九九六年の時点では、その国際的影響力も比較的限られており、「大声でNOを言う」というのは、ただたんに民間で怒り憤る青年の想像にすぎなかった。さらに十三年が過ぎて二〇〇九年になると、もう一冊の「NO」を打ち出した本、すなわち『不機嫌なる中国』が世に問われることとなる(5)。この本の主な著者は宋暁軍であり、かつて海軍通信士官で、現在中央テレビ局の軍事評論員を務めており、その他の何人かの作者には、王小東、黄紀蘇、劉仰、そして『NOを言える中国』の主な著者である宋強が含まれている。『不機嫌なる中国』の直接的背景には、二〇〇八年にオリンピックの聖火リレーがフランスで制限を受けたことに中国国内の一部の若者の強烈な反応を誘発したことがある。このことはさらにチベットにまで及んでいる。というのも、「チベット独立分子」がオリンピックの聖火ランナーの妨害を画策、実施したと言われているからである。したがって、筆者たちの「不機嫌」は、まずは「チベット独立分子」に、とりわけ「チベット独立を支持する」「西洋人」に集中している。

チベットはもともと古来から、中国領土であるのかないのか。いったい中国の領土になったのは元朝なのか清朝なのか、それとも一九五九年なのか。西洋人は一九五九年だと言い張っている。私はチベット問題について、西側の記者とのインタビューに答えている。事実として言えば、少なくとも清については論争がないと言うべきだが、私もこうした西側の人々には、一九五九年がどうしたというのか、あなたが勇気を持ってそう言ったにせよ、なんというくだらない話をしているのか、と伝えている。

今日の世界はとっくの昔に、十九世紀、二十世紀上半期の世界ではなくなっている。チベット問題について、中国人は西洋人には裁判官になる資格があるとは思っていない。中国人が二〇〇八年四月にしたことは、西洋人が中国人の観点を受け入れたり、あるいは中国人そのものを受け入れるように頼み込むということではなく、中国人の西洋人に対する不満、あるいは憤りや怒りを表現しているのである……。(6)

なぜたんに「不満」や「憤り」、「怒り」を表現するだけにはとどまらないのであろうか。二〇〇九年までに中国は、すでに米国、日本に次ぐ世界第三の経済大国になっていたが、これが「不機嫌なる中国」が大手を振って出現したというもっと大きな背景である。事実上――本章の用語で言う――「不機嫌」の著者らは、さらに強化されたネオ・ナショナリズムをめぐる認識や情念の特徴を持つようになり、『不機嫌なる中国』のテーマも「反抑制」から「大きな時代」、「大きな目標」を持つべき中国へと登りつめていった。

「大きな目標」とはなんなのか。著者らの答えは、「第一に、世界で暴虐を取り除き、善良な民を安んじ、第二に、今の中国にあるよりも、もっと大きく、もっと多くの資源を管理して、世界の人民に福祉をもたらすことである」。著者らにとって、米国のような西側諸国は、力強く勃興する中国と比べればすでに衰退した老人のようなものであり、太陽は西山に沈みかかっているにすぎないが、「中国の工業化にとって青々とした前途は無限である」。中国は今後、「その計り知れない大きさを示さないということはあり得ないであろう」。筆者らは、「英雄国家」こそ、「すべての中国人が持つべき心の指標」であり、中国人は西側を仰ぎ見る時代に早急に終止符を打つべきだと強調している。次の時代、西側は必ずや「不機嫌なる中国」を重視しなければならない。もちろん、このような「大きな目標」を実現するためには、さらに強大な兵力を後ろ盾にし、解放軍は「中国の国家利益とともに歩むべきであり」、「未来における解放軍の任務は、今言うところの国土防衛ではなくて、中国の核心的経済利益とともに歩むべきなのであり、中国の核心的経済利益がどこに及ぼうとも、解放軍の力がすべてカバーすべきである」。「経済的利益の獲得、あるいは金を工面したいならば、ただ生産、略奪、詐取以外にほかの手立てはないのであって、物質は不滅ではないか。これらのなかでは生産がまっとうな術策であるとはいえ、剣で生産を保護してこそ最善の策になる。略奪はどうなのか。もし生産と略奪を互いに結合したら、これも最善の策になる――実際、米国はまさにそうしてきたではないか。もしもここにただ略奪だけが残っているとすれば、そのことはみずからがすでに老人となり、虚弱で、ものが作り出せなくなっていることを意味しているにすぎない。だが、モンゴル人のような比較的人口の少ない民族が略奪したものの、彼らはそれを長期に維持できなかった。大民族は奪い取るだけでは駄目であり、世界の財産は奪い取ったものだけでは足りず、生産と略奪を結合しなければならない。いずれにしても、生産がすべての基本であるとはいえ、必ずやそこには剣がなくてはならず、剣と商とが結び付いてのみ意味を持つのであり、生産単独では駄目なのである。もっとも良いのは、剣と商とのバランスがとれていることであって、剣をもって商業を営むことこそが最善の策である」。「我々は商戦をしたいのであって、軍で戦いたいのではない。だが、商戦をうまく繰り広げるために、我々の手中には必ずや剣がなくてはならない」。要するに、「罵られることを恐れることなく、我々は暴虐を取り除き善良な民を安んじるべきなのである」。「剣をもって商業を営む、これこそが大国が勝利を得る道である」[7]。

リベラリズムはナショナリズムと「中国の勃興」をいかに見るのか

「NOを言う」著者による鬱憤晴らしを理解するのは難しいことではない。しかし、病的状態として膨張するナショナリズム、ネオ・ナショナリズムが民間にはびこっていることは、中国のナショナリズムの問題を改めて考える必要性を前面に押し出している。「愛国」とは何なのか。「ナショナリズム」とは何なのか。この百年余りの中国ナショナリズムの発展と変遷における歴史の力をいかに理解すべきなのか。また現代中国の「勃興」をどのように定義するのか。国民国家の意味の上で、「NOを言える」著者らは、この勃興という社会進化論の論理を本当に成立させているのか。我々はまた、どうして今のところこれが矛盾に満ちた世界を見るのか――これらの問題は論理的にきちんと整理する必要がある。

まず、「愛国」とはもともと素朴な感情で、ここで言われている「国」は「郷里」(motherland) を指しており、決してある政府あるいは政体を指しているのではない。それは故郷の土地に対する愛、母に対する愛、つまり人間の本性に源を発し、純真かつ質朴なものであり、例えば私の身体は現在、米国にあって、いつも夜が更けて人が寝静まると、ヘッドフォンで「中国よ、お前を愛している（我愛你中国）」を聴き、老眼鏡をかけ、古き北京の写真・画を眺めているというのがまさにそれにあたる。中国には「息子は母親の容姿が醜いことを厭わず、犬は飼い主の家の貧しさを厭わない（児不嫌母丑、狗不嫌家貧）」という諺があるが、これはもともと自然の感情を表現している。その家が良いかどうかにかかわらず、結局は自分の家であって、家があってこそ帰属感が生まれるのである。だが、それはある種の非理性的側面を含んでいるという、一つの意味を言外にほのめかしている。誰と衝突しようとも、「家」はいつも正しいか、あるいは正しいか正しくないかはともかく、いつも「家」に向かっているべきなのである。もし拠り所となる合理的認識がなければ、非理性的「愛国」の感情は明らかに偏ったものとなり、かつ他者に利用されやすく、つねに政治屋あるいは専制者の道具になるのである。

次に「ナショナリズム」とは何か。筆者は以前、ナショナリズムとは国民国家と結びついた政治の概念であり、あるいはすでに存在している国民国家のイデオロギーとして、その国民国家の表象に用いられる合法性であり、あるいは国民国家の出産を促す社会運動として、ある種の思想的動員という機能を有していると指摘したことがある。だが、そのいずれであったとしても、ナショナリズムは文化的同一性に訴える力の源泉であり、同時にまた、民族的感情における非理性的特質としての動員手段である。利益のために闘う社会進化論の国際関係の枠組みにおいて、国民国家はおおまかに二つに分類することができる。そのひとつは「先進的」(すなわち、近代化過程においてわずかに前に位置している)であるとともに、それは拡張傾向を有している、あるいはすでに拡張的政策を実施している国家であり、もうひとつは「後進的」(近代化に遅れた者)であるとともに、かつ外部からの脅威に直面するか、すでに部分的に植民地化している国家である。拡張的国家において、その国内政治制度には、すでに民主主義を実施している体制があり、また全体主義、あるいは権威主義を実施している体制もある。だが、外部からの脅威にさらされている国家においては、前近代的政治構造と文化的伝統、あるいは形式上ではすでに近代的制度転換を完成してはいるものの、その骨格は依然として専制である。

上述した異なる類型の国民国家の類型と結びついているのは、各種の異なる類型のナショナリズムである。国内で民主制度を実行しかつ対外的に拡張政策を実施している「先進的」国家にとって、そのナショナリズムはリベラリズムと帝国主義の特徴を兼ね備えている。ナショナリズムが自由貿易を崇め、市場の改革と経済のグローバル化を進めるものとして現れる時、ナショナリズムはリベラリズム的原則のナショナリズムを体現している。ナショナリズムが帝国になって海洋の覇権と海外植民地の動員手段を奪い合う時、ナショナリズムはまた帝国主義の共犯者になる。事実上、ヨーロッパの多くの著名な植民地主義の国家、とりわけ大英帝国のナショナリズムには、このような二重の特徴がある。まさにこれらの全体主義あるいは権威主義を行っている国家の身の上において、前章で言及した「征服者の論理」は、もっとも典型的な歴史表現の形式を獲得している。対内的に権力の集中あるいは権威的統治を実行し、また対外拡張にも熱中している国家にとって、それらのナショナリズムの多くは、ショービニズム、甚だしきに至っては人種差別主義の性格を帯びているか、あるいははっきりとショービニズムと人種差別主義に発展してしまっている。十九世紀のツァーのロシアと二十世紀のドイツ、イタリア、日本というファシズム国家は、いずれもこの範疇に入れることができる。これらの国家は近代化の先頭にあるわけではなく、それらもかつては先進的国民国家の脅しに直面していた。これら民族の魂の深いところに存在する、自民族が生まれつき優越しているとする非理性的感情、および自民族への忠誠心がきわめて神聖なる天才的独裁者によって動員された場合、その結果は、それらの対外拡張と利益追求の行為が往々にして赤裸々に、ますますしたい放題となり、弱者としての少数民族への打撃もさらに深刻なものとなる。最後に、脅威を受けている前近代的国家、あるいは現在形成されつつある「遅れた」国民国家にとって、ナショナリズムとはまず、民族の優越と結びついた一種の動員力である。これらの国家が弱小、あるいは伝統的であるがゆえに立ち後れていたにせよ、ナショナリズムは自ずと人々の奮闘を鼓舞する精神の源となっているはずである。(8)

もちろん、二十世紀、とくに第二次世界大戦終結後の人類が獲得した根本的進歩を見なければならない。それは前章で言及した、平和が戦争に取って代わり、民主が専制に取って代わり、民族の独立が帝国の征服に取って代わるという偉大な歴史の潮流である。この偉大な潮流の前で、伝統的帝国征伐の論理も、社会進化論というジャングルの掟もすでに時代に適しておらず、ナショナリズムの伝統も調整を余儀なくされた。人類は利己的民族の国家的利益の垣根をまだ越えてはおらず、かつその可能性も決して大きくはないが、新しい人類文明観が形成されつつあるのだから、それが未来の人類共同体自体の行為を評価する尺度になるべきである。

ここで中国に立ち返る。中国近代はたしかに立ち後れていたために人に貶められることがあったが、これは中国の過去百五十年間でのナショナリズムの昂揚を理解する上での基本的背景であり、「NOを言える」著者らが撒いた「愛国」感情がきわめて感染力に富んでいた重要な原因であることを認めるべきである。しかし、様々な「NOを言える」論は、いずれも以下の三つの点で間違いを犯している。第一に、彼らは二十世紀の人類文明が獲得した根本的進歩を見ないが、中国は二十世紀の国民国家の一つとしてもともとこのような進歩の恵みを受けている。第二に、中国がかつて貶められたことは、果たして「雪辱」を果たさなければならないことを意味するのか。勃興する中国は「腕が硬くなった」のだから、「剣で商業を営む」べきであり、「弱い者が強い者の餌食になる」という「ソーシャル・ダーウィニズム」の論理を改めてとるべきなのか。これはたしかに出遅れたことの鬱憤晴らしであるが、さらなる時代的錯誤である。第三に、根本的に言えば、「NOを言える」彼らは、現代世界を、そのなかでもとくに米国を読み違えており、この点で、李零、張木生と同じ犯ちを犯している。台湾海峡、チベット問題を例にすれば、たしかにこの二つの問題では、米国はほとんど中国政府に挑戦しているかのようにみえるが、米国が台湾を支持し、一九六〇年代に独立を求めるチベット人亡命者を助けたのは、等しく共産主義のグローバル化への抑制政策の一部であり、ただたんに米国自体の国民的国家利益からでていることではない。米国政府と民間が今のところ海外亡命チベット人を支持していることは、道義的動機と人権の原則によるもので、米国の価値の理念を体現しているとしても、「中国の解体」を考えてのことではない。「NOを言える」彼らは、党＝国家による「米国覇権主義」の宣伝を聞き慣れており、今では自分自身がこのような宣伝の一部分にすらなりさがっており、基本的反省や自制を欠いている。だが、こうした宣伝は大量の読者、視聴者を獲得できるので、より悲しむべき現象である。実は、今日の米国に対してだけでなく、歴史上、正真正銘の帝国主義に対してであっても、党＝国家の宣伝には、事実に基づいて真実を求めないところが数多くある。蕭功秦はその著書で次のように指摘したことがある。「我々の過去の歴史のテクストは、ただ我々が屈辱を受けたという一面を強調しているだけだが、実は歴史上の国際的衝突には複雑な原因がたくさんある。例えば、一八六〇年、英仏連合軍が円明園を焼いたことは、愚かな清王朝が西側の交渉代表三十九人を人質にして、さらにその半分を殺した事件を密封したことと関係している。このような例はたくさんある。我々は自分たちがただ外国による侵略の被害者であることだけを知り、その複雑で多元的背景を考慮することは少ない」[9]。中国社会で今でも依然として目にする、ややもすると盲目的に排斥しようとする情念や義和団のような衝動は、まさにこうした「教育」の結果である。これは実際のところ、ひとつの病的状態というナショナリズムの繁殖であり、条件が相応しい時に、ネオ・ナショナリズムの肥沃な土壌に膨張化するのである。

中国市民および中華民族の一員として、圧倒的多数のリベラルな知識人とリベラリズム反対派は同様に中国の勃興を望んでいると筆者は信じているが、彼らの憧れている勃興とは異なる原則に基づいている。第一に、この勃興は平和的、協力的なものであって、社会進化論的なものではない。第二に、勃興する中国は一つの民主的中国であるべきで、専制の中国ではなく、民主化された中国があって初めて、世界に脅威ではなく、安全をもたらすことができるのである。

二つ目の原則はすでにたんなる国民国家の外交問題ではなく、国民国家自体の政体の性質に関係している。中国問題の複雑さもここにある。多くの人は「国民国家」としての中国と「党＝国家」としての中国との違いをはっきりと区別できないだけでなく、一部の人は両者を意図的に混淆させ、「国民国家」によって「党＝国家」を覆い隠すか、あるいははっきりと「党＝国家」によって「国民国家」を代表させている。次に続く文章は、さらなる専門的分析を必要とするが、我々はやはりまず、いくつかの例を通して、このような混淆がどのように発生するのかについて見てみたい。これらの例は、それぞれ軍人界と学界からくるものである。事実上、「ＮＯを言える」人々と比べると、これら軍人界・学界の代表的人物の主張は、現代中国のネオ・ナショナリズムのアップグレード版といえ、しかも純粋に民間に限られていない。

劉源と羅援——軍人からの声

読者にとって劉源（一九五一～）は全く知らない人ではないはずである。劉源は二〇一一年、張木生『我々の文化歴史観を改造する』のために書いた序文で、「戦うことについての問い」、「歴史についての問い」、「方針についての問い」という三つの問題を提起している。「戦うことについての問い」に関して、著者は言う。

現在、あまりにも多くの「平和主義者」を自任する人々が、戦争反対（反共・反テロを除き）の連帯者として、武力を貶め、武士を蔑んでいる。

ただ戦争と戦争における人々がなんと光り輝き、偉大かつ沈痛で、しかもなんと重々しいものなのかと言いたいだけである。すべての人がこれらを尊重しないような事態は受け入れられない。成熟した者として、これを謙虚に敬う心と、崇め奉る礼儀を持つべきである。

戦争は国家の存亡、民族の繁栄を握るものであり、決してたんなる「手段」ではない。いったん戦いを始めたら、すべてを丸飲みにして、万事について自らが中心となる。軍は国を盛んにするとともに種を絶滅させもするのであって、どうして「道具」としてだけ見なすことなどできようか。いったん武力行使すれば、生殺与奪の権を手にし、鉄（兵器）と血（兵士）の統治で永遠に征服者となるのである。[10]

これほど赤裸々に戦争を賛美し、征服者を賛美する共産党の高級将校は、過去にはほとんど見たことがない。戦争は歴史と関係がある、あるいはむしろ、戦争は歴史を形作ったと言うべきである――これが劉源による第二の「歴史についての問い」で表現された基本的意味である。彼は「征服とは馴致化である」と述べている。「文明の核心は人の人に対する馴致化であり、動植物を飼いならしていないのであれば、それは人を馴致化していることを意味し、すでに赤ん坊から馴致化しはじめていることになる。人類社会は父系の道を歩んでいるが、それは戦うことと関係しており、戦争との縁も深い。この点で、どんな人間も皆同じである。北京原人も、上洞人も「平和の鳩」などではないということである」。中国の歴史にとって、「中国を統一する力は尽きることがない征服戦争からきている」、「戦わずして、大一統はいったいどこからくるというのか。武がなければ、どうして民族の大融合、血統の大融合、文化の大融合、さらに南北の大融合があるのだろうか」[11]。

では、この目下の意義はどこにあるのか。著者ははっきりした言葉を持たない。しかし、作者は西側の非難に続いて、すでに暗黙の意味を包み隠さず打ち明けている。

西側はずっと「小国の心」で「大国の腹」を持ち続けてきた。列強は百年といった。辺境、国境、統一国民国家は、すべて近代的概念で、歴史上の大国にとっては、ただ一つの方法でバラバラになる。台湾独立、チベット独立、新疆独立、七分裂・八分裂、一辺一国、すべてご破算にして立て直しを待つ。表にも裏にも人の分業がある。強盗の論理はまぎれもなく正真正銘の確たる道理であるが、それが拠って立つのも帝国主義の確たる実力、そして確たる武力である。[12]

このレベルは李零と「NOを言える」人々を超え出ていないが、話そのものは一人の解放軍の上将の口から出ているので、その重さが全く異なる。劉源は恐らく言っているはずである。ひたすら平和について語るとは、愚かなことである。「帝国主義の実力」に対処して、我々は自分の実力を引き出さなければならない。人の世の道理とはすなわちこのようなものであり、強盗の論理だけが強盗の論理を制することができるのである。仮に本当に戦争になったとしてもたいしたことはなく、歴史とはもともと「殺戮や血祭りに満ちている」のであり、新文明、新文化もしばしば戦争からはじまっているではないか。

社会進化論によるネオ・ナショナリズムは、対外的論理であふれていて、ここですでに息を吹き返している。「道の問題」に関して、劉源が「紅二代」として考えていることは、どのようにして永久に「紅色国家」を固定するかである。劉は警告している。「グローバル化という民主的魔力を借りて陣地を仰ごうとすれば、恐らくそれは虎の犬を描くように、うまくやろうとしても逆につたなく終わるだけであり、他山の石で玉を磨くようなものである。名分通りに正しく、筋が通り、その地で生まれその地で育ち、決して誤ることのない共産党人、毛沢東がなぜ新民主主義を提唱し、劉少奇が実践したのか[13]」。これはもちろん劉源、張木生らが一貫して主張していることであって、ここではもうくどくどと言わない。私が見るところ、劉源のこの「序言」での本当の「貢献」とは、はっきりした言葉で、赤裸々な社会進化の論理が未来の党＝国家のネオ・ナショナリズムという対外政策になりはじめていると語ったことである。

羅援（一九五〇〜）は羅青長の子であり、解放軍少将で、近年とても活発な軍内「タカ派」の一人である。羅援は二〇一四年夏、前駐フランス大使である呉建民と鳳凰衛星テレビで中国の外交政策をめぐって論争し、新たな競合的一場面に打ってでた。『南方週末』が転載した鳳凰衛星テレビ番組の文字原稿で、編者は次のように付記した。「国力が強大になると、中国でも大国双方の関係の衝突が頻発しており、米国は六割の海外空軍力をアジア太平洋に配置し、日本の右翼勢力は上昇傾向にあって、集団的自衛権を解禁し、地域安全の変容を次々と重ね、東シナ海、南シナ海などの地域は、各方面での挑戦に直面している。どうしたら受動的なものへ陥るのを免れられるのか。中国の対外戦略の足並みも静かに転換しており、主権と領土の紛争上、さらに強硬な策略で国家と外交を併せた力を形成しているが、はたして韜光養晦は本来取るべきものを取るのか。中国の対外戦略はどのように調整すべきか。未来の世界の潮流と傾向についてどのように研究し、判断を下すのか。中国は柔軟な力と価値観を対外輸出できるのか」――まさに上述の問題をめぐって、羅と呉の二人は鋭い舌戦を繰り広げ、一度は激しい討論会を開いている。私はその番組を見たが、二人に決して俗っぽさはなく、熱気にあふれ、真剣そのもので、芝居を演じているようにも見えなかった。

すべて「鄧小平同志」を根拠にしているが、呉はさらに「平和外交」を信じつつ、羅は「今最大の問題は西側諸国が中国の勃興を抑制することである」と強調し、「米国が代理人を通じて我々と対抗している」と述べている。呉は言う。「時代の誤りを犯してはいけない。トルーマン・ドクトリンが出されたとき、世界はまだ戦争と革命の時代だったが、今日の時代は平和と発展を主要なテーマとする時代である」。羅は即座に続ける。「鄧小平同志の下で緊迫をもって引き継がれた言葉を忘れてはいけないが、現在までのところ、この二つの問題は一つも解決していない。すなわち、平和の問題は解決しておらず、発展の問題はさらに複雑だ。こうした状況で、我々はもちろん警戒を怠ってはならない」。「今米国はまだ冷戦思考を堅持している。オバマが政権を担うと、みずからを最年長者と見なして、決して二番目にはなることはなく、最近また米国が世界を百年指導すると言っているが、これは米中間で解読しにくい構造的対立の一つである」。東シナ海、南シナ海の衝突について呉は、「領土問題は鄧小平同志の思想から深く理解しなければいけない。彼は一九八四年十月二十二日、中央顧問委員会第三回全体会議上の演説で、南シナ海諸島の問題、同じく釣魚島〔尖閣諸島〕の問題に言及している。鄧小平同志は戦争の役割を理解していないのであろうか。否、誰よりもよく分かっている。その提出の仕方とは、主権は我々に帰属しつつも、争いを棚上げし、共同開発するというもので、これこそが問題解消の構想である」。羅は負けじとばかりに続ける。「前提条件は主権が我に帰するということである。主権が我に帰していることをはっきりと示さなければいけない。表現方法にはいくつかある。例えば「九百八十一番」石油の油田掘削のプラットフォームを開いたとする。我々は共同開発を提起するのだが、ほかの国家がともに開発せず、中国を排除するような共同開発をするなら、なぜ独立自主で主権を行使してはいけないのか」。さらに呉は認めている。「今中国は力を持つようになったのだから、これらの問題を処理すべきなのは当然としても、これが基本的戦略を変えることができないならいったい何なのか。平和的発展である。過去を尊重して我慢すると言っておきながら、今争うという見方に私は賛成できない。過去にもちろん争いがあったのであり、我々は一九八九年以後、米国とどれだけ争ってきたことか」。羅は言う。「このことは鄧小平同志が提出した韜光養晦とその成果をめぐる問題をいかに評価するかに関連している。これら二つは一緒にすべきであって、韜光養晦を外交戦略にはできない」。羅によれば、日本が「何度も挑発する」という事態に直面すれば、つねに軍人は戦う準備をしておくべきであり、「今我々が戦争の旗幟を掲げるのではなく、ある国家が戦争の旗幟を挙げるつもりならば、我々は必ず自衛しなければならないのである」。この解放軍将校はとくに次のように強調する。

　我々の国家利益は核心的戦略の利益として区別される。第一は国体と政体は転覆を許さないということで、第二に主権領土による主権の保全は侵犯を許さないということで、第三に持続可能な発展力は中断を許さないということである。核心戦略を守るには、必ず一つの最低条件（ボトムライン）は確保すべきであって、それを突破することはできない。例えば我々は、領土を持たないで平和にかえるという。第一次大戦後、ヨーロッパには汎平和主義の思潮、あるいは宥和主義の思潮が充満していたが、最後には第二次世界大戦の暴発を招いた。言葉の戦争は実際に戦争することではなく、その準備をしなければならないということを意味している。それは「呼ばれればすぐ参上し、参上すれば戦い、戦えば必ず勝利する」ことの確保である。米国は一九九九年、駐ユーゴスラビア連邦中国大使館を爆撃し、二〇〇一年に我々の飛行機にぶつかってきた。米国の飛行機が我々の家の入口まで接近し、偵察したのは、友好的な振る舞いなのか、それとも敵対的振る舞いなのか。鄧小平同志は一九七九年、一九八八年、ベトナムに対して反撃作戦を遂行したが、一九八八年にスプラトリー諸島海戦で、一九七四年には西沙海戦で戦っている。(14)

羅、呉論争を見ると、二人とも口が達者で弁舌の才は非凡なものだが、その観点について言えば、呉はあたかも気の抜けた役立たない学者のようで、すでに党＝国家の発展する新時代、新しい観念に追いついていない。だが、羅の気勢は十分であり、「勃興」、「主権」、「反侵略戦争の正義」という大きな旗を掲げ、真理が掌中にあると思っているだけでなく、客観的には新しい勢力、新しい「戦闘態勢」と新しい動員力を代表している。

閻学通「次の十年」

ネオ・ナショナリズムの騒しさの面では、学者達は軍人よりもさらに顕著である――彼らはまだ戦争を主張してはいないが、「道義」で世界を引率すべきだと強調している。清華大学博士指導教授の閻学通を例にとりあげる。閻学通（一九五二〜）は英文学の出身であり、のちに国際政治専攻に転じて、米国の政治学博士を取得しており、現在、中国における国際関係研究分野での重要な学者である。閻学通は二〇一三年、『歴史の慣性――未来十年の中国と世界』を著したが[15]、これからの十年で「中米の実力が全力で衝突する」として、次のように予測している。

人民元はこれからの十年で、ドル為替レートで二十パーセント上昇し、現在の一対六・三は一対五前後まで上昇すると見られる。

これからの十年で、中国の文化製品の年平均輸出伸び率は十五パーセント以上に達し、二〇二三年の文化製品輸出は千億ドルを上回るであろう。

米国GDPは二〇二三年、十九兆ドルとなり、中国のGDPは現在の為替レート十七兆ドルで計算すれば、この年の為替レートでは米国を上回るに違いない。

人民元は二〇二三年、その他の貨幣の影響力に対してドルの影響力の五十パーセント、さらに高い数字に達し、さらに人民元、ドル、ユーロという三つが並立する勢いとなるであろう。

中国は二〇二三年、人を載せた宇宙ステーションを持ち、少なくとも稼働中の空母三艦隊（あるいは五隻の空母を作り上げるかもしれない）を持ち、また射程八千キロの原子力潜水艦を四、五隻、さらに第五世代の戦闘機を配置するであろう（殲二〇、および殲三一ステルス戦闘機）。中国公表のデータを基準にすれば、中国の国防予算は米国の六十パーセントに、ストックホルム平和研究所のデータでは、米の八十パーセントに達するとみられている。

二〇二三年、中国を最大の貿易相手にする国は百五十カ国前後までに達し、米国を最大の貿易相手とする国は、五十カ国前後まで減少するであろう[16]。

要するに、中国経済が引き続き増大するのに伴い、米中の総合的国力は二〇二三年までに、同じ地位に達することになる。世界は米中両超大国の共存する国際秩序を形成し、中国と世界の関係にも根本的変化が生じているであろう。閻学通の言葉で言えば、「中国にとって、今後十年の特殊性とは、中国が名実ともに超大国になる可能性が高いことにある……。我々はとても長い間、民族の復興を歴史の任務として後代の人に残すことで先送りしてきたが、実は我々はすでに生きている間に実現できるのである」[17]。

この背景の下で、この清華大学教授は、中国は改めて外交思想と外交原則を調整しなければならず、さらに積極的な姿勢で世界の主導的外交に介入すべきであるとしている。では、中国にはどのような新しい「外交思想」が必要なのか。閻学通は三種類の異なるオプションを比較している。まず、「経済的実用主義」、すなわち経済的利益を主な外交政策とする。もっとも重要な目標は、自分と関係がない国際案件に介入しないことで、その理論の論理は妥協して平和を求め、韜光養晦を継続するというものである。次が「政治的リベラリズム」であり、すなわち米国主導の国際秩序に溶け込み、中国による西側の原則（人権の原則への干渉を含む）の承認によって、西側が中国を受け入れることである。第三が「道義的現実主義」であり、中国は古代の王道思想を参考にすべきで、政策の基本思想に公平、正義、文明を、対外政策の指導原理として、国際戦略の信用を高めて、責任と権利の等しい国際新秩序を創設することである。閻からすると、一つ目のオプションはすでに時代遅れで、新たな超大国がただたんに韜光養晦であることは不可能であり、自ら孤立することにしかならない。二つ目のオプションも実行するには望ましくない。なぜなら、西側の原則を承認することは、西側の国際干渉に必然的に参与して、中国の現行での国内政治体制の合法性を弱め、内政と外交の衝突をもたらすからである。三つ目のオプションがもっとも実行可能であり、もっとも合理的である。なぜなら、「道義的現実主義」は中国を「米国よりも強大で、さらに人気のある超大国に成長させることができるためだ」[18]。「政治倫理の観点から言えば、「公平」、「正義」と「文明」はそれぞれ「平等」、「民主」、「自由」という普遍的価値観よりも高い。中国がこのような価値観を出せば、その国際的指導権の合法性は米国より高くなるはずである」[19]。

これら「外交思想」と対応して、中国も新しい「外交の原則」を確立するであろう。それはつまり良好な国際戦略と信用のある「責任を負う大国」になることであるが、これは「王道の外交」の具体的表現である。「中国はどのように指導し、どのように推戴を受けるべきかについての国際的指導法を学ぶべきであるが、とくにどうしたら米国よりもさらなる推戴を受ける指導者になれるのかについて学ぶべきである」。中国はさらに非同盟の原則を放棄し、同盟を通じて指導力を顕示し、「中国の真の戦略的パートナーの数を増やすべきである」[20]。具体的には、閻学通はとくに、中国とロシアとの同盟関係を樹立して、「中国と米、英、仏三国の客観的戦略をめぐる利益の分岐と相違は決定しているものの、中国は圧倒的多数の国際的外交上でこの三国の支持を得ることができていない。このような状況で、中露同盟によって、中国は国連安全保障理事会で四対一に直面するという消極的局面を免れることができる」と主張している。米国による「器用なる実力外交」に直面して、「中国は中露間の戦略的協力関係を強化し、米国に対抗して同盟戦略を強化し、展開すべきである」。閻学通はまた、「日本と接触して日本を変えるべき」と主張して、「これからの十年、中国は「接触」政策を通して、日本に対して西側からアジアに転換するよう促すべきである」としている[21]。

『国際先駆導報』記者の取材を受けた際、閻学通は「賞罰」の明らかな外交理念を確立して、いくつかの国際紛争を処理すべきであるとしている。「我々はかつて「王道」の思想がすべての人に対して仁義を重んじるといつも考えていた。しかし、人情を重んじる前提は、敵対している者に対して人情を重んじないことでなければならない。敵に対しても人情を重んじるのは王道の思想ではない。それはいわゆる「威ならざるものを抱かず、どうして徳を成すのか（非威非怀、何以立德）」である。いわんとするところの意は、あなたが悪事を見ても阻止せず、処罰されず、よい事をする人に奨励を与えないのは不道徳な行為である、ということである。したがって、私は少なくとも王道の思想が善悪の是非を区別しないのではなく、友人に対して、さらに国際規範を処理する国家に対して保護と支持を与えることで、あるいは国際規範を破壊し、また国際規則に背馳する国家に対して、あるいは故意に本国と敵対する国家、例えばフィリピンや日本に懲罰を与えることこそ王道であると考える」[22]。

この清華大学教授は、「道義」の原則について語り、最後には「王道」も「仁義を重んじない」と釈明する際、ついに社会進化論の馬脚が現れる。これら「故意に本国（中国）と敵対する国家」に対して「懲罰」を加える。これこそが真の覇権主義的気質である。

「国民国家」としての中国と「党＝国家」としての中国を区分すべきである

我々は再度この重要な問題に戻ろう。閻学通にせよ、劉源と羅援という二人の軍人にせよ、彼らの言論をめぐる叙述のなかで、「中国」はほとんど十分には明らかにすることのできない概念のようである。その他の国家と対応して、「中国」ももちろん一つの「国民国家」であり、独立した主権を有し、そして「国民国家」としてその他の国との間で発生する競争・協力関係、あるいはロシアを含め同盟関係を結び、米国と最高位の獲得をめぐって争い、さらには新たな全世界のリーダーになっていくのである。中国が国際社会、そしてその他の国家とつきあう際、すべて「国民国家」としての「中国」の利益に基づいて外交を行っているので、「民族の国家利益」こそが、中国政府の外交政策の必然的着眼点と根本的落ち着き先となっている。だが、ネオ・ナショナリズムのざわめいた「勃興」もまた、「国民国家」としての中国の勃興であり、決してその他のいかなる「勃興」を指すのでもない。

筆者は、このような考えを当然と見なすことは、我々の討論してきた問題の本質を覆い隠すものではないかと思ってきた。中国はたんに「国民国家」であるだけでなく、「党＝国家」でもあり、中国政体の性質がその外交政策に深い影響を与えている。もっと明確に言えば、それは中国の紅色全体主義体制であり、中国外交政策の根本的方向を決定づけているものである。例えば、中国はなぜいつも、表面上はひそかに、米国を相手にして仮想敵国とするのか。米中関係はただたんに、いわゆる「伝統的大国」と「新興大国」という関係にすぎないのであろうか。もちろんそうではない。二つの異なる「国民国家」として、米中はたしかに「最大の発展途上国」と「最大の先進国」とに分かれて代表しているが、二つの異なった政体としては、中国は世界で最大の一党独裁の国家だが、米国は世界でもっとも代表的な立憲民主国家である。この点では、双方がお互いのことをよく分かっているのだが、ただ公の外交の場面で、お互いにこの点をはっきりと示したくないだけのことである。

「党＝国家」の観点から、中国の政務担当者はこれまですべて外部の力による「転覆」をもっとも根本的脅威と見なしてきたので、羅援将軍は明確に中国の「核心的戦略の利益」を第一に「国体・政体の転覆」と定め、第二には「主権領土を保全し、主権の侵犯を許さない」こととした。ここで「党」と「国家」の関係は、まだはっきりしていないものの、「党」が第一位であり、「国家」は「党」に属している。だが、中国事情の複雑さは抽象的側面にある。我々は「国民国家」と「党＝国家」とを切り離し、区別して分析するが、現実的に「党＝国家」は「国民国家」としっかり縛り付けられているので、いわゆる「党の主張が法を通じて国家の意志になる」のである。内政も外交も同じであるが、ただ内政の場合、「党」の存在は赤裸々なもので、そこには少しのごまかしもないが、外交の場面にあって、「党」は通常、第一線を退いて「国民国家」に主旋律を歌わせるのである。

中国では外交問題について語る際、二種類の言語が並存しているという面白い現象がある。一つは、国際社会と本国の大衆に聞かせるもので、もう一つは「内部人」に聞かせるためのものである。例えば、米中関係について言えば、その公の言い方とは、「共通点を求め相違点を保留する」、「新型の大国関係を創立する」というもので、内部での言い方とは、「西側が滅んでも私の心は死なない」、「米国の覇権主義システムとの闘争は、人間の意志を超えた世紀の争いに転じる」というものである。中国には誰もが知っている劉亜州（一九五二〜）という将軍がいるが、彼は純粋な「紅二代」であり、解放軍国防大学政治委員として、ここ何年かは思想表明で活発であり、勇気を持った発言で知られたが、後に「党性＝神聖」という一説で人々の判断を誤らせた。[23] 最近（二〇一四年十一月）も報道取材のなかで、劉は「どのようにして再度、中国が戦略的好機を作り出すか」について要点を述べたが、その一方で「冷戦」的思惟にとどまる米国人は中国の前進する足並みを遅滞させるものであると非難しつつ、いわゆる「アジア太平洋の再バランス化」戦略、そして「海空一体戦」戦略を打ち出した。彼はみずから先陣を切ることを望まず、「目先のきかない少数の国家が中国と張り合うように仕向けた」。彼はまた、「米国はすでに我が国に対して〝C〟型包囲網を実施しており、中国がもし偉大な民族の復興を実現しているなら、我々に対して米国がしかけた落とし穴を飛び越えなければならない」と述べている。また「中米関係は今、世界でもっとも重要な相互関係であり、中国の外部戦略の環境にとって、さらには全体的局面に重要な影響を及ぼしている。一方で米中両国は相互依存度のきわめて高い運命共同体であり、もう一方で相互信頼という戦略の欠けた経済的ライバルであるが、これは米中両国による相互関係の発展が直面する「矛盾の論理」であり」、「中国は米国を敵にせず、米国とともに未来志向で、世界の人民のために幸福を図ることを望んでいる。この点で、米中両国の世界経済成長への貢献がもっとも大きい。太平洋は米中という二つの大国を収容するには十分に広大である」[24]。

実は、後半部分で劉が述べているのは決して本心からの言葉ではなく、外部に聞かせるための官側の言葉である。劉の本心を聞きたければ、『較量無声』を見なければならない。これは劉がすべて企画した、国防大学などの機関の撮影・編集した内部宣伝映画であり、二〇一三年に製作された。この映画のクレジット・タイトルの言葉は以下のようなものである。

> 中国が民族の復興という大業を実現するプロセスは、終始、必然的に米国の覇権主義システムとの摩擦と闘争を伴うもので、人間の意志を超えた世紀の争いに転じる。[25]

この映画は、一九七九年に鄧小平が米国を訪問してから、「米中間はほとんど競争相手からパートナーになったようで、対抗から協力に変化した。だが、実際には、双方の政策決定者層はすべて、このような関係性をめぐる現状の形成とは、中国にとって、安全保障をめぐる環境を変え、それを発展させ、封鎖や閉鎖から抜け出し、全く新たな社会主義の能動的戦略の道へと歩みだすためのものである」と称している。「米国にとって、それは集中的に主要な敵に対応するためであり、米ソが覇権をめぐる戦略目標を実現し、受動的に戦線縮小するという戦略の選択である」。「両国間で二百年余り続く付き合いのなかで、このことは中国が初めて、完全に独立かつ平等の身分で、米国との戦略をめぐる必要性と尊重を得たことを意味している。だが、この関係の変化は、実際には二つの国家、二つの制度が、象徴的協力関係の下で覆い隠している未来の競合関係をも予告している」。「ソ連の解体は、米国を半世紀余り持続してきた冷戦の最終的勝者にしたが、それと同時に、中国は当然のことながら、米国の次の敵手にもなった」。「米国は未来に向けて徹底的に中国を抑制するのか、それとも接触しながら中国を改造するのか」。「これは明確にしなければならない戦略オプションの一つである。平和的転覆という方法でみごとに崩壊したばかりの最大の戦略相手国ソ連は、前例のない勝利のなかで巨大な数で鼓舞された米国のエリート達を受け入れて、また慎重に権力バランスを図った後に、大胆にも後者を選んだ。彼らはただ中国に接近、そして接触し、受け入れることによってのみ、次第に中国をその主導的国際政治経済の体系に組み入れて、さらに力強い分化と瓦解を中国にもたらすことができると自信を持って考えている。これは最低の戦略コスト、最小の代価であるにもかかわらず、効果がもっとも良い方法である」。「まさにこのような考えに基づいて、米国は接触して抑制するという全く新たな戦略方針を選択し、六四〔天安門事件〕騒動の後、中国に対する一連の制裁政策を徐々に解除し、経済を主導とする全方位浸透外交へと転じはじめたのである。彼らは一方で、平和的転覆という方法を徐々に浸透させ、戦略的敵手の基盤を揺るがせ、弾性戦争によってそれを突き崩すというもっともすぐれた戦略を選んだのだ。他方、彼らはいっそう自信を持って、社会主義制度と資本主義制度との歴史的争いが、すでに冷戦終結に伴って自然に幕を下ろしたと考えている」(26)。

　これこそ党＝国家の執政者らの米国に対する真の読解法であり、党＝国家の外交政策を制定する上での根本的背景と出発点である。それはつまり「敵対勢力」の企みを粉砕し、米国をはじめとする「転覆者」と長期的に「競う」ということである。人々にはまだ「冷戦思考が残存している」と劉亜洲は言うが、実際のところ『較量無声』こそが、正真の冷戦思考なのだ。もちろん、表に立って「競う」のは「党＝国家」ではなくて「国民国家」であるが、本質上は政権を守るという「生死の争い」に必ずや国民国家という上着をはおらなければならないのである。この点で、党＝国家が自分でそのことを打ち明けるのは都合が悪いというだけのことである。

　しかし、人々がそれに続けて聞いてみたい問題とは、このように「党＝国家」に誘拐された「国民国家」は、たしかに米国と全世界の民主的共同体と「競い」続けなければならないのだが、果たしてそれは本当に中国に有利なのか、ということである。それは国民国家としての中国が本当に必要としており、かつ選択すべきことなのだろうか。本書を読む以前に、近代化の制度化をめぐる基本的論理と、中国百年の歴史的過程の曲折をすでに理解しているすべての読者にとって、答えは皆、言わなくとも自ずと明白であろう。

ネオ・ナショナリズムと「紅色帝国」

十八党大会で新たに政権についた習近平中央が現在、ネオ・ナショナリズムを現実化しているということを指摘しておかなければならない。筆者は二〇一三年十一月に書いた論考「紅色帝国の勃興か」において、「紅色帝国」について次のように分析した。習近平をはじめとする「紅二代」指導者集団は、江沢民や胡錦濤の居場所と異なって、彼らがもっと明確な「国家意識」をもちあわせており、「紅色の国家」は彼らの父の世代が築いたもので、彼らはこの「家産」をしっかり守るという、天に与えられた責任を負っているのである。党＝国家の身体を蝕む重い癌は危機感を奮い立たせ、同時に使命感を奮い立たせている。ただ「屋台を守る」だけでは意気地なしと見なされるから、「紅二代」指導者の新たな抱負は、党＝国家の「中興」を実現し、「紅二代」が彼らの父の世代に恥じることはないと証明することでなければならない。実践面で言えば、「紅二代」指導者集団は、迅速に江・胡時代の小心翼々としたイメージを捨てて、同時にいくつかの重要な面で新たな行動を展開している。

まず、さらに強力な方法で党＝国家権力への挑戦を許さないと公表したが、これは最近、反立憲政治という逆流の高潮がたびたび現れるため、政府が積極的に出動し、民間の反対勢力を重いこぶしで弾圧していることの根本的背景でもある。[27]

次に、対内的には思い切って腐敗を一掃し、毛沢東流の粛清（いわゆる「軽く入浴して鏡を見る」、「群集路線」、ないし「民主生活会」の類）を行うことで「党風」の改善に期待し、地方官による行政のやり方を整頓し、民心を取り戻す。

第三に、人民の生活領域における各「改革」を引き続き進め、金融、商業貿易、労働の保障、住宅、教育、民営企業での均等待遇などを含めて、これらの分野での改革が成功すれば、「党の執政地位」の確立に役立つ。

第四に、この三十年間にわたる経済成長という国力の高まりに助けを借りて、「紅二代」の指導者集団は、過去の鄧氏の国策であった「韜光養晦」を改め、国際舞台という対外関係の領域でしきりにみずからの強勢を示し始めている。これは党＝国家版「ネオ・ナショナリズム」である。「ネオ・ナショナリズム」は、伝統的意味でのナショナリズムとは異なって、その読解には三層の意味を含んでいる。国民国家の面で、これは「勃興」しつつある一つの大国における社会進化論の再現である。民族的記憶の面で、これは党＝国家によって誇張されたかつての光と輝きであり、近代列強の辱めを受けた古い民族の「復興」の挙である。党＝国家政治の面で、これは党＝国家体制と党＝国家政権の合法性を確立し、強化するという新たな機能であり、新たな重点である。党＝国家の現実的論理のなかで、前二者は第三の項目の実現に役立ち、しかも最後にはこの第三の要件に帰結していく。

釣魚島〔尖閣諸島〕は彼らがきわめて慎重に選んだ第一の突入ポイントだ。党＝国家は数十年にわたる釣魚島主権の問題での控えめな姿勢を一挙に改め、日本による釣魚島「国有化」宣言の機会を利用して、迅速にこの無人の小島を東アジア政治ないし国際政治の新たな焦点にした。引き続いて南シナ海の問題である。南シナ海のいくつかの島嶼の主権の帰属をめぐり、中国とフィリピン、ベトナムなどと国家間の激しい衝突が発生した。このような衝突は以前にも同じように存在してきたが、最近はまたヒートアップの傾向にある。中国海軍と空軍の実力の迅速なる増強は、このことの重要な背景となっている。しかし、もし南シナ海の問題が表面上、やはり比較的単純な国民国家レベルでの利益の織りなす利害の衝突であるとすれば、アジアあるいはグローバルな範囲で党＝国家が示している外交的新思考と新たな布置は、もっと複雑な戦略的考量を含んでいる。この戦略を考量する上での根本的ポイントは、未来において米国と世界の「引率権」を奪い合うことになるということであり、それゆえに、それは国民国家という意味上のものだけでなく、価値観とイデオロギー的意味上のものとなっている。毛沢東流の「世界革命」は、「紅二代」（筆者を含めた）にはかつて「理想」であった。このユートピアを信じる者がいまもいるとははっきりと分からないが、「西側が滅んでも私の心は死なない」、「東風」、「西風」の争いは依然として現実なのである。「勃興する」中国はなぜ西側と一緒げにして競ってはいけないのか。このため、習近平が政権についてからの一年、党＝国家は外交上の新たな布置を迅速に展開し、一方ではロシアとの「戦略的協力」関係のレベルを高め、ロシアと同盟し、米国を制するという基本的構造を形成し[28]、他方では外交の触角をアフリカ、ラテンアメリカにまで伸ばし、党＝国家のこれらの地域での経済、戦略的利益を広く開拓した。「上海協力機構」、「ＢＲＩＣＳ」などは、すべてこの戦略的意図に基づく新国際組織の枠組みを実現している。ヨーロッパについては、党＝国家の方法は攻撃したり、引き伸ばしたりするもので、ヨーロッパ経済の不景気を十分利用し、反共ヨーロッパの各国政府を、党＝国家の金銭、商業貿易外交に臣下として従わせるのである。これらすべての努力の根本的目的は、もちろん米国と西側を抑えつけ、米国が「アジア太平洋に戻る」ことを抑制し、米国と西側への反対勢力を形成することにある。

これはまさに超紅色帝国の勃興ではないか。

この超「紅色帝国」という党＝国家は、また帝国でもある。対内的にそれは党＝国家であり、対外的にはますます帝国に似通ってきている。両者をつなげると、それは必ずや紅色になる。[29]

これに続く事態の発展は、上述の判断が正しいことを証明している。今日、「習大帝」はすでに全世界で広く警戒感を呼び起こしている。党＝国家の外交辞令がどんなに人を引き付けるものであったとしても、人々はやはり紅色帝国の勃興が世界に危険をもたらしていることにはっきりと気づいている。[30] 紅色帝国の論理は、党＝国家が意識的に世界民主共同体とはみずから立場を異にすることを決定しているだけでなく、党＝国家によって拘束されつつ、国民国家の形式で表現された対外的拡張への衝動を強めるであろう。二十年間で経済成長の各指標は、紅色帝国の勃興にその基礎的条件や意欲を着実に提供していることを示しており、ますます増大するエネルギーやその他の戦略物資への需要もこの紅色帝国を補佐する力の外への伸張を刺激している。最近（二〇一五年四月二十日〜二十一日）も習近平は、パキスタンに対して公式訪問を行っているが、これが習の初めての訪問となった。「中国とパキスタンの経済回廊の建設」はこの訪問でのホットな話題となっているが、この「回廊」のため、習は四百六十億ドルもの巨大な支度金を持参している。どうしてこのように気前が良いのか。それは党＝国家による世界戦略の布置に必要なためである。東側（米、日）の「封じ込め」に直面して、党＝国家は必ずや「西側入り」し、日米に対応する戦略を開拓しなければならない。「中国とパキスタンの経済の回廊」にしても、「一帯一路」にしても、すべてこの戦略目標を達成するためのものである。ロシアと同盟を結ぶことは、党＝国家の世界戦略のなかでも重要なポイントとなっている。筆者がこれを著している今日（二〇一五年五月九日）、中国国家主席習近平は、ロシア「国家防衛戦争勝利七十周年紀念祝典」に出席して、人民解放軍儀仗隊も初めてモスクワ赤の広場に現れた。双方はエネルギー、宇宙空間、大型航空機製造などの領域での協力を強化するであろうが、その剣はいったいどこを指し示しているのか。答えはいわずもがなである。

この「紅色帝国」については、さらに深い研究と観察を待たねばならない。しかし、リベラリズムの立場で言えば、下記のいくつかについては、少しの疑問もない。

どうあろうと、「党＝国家」は「国民国家」を代表しておらず、それと等しくもない。党＝国家の利益も民族の国家利益ではない。事実は往々にして逆である。党＝国家は国民国家の名義を掲げて、全体の国家の資源を使用しているが、根本的には政権を守るためであり、一党の私利のために世界の民主的潮流に対抗しているのである。このことは根本的に中国民族の国家利益を損なった。

中国のリベラル派も愛国者であり、かつ真正なる愛国者である。この真正なる愛国者の基準の一つとは、中国のリベラリズムは狭隘なるナショナリズムとネオ・ナショナリズムを越えて、党＝国家専制独裁体制の確固たる批判者であることである。国民国家の面では、中国のリベラル派は国家とのやり取りにおいて社会進化論の放棄を強調し、真実で偽りのない新人類文明観と世界平和についてのカント主義的原則を唱導する。内政と国家の政体の面では、中国のリベラル派は、民主主義への転換の必要性を強調する。なぜなら、近代的国民国家は、立憲政治という民主的原則による政治＝法律共同体と、民族の共存を原則とする歴史＝文化共同体の統一体であるべきだからだ。伝統的文化において現代文明に適合する部分は、憲政主義をいったん通ることによって、もちろん現代国家の制度と精神の建設に運用することができるが、これこそが中国リベラリズムの国家観となる。

中国のリベラリズムは「紅色帝国」の内政外交とその未来のためにさらなる研究に向かい、正確な評価を下し、それによって転換期の中国と民主化後の中国のためのみずからの外交政策の策定で参考にすべきビジョンを提供すべきである。民主化後の中国も、同じように国民国家（もちろんそれはすでに「党＝国家」ではない）であり続けるものの、それは新しい原則によって、みずからの世界的位置を確定しなければならない。

第十四章　結論

我々はこれまでの十三章で、現代中国において影響力を持つ九つの政治思潮について、一つひとつ点検・分析を積み重ねてきた。いまやそれらを総括すべきときである。

中国知識界の分裂
――九大思潮のスペクトルでの位置

中国の知識界の分裂はすでに言うまでもなく明らかな事実である。

スペクトル分析から見て、本書序章は、もし中国共産党政府のイデオロギーを横へ広がる座標軸の中心におけば、その中心から左側を左派の領域とし、右側は右派あるいはリベラル派の領域として定位できることを明らかにした。この区別によれば、九つの思潮のなかの新左派、毛沢東左派は、明らかにすべて左側にあるものの、張宏良のような毛沢東左派の思想は、その主張が文革かあるいは新左派への回帰を主張しており、とくに新左派のなかのいわゆる「左派リベラル」と比較すれば、中心点よりもさらに遠い一端をなしており、左派のなかでもさらに本来の原理的色彩を持つ極端な一派であると言える。右派はリベラリズム、党内民主派、本来の意味での新権威主義、憲政社会主義のなかでも、とくに普遍的価値を志向する代表的な人物に集中している。そのなかでも、新権威主義は権威に依拠して中国の改革を進めると主張するとともに、その影響によって中枢たろうとしているがゆえに、その中心点からはもっとも近い。党内の民主派はもともと体制内の開明派であるが、すでに相対的には明確な民主憲政という大きな目標を有し、かつその位置と新権威主義とはほぼ近くか、わずかに右に位置している。座標軸の上でさらに右へ行けば、それはリベラリズムの穏健派で、彼らの多くは体制内のもう一つの受け皿を有しており、その表現・観点はどちらかと言えば婉曲的である。例えば王占陽、胡星斗のような憲政社会主義の提唱者らも、大体ここに位置している。さらに右の方にいるのがあからさまなリベラル反対派であるが、彼らはたとえこの転換期における路線の選択に（ある者は漸進的変革を主張し、またある者は急速な変革を主張するといった）異なる主張を持っているとしても、党＝国家体制の終結を明確な目標とする民主的転換の旗を掲げているという点では共通している。こうしたスペクトルのもっとも右は、ルサンチマンを抱くような極端なものによって占められているが、このような（少なくとも公然と表現する）人は決して多くないばかりか、その多くが海外にいる。

張木生の観点はどのように位置づけられるのか。この人物は共産党の指導を堅持し、また党＝国家の枠組み内で資本主義の発展を求め、さらには労働組合や農民協会までやると主張していることからも、ほとんど左も右もどちらの要素も備えているが、左でもなければ右でもなく、実のところはやはり紅色（共産）国家を万代に伝えるためであり、李偉東は張のこの位置づけについて「中心の左より」に成立しているとしている。ネオ・ナショナリズムは、民間で憤る青年から、軍人界の重要人物、蔣慶に至るまで、普遍的価値に反対するという基本的立場だが、その中心的位置も左で定位している。思想的に位置づけるのが困難な蔣慶のような儒学者は、立憲政治を主張するだけでなく、西側の民主主義に対しても批判しており、党＝国家に対しては工夫を凝らしてなんとか距離を維持している。明らかに儒学者の治国論は、境界を区切るこうしたスペクトル分析方法ではその位置を確定しにくく、いかなる分析道具にもすべて応用上の限界があることが分かる。

以上はたんに、現代中国思想スペクトルの静態を描いたにすぎない。おおまかに言って、こうした中国における左右の分家はすでに二十年間存在してきており、江沢民政権の時期から胡錦濤や温家宝の時期にかけて、中国民間思想界の左右の対峙は徐々に形成されて、互いを競合相手として、しかも基本的には安定した状態であり続けた。ある意味で、こうした安定状態は、江沢民、胡錦濤時代の「不作為」の結果である。この状況は胡・温の二度目の任期中にすでに変化を生じさせているが、その象徴とは「〇八憲章」の発表と官による弾圧（右派）、および民間の新左派、毛沢東左派、さらに重慶の「唱紅打黒〔革命歌を歌ってマフィアを取り締まる〕」（左派）の結合である。中国共産党の第十八回党大会から、習近平による新たな全体主義的統治の台頭につれて、中国の思想界の分裂はさらに激化していき、左も右も、その変化の大きさはすべて人に目を見張らせるものとなっている。したがって、我々は静態的描写を基礎にして、さらに一つの動態分析を加えなければならない。

分裂・変化の激化
——中国思想スペクトル変遷の動態分析

我々はもともとの横軸に垂直の縦軸を加えなければいけないが、こうすることで一つの座標システムを構成することになる。そのなかの横軸は依然として左右の異なる思潮の存在位置を表象しているとともに、縦軸は時間の変化を表している。ここでも中心は、やはり中国共産党政府のイデオロギーであるが、縦軸を加えた後には、この中心点そのものですら変化のなかにある。以上で述べたのは、もちろん数学的意味を伴わない精密さであり、我々はたんにこのような方法を利用して、中国思想界のここ数年の動態や進展、変化を描写しているにすぎない。

座標中心点の変化　既述のように、胡・温政権後期の党＝国家はすでに座標の右への抑圧の度合いを増大しはじめているが、この右とは穏健なリベラルな知識界だけではなく、民間NGO組織、都市や農村の権利保護運動、宗教の自由をめぐる運動を含んでいる。こうした弾圧は、党＝国家・政府が新たな世紀に入ってから急速に発展した中国の市民社会への、いわば遅れてやってきた反応であり、党＝国家専制の立場に基づいた、逆方向への弾圧的相互作用なのだ。このような弾圧自体、党＝国家統治者の左転換を示しているが、その中心点が時の経過とともに左へと移動するというこの過程は、胡・温政権後期にすでにはじまっていた。

第十八回党大会後、習近平の新全体主義が登場すると、中国共産党イデオロギーの「左転換」はさらに激化し、中心点は左への移動を継続している。このような左旋回は、民間での左右両翼の分別上、相互の反応を誘発している。

左派の反応（座標左側に位置する変化）　本書は毛沢東左派、新左派が、習近平の中央へ媚を売っていると繰り返し指摘してきた。張宏良が「中国の夢」への解説を施し、王紹光、汪暉などは普遍的価値に対しても自覚的に包囲討伐へと向かっているが、こうしたことはすべて彼ら本来の性格に基づいている。習近平の身の上でますます強まっている毛沢東のような特徴は、毛沢東左派を興奮させ、また新左派を感激させている。薄熙来は政治の舞台から下りたものの、習近平の「新政」と重慶の「新政」とは同じ流れを汲むものであるばかりか、規模はもっと大きく、その影響もさらに深遠なものである。したがって、この何年かの間での左派の思想的舞台の特徴とは、「三左合流」という奇妙な状況であり、官側の「左」という正統性は、民間における毛沢東左派、新左派と一致して歩調を合わせるようになっている。もちろん、習近平の「新政」には、市場化とネオ・ナショナリズムを継続するという側面がある。「三左合流」は、毛沢東の遺産を継承し、「二十世紀の革命経験を重んじ」、西側路線などとの合流を拒否している。

右派の反応（座標中心点よりも右の変化）　ここ何年かの中国左派の思想的舞台の特徴が「三左合流」であるとすれば、右派の思想舞台の特徴とは急速な分化であり、一部の「転向」によって、党＝国家の胸もとになびいていったことである。この「分極化」はさらに明確で断固とした反体制の道に向かっているが、その一部は苦しい展望の下で徘徊し、改めて自分の位置とその果たすべき役割と方法を見出そうと試みている。

右の転向は決していまにはじまったことではなく、甘陽や汪暉などは皆、その例である。近年の蕭功秦はおそらく半「転向者」であると言える。というのも、彼はいみじくも新権威主義の目標を、もともとの「民主憲政」から「特色のある社会主義」、あるいは「賢人の政治」へとこっそりと置き換えたからである。もちろん、蕭功秦は党＝国家のプラットホームと同じ位置で歩んでいるわけではなく、この点で言えば、甘陽らとは依然として同じではない。新権威主義者の呉稼祥、リベラル派の焦国標、党内民主派の辛子陵らはいまだに習近平本人への期待に満ち、みずからの信仰を放棄していないばかりか、習が民主的路線を選択するという希望を抱いている。本書の立場から見れば、このような認識は稚拙なものである。だが、残念ながら、習近平中央が二年余りの区切りをつけても、意外なことに、こうした稚拙な者がなおいくらでもいる。

右派の「極端」者として、筆者がここで指しているのは、知識界、権利保護界で行動する一部の人士であり、ここ何年かの間、体制内の漸進的「改良」への絶望を徹底的に超越しているが、彼らがますます表出しつつあるのは激烈なる「革命」への衝動である。本書の第三章は、もし目標の観点から「革命」を理解するならば、すなわち、党＝国家専制体制の変革を行動目標とするならば、すべての者は等しく革命的性格を帯びていると指摘している。この点で、穏健なるリベラル派は、「急進的」リベラル派との間で実はなんら区別はない。「緩やかな進歩」を主張する民間の行動派と「急進的」であることを主張する民間の反対派との間にも差異はない。ここで見落としてはならないのは、習近平の新全体主義がさらに強硬に自由な民間を抑圧するとすれば、さらに多くの民間人士が過激化を強いられるだけでなく、もともと穏健派であった人々までもが過激な立場へと変化するであろうということである。また「緩やかな進歩」を主張する民間の活動家と「革命」（ここでは現政権と徹底的に決裂して、闘争を正式に宣言すること）を主張する民間の反対派との間では、つばぜり合いや対立が激化するであろう。「革命」側は一方で次のように認識している。いわゆるリベラリズムの「緩やかな進歩」戦略はとっくに破産しているとと中国共産党に宣告されているなかで、人は改革に動こうとしないのに、まだ何とかなると思っているのであろうか。中国には革命以外に選択肢はないのであり、できるだけ早く中国の現状を変えるために有利になることのすべて、すなわち、現政権を覆すことすら奨励し、歓迎すべきである。なぜなら、この論理に基づけば、体制内で改良（改革）を追求することは無益であるばかりか、有害ですらあるのは、そのことが体制を穏健に維持することに有利になるか、少なくとも客観的効果としてはそうなるからである。革命を主張する一派にとっては、現代中国の漸進的社会の育成、あるいは改革の道はすでに凍結されており、あらゆる市民社会を作ろうとする底辺での努力は、実際のところ、ほとんどゼロに等しい場所で不断に徘徊しているだけであり、そこにはいかなる蓄積もなく、突破口を形成することも不可能である。[1] 市民運動と漸進戦略を堅持する側は、変革には人々の力を合わせることが必要であり、社会各方面での力を動員し、蓄積すべきであると強調している。体制内も一枚岩ではないのであり、反対派は「唯一みずからが正しい」とする考えを持ち出すべきではなく、「唯我独尊」といった考えで体制内の穏健な力を否定せず、中間派を攻撃し、社会の大多数を排除すべきではないとするのも、革命推進側にとっては一種の「小児病」である。

論争は動機に対する疑問にまで至っている。すなわち、市民運動を堅持すべきとする一部の人士にとっては、こうしたことは口頭での「革命」、口先だけの「党」を叫ぶだけで、言行不一致なのだ。だが、革命が成立していないのにその成果を摘み取る準備だけをし、自分が「革命」を主導できないならばすべてをたたきつぶし、すべてをご破算にするというのは、実際のところ、歴史に責任を負わない表現であるにすぎないと主張している。[2] 双方の論争は激烈であり、長年の友人間の仲たがいや反目に導いている。リベラルな知識界内部におけるこのような思想面での高度な分裂も過去には珍しい。

抵抗する芸術
――穏健リベラル派の努力と苦悩

再度、穏健リベラル派について論じる。彼らには多くの体制内学者、教師やメディア従事者らがいるが、その基本的立場はリベラリズムであり、倦まずたゆまずメディアという場を利用して、公開で普遍的価値を広く喧伝し、様々な公共の議題について意見を発表している。だが、彼らは通常、党＝国家イデオロギーのタブーに触れることはない。例えば、彼らは党＝国家制度の根本的原則を直接批判することができないがゆえに、遠回りな方法で様々に筆を曲げつつ、自分の観点や政治的見解を表現しているが、それはまた公衆の啓蒙に対してと同様に、当局に対しても警戒心を呼びおこすことになる。『南方週末』、『炎黄春秋』、『共識網』、『愛思想網』、『中国選挙与治理網』などは、すべて穏健リベラル派の舞台である（あるいは、かってそうであった）。筆者はこのような現象を中国リベラル派知識人の「反抗の芸術」と称したが、彼らは思想の束縛に賛成せず、専制にも賛成しないが、その抵抗の形式は婉曲的であり、技巧を重んじており、高度に芸術化されている。彼らが技巧に凝るのは、一つにはみずからを守るためであり、飯の種を失わないようにするためである。二つ目には、発言の場所、とりわけ国内の主流メディアでの発言の機会を確保するためであり、その観点が直接的、あるいは徹底的すぎて、封殺させられないようにするためである。

ある一つの例を見るとよい。古くからの友人、中国社会科学院近代史研究所研究員の雷頤（一九五六〜）は、数年前『革命に向かって――清朝末期七十年』を出版したが、辛亥革命百周年記念として出されたこの作品の重点は、「統治者がいかにして穏健な改革派を反革命派にして、そして最後には王朝崩壊へのプロセスを招いたのか」ということへの分析にあった。雷頤が言うには、「いかなる時代にも、いかなる王朝にも、つねにその政権に対して不満を抱く少数者がいるものだが、統治者がまだ自発的に変革できる際には、この人たちはただ社会の周縁にいるだけなので、大事に至ることはない。統治者の政策が腐敗し、あるいは頑迷かつ保守的になり、さらに社会のより多くの人々が脅迫されるようになる。この人たちの言っていることがなるほどその通りだと分かると、まずは梁啓超を支持しはじめる人々が多くなり、つぎには孫文を支持する人々が多くなっていく。私がこの本一冊を整えたのは、実際のところ、すべては梁啓超に対して一つの注釈をほどこすためだけにすぎない。すなわち、「革命党は、現政府の消滅を目的とする者たちだが、現政府は革命党の一つの大工場を製造する者たちなのである」(3)」。

この本が古の諭しから現在の意味を引き出していることとは明らかである。それは政権担当者に対して、清朝末期統治者の誤りをふたたび犯し、改革のための最後の機会を失い、みずから袋小路に追い込むようなことをするなと勧告しているのである。厳格なる学術的意味では、必ずしもこのような類比が成立するとは限らず、さすがに百年前の情勢は今日とは比べものにはならないのであって、今日の中国は外部からの辱めを受けるようなものではないし(むしろ勃興している)、また満州族と漢族との対立もなく、少数民族をそれなりに切り盛りしている。とはいえ、ここには統治集団が自己の私的利益を国家の大義の上に置きつつ、根本的改革を拒否しているという一つの共通点がある。雷頤の本はこの共通点を指摘しているというそのことだけでも、すでに十分その意義を有している。これと同じような努力はまだたくさんある。袁偉時や張鳴も民国の例に言及しつつ、ひそかに現在の状況をほのめかしている。秦暉・金雁夫妻はソ連と東欧に言及することを好み、遠回しに同じような側面批判をしている。九〇年代後半のリベラル派と新左派間の論争にさえ、このような特徴があるが、双方の多くの主張は必ずしも徹底的なものではなく、とりわけリベラル派の側には、抽象的学理については思いきり論争を展開できても、現実的問題については、やはり奥歯に物の挟まったような言い方を強いられている。このような「庶民の騒がしさ」は、中国思想界の「解禁」を意味しているわけではなく、むしろ権威主義を背景にしたリベラル派と政府との争いゲーム、あるいは民間の知識界各派間での論争という特殊な景観そのものなのである。もちろん、これもまた、現代権威主義の知識社会学に特有な景観である。後の世の人々は、こうした歴史的段階にある世代の人々の著作について、くれぐれもその解釈学を忘れることなく、その著作の背後に隠されている複雑な状況をきちんと理解すべきであろう。

いずれにしても、江沢民・胡錦濤の時代において、リベラル派知識人たちのこうした努力には、みるべき効果と成果がある。巧みな抵抗の芸術という助けを借りて、彼らは自由の言説空間を拡大して、大衆のなかで一定の影響力を及ぼした。二〇〇四年以降、民間で何度も行われた「公共知識人の評価」はこのような影響力を証明している。ミニブログといったネット上の新しいメディアの出現とその広範なる運用は、このような影響力をさらに大きく拡大していった。

しかしながら、こうした「自由な言説」は、さすがにみずから限界を設けて行うのであって、それは本当の「自由」ではない。学者の観点が徹底的には表現できないことは、必然的にその論理的一貫性に影響している。さらに致命的なことに、心理的規制としてみずから限界を設けることは、研究がもっとも鋭い問題を回避するよう導くことになるか、あるいはこれらの問題の解読に際して、左右の状況を見渡してから自分の意見を述べることにならざるを得ない。厳しい現実は我々知識人に、どのように情勢を観察すべきか、そしてどのように自分にもっとも有利な言論戦略をみつけるべきかについて教えている。そのことはまた、専制との安全なゲームを行うなかで、一般大衆のなかでいかにして一定の評価を得るかということにかかっている。リベラル派である郝建(北京映画学院教授)は、かつて自分を含む公的言論の欠陥について深く分析しつつ、次のように述べたことがある。

これが私を含めたかなり多くの知識人の典型的状態である。我々はいつ机をたたいて立ち上がり、道理をふまえた厳粛なる状況を作り出すことができるのか、そしていつ虎の髭をしっかりとつかんで「太鼓を叩いて人民に呼びかける」のかを知っている。我々は自分には完全に明らかである問題に対していつ沈黙を守り、口を固くつぐんで話してはいけないかを必ずや知っているはずである。我々にはさらにもっと恐ろしい振る舞いがある。それは「柿を食べるなら落ちた柔らかいもの(吃柿子揀軟的捏)」というものである。すなわち、それはもっとも安全で、もっとも怠惰な方向で、怒りを抑えられないようなそぶりで義を公に主張すべく、綿密に計算し、八方美人を完璧に演じることである。我々もいつどんな話をすれば、中央上層部に届いて、彼らの認可を得ることができ、またどんな話をすれば庶民の怒りを買うかを知っている。だが、私自身にとって、こうした計算をすることは高度な技能であり、絶妙の域に達している。それはすでに我々の潜在意識に刷り込まれており、ときには思考を全く必要としないまま、美しく、人に好かれるパフォーマンスを演じることができるのである。(4)

これはもちろんとても痛ましい自己反省である。第十八回党大会以降、穏健リベラル派はますますつらい日々を送っている。近代史、民国をつかってなにごとかを言いたいと思うのだろうか。それは「歴史のニヒリズム」というものである。いまだに『南方週末』に堂々と文章を出したいと思っているのだろうか。申し訳ないが、我々はもうそうした舞台を提供できない。これは国内のメディアを通じて自分の考えを表明することに慣れている穏健リベラル派の学者にとっては、もちろん深刻なる打撃である。もともとそれは、適度に設けた自己規制を通じて国内のメディアでの発言権を留保し、できれば専制的コントロールに対するある種の圧迫となり、自由な言論空間の拡大を望んでのことであったが、現在ではこれとは全く逆に、自分自身が圧迫されているのである。習近平の新たな全体主義的権力による言論空間の引き締めののち、中国大陸の穏健派の学者は、前例のない重苦しい空気のなかで生きている。これに辛抱するのか、それとも抵抗するのか、そしてそうであるならどのように抵抗するのか。

媚を売る芸術
――権威主義時代、新全体主義時代の道化者の役

「抵抗する芸術」と同時に共存しているのは、「媚を売る芸術」である。本書の序章は指摘している。「学者はある種の功利的動機から統治者に歓心を買うものだが、たとえ歓心を買うにしても、それははっきりとではなく、迂回して曲がりくねった形で行っている。――このような状況は、左と右とを問わず、すべての知識人に見

ることができる。赤裸々に投機したり、あるいは媚を売ることもあるが、いずれにせよ、それらは現代の思想界を構成する耐え難い光景である。我々が中国的な権威主義、新全体主義の知識社会学について述べる時、このような現象を同様に観察しなくてはならない」。

「媚を売る芸術」の例はたくさんあるが、本書で扱った汪暉、王紹光、甘陽、劉小楓などは、すべてそうしたものの代表である。彼らは体制内で純粋に権力に混じって飯を喰っていながらも、ただ党＝国家の命令を聞いて、いくつかの命じられた作文だけを書いて、党への賛歌を歌うような役立たない学者とは異なって、多くの場合「独立した」顔で現れ、民間のあるいは「学術」の言葉で現実を飾りつくろい、歴史を歪曲し、少しだけ批判はするが大局では大いに手を貸し、党＝国家の大歴史観を肯定するという前提の下で目下の「問題」を指摘している。また彼らは、西欧留学から帰った学者としての身分でその見聞をごちゃ混ぜにして、誤って大衆を誘導し、故意に深淵さを装い、歴史上の偽りの命題で学界、そして青年たちに害を及ぼしている。さらに張維為のような「中国のモデル」、「中国は震撼する」の提唱者は、きわめて煽動的情念に満ちており、その能力が正しいものと装いつつも、この国家に対して本当に責任を負っているのか、しかと考え直すべきである。筆者の見るところでは、彼らはすべて媚を売る者のモデルと言えるが、その身分が盛大であればあるほど、その影響力は大きなものとなり、社会的危害もさらに大きくなる。

彼らを批判するのは、その観点がリベラリズムの主張と異なるか、あるいは対立しているからではなく、もし彼らが言ったことが本意から発しているなら、それは真実についての彼らみずからの認識の表現であり、たとえ観点が異なるとしても、人格の面では誰もが平等であるがゆえに、筆者は彼らを思想的相手として心から尊重する。だが、事態はそのようなものでは全くない。新左派、毛沢東左派、「中国型モデル論」の重要人物らは、リベラル派による批判に応じる勇気がないことを鑑みても、彼らの心底にある気概に対して人々が疑問に思うのは当然のことであろう。「学術」がある種の精巧な道具になった際、とくに権力への歓心を買って、それに取り入る際、媚を売ることはすでにただ「媚を売る」のではなく、ある種の投機をしているのである。あの年に重慶に大急ぎで駆けつけた学者達は、大部分がこの疑いから逃れることはできない。この意味で筆者が張木生を好むのは、たとえその観点が必ずや叩かなければいけないものであるとはいえ、この人物は少なくとも心に裏表がなく、まるで一匹狼のように振る舞っているからだ。

媚を売る「芸術」をさらに炉火にいれて青く育てあげるのが『環球時報』編集長の胡錫進（一九六〇〜）である。重慶への朝貢の旅に対して鞭を打ったリベラリストの栄剣は、胡を「片付ける」ために痛快きわまる文章を書いたことがある。その文章の見出しは「喉舌――胡錫進」というものである。

党の「代弁者」として地位を確立している『環球時報』編集長、胡錫進は、曖昧さを認めることができない。党機関紙である一新聞として、『環球時報』はその創設以来、忠実に党の代弁者になって、党のイデオロギー工作に全面的に協力し、思想的安定維持の面ではしっかりと民情を導き、民意を厳粛に整え、調和を吹聴し、異なる見解への批判では民間で激しく沸き立つ物議を終始怖がることなく、見晴らしのよい高みに居座る勢いであり、旗幟鮮明に世論という大潮の前に立っている。それだけではなく、この新聞はただたんに代弁者の役だけに甘んじることなく、公然と社説という形式で、中国のメディアがすべて国家利益の番犬にならなければならないのだと呼びかけている。「代弁者」から「番犬」まで、党の新聞雑誌のイメージは『環球時報』の普及を通じて、もっとも具体的で生き生きとしているかのように見える。以前はただ一つのメガホンとして、イデオロギーをただ注ぎ込むだけであったが、今では歯をむき出しにして、狂った犬のように吠えるもの、それを恥とせずむしろ光栄とするという、自らここまで堕落したことについて、同志レーニンは冥土にあってどんな感想を抱いているのであろうか。(5)

その珍しさにもっとも感心させられるのは、胡錫進が一貫して党機関紙の調子で言葉にしているわけではなく、党文書の直接的メガホンでもなく、一つの言葉通りの、思想の凝り固まった伝道者を演じたくないようにみえることである。どんな方法がもっとも良く党のイデオロギーを貫徹させ、党と国家の利益を守ることができるのかについて、胡錫進とその『環球時報』は、やはり効果的な探求をなしとげたのである。例えば、時にはいくらかの「人間らしい話」もするのだが、「王立軍事件の発生後に様々な噂があちこちで起き、真相がいわゆるデマによって広まっていった。だが、この状況に対して、党機関紙はすぐにあまねく声を発して、独裁政府機関に対して法的手段でそれを制止するように求めたのである。ところが、胡錫進と「環球時報」は、関連政府部門ができるだけ早く真相を公表することがデマ拡散を制止するもっとも良い手段であるとする声明を発している」。「環球時報」はその他の党機関紙のように、マルクス主義の言葉を頼りに、党の路線や政策宣伝を主にするのではなく、改めて愛国主義とナショナリズムを主とするイデオロギーで言葉を切り開いたが、これは疑いもなく、党宣伝の策略に対する重大なる調整であった。愛国主義とナショナリズムの言葉を運用することのよい点は、直接迅速に民意と国粋を動員できて、愛国という正統性で制度的弊害を覆い隠し、あるいは中国が勃興するという一連の口実で、現実に存在する問題に対して弁護する理由を提供できることである」。それだけではない。愛国が国家利益を核心にするためには、敵を作り出すことが必要なので、米国は当然、中国最大の敵となって、その吹聴した自由、民主、人権など普遍的価値などは皆、「環球時報」によって中国を平和的に転覆する道具だと見なされた。アメリカ帝国主義に反対するため、「環球時報」は軍人界のタカ派、ナショナリズム、民間における国粋のための格調高い反米の主要な陣地となって、愛国主義とナショナリズムが「環球時報」のイデオロギーになるだけではなく、その市場の基礎にもなったのである」。外観の上から見て、『環球時報』は「商業新聞のようであっても党機関紙らしからず、その商業化の運営モデルは巧みにその政治の立場を覆い隠している。それは以前、人々が容認できなかったイデオロギー的テーマを政治の消費財に転化して、愛国主義とナショナリズムをめぐる各種の話題から派生した『経済時報』になって、時に甚だしきに至っては「言葉に驚きはないが党＝国家への誓いのやまない」やり方で人気を博して、新たな購読者を獲得したのである」。「胡錫進のただならぬ役割とその振る舞いは、党のニュース隊列のなかではたしかに稀少価値を持っており、大多数の党機関紙が政治と経済の二重の収益を得ることが困難ななかで、胡の主宰する『環球時報』は、一つの体制内奇跡を生んだのである」。しかし、胡錫進がいかにただものではないのか、またこの新聞が時折、人民性の言論を発表するかしないかにかかわらず、根本的に言えば、この新聞がやはり党の代弁者、あるいはそれ自身の言い方に基づく、党の忠実な番犬だということである。したがって、いくつかの根本的是非の問題で、胡錫進とその新聞はこれまで党とはそりの合わないもう一つの立場を表明することは全くありえなかったのである。(6) 中国の権威主義、新全体主義を知識社会学の角度から見れば、胡錫進の行ったことは、党＝国家専制という舞台のために幕を引く道化者の役を演じていたというにすぎないのである。「媚を売る者」の存在、そして党＝国家専制統治の精致化とは、中国の学術・メディアのシニシズム化（犬儒化）、さらに質の劣化の具体的現れなのである。

国内と海外——中国知識界の民間相互作用

本書で海外の知識界に対する言及が多くない理由については、すでに序章で事前に説明しておいた。国内と海外の知識界の間のコンタクト、直接的連動は、これまでずっと存在してきた。ここ数年、中国国内情勢はますます悪化の一途をたどっており、やむを得ず国を逃げ出してくる人々が徐々に多くなるにつれて、ある意味で国内と国外の間での相互作用を豊かにしていった。それ以外にも、ネット技術の発展、および封鎖を破るソフトウェア開発のアップグレードにつれて、「壁」内外の情報交流も強化している。興味深いことに、中南海での内部の争いも、しばしば海外メディアの助けを借りて暴露されているが、このことは「国内」と「海外」、「政府」と「民間」が相互に織りなす、さらに複雑な様相を呈している。

ＶＯＡ（美国之音）、英国放送協会（英国広播公司）、自由アジアラジオ放送局（自由亜州電台）、フランス国際放送局（法国国際広播電台）、ドイツの音（德国之声）、中国ウェブサイトを自由に見るサイト（纵覧中国網站）、民主中国ウェブサイト（民主中国網站）、ニュースネット（博迅網）、観察ネット（観察網）、開放雑誌、中国人権隔週刊（中国人権双周刊）、独立中文ネット（独立中文筆会網）、公民協議ネット（公民議報網）、北京の春（北京之春）、新世紀ネット（新世紀網）、〇八憲章ネット（零八憲章網）などは、海外の中国リベラル派知識人の発言する主要な舞台となっている（あるいはかつてそうであった）。例えばＶＯＡではしばしば陳奎徳、程暁農、胡平、陳破空、韩連潮、高文謙、および近年米国にきた王康、北風、夏業良など著名人が招待され、番組のなかで中国政治について討論している。陳奎徳が自由アジアラジオ放送局で司会をしている「中国透視」でも、しばしば王軍涛、夏明、楊建利、李偉東などが招待され、中国の時事問題について発言している。陳破空、夏明、胡平、何清漣のような何人かの批評家、学者も法輪功の主催するメディア（新唐人電視台、大紀元時報など）と協力して、彼らの番組製作に参与している。陳平の陽光衛星テレビは、もともと中国内陸で地につかせることができ、穏健派のリベラル派知識人の重要な陣地であったが、近年中国大陸から追い出されて、自身の位置を定める上で重大な転換を経験している。何頻の明鏡グループは海外自由メディアの要衝であり、所属下には明鏡出版社など十数社の雑誌社と明鏡ネットがあって、最近では大量の電子書籍と雑誌の出版を試みている。何頻はまた、「中国研究院」を組織しており、ここ二年間ですでに十数回のシンポジウムを開き、会議での発言録二冊を出版している。(7) それ以外にも、大陸・台湾・香港の学者は台湾を基地にして「華人民主書院」を創設しているだけでなく、天安門事件の学生指導者を中心とする民主化運動家らは、米国サンフランシスコで「天安門民主大学」の復活を宣言している。これら二つの学校は皆、ネットでの教育を通じてその影響を拡大しており、学生の多くが中国大陸にいる。想像に難くないように、これらの学校を運営するのは容易ではなく、外部封鎖を受けて、内部資金不足など多くの制限に直面しており、将来はどうなるか、さらなる観察を待たねばならない。

知識人層から見れば、現在もなお「民主化の運動圏」にある大部分の海外リベラル派は、依然として明確な反共主義の立場を堅持して、国内の反専制勢力に声援を送っており、反迫害の面では多くの努力と貢献があったものの、系統だった理論的思考と知識の創造にはあまり評価すべきものが見られない。ここ何年かの間には、少なからぬ知識人が「民主化運動」について語ったが、このことと「中国の勃興」という大きな背景とは関係があるだけでなく、民主化運動の内側で噴き出した「絶え間ないスキャンダル」という内部矛盾とも関係がある。事実上、広義の民主化運動をめぐって知識界も分岐しているが、この分岐は簡単に「左」か「右」かで評価できるものではない。そのなかのいくつかでは、認識の上で大きく変化している人士の間で、往々にしてお互い複雑に絡み合い、自己矛盾しているという特徴を現している。我々は王希哲と馮勝平という二人の人物にそのような例を見出すことができる。

王希哲（一九四八〜）は、もともと異端分子としてベテランであり、早くも文革時の一九七四年、李希哲と署名した「社会主義の民主と法制を論じる」という一編の論文によってその名声が天下に知れ渡った。何度か投獄されたのちに米国に亡命して落ち着いたものの、何度も党派を組織している海外民主化運動の中堅人物の一人である。生まれつきさっぱりとした性格の豪傑で、異議を唱えることで有名なこの大人物に、ここ数年、大きな変化が発生した。王希哲は一方でみずから「左派」と誇っており、ますます「右派」を厳しく批判しはじめているが、他方、この海外の「変節者」は、国内の新左派、毛沢東左派とはちがって決して党＝国家にひざまずくのではなく、引き続き自らの独立した言論を発し続けている。薄煕来事件が起きた際、王は薄を厳しく批判し、海外の世論に大きな騒ぎを引き起こしたが、彼の理解では、「中国共産党の一元化は、中国の数多くの災難の根源であった。薄煕来の出現が中国共産党内における良き派閥勢力を表出させることで、胡と温に薄を倒させたわけだが、このことは中国共産党の党内流派の多元化傾向を示しており、かつそれと同時に、それによって引き起こされた党内での民主的改革の扼殺を意味している」。明らかに王は、中国共産党の「口先の民主」に賛成しているのであり、中国で民主を実現するためにもっとも現実的なのは、中国共産党の党内民主からはじめることだと考えているのである。[8] 王希哲はまた、中国の左派と右派の間で対話の機構をつくるべきだと主張して、このために、とくに海外で「中国国是フォーラム（中国国是論壇）」というウェブサイトを立ち上げ、「王社長」みずからが編集主幹を任じている。このフォーラムの「開設の辞」のなかで王は、次のように述べている。「中華人民共和国憲法はもともと、抗日戦争に勝利した国民党と共産党との間での協議により、民主的精神に基づいて定められた中国人民政治協商会議「共同綱領」を継承したものである。我々フォーラムは、中国人民の各派を集めた政治協商〔熟議〕が中国民主化の根本的な道であると固く信じている。だが、今日の右派主流の「民主」の理想は、共産党を打倒した後に、それを消滅させるとしている。彼らは共産党に対して言う。「共産党よ、さっさと改革しなさい。もし君たちが改革しないならば、我々が革命してやろうではないか」。もしそのことで共産党が脅され、革命を恐れるならば、さっさと「改革」すればよい。それがどうしたと言うのだ。右派は言う。「民主化したその日には、我々が清算して、正義に転じる」。甚だしきに至っては、我々が共産党（毛沢東左派）を消滅させるとすら言う。右派よ、考えてみたことがないのか。君たちが替わって共産党になったら、君たちはいったいそれを引き受けるつもりなのか。君たちは本当に改革するのか。どのみち君たちにすべて消滅させられるのであれば、君たちが革命しさえすればよいことになる。右派の言う民主の理想とはそういうもので、それが「普遍的民主」だとでも言いたいのか。中国の左派はどうなのか。右派をつぶして、消滅させるなどと毎日口にすることはなく、その多くは、今日中国の発展する経済の多元化が避けられないことを知っている。だからこそ、政治勢力の多元化もまた避けられないことも知っているのである。世論を見て彼らが主に心配したのは、中国における資本主義の発展が右にいきすぎるなということであり、もしここに節度がなくなってしまえば、階級は分極化し、とても不公平になってしまうということである。そこでは一般の労働大衆の利益を過度に侵害してしまい、労働者と農民という市民・大衆は、「改革」というスローガンの下で搾取され、どうにもならず、抑圧を受ける地位に落ちてしまうのである。彼らがさらに関心を持って主張したのは、対内的には大衆の経済・政治的利益を保護することであり（愛民）、対外的には断固として国家主権という権益を守ることである（愛国）。このことは中国の左派と右派が比べられないということではなく、今日こそ、一般民衆の人心と支持を得ることができるということである。しかし、このような人心の支持とは、結局、一九七六年以降の左派にこそ改めて集めさせることができ、そしていままさに集めさせている、中国民主化にとって決定的に重要な政治力なのである」。要するに、「左右の対話」はたしかに必要であるが、「王社長」の見るところでは、「中国の民主化を求める右派の叫び声はたしかによく響いているが、中国の民主化というプロセスの発展を滞らせている主な責任は、まさに右派にこそある。多くの場合、板を打つべきなのは右派の尻の上なのである」[9]。

本書のこれまでの章を読んだ読者には容易に見て取れるであろうが、実は王希哲にとっての「左派」の理想とは、ちょうど中国「右派」リベラル派知識人の理想にあたり、リベラル派知識人はただ憲政民主的体制下でのみ、こうした理想が本当に実現できると強調しているにすぎない。だが、王希哲の「右派」に対する批判は、蕭功秦の「急進主義」に対する批判とたいして変わらず、基本的には稲わらを引き抜いて激しく人を刺すようなものである。少なくとも国内のリベラルな知識人の主流派にとって、民主主義のモデルチェンジの根本的意味は制度を変えることにあり、「共産党を打倒し、消滅させる」ことにはない。共産党は民主化の大勢に順応して、新しく生まれた民主政党として国是に参与できるのであり、有権者によって投票される一票さえあれば、引き続き執政につけるのである。共産党が民主化を妨げて、最後にはどうしても他人に打倒される事態に行き着かざるを得ないのだとすれば、それはいわば自業自得であって、反対派が事前に諮ったことではない。王希哲の論証は、これらの異なる論理関係を全く混淆している。もう一つの文章のなかで、王希哲は右派がアメリカ建国の経験を参考にしているとさえ称し、「一九八九年以降、共産党政権に対する敵対した立場を諦めて、毛沢東革命集団による革命の歴史的価値観と立国の合法性を承認し」、そうすることによって初めて、「国家の民主的措置への考慮に着手できる」[10]としている。これはもちろん、さらなる愚かさを示しているのだが、さすがにここまで言うのはいきすぎであろう。米国の両政党が共通の歴史的価値観を擁していることは、その歴史的条件の産物であって、ましてやこの価値観と今の普遍的人類の文明観とがたまたま当てはまっただけのことにすぎない。だが、共和国としての中国百年の歴史の論理について、本書は甘陽、劉小楓を批判する際、すでに詳しく論じている。ここでもっとも根本的なのは、中国共産党による一九四九年革命の「成功」とは、共産主義革命に歴史哲学と歴史の論理をめぐる合理性があることを意味しているわけではないということである。中国の民主への転換はかならずやこうした合理性を否定することを前提しなければならないが、そこに何も曖昧さはない。しかし、この転換が一回で成功しなければならないことを意味するわけではなく、それは物理的に共産党を消滅させるのに等しいものであるわけでもない。そのことの道理は、すでに述べた通りである。共産党はみずからの転換を通じて、自己否定、自己の再構成、自己の昇華を実現するのであり、もしそれができないのであれば、最後に歴史に淘汰されるのみであって、そのことで他人を責めることはできない。だが、王社長はかつての「右派」として、こうした基本的論理関係を明らかにすることができないために、その愚かさも、そしてその混乱も、ことはすでにここに至っており、たしかに人に扼腕させている。

馮勝平（一九五四〜）は、一九八〇年代から米国に学ぶと、そこですぐに「中国民主連盟」に参加した民主化運動のベテランである。だが、その後、民主化運動に徹底的に絶望したため、運動から退いていった。馮勝平の言葉でいえば、民主化運動にはただ四種類の人がいるのみである。すなわち、恨みがあり、惰性があり、病的であり、任務がある人々である。彼自身は恐らく、「病的である」という種類に属している。馮はまた、「新三民主義」を発明したことで知られる。「専制的暴政の下で、我々は国家に帰順してしまった人民であり、政策が緩まったとき、我々はおとなしい人民のままだが、動乱や革命の際に、我々は粗暴な人民となる。これが、中国でこれまで連綿と続いてきた不変の三民主義である。これ以外には、我々はまだ第四の言い方を知らない」[11]。王軍涛は、馮勝平には「三絶」があると言った。それは党をみずから絶って、民主化運動を絶って、みずから人民と絶ったことであるが、馮勝平自身がまさにそのように考えている。ここ数年来、馮の古い「病」が再発して、また文章を書きはじめているが、彼はこれについて、私に罪をなすりつけている（二〇一二年秋、筆者が馮勝平を胡趙基金会の学術シンポジウムに招待したところ、そこで長編の論文「党＝国家、軍国、民国と中国共産党の政治改革」[12]を提出した）。その上に、この人物の「病」は明らかに軽くないとみえて、意外なことに中国共産党の十八回党大会の後で、連続して三回、「習近平への公開状」を送ることによって国是に対する自身の考えを率直に述べている。「公開状」は、「政治改革が当面の中国にもっともホットな政治だ」と語り、習近平が「立憲政治」をやるのだと呼びかけたものの、この立憲政治とはリベラリズムのいう言禁（言論の禁止）の解除、党禁（共産党以外の政党の禁止）の解除、そして司法独立を推進し、国民全体の総選挙を実行し、多元的民主に向かうことを言うのではなく、「党を主とする立憲」、すなわち、「共産党の指導の下で共産党みずからの権力構造と権力均衡をとる」ことだというのである。[13]聞くところによると、「官吏の立憲政治に対する恐怖症は、リベラル派が立憲政治に対する発言権を独占していることによる。民主選挙、司法の独立、言論の自由、三権分立、軍の国家化、どれひとつも受け入れることができず、仮に一つでも実施すれば命取りとなり、すべて天下の大混乱を招くであろう。民主選挙を実行すれば、一晩の間に千個以上政党が現れ、今日軍の国家化を宣言すれば、明日には恐らく三百万人が街へ繰り出す。仮に以上五つを実行すれば長期的には共産党にはよいと言えるかもしれないが、彼らが本当にそれをやったら、長期的なものはいっさいありえず、明日には恐らくすべてうまくいかないと悟るであろう。理論の上か実践の上かを問わず、彼らはすべて準備できていない。民意に対処することができず、事後の結果を引き受ける勇気がない。そこで彼らは命令を下して立憲政治をめぐる討論を禁止したが、それも彼らのわなである。実は、米国の立憲がイギリス「大憲章」を模倣しているわけでないように、中国の立憲も米国の憲法を模倣する必要などない。世界には立憲君主制（イギリス）があって、民主的な立憲（米国）があって、今日の中国が立憲を必要としているのであれば、ただたんに党中心の立憲の可能性があるのみだ。誰が立憲をやろうと、その本質とはすべてについて規則を立て、法治で人治に取って代わることである。中国が立憲政治をやっても、良くて中国の「一九八二年憲法」であって、米国の「一七八七年憲法」などではない。八二年憲法には三権分立がなく、独立した司法がなく、軍の国家化がなく、最高指導者の民主的選挙がない。合衆国憲法と唯一同じところがあるとすれば、それは「言論の自由」があることである。国の状況が異なっても、さすがに普遍性だけは存在しているようである」。インターネット時代の今日、立憲政治に反対するこの人はまた米国を敵視し、憲法三十五条から後退して、「中華人民共和国の公民には言論の自由がない」ときまり悪そうに公言している。馮勝平は習近平に対してねんごろに戒めている。「貴殿が引き継いだのは全面的腐敗であり、政治の多様化によって信仰の崩壊した国家である。この国家では民主について語るべきではなく、専制をやりさえすればそれで十分である。混乱した局面を管理し、それを治めるために、当面の急務は権力の集中である。腐敗一掃で人心を片付け、強軍で軍人の士気を片付け、最後に党内民主で党員の心を片付けるのである。「人によって天下を治めるのであり、天下で一人に奉仕しないことを欲する（愿以人治天下、不以天下奉一人）」。これは雍正帝による国治のための格言であるが、それはまた彼が軍機処を創立する上での初志でもあった。雍正の集権とは、愛新覚羅天下のためであった。貴殿は国家安全会議を創設して、大きな権限を一手に握り、疑いもなく立憲政治を推進するための基礎を打ち立てたが、それと同時に新たな独裁のための条件もつくりだした。立憲政治かそれとも独裁か？　その間で考えるのはあなた自身である」[14]。

馮勝平の手紙は、豊富な資料を引用しつつ、傲慢でもなく卑屈でもなく、習に対する大義をしっかりと理解している。また習に対する期待があふれ、インターネットでこれを発表した後に速やかに社会に伝わると、大きな称賛者があったのと同時に、激しくこれを叩く者もあった。左や右といった類のラベルで馮に境界を仕切ることは困難であると筆者は考えるが、それは彼の表現する左や右にはすべて自己矛盾を含んでいるからである。馮勝平はこの国家の混乱を見るのを望まないし、また民主化運動に対しても絶望しているため、「人民」に対しても絶望し、また民主を信じていないからこそ、新たに党＝国家へと向かうのであり、共産党みずからで「規則を打ち立てる」ことを通じて「立憲政治」を実現するのを待ち望んでいるのである。馮勝平という、この海外在住の学者にとっては、ある種のやるせなさが透徹しているのであるが、その立憲政治観は、やはりリベラルな知識界の広範な批判に直面することにならざるを得なかった。このような批判は、彼の「民主」に対する理解に実際には大きな問題があるという事実に基づいているだけではなく、往々にして古代の民主、あるいは「暴民民主」（全体主義的民主）によって、リベラリズム的意味での立憲政治に代替するものであり、[15] 馮勝平が主張する「党を主とする立憲」、「党内民主」とは、論理の上でも、事実の上でも存立不可能なことである。[16] その上、さらに重要なのは、習近平による新たな権力の独占がすでに明らかになっている世の中にあって、このような習に対する「提言」（リベラリズムの主張を貶めるという基礎の上で行っている「建育」）、および他の種類の「支持」は、たとえそれがどんなに善良な動機から出ているとしても、客観的には皆、公衆を誤って誘導するという嫌いがあるということである。なぜなら、それがある種の偽りの前景を形作るため、甚だしきに至っては「習式法典」と切り結ぶことが「憲政」とされ、そこに中国の望みがあると誤解されているからである。この問題はもちろん決して小さなものではない。それ以外にも、政治学者としての馮勝平の判断は、しばしば稚拙なものである。例えば、香港のオキュパイ・セントラルの問題で、彼は習に譲歩を引き出し、香港での民主主義を許すよう望んだことがあった。「香港は民主的な試験場であるべきで、戦場ではない」[17]。彼は習近平に対して、「軍隊が政治から退出する」ことを勧めて、「『銃口から政権が生まれる』ことをいまだに信じるならば、中国における政治とはまさに一つの野蛮人のゲームなのである」[18]とした。しかるに、真に中共の政治体制に通暁している者にとっては、中国における政治がいつのときでも「野蛮人のゲーム」などでないことを洞察するのは決して困難ではない。専制政治構造の解体と変革がない限り、「軍隊が政治から退出する」ことなど絶対に不可能であり、こうした「野蛮人のゲーム」が終わる可能性もないのである。

王希哲・馮勝平の問題は、認知の偏りとして表れているが、実は長期に故郷を遠く離れていることと関係があるはずだ。彼らは国内の情況を理解する多くのルートがあると思っているが、直接的体験はさすがに少なくなった。このことは逆に、海を越えた内外でのコミュニケーションが決して容易ではないということの反証となっている。最近（二〇一五年一月）も、王希哲は「バンコク協商会議」の開催を呼びかけて、あちこちへの対話とコミュニケーションを実現して、筆者自身も王氏の招待を受けて、実際には本決まりとはならなかったものの、王氏の厚意はやはりありがたくいただいた。だが、会議の参加者はきわめて少なく、恐らく王社長を失望させている。筆者は王希哲氏への敬意を抱いており、また馮勝平とも親しい友人であるが、厳粛な学術と政治についてのトピックの上で、同様に曖昧なことはできない。

「中国を変える」のは依然として我々の不変の初志である

ここで我々はやはりリベラリズムに立ち返ろう。九大思潮のエリートがすべて中国に影響を与え、中国を変えようとしているが、中国の前途を真に明示しているのが、やはりリベラリズムの主張であることをすでに読者は分かっているはずである。これは「右」の知識界の共通認識であるだけではなく、すでにいくつかの社会調査研究所によっても証明されている。つい最近、二人の米国の留学生であるジェニファー・潘（Jennifer Pan）とYiqing Xuが論文「中国のイデオロギーのスペクトル」を発表している。彼らはデータ分析法を採用して、中国の各省・市のイデオロギー的性格の描写を試みた。二人の調査員は先にひとまとまりの表を設計し、政治・経済・文化という三つの角度から五十の選択テーマ（例えば「西側の多党制は中国の国情に適しない」、「人口の圧力があるとはいえ国家と社会には個人が子供を欲するか欲しないか、何人欲すのかといったことに干渉する権利はない」など）を設定した。参加者は「強く反対」、「反対」、「激しく同意」、「同意」など四つのオプション間で選ぶことができる。研究者はその結果によって、参加者がイデオロギーの上で「左」か、それとも「右」に偏っているかを判断するのだが、論文の作者によると、「左」（保守的思想）の定義は、権威主義体制・国家の統一や安全、社会主義経済政策、伝統的文化価値に対して好意的であるのに対して、「右」（自由主義）は市場化の改革、民主、自由、現代科学技術を提唱し、認めていることを意味している。

二人の作者は全部で十七万千八百三十の調査サンプルを分析しているが、これらのサンプルは青海・チベットを除く中国大陸のそれぞれの省（直轄市、自治区）から収集している。統計の結果、得点が高い「リベラル地区」は、上海、広東、浙江、北京、江蘇、福建、海南、山西、湖南、遼寧の順であった。だが、「左」の保守主義的思想地域はどこであろうか。それは辺境の新疆、貴州、広西がトップ3を占め、寧夏、河南、江西、湖南、安徽、内モンゴル、河北がすぐその後に続いている。左でも右でもない地区は、天津、重慶、四川、吉林、甘粛、雲南、山東、陝西、黒龍江であった。この結果と人々の印象は大体当たっている。二人の作者の結論は、東南部沿海地区が改革開放の気風の先陣をきっており、平均的生活水準がもっとも高く、さらに「自由」の理念を体得し、容易に受け入れることができ、また「リベラリズム」すら認めているが、発展の度合いの足りない地区では「左」の色が比較的に濃いというものであった。[19]

この調査結果は意味深長だ。アンケート形式で現れた大衆の「リベラリズム」の傾向は、すでに明確なリベラリズムの認知を備えたものとは等しくなく、さらに民主への転身がすでに大衆の自覚と期待、ないしは意識的行動となっていることとも等しくないものの、それは少なくともある種類の民主化の潜在エネルギーの存在を証明している。しかも、中国の発達した地区にそれがあることを証明しており、自由主義的価値はすでにある種の「暗黙値」になっている。この事実の意味は小さなものではない。もちろん、党＝国家の統治者はもう一つの決まり文句でこの事実を解釈するであろう。つまり、ナショナリズム、新しい国家主義も、同時に大衆に影響しているということである。「党＝国家の中興」、「紅色帝国」が勃興している時、中国の民主への転身は依然として大きな困難に直面しているのである。

しかし、「中国を変える」のはリベラル派にとっては不変の初志である。筆者は歴史の長い流れから見て、新左派、毛沢東左派といった類の思潮は、歴史に耐えることはなく、ただリベラリズムだけが中国の未来を代表していると信じるものである。たとえ独裁体制が依然として十年、二十年、さらに五十年存続することができたとしても、それがどうだというのか。歴史発展の基本的方向を変えることだけはできないのである。

新全体主義権力の時代とは、行動者を抑える時代であり、かつ一人の思想家を醸成する時代でもある。行動者がたしかな現実について話せば、必ずや刑務所に入る準備をしなければいけないが、この意味で新全体主義がネットを統治する際、リベラル派の行動を助けてもいる。思想家が徹底的に話せば、新全体主義の抑圧がすでに譲歩して退くことを許さない段階に直面しているが、ここには公明正大な人物が必要であり、この意味で、新全体主義の権力統治は、リベラル派の思想家を助けているのだ。

さらに重要なのは、この専制体制がぼろぼろになって、その内部矛盾がすでに十分に暴露されていることである。思想の面では、それを解体する条件はすでに熟している。ミネルヴァの梟はすでに飛び立ったのだ。

わが生活の軌跡——著者あとがきに代えて

私は一九五五年十一月に北京で生まれ、宣武区石頭胡同の大雑院〔中庭を核とする寄り合い住宅〕で育った。十一歳のときに文化大革命が始まり、「紅小兵」となって革命模範劇の挿入歌などを歌い、毛沢東時代の「革命の理想」を疑いなく受け入れた。二十歳で国営工場の労働者となり、やがて生産現場の共産党支部書記、後に工場党委員会副書記を務め、危うく入党してしまうところだった。

社会問題への考察、中国共産党正統イデオロギーへの疑念は、工場労働者時代に芽生えた。勤務先の工場では多くの青年労働者の職務態度があまり真面目ではなく、全く「プロレタリア階級」らしくなかった。このことがマルクス思想理論の無謬性に対する疑問となって沸き起こった。文革終結後の一九七七年、「高考」〔全国大学統一入試〕が復活し、翌年、中国人民大学に入学して経済学を専攻する。その後、中国社会科学院の哲学専攻大学院生となり、徐々に一人の青年理論家としての抱負を育んでいった。この努力の成果として、一九八八年に『経済行為と人間』（経済行為與人）を出版し、それが私の学術論文の処女作となったのである。

一九八九年六月、天安門広場における当局の発砲は私の命運を徹底的に変え、学術研究の方向も変わった。生気溌剌とした革命党がいかにして学生を射殺する屠夫に変質するのか、生涯をかけてこの問題を明らかにする決意を固めたのだ。このことは、私の精神も反逆の道に向かって進むことを免れ得なかった。その対価はきわめて重く、中国社会科学院から批判され、その後の二十年間、昇進の道を閉ざされた。二〇〇八年三月十四日、ラサ事件が勃発し、私は海外で北京当局のチベットに対する人権抑圧を批判する文章を発表し、二〇〇九年の渡米時、ダライ・ラマと会見した。私は国が分裂することに賛成した訳ではなく当局の愚行を批判しただけなのだが、この行為はやはり当局が私という「異見分子」を駆逐する最終的な原因になった。当然、当局が私を排除した表向きの理由は、私が許可を得ずに日本、香港、台湾、米国などを訪れて学術会議に出席し、あるいは講演したりしたこと(二〇〇九年の夏と秋)とされ、これが中国社会科学院の「行政規定」と「外事規律」に背いたと断罪された。二〇〇九年十二月、私は同院から「自宅待機」の処分を受け、二〇一〇年三月、とうとう解雇された。そして北京市の失業者として登録され、以後、毎月、七百元の失業救済金を受けるようになった。そのときに当局から交付された失業証は、今でも保管してある。歴史を証明する貴重な資料だからだ。

その後、自宅に警察の訪問を受けるようになった。中国公安省の規定で、私のような当局に反対を称える「異見分子」は特殊な「待遇」を受け、とくに「敏感な時期」には毎日二十四時間の「歩硝による監視」にさらされるようになる。二〇一一年の秋、執筆中だった『中国憲政改革実行可能性研究報告』に含まれる将来の中国の憲政についての部分を出版社に送稿する際には、階下に複数の公安要員の見張りが現れた。のちの人は、この事実をしっかりと記憶にとどめておいて欲しい。なんと味わい深い歴史のひとコマではないか。

監視に立った警察の同志は注意深く私を尊重してくれたのだが、いったん命令が下されれば、階上に踏み込んで逮捕に及ぶであろうこともまた紛れもない事実なのである。私は牢獄に坐すことを怖れないが、しかしそれでは中国に憲政を実現するための膨大な研究を完成させることができない。二〇一一年十月、私は祖国を去る決意を固め、米国に向かった。すでに五十六歳になっていた。

人生のもっとも困難な時期に、寄り添って歩いてくれた妻と息子に感謝したい。六四・天安門事件の後で研究方針を変える決心をし、そして党＝国家体制と決裂したころ息子は小学校に上がったばかりだったが、今ではすでに大学院の博士課程を修えている。子供の健康な成長と学業の成果を目にすることができ、心が慰められる。

新たな環境で研究と著作に励むことができ、コロンビア大学で教壇に立つ僥倖に浴し、若い学生らと交わることもできた。友人諸氏が尽力してくれたおかげである。すぐれた中国問題の専門家でコロンビア大学政治学科、東アジア学科のアンドリュー・ネイサン教授にはとくに感謝したい。渡米する前には面識すらなかった私に多くの便宜を与えてくださり、同大学で教壇に立つことができるよう熱心に推薦してくれた。以来、私たちは学術面で深い交流を維持している。

私は音楽鑑賞が好きだ。仕事の合間にベートーベンのシンフォニーや各種の協奏曲を聴くのは至福の時間である。食事だって自分で作ることができる。一人の中国人として米国のパンやサラダは口に合わず、やはり北京の炸醤麵の方を好む。妻はいつも傍らにいてくれるが、高齢の父母を北京に残して来ているので、ときには帰京しなければならない。そんなとき、食事はやはり自分で用意するのである。

また十年がすぎていった。人生は苦しく、そして短い。しかしいまだ未完の研究や執筆途上の『五四から六四まで――二十世紀中国の専制主義批判』〔全六巻、脱稿までには二十年を要する〕に思いをめぐらすと、生命に巨大な活力がみなぎってくるのを感じるのだ。

張博樹

二〇一九年二月二十日、米国ニュージャージー

解題——現代中国における思想的根拠としてのリベラリズム

石井知章

一九九〇年代における「新自由主義」および「新左派」の台頭とリベラリズム

この約四十年間にわたって国家の開発戦略として採用されてきた「改革・開放」政策の下、中国では「社会主義市場経済」という名の新自由主義的経済システムの導入による富の格差が拡大していった。グローバリゼーションが急速に進展した一九九〇年代の後半以降、こうした社会的不公平の発生原因とその是正のための方策をめぐり、その問題の根源を市場経済化の不徹底と見る「新自由主義派」と、市場経済化を資本主義化そのものととらえるいわゆる「新左派」とが論争してきた。この思想・学問レベルでの論争では、前者が基本的に大勢＝体制派を占めつつも、とりわけ二〇〇八年の経済危機以降、農村では農地を失ったうえ都市では不安定な職さえ失うといった農民工や、先進国並みに拡大する非正規雇用、そしてワーキングプアといった社会的現実の展開など、いわば「新自由主義的」市場経済政策の行き詰まりをめぐって対立してきた。

ポスト天安門事件期、すなわち江沢民体制下における九〇年代の言説空間では、八〇年代までに築かれてきた中国思想文化を根本的に拒否しようとする巨大な変化が現れることとなる。西側の「ポスト・モダン」の言説を中国に取り入れ、自らの思想的よりどころとする「新左派」が、現代化の動向、人道主義的価値観、啓蒙をめぐる社会情勢、潮流に関連して、科学、民主、理性の承認や提唱といった「五四運動」以来築かれてきた八〇年代の「新啓蒙運動」に対して、深い疑義や猛烈な批判を社会に巻き起こしたのである。彼らは八〇年代の思想文化を「全面的西洋化」であると主張し、「西洋の植民地主義に服従する言説である」と批判していった。いいかえれば、鄧小平以来の「現代化」路線とは、多くの場合、西側基準での「近代化（＝資本主義化）」という逸脱のプロセスそのものであり、仮にそこに擁護されるべき価値があったとしても、それは中国の伝統に根ざした中国独自の「モダニティ」（現代性）であり、けっして普遍的意味での「近代性」ではないということである。したがって、「新左派」にとって「近代」とは、第一義的には肯定的ではなく、あくまでも否定的なものとして定位されていることになる。

こうした「新左派」の動向に対して、すでに一九九〇年代から批判的な立場を貫いてきたのが、徐友漁や秦暉、そして本書の著者である張博樹をはじめとする「リベラル派」知識人である。彼らは現代中国における「リベラルなもの」の源泉を五四運動の啓蒙主義にまで遡りつつ、ネオ・リベラリズムとしての市場経済至上主義者らとも一線を画すという点において、古典的リベラリストとして位置づけられる。彼らの背後にある共通認識とは、大躍進、人民公社運動、文化大革命といった毛沢東時代の否定的側面をめぐって追究された、啓蒙としての「普遍的〈近代〉」への問いである。「リベラル派」にとって、「新左派」が好んで引用する様々な思想・流派とは、西側からの表面的な直輸入にすぎないとはいえ、啓蒙の精神、近代化路線、グローバリゼーションに対して大いなる疑問と不同意を投げかけているという点では、皆共通している。例えば、リベラル派の代表的知識人の徐友漁によれば、人々が市場経済の進展とともに金儲けに夢中になり、文革のもつ過去の悲惨な事実から目をそむけるようになると、もはや文革という過去の忌まわしい記憶については誰も語らなくなった。そもそも「新左派」が抱える問題を一言でいうならば、それは実際の中国社会の現実からはほとんど乖離しており、例えば甘陽や崔之元らのように、西側の最新思想をとりあげつつも、それらを血肉化して中国の伝統的「封建遺制」の批判のために使うといった事柄とは無縁なことである。九〇年代以降、さらに強化された一党専制独裁体制下の論壇にある「新左派」の知識人たちに瀰漫しているのは、いわば市場経済至上主義のもたらした拝金主義的思想にそのまま対応しているだけの、一種の犬儒主義（シニシズム）に他ならない。

中国的コンテクストにおける自由主義と「普遍的価値」としてのリベラリズム

これまでの日本では、中国の現代政治・社会思想については「新左派」、そのなかでも汪暉の思想を中心にしてのみ紹介されるという顕著な傾向があった。このことの理由の一つとしては、現代中国におけるリベラリズムが、実際にはリベラル・マルクス主義（党内改革派）からコミュニタリアニズム（共同体主義）、社会民主主義（中道左派）、民主社会主義（中道右派）、さらにはリバタリアニズム（自由至上主義）まで視野に入れているにもかかわらず、現政権に対して根源的《ラディカル》に「批判的」であるというだけの理由で、多くのリベラル派知識人たちが党＝国家側の一方的評価である「反体制派」として一括して分類されがちであったことが挙げられる。たしかに、近現代中国の自由主義についての紹介は、これまで日本でも少なからず行われてきたのは事実である。だが、ここでいう「自由主義」とは、多くの場合、例えばWm・T・ドバリー『朱子学と自由の伝統』(山口久和訳、平凡社、一九八七年)に象徴されるような、中国近世の支配的思想としての朱子学の個人主義や自由主義思想に着目し、そのリベラルで革新性に富んだ思想的営為として理解されている。それはいいかえれば、ジョン・ロックやアダム・スミス、ジョン・スチュアート・ミル、トクヴィルなどに遡る、西欧近代が生んだ自由・民主・人権といった「普遍的価値」を多かれ少なかれ内包した、いわば規範性の伴う「リベラリズム」と決して同じものではない。ちなみに、戦後日本における中国研究の学界では、後者がもっぱら「西洋中心主義」なるものを排する「正統(主流)派」のパラダイムによって長年一蹴され続けてきたことは、この際、きちんと指摘しておかなければならないであろう。

こうしたなか、筆者はすでに、中国国内外で活躍している主な現代中国のリベラリストを対象として、その主要な論文を『現代中国のリベラリズム思潮』(藤原書店、二〇一五年)で紹介し、中国における現代思想としてのリベラリズムの諸相を描くという作業を行った。ここで扱われた現代中国リベラリズムをめぐる言説空間は、中国国内でほぼ完全に一元化された独裁的権力のコントロール下にあることはいうまでもないにせよ、実はリベラル・デモクラシーの日本ですら、中国リベラリスト群像の「多面性」は全くといっていいほど紹介されてきておらず、この出版がほぼ初めての試みだったといえる。だが、この本はあくまでもリベラリズムをめぐる思想状況の一部について紹介したものであり、現代中国政治思想の全体像を描いたものでは決してない。これに対して、張博樹は本書において、九〇年代以降の民間における思想状況をめぐり、リベラリズム、新権威主義、ネオ・ナショナリズム、新左派、毛沢東左派、党内民主派、憲政社会主義、儒学治国論、新民主主義回帰論という九つの政治思潮に分類し、それぞれについて詳細なる分析を行っている。いずれにせよ、これらの様々な政治的主張が、厳しい言論統制下にもかかわらず、顕在的かつ潜在的に、公然かつ水面下で、激しい思想闘争を繰り広げてきたことだけはたしかである。

習近平体制下におけるリベラリズムをめぐる状況

周知のように、習近平体制の成立（二〇一二年）後、中国における言論状況は厳しさを増し、当局は市民社会に対する弾圧をますます強めている。全国各地の弁護士、活動家、作家、ジャーナリスト、新公民運動などに参加した一般市民、民族問題や台湾、香港のデモについて発言してきた人々が当局による弾圧の対象になってすでに久しい。リベラル派知識人たちの多くは、中国からの出国を余儀なくされたり（逆に禁じられたり）、国内にいても、勤務する大学での自由な発言を制限され、授業そのものをさせないといった、当局からの直接的・間接的ハラスメントを受けてきた。これらはみな、二〇一三年五月、党中央が普遍的価値、報道の自由、市民（公民）社会、公民の権利、中国共産党の歴史的な誤り、権貴資産階級、司法の独立について論じてはならないとする、いわゆる「七不講」（七つのタブー）と呼ばれるイデオロギー統制下で行われてきたことである。

もちろん、こうした緊迫した現代中国の支配権力をめぐる思想状況は、一朝一夕にしてつくりだされたものではない。一九四九年以降の現代思想史を振り返ったとき、その流れの大きな結節点になったのが、一つは七〇年代後半の毛沢東体制（計画経済）から鄧小平体制（市場経済）への政策転換であり、もう一つは一九八九年の天安門事件による民主化運動の挫折であったことに気づく。このことは恐らく、保守派と改革派、左派と右派、新左派とリベラル派とを問わず、多くの人々が広く認める事実であろう。したがって、大きな社会的変化に伴う思想的転換が生じたのも、これらの時期以降であったということになる。しかも、本書が日本国内で出版される二〇一九年とは、まさにその天安門事件の三十周年にあたるのであり、現代中国の閉塞した思想状況をマクロな視点でとらえ返すために、本書がきわめて有用な役割を果たすであろうことはいうまでもない。

既述のように、中国では「社会主義市場経済」という名の「新自由主義」的な経済システムの拡大に伴い、ほぼ四十年に及ぶ改革開放を継続し、人類普遍の価値を守り、グローバルな文明の主流へと参入するのか、あるいは独自の中国的価値を模索し、世界に近代のオルタナティブを提供するのかという、中国における経済発展の背後にある価値の正統性をめぐる「普遍的価値」論と「中国特殊」論との論戦が繰り広げられた。ここでは、様々な「中国的価値」、「中国モデル」、「中国の主体性」といったテーマが、議論の中心を占めていった。たしかに、ポスト天安門事件期に急速に進んでいった高度経済成長とともに、党＝国家体制（Party State）に収斂される強力なナショナリズムが醸成されたのは事実である。だが、この一党独裁を支えてきた中国の政治・社会思想状況は、必ずしもわれわれの目に映るほど一枚岩的なものではない。

現代中国的シニシズム（犬儒主義）の蔓延に抗うリベラリズム

張博樹によれば、既述のような中国における左右の「分家」はすでに二十年間存在してきており、江沢民政権の時期から胡錦濤や温家宝の時期にかけて、中国民間思想界の左右の対峙は徐々に形成され、互いを競合相手として、しかも基本的には安定した状態であり続けた。ある意味で、こうした安定状態は、江沢民、胡錦濤時代の「不作為」の結果である。この状況は胡・温の二度目の任期中にすでに変化を生じさせているが、その象徴とは「〇八憲章」の発表(二〇〇八年)と官による弾圧(右派)、および民間の新左派、毛沢東左派、さらに重慶の「唱紅打黒(革命歌を歌ってマフィアを取り締まる)」(左派)との結合である。中国共産党の第十八回党大会(二〇一二年)から、習近平による新たな全体主義的統治の台頭につれて、中国の思想界の分裂はさらに激化していった。したがって本書は、そうした静態的描写を基礎にして、さらに一つの動態的分析を加えるという二重構成をとる内容となっている。胡・温政権後期の党=国家はすでに座標の右への抑圧の度合いを増大しはじめているが、ここでいう右とは穏健リベラルな知識界だけではなく、民間NGO組織、都市や農村の権利保護運動、宗教の自由をめぐる運動・行動を含んでいる。こうした弾圧は、党=国家・政府が新たな世紀に入ってから急速に発展した中国の市民社会への、いわば遅れてやってきた反応であり、党=国家体制の別名である専制主義の立場に基づいた逆方向への弾圧的相互作用なのである。このような弾圧自体、党=国家統治者の「左旋回」を示しているが、その中心点が時の経過とともに左へと移動するというこの過程は、すでに胡・温政権後期にはじまっていた。実際、第十八回党大会後、習近平の新全体主義が登場すると、中国共産党イデオロギーの「左旋回」はさらに激化し、中心点は左への移動を継続している。

このような「左旋回」は、民間での左右両翼の分別上、相互の反応を誘発している。本書はそうした意味において、毛沢東左派、新左派が、習近平の中央へ「媚を売っている」と繰り返し指摘している。それはいわば、「安楽への全体主義」（藤田省三）の国家レベルでの展開である。例えば、張宏良（新左派）は習近平の「中国の夢」への解説を施し、王紹光、汪暉などは「普遍的価値」に対しても自覚的に包囲討伐へと向かっているが、張博樹によれば、こうしたことはすべて彼ら本来の性格に基づいたものなのである。習近平の身の上でますます強まっている毛沢東のような特徴は、毛沢東左派を興奮させ、また新左派を感激させている。たしかに、重慶事件（二〇一三年）によって薄熙来は政治の舞台から下りたものの、習近平の「新政」と重慶の「新政」とは全く同じ流れを汲むものであるばかりか、規模はもっと大きく、その影響もさらに深遠なものとなっている。こうしたなかで、本書が最後に警告しているのも、毛沢東時代への逆行のもたらす現代中国社会におけるさらなるシニシズムの蔓延に他ならない。

コロンビア大学大学院「現代中国政治思想講義」と本書の位置づけ

筆者は二〇一七年から一八年にかけて一年間、コロンビア大学東アジア研究所のA・ネイサン教授の指導の下、客員研究員として研究生活を送るという幸運に恵まれた。この貴重な経験を通して得ることができた最大の財産があるとすれば、それは張博樹教授の担当する「現代中国政治思想講義」の末席におかせていただいたことであろう。授業の参加者のほとんどが中国からの若い大学院留学生であり、それゆえに基本的に中国語で授業が行われたが、ときには中国系アメリカ人や現地学生らとの英語での激しいディスカッションが繰り広げられた。それは張教授が一方的に講義を行うという形式ではなく、まさにマイケル・サンデル教授の「白熱教室」のように、ソクラテスの産婆術を駆使した、いわば対話の相手から内なるロゴスを引き出すといった、きわめて知的興奮に満ちたものだった。授業は延々と百二十分も続くのだが、毎回、四十人ほどの教室は、さらに立ち見がでるほどの盛況ぶりで、我々はいつの間にか議論にのめり込み、時間の経つのを忘れていった。授業終了後も知的興奮は冷めやらず、張教授の周りには質問者が群がり、その後もさらに一時間ほど、彼の研究室で熱心に質疑応答が継続されたのである。この授業で使われた共通テクストが本書であるが、それ以外にも最新の論考を毎週、数編、アサインメントとして読んでくることが求められた。とはいえ、やはり全体の授業の基本ラインをなしたのは、本書で紹介されている「九つの政治思潮」であったといえる。したがって、この重要講義のエッセンスは、すべて本書のなかで展開されていると考えてよい。本書を手にした読者一人ひとりが、張博樹教授との内在的対話を通し、この「白熱教室」の息吹に触れることができたとすれば、それは我々翻訳・出版に携わったものたちにとって望外の喜びとするところである。

訳者あとがき

張博樹氏との出会いは二〇一五年十二月、同氏が石井知章編『現代中国のリベラリズム思潮――一九二〇年代から二〇一五年まで』（藤原書店、二〇一五年）の出版記念シンポジウムに出席するため東京を訪れたときだった。張氏が日本語版序「分裂する中国」で述べているように、そのとき本書『新全体主義の思想史』の翻訳構想も生まれた。爾来、米国と日本との間で幾度もメールの往還があり、知り合ったばかりでぎこちなさの残る私たちは少しずつ歩み寄り、お互いの距離を縮めてゆくことができた。メールの用件は原稿の執筆依頼とか航空チケットの予約に関するほんの二〜三行で済む簡単な内容だったのだが、連絡事項を書き終えると余白を利用してよく雑談をした。用件三割、雑談七割くらいの比率だったと思う。以下、その雑談から本書がこうして現実のものになってきた過程をすくい上げ、読者に本書をさらに良く理解してもらうための一助としたい。

原著者あとがきにあるように、張博樹氏は毛沢東が中華人民共和国の建国の理念とも言える新民主主義と連合政府論を打ち捨て、急進的な「社会主義改造」に舵を切って中国の大地が政治闘争のまっただなかにあった一九五〇年代の中葉、北京市の宣武区にある石頭胡同の大雑院で生まれた。この辺りは北京人が廠甸と呼んで自慢する旧き良き味わいに満ちた繁華な下街が近く、また建国前、春をひさいで生計をたてた女性の思想改造事業をドキュメンタリー仕立てにした映画『煙花女子翻身記』の撮影が行われたところとしても知られる。映画のひとコマには、張氏が育った石頭胡同の街景も映っている。廠甸からほんの一歩だけ奥に入った網の目のような胡同の街区は、張氏の幼少期における子供たちの天下でもあった。

張氏は小学校の高学年で「文化大革命」と遭遇し、大方の子供たちと同じように「紅小兵」となって毛沢東のユートピア的な「革命の理想」を疑いなく受け入れた。訳者が一九七〇年代の北京に暮らし、濃密に係った市井の人々の過ぎ去ったばかりの生々しい「革命」の記憶も状況はほぼ同じで、真面目に社会主義革命と向き合った人民は、文革期、秧歌隊が太鼓を叩いて歌い、舞った「秧歌」に熱狂し、毛語録の朗誦に合わせて「忠字舞」さえも踊ったのだ。思惟に長けた一部の人たちは毛沢東と中国共産党に無条件で忠誠を誓う行為に幾許かの疑問を抱いたが、社会主義革命に絶大な期待を寄せていた人民は苦悩の末、「そのような疑念にとらわれる自分には、まだ革命の自覚が足りない」と無理矢理に得心し、毛と中共の専制独裁を受け入れた。それは純粋に社会主義革命を信じた人民に共通したピュアな「革命精神」でもあったのである。こうした疑念こそ実は中国の社会を正常化させる正しい思考であったことが明らかになるのは、中共が曲がりなりにも文革を総括し、文革に弄ばれて不本意な挫折を余儀なくされ、果ては人生そのものを失った幾千万にものぼる真正の革命戦士たちの雪辱を晴らした「歴史決議」以降のことで、そこに到るまでにはまだ多少の時間を待たねばならなかった。

訳者は張博樹氏と一歳違いの同年輩で、一九七八年に北京語言学院（現北京語言大学）に留学し、首都の空の下で張氏とおなじ空気を吸い、やはり学食でおなじような粗菜を摂って日々を送った。中国を経済分野で本格的に国際社会に復帰させた「三中全会」、そして魏京生が職を賭して主張した「五つ目の近代化」（政治改革＝民主化）としての北京の春と、政治の民主化は断じて容認しないことを中共が実際行動で示した西単の「民主の壁」の撤去事件を、訳者は留学先で直接に目撃することができた。当時はまだ美しい並木道がつづいていた中関村から動物園に向かう白石橋路をゆっくり流して歩いたり、あるいは永久牌（ブランド）の自転車で疾走し、張博樹氏が経済学を学んでいた人民大学の正門前を通りすぎたこともあった。おそらくその頃、張氏と一度や二度はすれ違っていたのかもしれない。

六四・天安門事件は、当局が民主化を求める学生らに容赦のない銃口を開き、戦車で弾圧した現代史のおぞましい記憶である。この事件に直接関った張博樹氏は、その後、中国社会科学院哲学研究所における研鑽を中共の専制独裁の解明と将来の民主転換への方略の創出に切り変えて邁進した。そして、訳者もまたこの事件で北京語言学院における幾人かの学友、たとえば事件後にフランスへ逃れ、台湾海峡から大陸中国に向けて「民主の電波」を送出することを計画した放送船「民主女神号」の活動に参画した許天芳らの無念を目にすることになる。訳者は一九八〇年以来、この国が言うようにして少しずつ胚胎した政治の民主化機運を圧殺した鄧小平に見切りを付け、不惑をとうに過ぎてから晩学した大学院における研究対象を台湾の民主転換に寄与した蔣経国に転じ、その際に出会ったのが張氏が『中国憲政改革可行性研究報告』のなかで一章を割いて活写した蔣経国の民主化論としての「台湾の民主転換と現代化が大陸の憲政改革に与える啓示」である。中国的な表現を借りて言えば、訳者は張氏と無意識下で「縁があった」のだろう。

いま、近隣諸国を取り巻く環境は、たとえば中国、ロシア、北朝鮮、フィリピンのようにその程度に多少の差はあるものの、なかば独裁者による全体主義的、あるいは権威主義的な専制独裁の抗い難い政治的な流れに呑み込まれつつあり、私たちの国も再びその陥穽に落ち入らないという保証があるとは言い難い。本書は、そうした同時代的な歴史の濁流に警鐘を鳴らす啓示にも満ち、そこに本書の日本語版を世に問うもうひとつの意味があるのだと思う。

張博樹氏が不当にも中国社会科学院を解雇され、米国に居を移さなければならなかった経緯については原著者あとがきに過不足なく記されているので、ここではあえて繰り返さない。

最後にもう一言だけ語らせて欲しい。張氏があとがきに認めた「人生の最も困難な時期に、寄り添って歩いてくれた妻と息子に感謝したい」という一文に接したとき、訳者は不覚にも落涙してしまった。それは紛れもなく張氏の家族に対する感謝と愛おしい感情を吐露したものなのだが、同時に中共党＝国家による専制独裁体制にその人生を弄ばれ、犠牲となっていった星の数ほどもいる無辜の中国人民の言葉を代弁する述懐であるとも思ったからである。謙虚で、常に奢ることを知らない張博樹氏は、中国人としての美質を余すところなく備えた正真正銘の好漢であり、革命家である。

本書の翻訳作業は以下のように分担した。日本語版序・はじめに・序章・第一・二・四・五・六・七・八章・著者あとがき（中村達雄）、第三章（及川淳子、中村達雄）、第九・十・十一章（及川淳子）、第十二・十三・十四章（石井知章）。

なお、読みやすさを考慮して、長い引用は二字下げて示し、段落は分割した箇所がある。

本書の出版に際しては、訳者の作業が遅々として進まない体たらくを見かね、途中から翻訳の大任を分担し、やさしく手を差し伸べてくれた明治大学の石井知章教授、中央大学の及川淳子准教授に心より感謝します。また白水社のすぐれた編集者である竹園公一朗氏は遅筆の訳者に愚痴のひとつも言うわけでなく、終始おだやかに力強く激励してくださり、編集の最終段階では本書に魂を込める困難な作業に邁進してくださった。きわめて短い時間内に大量の煩雑な組版を担当してくださった鈴木さゆみさん、そして美しい装幀を描き出し、本書の価値を高めてくださったコバヤシタケシさんに深く感謝します。

この翻訳書を出版できたのはその名前を挙げることの叶わなかった方々も含め、幾多の友人諸氏の援助に負うところが大きい。それをここに記し、満腔の謝辞をおくります。ありがとうございました。

中村達雄

二〇一九年四月十六日

白水社の本

フランス革命と明治維新

三浦信孝、福井憲彦 編著

革命とは何か？　日仏の世界的権威がフランス革命と明治維新の新たな見方を示し、これからの革命のあり方を展望する。

文化大革命　〈造反有理〉の現代的地平

明治大学現代中国研究所、石井知章、鈴木賢 編

文革とは何だったのか？　新資料により凄惨な実像を明らかにするとともに、日本の新左翼運動に与えた影響を再検討する。カラー図版多数。

中国　消し去られた記録　北京特派員が見た大国の闇

城山英巳 著

繁栄の裏で何が起きているのか？　天安門事件から陳光誠脱出劇まで、ボーン・上田賞、アジア・太平洋賞受賞記者が実像に迫る戦慄のルポ。

訳者略歴

石井知章（いしい・ともあき）
一九六〇年生まれ。早稲田大学大学院政治学研究科博士課程修了。博士（政治学）。共同通信社記者、ＩＬＯ（国際労働機関）職員を経て、現在、明治大学商学部教授。
主な著書に『現代中国政治と労働社会』（御茶の水書房、日本労働ペンクラブ賞受賞）。『中国革命論のパラダイム転換』（社会評論社）、『文化大革命』（編著、白水社）他。

及川淳子（おいかわ・じゅんこ）
東京都生まれ。日本大学大学院総合社会情報研究科博士後期課程修了。博士（総合社会文化）。中央大学文学部准教授。主な著書に『現代中国の言論空間と政治文化』（御茶の水書房）、『文化大革命』（共著、白水社）、訳書に『劉暁波と中国民主化のゆくえ』（共訳、花伝社）、廖亦武『銃弾とアヘン』（共訳、白水社）他。

中村達雄（なかむら・たつお）
一九五四年生まれ。横浜市立大学大学院国際文化研究科博士後期課程単位取得退学。博士（学術）。現在、明治大学兼任講師。著書に『「中国」の練習』（ＮＨＫ出版生活人新書）、『文化大革命』（共著、白水社）、論文に「蔣経国の贛南における派閥形成について」（『現代中国』第八三号、現代中国学会、二〇〇九年九月）他。

新全体主義の思想史
コロンビア大学現代中国講義

二〇一九年六月四日　印刷
二〇一九年六月二五日　発行

著　者 ©　張　博　樹
訳　者 ©　石　井　知　章
　　　　　及　川　淳　子
　　　　　中　村　達　雄
発行者　及　川　直　志
印刷所　株式会社　三　陽　社
発行所　株式会社　白　水　社

東京都千代田区神田小川町三の二四
電話　営業部〇三（三二九一）七八一一
　　　編集部〇三（三二九一）七八二一
振替　〇〇一九〇・五・三三二二八
郵便番号　一〇一・〇〇五二
www.hakusuisha.co.jp
乱丁・落丁本は、送料小社負担にてお取り替えいたします。

誠製本株式会社

ISBN978-4-560-09699-4
Printed in Japan

参考文獻

安.米格拉尼揚（アンドラニク・ミグラニャン）《俄羅斯現代化與公民社會》，北京，新華出版社 2003 年中文版
榮劍《“喉舌”胡錫進》，共識網，2012 年 8 月 20 日
榮劍《“新權威主義”在中國是否可行？》，載《世界經濟導報》1989 年 1 月 16 日
榮劍《新權威主義再批判》，財經網作者個人博客，2013 年 12 月 31 日
榮劍《中國自由主義‘第三波’》，共識網，2012 年 11 月 15 日
榮劍《奔向重慶的學者們》，共識網，2012 年 4 月 28 日
《閻學通：中國崛起也有曆史慣性》，國際先驅導報網，2013 年 7 月 29 日
閻學通《曆史的慣性：未來十年的中國與世界》，北京，中信出版社，2013 年
《炎黃春秋》編輯部《憲法是政治體製改革的共識》，炎黃春秋網 2013 年 1 月
汪暉《“後政黨政治”與中國的未來選擇》，載《文化縱橫》2013 年第 1 期
汪暉《自主與開放的辯證法：中國崛起的經驗及其麵臨的挑戰》，載《文化縱橫》2010 年第 2 期
汪暉《當代中國的思想狀況和現代性問題》，載《天涯》1997 年第 5 期
汪暉《中國、新的平等觀與當今世界》，愛思想網，2013 年 7 月 8 日
汪暉《東西之間的“西藏問題”》，北京，三聯書店，2011 年
王希哲《中國的憲政道路及其他——試答孔丹的幾個問題》，中國國是論壇網，2015 年 2 月 17 日
王希哲《中國政治協商論壇開壇詞》，博訊網，2014 年 7 月 21 日
王軍濤《中國民主轉型路徑圖與民間運動行動策略選擇》，載《僵局、“破局”與中國民主轉型》
王江鬆《笑張之爭引發的若幹思考》，公法評論網，2013 年 8 月 9 日
王山報道《胡溫倒薄，王希哲發出不同聲音》，法廣中文網，2012 年 12 月 5 日
王紹光《“公民社會”：新自由主義編造的粗糙神話》，人民網，2013 年 8 月 8 日
王紹光《超越選主——對現代民主製度的反思》，愛思想網，2011 年 2 月 21 日
王紹光《中國人更重民主實質而非形式》，環球網，2013 年 12 月 5 日
王紹光《黨國體製為中國解決了治國能力問題》，獨家網，2014 年 10 月 26 日
王紹光《民主的“四輪驅動”》，觀察者網，2012 年 5 月 30 日
王紹光《另一個世界是可能的》，觀察者網，2013 年 7 月 17 日
王占陽《中國政治體製改革前沿問題問答》，共識網，2010 年 11 月 17 日
《王占陽：不能簡單地妖魔化顏色革命》，《環球時報》，2014 年 12 月 6 日
王天成《大轉型：中國民主化戰略研究框架》，香港，晨鍾書局，2012 年
《學者王占陽舌戰眾軍方將領 理直氣壯為顏色革命正名》，法國國際廣播電台，2014 年 12 月 15 日

卡爾·施密特（カール·シュミット）著、劉宗坤等譯《政治的概念》，上海，世紀出版集團、上海人民出版社，2004 年
《較量無聲》電視片解說詞網絡版，飛揚軍事網，2014 年 10 月 24 日
華炳嘯《依法治國視域下對憲政概念存廢問題的思考——寫在我深愛的中華人民共和國建國 65 周年之際》，中國憲政網，2014 年 10 月 1 日
華炳嘯《憲政社會主義的思想進路與頂層設計》，共識網，2011 年 10 月 2 日
華炳嘯《超越自由主義：憲政社會主義的思想言說》，西安，西北大學出版社，2010 年
華炳嘯《論反憲派的無恥與怯懦——回應反憲派觀點係列之二》，作者本人博客，2013 年 7 月 7 日
《外交部部長王毅答記者問（實錄）》，人民網，2015 年 3 月 8
甘陽《新時代的“通三統”：三種傳統的融會與中華文明的複興》，愛思想網，2005 年 7 月 14 日
甘陽《中國自由左派的由來》，愛思想網，2007 年 1 月 8 日
甘陽《中國道路：三十年與六十年》，草根網，2008 年 3 月 11 日
《甘陽訪談：關於中國的軟實力》，載《21 世紀經濟報道》，2005 年 12 月 25 日
紀實報道《“遺老”馬賓》，南風窗網，2009 年 11 月 26 日
許誌永接受《經濟觀察報》記者專訪，2008 年
嚴家祺《聯邦中國構想》，香港，明報出版社，1992 年
嚴九元《中國哪些地方更“左”。哪些地方更“右”》，智穀趨勢研究中心，2015 年 4 月 13 日
吳稼祥《從新權威到憲政民主》，載蔡定劍、王占陽主編《走向憲政》，法律出版社 2011 年
吳稼祥《習李改革是中國重登世界之巔的契機》，共識網，2014 年 2 月 20 日
吳稼祥《新權威主義述評》，載《世界經濟導報》1989 年 1 月 16 日
胡寄窗《中國經濟思想史》（上），上海，上海人民出版社，1962 年
胡星鬥《中國政治改革順序論》，共識網，2012 年 2 月 8 日
《胡德平、王占陽等：新改革時期的社會主義憲政建設學術研討會》，共識網，2012 年 3 月 1 日
胡平《論言論自由》，獨立中文筆會網站
孔華潤（沃倫·科恩）主編、周桂銀等譯《劍橋美國對外關係史》（上），北京，新華出版社，2004 年
康曉光《儒家憲政論綱》，愛思想網，2011 年 6 月 3 日
高全喜《自由主義要實現升級版：從啟蒙到創製》，財新網，2014 年 4 月 2 日
高爾基著、朱希渝譯《不合時宜的思想：關於革命與文化的思考》，南京，江蘇人民出版社，1998 年
吳冷西《十年論戰：1956 ～ 1966 中蘇關係回憶錄》，北京，中央文獻出版社，1999 年
《吳建民、羅援：當下中國如何與世界打交道》，中國廣播網軍事頻道，2014 年 8 月 6 日
謝韜《隻有民主社會主義才能救中國》，共識網，2010 年 8 月 26 日
朱厚澤《關於近現代中國路徑選擇的思考》，載張博樹主編《朱厚澤文選》，香港，溯源書社，2013 年
《朱厚澤最後的訪談》，載《朱厚澤文選》
徐友漁《紀念李慎之活動遭禁》，縱覽中國網站，2013 年 4 月 22 日
徐友漁《蕭功秦的新權威主義：一劑不對症的藥方》，中國影響力網，2014 年 3 月 3 日

自由亞洲電台報道《徐文立提出結束中共一黨專政，建立‘第三共和’》，2012 年 1 月 6 日
秦暉與華爾街日報中文網記者袁莉的係列訪談，華爾街日報中文網，2013 年 5 月 15 日
蔣慶《王道政治是當今中國政治的發展方向——蔣慶先生答何謂王道政治的提問》，孔子2000 網，2004 年 5 月 23 日
蔣慶《“回到康有為”是政治成熟的表現》，共識網，2014 年 10 月 14 日
蔣慶《複興儒學的兩大傳統：“政治儒學”與“心性儒學”的重建》，中國儒學網，2008 年 10 月 30 日
蔣慶《再論政治儒學》，上海，華東師範大學出版社，2011 年
蔣慶《政治儒學：當代儒學的轉向、特質與發展》，北京，三聯書店，2003 年
蕭功秦《超越左右激進主義：走出中國轉型的困境》，杭州，浙江大學出版社，2012 年
笑蜀《中國的中間社會站出來》，BBC 中文網，2013 年 7 月 31 日
諸葛慕群《中國需要什麼樣的政府》，香港，明鏡出版社，1999 年
辛灝年《誰是新中國：中國現代史辯》，紐約，美國藍天出版社，1999 年
周誌興《訪談張木生》，共識網，2011 年 5 月 14 日
周舵《理解中國前途的七件工具》，共識網，2014 年 1 月 6 日
秋風《儒家複興與中國思想、政治之走向：一個自由主義者的立場》，共識網，2012 年 4 月 23 日。
秋風《必須在學術上“驅除韃虜、恢複中華”》，新浪曆史網，2014 年 10 月 29 日
《潤濤閻：如果習近平在任上駕崩，誰來接班？》，萬維博客，2015 年 2 月 19 日
宋強等《中國可以說不——冷戰後時代的政治與情感抉擇》，北京，中華工商聯合出版社，1996 年
宋曉軍等《中國不高興——大時代、大目標及我們的內憂外患》，南京，江蘇人民出版社、鳳凰出版傳媒集團，2009 年
中國研究院編《紅色帝國》，紐約，明鏡出版社 2014 年
中國研究院編《中國新震蕩》，紐約，明鏡出版社 2015 年
中國公民聯署《零八憲章》，2008 年 12 月，很多海外網站均有刊載
張宏良《建立人民民主的大眾政治製度》，思想學術網，2008 年 1 月 24 日
張宏良《中國夢與中國左翼政治前途》，作者新浪博客，2013 年 7 月 22 日
張素華《變局：七千人大會始末》，北京，中國青年出版社，2006 年
張博樹《一個紅色帝國的崛起？——從中共十八大到十八屆三中全會》，《中國人權雙周刊》第 118 期，2013 年 11 月 15 日
張博樹《共和 60 年：關於幾個基本問題的梳理》，載《中國批判理論建構十講》附錄一
張博樹《經濟行為與人：經濟改革的哲學思考》，貴陽，貴州人民出版社，1988 年
張博樹《權力語境內認知邏輯與利益邏輯的雙重嬗變：也談改革開放 30 年》，載《解構與建設：中國民主轉型縱橫談》，香港，晨鍾書局，2009 年
張博樹《現代性與製度現代化》，上海，學林出版社，1998 年
張博樹《朱厚澤與這個時代》，係為《朱厚澤文選》做的長篇導言。
張博樹主編、王書君副主編《僵局、“破局”與中國民主轉型》，香港，晨鍾書局，2013 年
張博樹《從五四到六四：20 世紀中國專製主義批判》（第一卷），香港，晨鍾書局，2008 年
張博樹《談談未來中國的政體設計》，BBC 中文網，2011 年 6 月 20 日
張博樹《中國憲政改革可行性研究報告（全本）》，香港，晨鍾書局，2012 年
張博樹《中國轉型智庫網站發刊詞》，載《我與中國社科院：後極權時代思想自由抗爭史的

一段公案》，香港，晨鍾書局，2010 年
張博樹《中國民主轉型中的西藏問題》，香港，溯源書社，2014 年
張博樹《全球治理與民主：兼論中國民族國家戰略的價值重構》，載《解構與建設：中國民主轉型縱橫談》
張博樹《中國批判理論建構十講》，香港，晨鍾書局，2010 年
張博樹《也談商品生產與道德進步》，載《哲學研究》1986 年第 11 期
陳永苗《以反對黨精神促成民國當歸》，民主中國網站，2013 年 10 月 15 日
陳子明《憲政旗幟下的左右翼聯合陣線》，獨立中文筆會網站，2007 年 11 月 6 日
趙紫陽《改革曆程》，香港，新世紀出版社，2009 年
趙精神與憲政轉型學術研討會論文輯要及現場辯論實錄》
張雪忠《中間道路可以休矣》，作者本人博客，2013 年 8 月 6 日
張木生《改造我們的文化曆史觀》，北京，軍事科學出版社，2011 年張木生《謹防經濟斷崖式崩塌》，烏有之鄉網刊，2015 年 1 月 18 日
張木生《中國的世界秩序》，觀察者網，2013 年 6 月 30 日
《張木生訪談：尋找我們的“達芬奇時代”》，360doc 圖書館收藏，2011 年 9 月 4 日
鄧曉芒《評劉小楓的“學理”》，共識網，2013 年 11 月 10 日
鄧力群《十二個春秋》，香港，博智出版社 2005 年
鄧力群編《毛澤東讀社會主義政治經濟學：批注和談話》，烏有之鄉印製
內部發言記錄《質疑張木生：改革要回到新民主主義？》，未刊稿，2011 年 10 月
任劍濤《價值隱匿與知識扭曲：留美政治學博士對民主的拒斥》，愛思想網，2012 年 3 月 30 日
野渡《新極權時代的言論嚴控和公知分化》，參與網，2014 年 7 月 16 日
馬立誠《當代中國八種社會思潮》，北京，社會科學文獻出版社，2012 年
麥迪遜（ジェームズ・マディソン）著、尹宣譯《辯論：美國製憲會議記錄》，沈陽，遼寧教育出版社，2003 年
範亞峰《公民政體的八項製度》，未刊稿
傅築夫《中國古代經濟史概論》，北京，中國社會科學出版社，1981 年
馮爾康主編《中國社會結構的演變》，鄭州，河南人民出版社，1994 年
封從德《紀念六四，回歸憲政》，作者個人博客，2013 年 6 月 4 日
馮崇義《中國民主化的進程和中共黨內民主派》，博訊作者博客
馮勝平《致習近平先生的一封信》，萬維讀者網，2013 年 5 月 21 日
馮勝平《黨國、軍國、民國與中國共產黨的政治改革》，載張博樹主編、王書君副主編《僵局、“破局”與中國民主轉型：胡
馮勝平《黨主立憲：政治走出叢林，軍隊退出政治——致習近平先生的第三封信》，博訊網，2014 年 8 月 29 日
弗朗西斯．福山（フランシス・フクヤマ）《曆史視野中的中西政治秩序》，共識網，2013 年 1 月 8 日
方冰報道《海外學人：習近平新極權逼退漸進改良》，美國之音中文網，2015 年 4 月 13 日
《馬賓等 2993 人發出呼籲：高舉馬克思列寧主義毛澤東思想偉大旗幟，挽救國家和民族》，紅歌會網，2013 年 7 月 11 日
明鏡新聞網記者陳曦報道：“《明鏡月刊》獨家全文刊發中共 9 號文件”，明鏡新聞網，2013 年 8 月 19 日

毛澤東《在中國共產黨第七屆中央委員會第二次全體會議上的報告》,《毛澤東選集》(合訂本),北京,人民出版社,1968 年
楊曉青《憲政與人民民主製度之比較研究》,求是理論網,2013 年 5 月 21 日
楊天石《與“憲政”反對者討論三題》,共識網,2013 年 6 月 7 日
李銳《不當奴隸,更不當奴才》,載《胡耀邦與中國政治改革:12 位老共產黨人的反思》
李銳等著、張博樹主編《胡耀邦與中國政治改革:12 位老共產黨人的反思》,香港,晨鍾書局,2009 年
李偉東《走不通的紅色帝國之路》,博訊網,2013 年 10 月 19 日
《李偉東與張木生對話錄》,共識網,2012 年 2 月 24 日
李江琳《當鐵鳥在天空飛翔:1956-1962 青藏高原上的秘密戰爭》,台北聯經出版公司,2012 年
李國盛《雷頤:“走向革命”讀書會(全文)》,搜狐讀書網,2011 年 5 月 13 日
李慎之《風雨蒼黃五十年》,共識網,2010 年 1 月 20 日
李凡《當代中國的自由民權運動》,台北,巨流圖書公司,2011 年
劉亞洲《堅守神聖的“黨性”》,人民網,2013 年 5 月 22 日
劉亞洲《中國如何打造新一輪戰略機遇期》,中國選舉與治理網,2014 年 11 月 17 日
劉源《讀張木生》,載《改造我們的文化曆史觀》篇首
劉源《劉少奇與新中國》,香港,大風出版社,2005 年
劉小楓《今天憲政的最大難題是如何評價毛澤東》,共識網,2013 年 5 月 17 日
劉小楓《致八十年代的熟人鄧曉芒教授的信》,愛思想網,2013 年 11 月 20 日
劉小楓《民主政治的神學問題》,觀察者網,2014 年 11 月 20 日
劉小楓《如何認識百年共和的曆史含義》,新浪專欄網,2013 年 11 月 8 日
劉澤華《中國的王權主義》,上海,上海人民出版社,2000 年
《列寧(レーニン)選集》第四卷,北京,人民出版社,1995 年
盧森堡(ローザ・ルクセンブルク)著、殷敘彝等譯《論俄國革命·書信集》,貴陽,貴州人民出版社,2001 年

註

序章

(1) 拙稿『中国批判理論建構十講：破解「党専制」、問題與方法』第八講「密涅瓦的猫頭鷹黄昏才起飛」（晨鐘書局、2010年）168頁以下を参照。ここで筆者は、学術分野における独創性のある中国批判について、研究対象の「成熟」は非常に重要な客観条件であり、それ自体がみずからの形態上比較的十分に、あるいはきわめて十分な発展を遂げているべきで、それ自身が孕む各種の内在的な矛盾が顕現してきたとき、この研究対象を客体とすることが可能で、それが成熟すれば研究を進めて議論し、その本質を曝し出すことができる、と説明している。
(2) 陳子明「憲政旗幟下的左右翼聯合陣線」、独立中文筆会HP、2007年11月6日。
(3) ここでは独立媒体人の北風（温雲超）先生に感謝する。北風はコロンビア大学で筆者の「九大思潮」講座を聴講した際、縦軸に思潮の動態変化を描くよう提案してくれた。この提案はすぐに講義内容に反映された。
(4) 馬立誠『当代中国八種社会思潮』社会科学文献出版社、2012年。
(5) 同上『当代中国八種社会思潮』に付録として引用された蕭功秦の関連論文を参照。

第一章

(1) もちろん「夜警国家」論を主張するアダム・スミスにおいては、政府が経済生活に対して負うべき公的責任を完全に排斥しているわけではない。一部に経済自由主義を自由放任主義と理解する向きがあるが、これは認識が狭すぎる。
(2) これについては「序章」ですでに説明したように、紙幅に制限があるので、本書では1949年以前の中国リベラリズムの発展に関しては言及せず、紅色専制とリベラリズムとの共生関係に議論を集中して行論する。
(3) 張博樹『中国憲政改革可行性研究報告（全文）』晨鐘書局、香港、2012年、6－7頁。
(4) 李慎之「風雨蒼黄五十年：国慶夜独語」『李慎之文集』（『公民論壇』など多くのサイトで見ることができる）。
(5) 徐友漁「紀念李慎之活動遭禁」、『縦覧中国網』、2013年4月22日所載。

(6)　胡平「論言論自由」、『独立中文筆会網』所載。
(7)　同上。
(8)　1980年代の『走向未来叢書』や『伝統與変革叢書』などは、同じように深い啓蒙があったが、当時の主題は「近代化」であり、明確な理論的言説としてのリベラリズムはまだ水面上に浮き上がっていなかった。
(9)　以上は、『ウォールストリートジャーナル』中文網記者袁莉の数次にわたる秦暉インタビューを参照。同紙中文網、2013年5月15日所載。
(10)　同上。
(11)　制度の近代化理論に関するさらに詳しい解釈については、拙著『従五四到六四：20世紀中国専政主義批判』第1巻（晨鐘書局、香港、2008年）第1章を参照。
(12)　許志永が2008年、『経済観察報』のインタビューに応じて語った内容。
(13)　笑蜀「中国的中間社会站出来」、BBC中文網、2013年7月31日所載。
(14)「零8憲章」は多くの海外サイトに掲載されている。
(15)　栄剣「中国自由主義「第三波」」、『共識網』、2012年11月15日。日本語版は、栄剣「中国リベラリズムの「第三の波」」所収、石井知章編『現代中国のリベラリズム思潮――1920年代から2015年まで』（藤原書店、2015年）を参照。
(16)　張博樹『従五四到六四：20世紀中国専制主義批判』晨鐘書局、香港、2008年。本書は全部で6巻からなり、第1巻は2008年、すでに香港の晨鐘書局から出版した。第1巻では中国批判理論をつくるための方法論の原則を検討し、初歩的に「総体化」を核心とする中国批判理論の概念を確立した。このあとに続く2－5巻では、過去百年来の現代専制主義の変遷について系統的な整理と解析を進める。
(17)　同上『中国批判理論建構十講』（晨鐘書局、香港、2010年）、232頁を参照。

第二章

(1)　高全喜「自由主義要実現昇級版：従啓蒙到創制」、『財新網』、2014年4月2日所載。当該論文で作者は、「中国のリベラリズムは教条的な従来の枠組みから脱皮し、制度を確立することに努力すべきで、その積極性が正面から社会をつくり、自由な政体を構築し、憲政を根付かせ、民主を促し、法治を唱道する。これは英国のジョン・ロック以降のスコットランドにおける啓蒙思想とJ. S. ミルの思想、および米国連邦主義者（フェデラリスト）の道である。これはリベラルな生命力のある道であり、リベラリズムの伝統のなかで最終的に獲得した正しい成果の道である」と呼びかけている。中国国内のコンテクストで言えば、これはきわめて大胆なアピールである（筆者個人の見方では、民主中国を創出する道は歴史的な条件が全く違うところから、英米のそれとは大きく異なる）。
(2)　当然、いますぐに将来の政体形式について検討する必要があることに疑義をはさむ人もいる。こうした疑義に対して、筆者は以前に執筆した論文で以下のように分析した。たしかに「中国の民主転換は、現在まことに困難な局面に立たされており、執政者のなかの保守勢力は一党独裁というあの方式を相変わらずかたくなに堅持

し、それに拍車をかけている（例えば、最近の異見人士に対する残酷な弾圧）。しかし、このことはまさに現今の制度に希望がなく、前途がないことを証明するもので、責任ある中国の良心を有する人士は（体制の内外を問わず）今後の問題を考えるべきだ。中国の民主転換が平和的に漸進しようが、あるいは突発的な変革の嵐に見舞われようが、新たな政体を構築する課題は我々の民族の眼前に迫ってきており、早いか遅いかだけの違いにすぎない。一言でいえば、「備えあれば憂いなし」ということだろう。また、本当にそのときが来たら、憲法制定過程も各政治勢力の力の争いになり、新たな政体の方案は勝者の意志で決まるか、あるいは政治的な妥協の産物に落ち着き、学者風情の努力がなにほどのものか、なにをいまから忙しくしろというのか、などと言う人もいる。これもまた、妥当な考え方ではない。世界各国の憲法制定過程を見ると、それが巷間言われるように勝者の意志、あるいは政治的な妥協の産物である例は大いにあるが、そこにはそれぞれの背景があり、そうした憲法制定過程はその国にとってもっとも理想的な選択とはなっていない。民国時代の「五五憲草」は蔣介石の越権要求を体現したものだった。エリツィンのロシアにおける「スーパー大統領制」は「府院の争い」を屈折照射し、ロシアの憲法制定過程に深刻な影響を与えた。権力の意志によって満たされた憲法制定過程は、往々にして科学的な制定過程ではないことをこれらの例は説明している。同じような道理は「議会制憲」でも使われる。実質的な転換を果たした国家は往々にして新たな総選挙によって生まれた議会で憲法の制定が行われるが、議会による憲法の制定には大きな問題がある。それは憲法の制定結果には議会で多数を占める政党の意志が反映され、その結果、同じように科学的とは言えず、真にその国の需要に合っているとは必ずしも言えない。憲法制定は熟慮すべきプロセスであり、国家建設の長期的な視野に立たなければならず、それは一党一派の当面の利益に目を奪われた近視眼的な方法にとらわれるべきではない。この意味で、専門知識を有した、権力の利益の影響を受けない人が制憲と制憲準備の仕事に従事するのが合理的だ、と筆者は考えている（張博樹がBBCに寄稿した中国憲政シリーズの第1篇「談談未来中国的政体設計」〔BBC中文網、2011年6月20日〕）。

(3) 張博樹「中国転型智庫網站発刊詞」『我与中国社科院：後級権時代思想自由抗争史的一段公案』（晨鐘書局、香港、2010年）、180頁。
(4) 厳家祺『連邦中国構想』（明鏡出版社、香港、1992年）、37頁。
(5) この「憲法草案」の前文は、『博訊網』などの海外版を参照。
(6) 諸葛慕群『中国需要什麼様的政府』（明鏡出版社、香港、1999年）。
(7) 張博樹『中国憲政改革可行性研究（全本）』（晨鐘書局、香港、2012年）199－203頁。
(8) 同上、148－149頁。
(9) 範亜峰の構想によれば、将来の民主中国の連邦議会は公民院と連邦院で構成される。
(10) 範亜峰『公民政体的八項制度』未刊行。
(11)『ロシア連邦憲法』第4章第83条第1項、第84条第2項。
(12) 同前 張博樹『中国憲政改革可行性研究（全本）』152－153頁。
(13) 同前 張博樹『中国憲政改革可行性研究（全本）』204－205頁。
(14) 同前 張博樹『中国憲政改革可行性研究（全本）』150－154頁。
(15)「徐文立提出結束中共一党専制、建立「第三共和」」（自由亜洲電台（Radio Free Asia

= RFA)、2012年1月6日放送）を参照。

(16) 封従徳「記念六四、回帰憲政」（封従徳のブログ、2013年6月4日）から引用。

(17) 辛灝年『誰是新中国：中国現代史辯』（米国藍天出版社、ニューヨーク、1999年）1頁。

(18) 同上、304－309頁。

(19) 陳永苗「以反対党精神促成民国当帰」、『民主中国網』、2013年10月15日所載。

(20) 筆者は数年前〔本書中国版の出版当時〕、学術交流や講演で2回台湾を訪れ、台湾の学界人と憲政改革問題について議論した。帰京後、三味書屋や伝知行研究所など複数の場所で台湾の7次にわたった改憲過程を紹介した。その際の関連資料はネット上で検索できる。

第三章

(1) 周舵「理解中国前途的七件工具」。『共識網』、『烏有之郷網』など、右派あるいは左派が主宰するサイト上に掲載されている。

(2) 同上。

(3) 王天成『大転型：中国民主化戦略研究框架』（晨鐘書局、香港、2012年）3頁。

(4) 同上、4頁。

(5) 同上、21－29頁。

(6) 同上、75－80頁。

(7) 同上、81－90頁。

(8) 同上、125、300頁。

(9) 同上、27頁。

(10) この問題に関するさらに詳細な議論については、拙著『中国憲政改革可行性研究報告（全本）』134－136頁を参照。

(11) 同上の拙著、303－304頁を参照。次章で新権威主義について議論する際に、この問題をさらに詳細に展開する。

(12) 同上、39頁。

(13) この問題に関する王天成の分析は、『大転型』101頁以降を参照。

(14)『中国憲政改革可行性研究報告（全本）』42－54頁。

(15)『大転型』39頁。

(16) もし、ロストウらの西側の学者の定義を援用するならば、私が言う「転換」は、「準備段階」（民主の転換を勝ち取る段階）、「決定段階」（民主転換の段階、自由化と民主化を含む）、「習慣段階」（民主強化の段階）などのすべてのプロセスを包括する。すなわち、初期の転換が成功しても、民主体制には依然として後退ないしは崩壊の危険があり、完全に強化されなければ「転換」が最終的に完成したとは言えない。

(17)「転換」はより大きな歴史的視点で定義することも可能だ。それはつまり、ある国家が前近代社会から近代社会へ転換するということを指す。中国の「転換」は1840年のアヘン戦争からと見なすことができる。だが、本章で述べている転換は、

現代の中国における転換に限定し、その特定の意味は、中国共産党の一党独裁体制から憲政民主体制への転換のプロセスである。

(18)『大転換』で、著者もこの二つが異なる点について気づいており、次のように述べている。「ここで批判しているのは政治的な漸進改革主義であり、社会のレベルでの漸進的な変化ではない。権威による統治の下、市民社会の成長は必然的に緩慢な特徴を有し、しかも市民社会も常に具体的な個別事案あるいはいくつかの種類別の小さな変革を要求することによって、自分たちの自信や力の結集を育む必要がある」。だが、「市民社会の進展・変化は転換戦略の漸進改革主義の弁護にはならない」。なぜなら、それは「市民社会の進展・変化と民主転換という二種類の性質が異なるプロセスを混同しているからだ。市民社会の進展・変化は権威主義的な政体の力を弱め、民主転換の発生に欠くことのできない駆動力を提供する。だが、市民社会の進展・変化そのものは民主転換ではなく、民主転換の予習段階なのだ」(『大転換』57頁)。明らかに、天成自身も二つの異なる期間の問題だと意識している。だが、これこそまさに、王の批判はつじつまが合わないということを反証している。なぜなら、彼が批判する「政治的な漸進改革主義」(とくにリベラリズム漸進論者)が現在注目し、討論し、行動を起こしているのは、「市民社会の進展・変化」であるからだ。天成の区分に基づけば、それと「自由化」後の転換が「早い」「遅い」というのは同じ定義のうちではないのだから、「早い」「遅い」という基準で評価することはできない。

(19)『大転型』、214頁参照。

(20) 同上、7頁。

(21) 栄剣、何頻、姚監復の発言は、いずれも張博樹主編、王書君副主編『僵局、「破局」與中国民主転型』(晨鐘書局、香港、2013年)、11、71、101頁等に収録されている。

(22) 李偉東「走不通的紅色帝国之路」は海外の多くのサイトに掲載されている。

(23) 同上。

(24) 笑蜀「中国的中間社会站出来」。

(25) 同上。

(26) 張雪忠「中間道路可以休矣」、張雪忠の本人ブログ、2013年8月6日。

(27) 王江松「笑張之争引発的若干思考」、『公法評論網』、2013年8月9日。

(28) 同上。この引用文で、作者は笑蜀を批評し、また張雪忠をも批評して、いずれも的を射ている。作者の問題分析の方法論も賞賛に値する。プロセスを重視し、物事の変化における様々な要素の相互作用を重視し、具体的な歴史の文脈のなかで対象を研究し、理解し、そして定義するという方法である。

(29) 李凡『当代中国的自由民権運動』巨流図書公司、台北、2011年。

(30) 王軍涛「中国民主転型路径図與民間運動行動策略選択」『僵局、「破局」與中国民主転型』185頁参照。

(31) 同上、193頁。

(32)「変局策」全文は75,000字で、10項目の策がある。作者は「近代民主革命の実践的な兵法」だと自称している。海外のサイトに多数掲載がある。

第四章

(1) 以上は、呉稼祥「新権威主義述評」(『世界経済導報』、1989年1月16日)から引用した。
(2) 同上。
(3) 栄剣「「新権威主義」在中国是否可行?」、『世界経済導報』、1989年1月16日。同報は主張の異なる上記呉稼祥論文と栄剣論文を同時掲載して論争させている。
(4) 栄剣「新権威主義再批判」(栄剣の本人ブログ、『財経網』、2013年12月31日)を参照。
(5) 鄧小平『鄧小平文選』第2巻、人民出版社、1994年。341－342頁。
(6) 蕭功秦『超越左右激進主義:走出中国転型的困境』浙江大学出版社、2012年。1頁。
(7) 同29頁。
(8) 同14－15頁。
(9) 蕭功秦は中国の民主化を実現するために通るべき5つの段階を次のように示している。第1段階:改革集団が政治の核心に参画する。第2段階:改革者が政治に参画した後に経済構造を転換させ、経済をテイクオフさせる。第3段階:経済発展の成果を社会で共有する。第4段階:社会が均等に富んだ条件下で市民社会を発展させる。第5段階:第1－4段階の基礎の上に憲政民主を中核とする民主化を実現する。以上は同上『超越左右激進主義:走出中国転型的困境』41－42頁を参照。
(10) 同上。
(11) 徐友漁「蕭功秦的新権威主義:一剤不対症的薬方」、『中国影響力網』、2014年3月3日。
(12) 同前『超越左右激進主義:走出中国転型的困境』16頁。
(13) 蕭功秦「中国為何需要鉄腕改革」、『鳳凰網』、2013年12月8日。
(14) 同上。
(15) 同上。
(16) 同上。
(17) 蕭功秦「中国為何需要鉄腕改革」を指す。『共識網』に発表した際、この題名に変更した。
(18) 王天成を指す。
(19) 江棋生「也説蕭功秦」、『自由亜洲電台中文網』、2014年7月29日。
(20) 同上。
(21) 呉稼祥「習李改革是中国重登世界之巓的契機」、『共識網』、2014年2月20日。
(22) 中共第十八期三中全会を通過した「改革を全面的に深化させることについての中共中央の若干の重要問題に関する決議」のなかに提起された60条改革のことを指す。
(23) 同前「習李改革是中国重登世界之巓的契機」。
(24) ラジオ・フランス(Radio France International)は2014年7月11日、次のように

伝えた。中央規律委員会は先ごろ中国社会科学院が国外勢力の浸透を受けたと批判し、このため同院は所属の研究者を審査する基準として政治規律を第1に課すことを決め、中国共産党機関紙『人民日報』も10日、同院は幹部や研究人員がイデオロギー面で逸脱するのを防止する工作を始めた。これに対して呉稼祥は自身のブログなどで中国社会科学院のやり方は「豚の柵」をつくることに等しいと批判し、ドイツ国際公共放送（Deutsche Welle）のインタビューには、中国共産党の党内派閥抗争に波及するだろう、と答えている。呉稼祥は、現在、党内抗争は異常に激烈で、これは実質的に同院による習近平ら改革派に対する攻撃だ、と伝えている。

(25) 安・米格拉尼揚（アンドラニク・ミグラニャン）『伽羅斯現代化与市民社会』新華出版社、2003年、63頁。

(26) 張博樹『中国憲政改革可行性研究報告（全文）』晨鐘書局、香港、2008年10月、302－303頁。

(27) 同、304頁。

第五章

(1) 汪暉「当代中国的思想状況和現代性問題」、『天涯』、1995年第5期。ネット上に多数の転載がある。同（村田雄二郎・砂山幸雄・小野寺四郎訳）『思想空間としての現代中国』岩波書店、2006年。

(2) 同上。

(3) 同上。

(4) 同上。

(5) 張博樹『現代性与制度現代化』学林出版社、上海、1998年。この主題についてさらに詳細に紹介、分析している。本書は1991年に完成した博士論文も収録した。題名は「現代性及其超越：哈貝馬斯研究」で、このフランクフルト学派思想家のモダニティ批判理論を全面的に扱っている。

(6) 同「也談商品生産与道徳進歩」、『哲学研究』、1986年11期。

(7) 同『経済行為与人：経済改革的哲学思考』、貴州人民出版社、1988年。本書第五章の標題は「両難処境」で、「改革与矛盾」、「宏控与微活」、「経済与倫理」、「発展与平衡」の4節からなる。本書は現代文明が包含する謬論について、現代的な意義において科学は近代工業文明の産物であり、後者は同時に商品経済の揺籃から成長してきたことを発見した。それは価値関係であり、車輪を交換して物質文明を前進させた。また、人類の精神領域における全面的な混乱を招いた。道徳発展の二律背反は生産力の向上に伴い、精神の浄化ばかりではない。まさに反対で、人類の貪欲はすべてのプロセスの発展を促す内在的力である。人、企業、グループ、国家を問わず、その最終的な決定の基礎（経済開発面の決定だけでなく科学利用方面の決定も含む）は一個人の利益に対する精細な考慮である。経済と倫理の衝突は一般的な意味での個人から言えば正しく、世界の進歩から見てもまた正しいのである（本書154－155頁を参照）。

(8) 同前「当代中国的思想状況和現代性問題」。
(9) 同上。
(10) 汪暉「自主与開放的弁証法：中国崛起的経験及其面臨的挑戦」。
(11) 同上。
(12) 同上。
(13) 汪暉「「后政党政治」与中国的未来選択」。
(14) 同上。
(15) 張博樹『従五四到六四：20世紀中国専制主義批判』第1巻、晨鐘書局、香港、2008年、197頁。
(16) 同上。
(17) 汪暉は「「后政党政治」与中国的未来選択」で、「政治的な階級概念、あるいは領導としての階級概念は社会や職業階層としての階級とは必ずしも同等ではない。すなわち領導の根本的な含意はこの資本主義的な論理を変える駆動力にある」としている。これは汪暉が「階級」概念が「階層」概念に向かって滑ることに反対していることを証明するものであり、汪暉自身は「前衛党」概念を指向している。リベラリズムから見れば、マルクス主義のコンテクストにおける「階級」概念とレーニン主義の「前衛党」概念は独裁概念を招来するもので、これに対してマックス・ウェーバーの「階層」概念（職業階層概念）からは現代民主政治の自由主義分析を引き出すことができる。
(18) 同前「「后政党政治」与中国的未来選択」。
(19) 同上。
(20) 同前「自主与開放的弁証法：中国崛起的経験及其面臨的挑戦」。
(21) 同前「「后政党政治」与中国的未来選択」。
(22) 同上。
(23) 楊奎松「也談「去政治化」」問題」、『共識網』、2014年1月19日。
(24) 汪暉「「后政党政治」与中国的未来選択」。
(25) 汪暉「自主与開放的弁証法：中国崛起的経験及其面臨的挑戦」。
(26) 同上。
(27) 同前「「后政党政治」与中国的未来選択」。
(28) 同上。
(29) 同上。
(30) 同上。
(31) 汪暉『東西之間的「西藏問題」』、北京三聯書店、2011年、4－5頁。汪暉（石井剛・羽根次郎訳）『世界史のなかの中国 文革・琉球・チベット』青土社、2011年。
(32) 同上、21頁。
(33) 同上、23、25、31頁。
(34) この問題については、張博樹『中国民主転型中的西藏問題』香港溯源書社、2014年に詳しい。
(35) 同前『東西之間的「西藏問題」』102－103頁。
(36) 同上、112頁。
(37) この間の歴史については、チベット問題研究者の『当鉄鳥在天空飛翔 1956～1962 青藏高原上的秘密戦争』台北聯経出版公司、2012年に詳しい。前掲拙著『中国民

主転型中的西藏問題』でも詳しく分析した。
(38) 同前『東西之間的「西藏問題」』113 頁。
(39) 同上。
(40) 同上。
(41) 汪暉「中国、新的平等観与当今世界」、『愛思想網』、2013 年 7 月 8 日。
(42) 同上。
(43) 同上。

第六章

(1) 王紹光「超越選主：対現代民主制度的反思」、『烏有之郷網』 = http://m.wyzxwk.com/、『愛思想網』 = http://www.aisixiang.com/ などに掲載。サイト上には講演映像もある。
(2) 王紹光「民主的「四輪駆動」」、『観察者網』、2012 年 5 月 30 日所載。
(3) 同前「超越選主：対現代民主制度的反思」。
(4) 同前「民主的「四輪駆動」」。
(5) 張卓明は、王紹光に次のように反論している。「選挙民主は現代民主の基礎と核心である。……一般的に、人々は選挙競争を通じて多くの情報を得て、深くかつ思慮深い決定をすることができ、盲目的で操作を受けた決定を免れる。この意味から、選挙民主は王紹光氏が主張する「熟議民主」を排斥するものではなく、その有効性はまさに投票前の熟議にかかっており、その後、人々は候補者の立場と態度から取捨と決定を行う。……「民主とはもっとも悪くない制度」という観点に対する王紹光の批判について、筆者はそれを民主制度に対する醒めた認識ととらえる。それは低調な民主観の吐露である。すなわち現実主義の民主観であり、ロマン主義的な民主観ではない。この種の民主観は人間性に対するユーモアが基礎にあり、権力を疑う認識の論理を含んでいよう。民主制度を十分に認識するだけでは万全ではなく、平常心で民主の欠陥に対応することで、理想的な民主制度の道を拓くことができるようになる。さもなければ、軽はずみに基本的な民主形式をみずから放棄して実際的ではない「超越」を追い求めてしまうことになる」。張卓明「「超越」選挙民主？：與王紹光先生「超越「民主」」一文商加榷」、『中国社会科学報刊網』、2010 年 12 月 9 日所載。
(6) 王紹光「中国人更重民主実質而非形式」、『環球網』、2013 年 12 月 5 日所載。
(7) 同上。
(8) 張博樹『中国憲政改革可行性研究報告（全文）』（允晨文化、香港、2014 年）130 − 131 頁。
(9) 王紹光「「市民社会」:新自由主義編造的粗糙神話」、『人民網』、2013 年 8 月 8 日所載。
(10) 同上。
(11) 拙著『従五四到六四：20 世紀中国専制主義批判』第 1 巻（晨鐘書局、2008 年）108 − 109 頁参照。
(12) 王紹光「「公民社会」:新自由主義編造的粗糙神話」、『人民網』、2013 年 8 月 8 日所

載。
(13) 王紹光「党国体制為中国解決了治国能力問題」、『独家網』、2014年10月26日所載。本論文の原題は「国家治理與国家能力」季刊『経済導刊』、2014年06期所載。
(14) 同上。
(15) 同上。
(16) 同上。
(17) フランシス・フクヤマ「歴史的な視野における中国と西欧の政治秩序」、『共識網』、2013年1月8日所載。
(18) 同上。
(19) 同上。
(20) 王紹光「另一個世界是可能的」、『観察者網』、2013年7月17日所載。この論文はネット上で転載される際、さらに読者の目を惹く「清華長江講座教授王紹光：黒雲圧城下、中国該往何処去？」に改題された。
(21) 同上。
(22) 任剣濤「価値隠匿與知識扭曲：留美政治博士対民主的拒斥」『愛思想網站』、2012年3月30日所載。
(23) 同上。
(24) 同前王紹光『另一個世界是可能的』。

第七章

(1) 「「遺老」馬賓」(『南風窓』、2009年第24期) を参照。この記事は2009年11月26日に『南風窓』サイトにも掲載された。
(2) 『博訊網』、2007年9月20日所載。
(3) 「馬賓等二九九三人発出呼吁：高挙馬克思列寧主義毛沢東思想偉大旗幟、挽救国家和民族」、『紅歌会網』、2013年7月11日掲載。
(4) 張宏良「建立人民民主的大衆政治制度」、『思想学術網』、2008年1月24日掲載。
(5) 同上。
(6) 同上。
(7) 張博樹「共和60年：関於幾個基本問題的梳理」(『中国批判理論建構十講』付録一、晨鐘書局、香港、2010年)、244 − 245頁を参照。
(8) 同前、張宏良「建立人民民主的大衆政治制度」。
(9) 同上。
(10) 同上。
(11) 同上。
(12) 同上。
(13) 同上。
(14) 同上。
(15) 同上。

(16) ここに言う「聖人を称揚する文化」とは中共第十八回党大会、とくに最近一年来に顕著な御用メディアによる習近平個人に対する称揚が急激に増えている状況を指している。
(17) 両参：幹部が労働に参加し、労働者が管理に加わる。一改：不合理な規則や制度を改革する。三結合：工場長、技術者、労働者からなる指導グループを組織すること。
(18) 張宏良『建立人民民主的大衆政治制度』。
(19) この論文は2008年に執筆したもので、拙著『解構與建設：中国民主転型縦談』に再録した。95－142頁参照。
(20) 毛沢東「在中国共産党第七中央委員会第二次全体会議上的報告」、『毛沢東選集』合訂本、人民出版社、1968年、1328頁。
(21) 張素華『変局：七千人大会始末』中国青年出版社、2006年、338頁。
(22) 呉冷西『十年論戦：1956～1966中蘇関係回憶録』中央文献出版社、1999年、782頁。
(23) 鄧力群編『毛沢東読社会主義政治経済学：批注和談話』烏有之郷出版、686頁。
(24) 四清運動が始まった際、各地区等委員会が中共中央に送った報告書にはこれらの言葉が氾濫した。郭徳宏・林小波著『四清運動実録』(浙江人民出版社、2005年)、34頁を参照。
(25) 同上、38頁。
(26) この一連の文章は毛沢東が「浙江省における幹部の労働参加に関する七篇の優良教材」(浙江省七個関與幹部参加労働的好材料)に寄せたコメント。解放軍総政治部編『毛主席語録』(解放軍総政治部印刷、1964年7月14日)所載。36－37頁。
(27) 毛沢東の時代、政権は「公的権力」としての職能を担っていたにもかかわらず、それを「公権力」とする考え方はなく、「人民民主政権」あるいは「プロレタリア政権」と理解されていた。
(28) 1967年11月6日、「両報一刊」(『人民日報』、『解放軍報』雑誌『紅旗』)は「十月社会主義革命が切り開いた道に沿って前進しよう」(沿着十月社会主義革命開闢的道路前進)という文章を共同発表し、毛沢東の「継続革命論」を六つの要点にまとめた。第一：マルクス・レーニン主義の対立する統一規律で社会主義社会を観察する。第二：社会主義というこの歴史段階においては、終始、階級闘争があり、資本主義復活の危険性が存在する。第三：プロレタリア独裁下の階級闘争は依然として本質的に政権問題である。第四：社会に存在する二つの階級、二つの道の闘争は必然的に党の内外に反映され、党内にいる一握りの資本主義の道を歩む実権派は党内における資本主義の代表者である。第五：プロレタリア独裁下における階級闘争でもっとも重要なことは、プロレタリア文化大革命を徹底的に展開することである。第六：文化大革命の思想領域における根本綱領は「闘私批修」〔私心と闘い、修正主義を批判する〕である。国防大学編『「文化大革命」研究資料』上册、609－610頁。
(29) 1967年、毛沢東は重い病床に華国鋒らを呼んで、「私は一生のうちに二つのことをやった。一つは蔣介石とあんなに長い期間闘い、彼をいくつかの島に追いやったこと。抗戦八年、日本人に実家に帰ってもらったことだ。これに対して異議を唱える人は多くない……。もう一つは君たちも承知しているように、文化大革命を発動したことだ。これを擁護してくれる人は少なく、反対した人は多かった」。鄧力群『十二個春秋』(博智出版社、香港、2005年)、96頁を参照。

(30) 張宏良「中国夢與中国左翼政治前途」、張宏良の本人ブログ、『新浪』、2013年7月23日所載。
(31) 同上。

第八章

(1) 甘陽「新時代的「通三統」:三種伝統的融合会與中華文明的復興」、『愛思想網』、2005年7月14日所載。
(2) 「甘陽訪談:関與中国的軟実力」、『21世紀経済導報』、2005年12月25日を参照。
(3) 「通三統」の論文で甘陽は「中国伝統文明の全面的な瓦解で、20世紀以来、中国や欧米の研究で中国人が権威として引用しているのはすべて欧米の文献だ」と批判している。「ソフトパワー」に関する論文でも、甘陽は「中国の人文社会科学は自前の研究で中国の最重要問題に対応すべきだ」と呼びかけている。
(4) 同上、甘陽「新時代的「通三統」:三種伝統的融合会與中華文明的復興」。
(5) 米国の出版社はスーザン・シャークの著作を次のように紹介している。In the past decade, China was able to carry out economic reform without political reform, while the Soviet Union attempted the opposite strategy. How did China succeed at economic market reform without changing communist rule? Susan Shirk shows that Chinese communist political institutions are more flexible and less centralized than their Soviet counterparts were.
(6) 中国社会科学院の李慎明らが企画した内部「教育」映画『居安思危』は、この種の主張の代表である。
(7) 拙著『憲政改革可行性研究報告』を参照。
(8) 甘陽「中国道路:三十年與六十年」、『草根網』、2008年3月11日所載。
(9) 実際には甘陽こそが「西洋かぶれ」の典型だが、消化不良も甚だしい。本章で引用した大量の甘の文章を読めば分かるように、この学界の「狂人」の現代中国に対する理解は米国に対するそれよりも劣っている。
(10) 甘陽「中国自由左派的由来」、『愛思想網』、2007年1月8日所載。
(11) 同前、甘陽「新時代的「通三統」:三種伝統的融合会與中華文明的復興」。
(12) 同上。
(13) 張博樹『従五四到六四:20世紀中国専制主義批判』第1巻(晨鐘書局、香港、2008年)28頁。
(14) 同上、張博樹『従五四到六四:20世紀中国専制主義批判』30－32頁。
(15) 劉小楓「今天憲政的最大難題是如何評価毛沢東」、『共識網』、2013年5月17日。
(16) 劉小楓「如何認識百年共和的歴史含意」、『新浪専欄網』、2013年11月8日所載。
(17) 同上。
(18) 同上。
(19) 劉小楓「致八十年代的熟人鄧曉芒教授的信」、『愛思想網』、2013年11月20日所載。
(20) カール・シュミット、劉宗坤ほか訳『政治的概念』(上海人民出版社、2004年)、

5頁〔以下、引用はシュミット『政治神学』(田中浩・原田武雄訳、未来社、1971年)に拠った〕。
(21) 同8頁。
(22) 同上20頁。
(23) 同上24頁。
(24) 同上。
(25) 同上。
(26) 同上39－40頁。
(27) 同上40頁。
(28) 鄧曉芒「評劉小楓的「学理」」、『共識網』、2013年11月10日所載。
(29) 劉小楓「民主政治的神学問題」、『観察者網』、2014年11月20日所載。
(30) 張博樹「「共和」60年：関於幾個基本問題的梳理」、『中国批判理論建構十講』(晨鐘書局、香港、2010年) 付録。
(31) 同上。
(32) 張博樹『従五四到六四:20世紀中国専制主義批判』第1巻 (晨鐘書局、香港、2008年) 293－295頁。
(33) 栄剣「奔向重慶的学者們」、『共識網』、2012年4月28日所載。
(34) 信息自由観察工作室編『薄熙来周永康迷局與十八大：重慶事変核心文献、争議性文献続編』(溯源書社、香港、2012年)、207－208頁。
(35) 同前、栄剣「奔向重慶的学者們」。

第九章

(1) 著者が『胡耀邦與中国政治改革』に記した「前言」を参照。同書は、香港の晨鐘書局から2009年に出版された。
(2) 馮崇義「中国民主化的進程和中共党内民主派」(馮崇義の本人ブログ、『博訊』) 等を参照。
(3) 趙紫陽『改革歴程』新世紀出版社、香港、2009年版、296－297頁。
(4) 李鋭「不当奴隷，更不当奴才」張博樹編『胡耀邦與中国政治改革：12位老共産党人的反思』晨鐘書局、香港、2009年、32－33頁。
(5) 同上、35－36頁。
(6) この文章はもともと辛子陵の著作である『紅太陽的隕落：千秋功罪毛沢東』の序文として書かれたものである。『炎黄春秋』2007年第2期にダイジェスト版を発表した際には、安全を考慮して文章のタイトルを「民主社会主義模式与中国前途」と変更した。
(7) 謝韜「只有民主社会主義才能救中国」、『共識網』、2010年8月26日掲載。
(8) 同上。
(9) 朱厚沢「関与近現代中国路径選択的思考」(張博樹編『朱厚沢文選』溯源書社、香港、2013年)、23頁以降参照。

(10) 筆者が『朱厚沢文選』に執筆した長編の序文「朱厚沢与這個時代」を参照。
(11) 詳細は「朱厚沢談『党文化』」、『朱厚沢文選』87、92－93頁参照。
(12) 詳細は「朱厚沢最後的訪談」、『朱厚沢文選』111頁以下を参照。
(13) 同上。
(14) 本文は『炎黄春秋』サイトを参照。その後、BBCに全文が転載された。

第十章

(1) 胡星斗「中国政治改革順序論」、『共識網』、2012年2月8日。
(2) 同上。
(3) 胡徳平、王占陽等「新改革時期的社会主義憲政建設学術研討会」、『共識網』、2012年3月1日、参照。
(4) 同上。
(5) マルクス政治学理論の幼稚さについては、拙著『従五四到六四』第1巻第4章第22節「馬克思政治哲学中的烏托邦」を参照。
(6) 「社会主義市場経済」が概念として誕生した背景およびその非科学性については、『中国批判理論建構十講』第二講「従商品経済到市場経済再到権貴経済：経済術語背後的政治邏輯」を参照。
(7) 王占陽「中国政治体制改革前沿問題問答」、『共識網』、2010年11月17日。
(8) 王占陽「不能簡単地妖魔化顔色革命」(『環球時報』、2014年12月6日)、「学者王占陽舌戦衆軍方将領　理直気壮為顔色革命正名」(ラジオ・フランス・アンテルナショナル(RFI)、2014年12月15日)を参照。
(9) 華炳嘯『超越自由主義:憲政社会主義的思想言说』西北大学出版社、西安、2010年。
(10) 華炳嘯「憲政社会主義的思想進路與頂層設計」、『共識網』、2011年10月2日。
(11) 同上。
(12) 同上。
(13) 同上。
(14) 同上。
(15) 同上。
(16) この文章には「潤涛閻」と書名があり、作者は、習近平の反腐敗はもともとの権力と利益の構造を徹底的にかき乱し、突然最高ポストに空きができたら、必然的にハイレベルでは新たな行列、再編成、ひいては内戦が勃発するに違いないと述べている。この文章は、十八回党大会以降の党＝国家人事の変動に基づき、おそらく発生するであろう危機に対して様々な推測を行っている。潤涛閻「如果習近平在任上駕崩、誰来接班?」(『万維博客』、2015年2月19日)参照。
(17) 華炳嘯「憲政社会主義的思想進路與頂層設計」。
(18) 『明鏡新聞網』の陳曦が報道した「『明鏡月刊』独家全文刊発中共9号文件」(『明鏡新聞網』、2013年8月19日)を参照。
(19) 楊暁青「憲政與人民民主制度之比較研究」、『求是理論網』、2013年5月21日。

(20)「九号文件」の表現は以下のとおり。「西側の憲政民主には、際立った政治的内包と指向があり、三権分立、多党制、普通選挙制度、司法の独立、軍隊の国家化などの内容が含まれる。これらはブルジョアジーの国家理念、政治モデルと制度設計である」。
(21) 楊天石「與「憲政」反対者討論三題」(『共識網』、2013年6月7日)などを参照。
(22) 華炳嘯「論反憲派的無耻與怯懦:回応反憲派観点系列之二」(華炳嘯の本人ブログ、2013年7月7日)参照。
(23) 楊暁青「憲政と人民民主制度の比較研究」(「憲政與人民民主制度之比較研究」)。
(24) 華炳嘯「反憲派の無恥と臆病を論ず──反憲派の観点に答えるシリーズ 二」(「論反憲派的無耻與怯懦:回応反憲派観点系列之二」)。
(25) さらに最近の文章でも、華炳嘯は依然として「憲政社会主義」に対するこのような解釈を続けている。例えば、2014年9月、この青年学者は「法による国家統治の視野で憲政概念の存続か廃止かという問題を思考する──私が深く愛する中華人民共和国の建国65年に際して」を発表した。その文章では、以下のように述べている。「もし、執政党が「人民民主独裁」を人民民主政権すなわち「人民の統治」を強固なものとして擁護するものと定義するならば、それは国体の意味から継続使用が可能だが、憲政は人民主権に適応した近代の政体として、社会主義国家がガバナンスの近代化を実現する唯一の選択なのだ。憲政がなければ、共和国はなく、社会主義もない。憲政と市場経済は同じように、資本主義か社会主義かということは論じない。中国共産党の指導の下で、社会主義制度のサービスを改善することが全く可能なのだ」(『中国憲政網』、2014年10月1日)、参照。

第十一章

(1) 蔣慶『政治儒学:当代儒学的転向、特質與発展』三聯書店、北京、2003年。『再論政治儒学』は上海の華東師範大学出版社により2011年出版された。2014年6月、北京の東方出版社より蔣慶の新しい文集がまた出版された。書名は『広論政治儒学』である。
(2)『王道政治是当今中国政治的発展方向──蔣慶先生答何謂王道政治的提問』を参照。『孔子2000網』、2004年5月23日。
(3) 同上。
(4) 同上。
(5) 同上。
(6) 同上。
(7) 拙著『従五四到六四』第1巻、第1章、第2章を参照。
(8) 麦迪遜(マディソン)著、尹宣訳『辨論:美国制憲会議記録』遼寧教育出版社、瀋陽、2003年、210 - 211頁を参照。
(9) 拙著『中国憲政改革可行性研究報告(全本)』166頁を参照。
(10) 蔣慶『再論政治儒学』の関連する章節を参照。

（11）蒋慶「復興儒学的両大伝統：「政治儒学」與「心性儒学」的重建」、『中国儒学網』、2008年10月30日。
（12）『史記・秦始皇本記』中の記載「作琅邪台、立石刻、頌秦德」の章句より引用。
（13）『詩・北山』を参照。
（14）『荀子・臣道』を参照。
（15）事実上、孔子、孟子は天、道、聖、王の「四合一」の伝統の先駆けである。劉沢華はかつてこの伝統を詳細に研究した。彼の基本的な結論は次の通りである。「四合一」の伝統は、（1）王（皇権）の神化、絶対化、本体化であり、（2）王と理性、規律の一体化、（3）王と道徳の一体化、（4）理想を王に託すことにある。この「四合一」は中国伝統思想のなかで普遍化した命題となった。思想家の称号を得た中国古代の先賢は、ほぼみなこの「四合一」について論証している。——劉沢華『中国的王権主義』上海人民出版社、上海、2000年、「引言」5頁を参照。
（16）胡寄窗『中国経済思想史』（上）上海人民出版社、上海、1962年。33頁およびそれ以降を参照。
（17）『管子・禁藏』に曰く「夫凡人之情、見利莫能勿就、見害莫能勿避。其商人通古、倍道兼行、夜以続日、千里而不遠者、利在前也。漁人之入海、海深万仞、就彼逆流、乗危百里、宿夜不出者、利在水也。故利之所在、雖千仞之山無所不上、深源之下無所不入焉。故善者勢利之在、而民自美安、不推而往、不引而来、不煩不擾、而民自富。如鳥之覆卵、無形無声、而唯見其成。」ここで言い表されている思想は精彩を極めており、中国の知恵の発展史においてその伝承が途絶えたことがただただ惜しまれる。
（18）これもひとつの重要な思想である。中国の歴史において抑商の主張の根拠の一つは、すなわち商業が人を欺く知恵を人に持たせることを強調するということである。財産を追い求めることは心霊の汚れを招くことしかできない。晏嬰は明らかにこの種の観点をもっとも早く唱えた者の一人である。私たちは毛沢東等の現代の専制主義者からもこうした類の情況を見出し、伝統の影響力を認知することができる。さらに重要なのは、哲学と人類学から見て、このような主張は相当深刻な一面を持つということである。
（19）『荀子・富国』を参照。事実上、荀子の商鞅にはすでに、抑商を特徴とする農戦政策が進められていたが、その影響の範囲は西方の秦国に限られていた。荀子のさらに理論性に富んだ解釈は、商鞅の時代よりも広範な影響を生み出した。胡寄窗のさらに進んだ説明を参照されたい（『中国経済思想史』（上）、430頁およびそれ以降）。
（20）『韓非子・詭使』に曰く「倉廩之所以実者、耕農之本務也；而綦組、錦綉、刻画為末作者富」。
（21）専売禁止制度、土貢制度と官工業制度およびそれが中国前近代の交換関係の発展を抑制した点については、経済史学家 傅筑夫が簡潔で明快かつ精確な検討を行っている。彼の『中国古代経済史概論』中国社会科学出版社、北京、1981年、210－219頁を参照。
（22）中国歴代の商人に対する偏見については少なくない史料が存在する。中国古代社会の構造を専門的に研究している馮爾康はかつて、秦、唐の時代の抑商と商人に対する偏見を下記のようにまとめている。（1）商人はその他の職業に従事することを許

されず、土地を占有することもできなかった。(2) 商人は学問を学んで官吏になれなかった。(3) 商人は人口税を多く徴収された。(4) 時には商人が犯人として扱われた。(5) 交通と服装の面で商人を制限し、商人は華やかな服を着ることを許されず、また車や馬に乗ってはならなかった。商人は平民の身分を持ってはいたが、法律的な地位は農民よりも低く、その地位は先秦時代の商人よりも低かった。2つの宋以降、商人の社会的な地位はいくらか向上した。明、清ではさらには権門豪商さえ出現し、新安商人や山西商人のような深遠な影響を持つ商業の伝統を形成した。商人の弟子は学問を学んで出仕することができるようになり、商人は経済力を用いて功名や肩書きを買うことにより、官吏の世界に進出した。それでも、政府の「抑末政策」は少なくとも理論上は依然として存在していた。以上、馮爾康が編集した『中国社会結構的演変』(河南人民出版社、郑州、1994年版)、59－60頁、126－127頁を参照。

(23)『易・象・乾』。
(24)『論語・泰伯』。
(25)『孟子・騰文公下』。
(26) 張載『張子語録』。
(27) 范仲淹『岳陽楼記』。
(28) 以上、中国前近代の政治、経済、社会構造について検討した文章は、拙著『従五四到六四：20世紀中国専制主義批判』(第1巻) 第3章、149、155、157、158、173頁等より引用。
(29) 同上、162－163頁。
(30) 秋風「儒家復興與中国思想、政治之走向：一個自由主義者的立場」、『共識網』、2012年4月23日。
(31) 同上。
(32) 同上。
(33) 康暁光「儒家憲政論綱」、『愛思想網』、2011年6月3日。
(34) 秋風「必須在学術上「駆除韃虜、恢復中華」」、『新浪歴史網』、2014年10月29日。
(35) 蔣慶「「回到康有為」是政治成熟的表現」(『共識網』、2014年10月14日) を参照。
(36) 秋風「儒家復興與中国思想、政治之走向：一个自由主義者的立場」。

第十二章

(1) 張木生『改造我們的文化歴史観』(軍事科学出版社、北京、2011年)、「自序」。
(2) 劉源「読張木生」、張木生『改造我們的文化歴史観』巻頭言。
(3) これは2011年10月、北京で開かれた第1回内部討論会での張木生の発言時に提出されたものである。拙稿「質疑張木生：改革要回到新民主主義？」(未定稿) を参照。
(4) 同上。
(5) 同前「読張木生」。

(6) いわゆる「五つの社会形態」とは、原始社会、奴隷社会、封建社会、資本主義社会、共産主義社会のことを指す。
(7) 張木生『改造我們的文化歴史観』、113頁からの引用。
(8) 張木生『改造我們的文化歴史観』、125頁からの引用。
(9) 同上、125頁参照。
(10) 同上、198頁。
(11) 同上、149頁。
(12) 同上、22、30、80頁。
(13) 同上、324頁。
(14) 同上、77頁。
(15) 同上、78頁。
(16) この言葉は、張木生と共識網編集部、周志興との対話に基づく。「訪談張木生」(『共識網』、2011年5月14日) 参照。
(17) 同上。
(18) 同前「質疑張木生:改革要回到新民主主義?」参照。
(19) 張木生『改造我們的文化歴史観』、442－444頁参照。
(20) 同上、448頁。
(21) 同上、450－451頁。
(22) 劉源『劉少奇与新中国』大風出版社、香港、2005年、"引子"。
(23)『張木生訪談:尋找我們的「達芬奇時代」』、360doc図書館収蔵、2011年9月4日。
(24) 同前「質疑張木生:改革要回到新民主主義?」参照。
(25) 同上。
(26) 冷戦の状況下では「一方向(一辺倒)」となって、経済的には資本の蓄積を急ぎ、その全体量を増大させたことは、毛沢東が新民主主義政策を放棄した理由の一部にすぎない。共産党の入城後、ブルジョア階級によって腐食させられ、「糖衣爆弾」の攻撃にあい、そのことによって「三大改造」を急がなければならなかったことも、毛沢東が新民主主義を放棄した重要な原因である。拙稿「権力語境内認知邏輯与利益邏輯的双重嬗変:也談改革開放30年」、『解構与建設:中国民主転型従横談』晨鐘書局、香港、2009年版所収、95－143頁。
(27)『張木生訪談:尋找我們的「達芬奇時代」』参照。
(28) 同上。
(29) 同上。
(30) 張木生2011年10月内部討論会での発言、「質疑張木生:改革要回到新民主主義?」参照。
(31)「訪談張木生」、『共識網』、2011年5月14日。
(32) 張木生、2011年10月内部討論会での発言、「質疑張木生:改革要回到新民主主義?」参照。
(33) 同上。
(34) 同上。
(35) 拙著『従五四到六四』(第1巻)、135頁参照。
(36) 同上、136頁。
(37) 孔華潤(沃倫・科恩)主編、周桂銀等訳『剣橋美国対外関係史』(上)、新華出版社、

北京、2004年、13頁。
(38) 同上，14頁。
(39) 同上，181、183頁。
(40) 同上、205頁。
(41) 同上、525頁。ここで若干説明しておけば、アメリカでの本土拡張中に、新たな州を征服するたびに、その平等な憲法上の地位が付与された。
(42) これはレーニンの言葉である。『列寧選集』(中国語版第4巻、人民出版社、北京1995年)、569－570頁。
(43) この問題の詳細については、拙著『従五四到六四』(第1巻)、245－248頁を参照。
(44) 高尔基（マクシム・ゴーリキー）『不合時宜的思想：関与革命与文化的思考』(朱希渝訳、江蘇人民出版社、南京、1998年)、260頁参照。
(45) 卢森堡（ローザ・ルクセンブルク）『論俄国革命·書信集』、殷叙彝等訳、貴州人民出版社、貴陽、2001年、31－32頁。
(46) これについてのさらに詳細な分析は、拙著『従五四到六四』(第1巻)、231－251頁参照。
(47) 劉源『読張木生』参照。
(48) この言葉は、「陽光衛視訪談話：張木生与呉思的対話」からの引用。
(49) 張木生与共識網周志興的対話。
(50) 張木生「謹防経済断崖式崩塌」、『烏有之郷』、2015年1月18日。
(51) 同上。
(52) 張木生「中国的世界秩序」、『観察者網』、2013年6月30日。
(53)「李衛東与張木生対話録」、『共識網』、2012年2月24日。

第十三章

(1) 宋强等『中国可以説不：冷戰後時代的政治与情感抉擇择』中华工商联合出版社、北京、1996年。
(2) 同電子版。
(3) 同上。
(4) 同上。
(5) 宋暁軍（等）『中国不高興：大時代、大目標及我們的内憂外患』江蘇人民出版社、鳳凰出版伝媒集団、南京、2009年。
(6) 宋暁軍（等）『中国不高興』、41－42頁。
(7) 同、78、85、95、98、106、107、108頁等。
(8) 拙稿「全球治理与民主：兼論中国国民国家戰略的価値重構」(『解構与建設：中国民主転型従横談』晨鐘書局、香港、2009年)、293－294頁参照。
(9) 蕭功秦『超越左右激进主義』、180頁。
(10) 劉源『読張木生』参照。
(11) 同上。

（12）同上。
（13）同上。
（14）「呉建民、羅援：当下中国如何与世界打交道」、中国廣播網軍事頻道 2014 年 8 月 6 日参照。
（15）閻学通『歴史的慣性：未来十年的中国与世界』中信出版社、北京、2013 年。
（16）同上。
（17）この言葉は、閻学通と『国際先駆導報』記者とのインタビューから来ている。「閻学通：中国崛起也有歴史慣性」（『国際先駆導報網』、2013 年 7 月 29 日）参照。
（18）閻学通『歴史的慣性』、181 − 183 頁。
（19）同上、186 頁。
（20）同上、187 − 191 頁。
（21）同上、208 − 209 頁。
（22）同前「閻学通：中国崛起也有歴史慣性」参照。
（23）この説は、劉亜洲「人民日報名家筆談：堅守神聖的「党性」」（『人民網』2013 年 5 月 22 日）による。
（24）劉亜洲「中国如何打造新一輪戰略機遇期」、『中国選挙与治理網』、2014 年 11 月 17 日。
（25）このビデオのネット文字版を参照。
（26）同上。
（27）もちろん、このプロセスは決して習近平にはじまったことでなく、胡錦涛の執政後期に発展しつつあった中国の市民社会は、すでに一撃ごとに強まる最初の弾圧を受けていた。習はこの状態を継続し、さらに積極的に弾圧したという印象がある。
（28）骨子においてではあるが、中露の双方がお互いに警戒していた。
（29）張博樹「一個紅色帝国的崛起？：従中共十八大到十八届三中全会」（『中国人權双周刊』、第 118 期、2013 年 11 月 15 日）参照。
（30）このような外交辞令の最新の具体例は、王毅が 2015 年、両会での記者の質問に対する「すばらしい」回答にみられる。例えば王毅は、2014 年が中国外交の全面的推進の上で実りの多い年であったとして、次のように述べている。「我々はみごとに上海サミット会議と北京 APEC という 2 つの大きな会議を開催し、ホームグラウンド外交を成功させ、歴史に中国の名を深く刻んだ。我々は積極的に全世界の注目点での問題解決に参与して、国際および地域外交において中国の役割を発揮した。とくに、我々は協力に基づくウィン・ウィン関係を主とする新型国際関係に着眼し、パートナーになっても非同盟を貫くという対外政策の新たな道を歩んでいる。我々はたえず向上しようとする努力を維持し、全方位外交を広く開拓し、しっかりと国家利益を守ると同時に、絶えず世界各国の共通利益を拡大していく」。ある記者が質問した。「「一帯一路」をマーシャル・プランにたとえたある人は、中国は周辺の経済的紐帯を引き延ばして、地縁政治によって中国の利益を図っていると述べているが、これに中国はどのように評価するのか」と。王毅の回答は穏やかかつ巧みであった。「一帯一路」はマーシャル・プランよりはるかに古く、またはるかに若いので、二者は比べものにならない。古いというのは、「一帯一路」が二千年あまりの歴史を持つ、古いシルクロードの精神を伝承するものであるからだ。我々はこの各国人民の友好的な往来、つまり、お互いにないものを融通し合うという道を

歩き続け、かつそれが新時代の光芒に煥発させられているのである。若いというのは、「一帯一路」がグローバル化時代に誕生して、開放と協力の産物であるが、地縁政治の道具ではなく、さらに流行遅れの冷戦思考では評価できないものである」(「外交部長の王毅が記者の質問に答える（実録）」、『人民網』、2015年3月8日)。党＝国家外交官の言葉は剣幕の軍人らに比べてたしかに着実であり、かつしゃべりまくる「怒り憤る青年」学者よりもより鋭く、さらに精致である。

第十四章

(1) これは北風（温雲超）の言葉による。美国之音（ＶＯＡ）記者である方氷が報道した「海外学人：習近平新極権逼退漸進改良」(『美国之音（ＶＯＡ）中文網』、2015年4月13日）参照。
(2) こうした観点に立つもののなかでは、笑蜀がその代表的人物の1人である。
(3) 李国盛「雷頤：決向革命読書会（全文)」、『捜狐読書網』、2011年5月13日。
(4) 野渡「新極権時代的言論厳控和公知分化」(『参与網』、2014年7月16日）からの引用。
(5) 栄剣「「喉舌」胡錫進」、『共識網』、2012年8月20日。
(6) 同上。
(7) そのうちの1冊は『紅色帝国』(明鏡出版社、2014年）であり、もう1冊は『中国新震蕩』(明鏡出版社、2015年）である。
(8) フランス国際広播電台記者王山報道「胡温倒薄、王希哲発出不同声音」、『法広中文網』、2012年12月5日。
(9) 王希哲「中国政治協商論壇開壇詞」、『博訊網』、2014年7月21日。
(10) 王希哲「中国的憲政遭路及其他：試答孔丹的幾个問題」、『中国国是論壇網』、2015年2月17日。
(11) 馮勝平「致習近平先生的一封信」、『万維読者網』、2013年5月21日。
(12) この論文は、張博樹主編、王書君副主編『僵局「破局」与中国民主転型：胡趙精神与憲政転型学術研討会論文輯要及現場辯論実録』(晨鐘書局、2013年版、339－354頁）所収。
(13) 馮勝平「致習近平先生的一封信」参照。
(14) 馮勝平「党主立憲：政治走出叢林、軍隊退出政治（致習近平先生的第三封信)」、『博迅網』2014年8月29日。
(15) 全体主義的民主と憲政民主との区別については、中国研究院での討論会で専門的に言及したことがある。フランス革命期の全体主義的民主の象徴であるジャコバン独裁とは、暴力を強調し、自分が死ぬか相手が死ぬかを強調し、いわゆる非妥協的民主を強調する「民主」であって、現代憲政民主とは少しも共通点を持たない。『中国新震蕩』、157頁を参照。
(16) リベラリズムの観点に照らせば、「党を主とする立憲」で本当の憲政を実現することは不可能である。なぜなら、1つの専制的党はもともと立憲政治と矛盾している

ためである。「党内民主」へ変化するとしても、どのような状況でそれに意味があるのかについて、筆者の『中国憲政改革可行性研究報告』で専門的に探求したことがあるが、この報告は次のように指摘している。「党独断という文脈のなかで、中国共産党の党内民主化を語ることの意義は決して大きくない。なぜなら、党独裁の論理が、党内の民主化に可能性がないことを決定しているからである。中国の立憲政治を改革する観点から、しかも党独断の体制は自ら解体するという観点からのみ、中国共産党の党内民主化について議論することに意味がある」。「では、中国共産党の党内の民主化はいかなる条件の下で可能なのか。それは根本的に言えば、中国立憲政治の改革という大きな趨勢の形成に依存しており、また民間の自由の力の勃興と執政党に対する強大な圧力に依存している。こうしたときにこそ、中国共産党の党内民主化は真に作動し、その意義を獲得できる。ここで言っている意義とは、中共が依然として執政党であるという状況下で、中共の党内民主化が独裁体制の自己解体に有利となり、中国共産党内改革派の力と民間の自由な力とが有効に相互連動し、かつ「共に図る」状況の形成に役立ち、中国の多元的憲政民主のためにさらに有利な条件を創造することである」(張博樹『中国憲政改革可行性研究報告(全本)』, 33－34頁参照)。だが、今日習近平は個人の権力集中と独裁を強化しており、体制内で党内の相手を討伐、平定して、体制の外では異なる見解を鎮圧するという状況では、全く「党内民主」などあり得ず、民主への転換と結びつかない「党内の民主化」を議論することにも意味はない。

(17) 中国研究院編『中国新震蕩』、71頁参照。

(18) 馮勝平「致習近平的第三封信」参照。

(19) 厳九元『中国哪些地方更「左」、哪些地方更「右」』智谷趨勢研究中心、2015年4月13日参照。我々はこれらの学生に対して感謝の意を表する。筆者はアンケート調査の細部をまだ見ていないし、調査の具体的過程を知ることもできなかったが、この仕事が決して楽なものではないことは十分に想像できる。中国大陸でこのような調査に従事するには、専門の技能が必要なだけではなくて、さらに現場で処理する経験と知恵をもっとも必要としている。